财政部规划教材
中央财经大学“双一流”建设精品教材

国民经济核算学

李连友　编著

U0823530

中国财经出版传媒集团
中国财政经济出版社

图书在版编目（CIP）数据

国民经济核算学 / 李连友编著. -- 北京：中国财政经济出版社，2022.6

财政部规划教材　中央财经大学“双一流”建设精品教材

ISBN 978 - 7 - 5223 - 1396 - 2

Ⅰ.①国…　Ⅱ.①李…　Ⅲ.①国民经济核算－高等学校－教材　Ⅳ.①F222.33

中国版本图书馆 CIP 数据核字（2022）第 070168 号

责任编辑：孙　琛　贺靖轩　　　责任印制：党　辉

封面设计：育林华夏　　　责任校对：胡永立

国民经济核算学

GUOMIN JINGJI HESUAN XUE

中国财政经济出版社 出版

URL：http：//www.cfeph.cn

E - mail：cfeph@cfeph.cn

（版权所有　翻印必究）

社址：北京市海淀区阜成路甲 28 号　邮政编码：100142

营销中心电话：010 - 88191522

天猫网店：中国财政经济出版社旗舰店

网址：https：//zgczjjcbs.tmall.com

北京中兴印刷有限公司印刷　各地新华书店经销

成品尺寸：185mm×260mm　16 开　26.25 印张　490 000 字

2022 年 8 月第 1 版　2022 年 8 月北京第 1 次印刷

定价：78.00 元

ISBN 978 - 7 - 5223 - 1396 - 2

（图书出现印装问题，本社负责调换，电话：010 - 88190548）

本社质量投诉电话：010 - 88190744

打击盗版举报热线：010 - 88191661　QQ：2242791300

第一版前言

《国民经济核算体系》(System of National Accounts, SNA),是一部关于国民经济核算理论和方法的宏伟巨著。SNA目前已经出版了三个版本,即1953年版SNA、1968年版SNA和1993年版SNA。前两个版本由联合国单独编写,用于指导实行市场经济国家的国民经济核算工作。其中在联合国推行实施1968年版SNA期间,由于世界存在着以经互会成员国为主的计划经济国家和西方市场经济国家两大阵营,世界上也同时实行着两大核算体系:《物质产品平衡表体系》(The System of Material Product Balances, MPS)和《国民经济核算体系》。随着20世纪90年代原实行计划经济的国家纷纷转向实行市场经济,MPS已结束了它的历史使命,SNA逐步成为世界各国普遍实行的核算制度和方法。

1993年版SNA由联合国、世界银行、国际货币基金组织、经济合作与发展组织以及欧洲共同体委员会等组织共同编写。它反映了1968年版SNA之后25年来世界各国国民经济核算理论和实践的最新发展,对各国开展国民经济核算工作和理论研究具有很高的指导价值。

我国在1984年至1992年,国家统计局会同有关部门在国务院专门机构领导下制定了《中国国民经济核算体系(试行方案)》。1992年8月,国务院发布了《关于实施新国民经济核算体系的通知》,要求至1995年分两步实施这套方案。目前我国实施的即为这套方案的基本框架。

《中国国民经济核算体系(试行方案)》是以1968年版SNA、1993年版SNA修订草案和MPS为基础,结合当时国内经济实际制定的。由于受经济改革理论发展阶段和当时国际国内客观情况的制约,我国新核算体系试行方案与国际上通行的1993年版SNA尚有重大的差距。之后,国家统计局尽管对试行方案做过一些修订,但随着我国经济体系市场化和国际化进程的不断加快,迫切需要进一步修订和完善试行方案中那些不适应市场经济下开展国民经济核算工作的部分。为此,国家统计局制定的《国家统计制度方法改革规划(1996—2000年)》明确提出在20世纪末基本上实现中国国民经济核算体系向1993年版SNA过渡的战略目标。

为了适应我国国民经济核算体系实际和理论的需要,也为了进一步推广SNA在经济理论和实际工作中的应用，作者经过多年努力，编著出这本《国民经济核算学》。本书以联合国等五大国际组织编写的 1993 年版 SNA 为蓝本，在一定的经济理论指导下，结合我国新核算体系，较为全面地阐述了 SNA 的基本内容和实际应用分析。

作者所以将本书定名为《国民经济核算学》，是因为在作者看来，国民经济核算体系是一部博大精深的鸿篇巨著。其中不仅容纳了国际上较有价值的经济学理论，也阐述了实际核算国民经济各项流量和存量的方法，可谓是理论与方法融为一体的核算全书。而无论是理论或是方法，其中都有许多需要探索的学问。将国民经济核算体系中一些带有普遍性的东西提升为一种学问加以研究，将有利于推动国民经济核算理论和实践的不断发展。

本书共包括十二章。第一章总论，从总体上介绍了国民经济核算的概念、国民经济核算体系的产生与发展、国民经济核算的基础以及国民经济核算的内容和规则等；第二章国民经济核算中的分类，阐述了国民经济核算分类的一般问题、国民经济核算中的一些重要分类；第三章国民生产核算，介绍了生产核算的基本理论、生产核算的基本内容及应用分析；第四章投入产出核算，阐述了投入产出核算的基本问题、货物和服务账户、供给表和使用表以及投入产出表及核算等；第五章收入分配核算，论述收入分配的基本理论、收入分配核算流程及其应用分析等；第六章收入使用核算，重点介绍了最终消费核算的基本理论、核算内容和方法；第七章资本形成核算，阐述了资本形成核算的基本问题、资本形成总额核算等；第八章金融交易核算，介绍了有关金融交易核算的基本理论和方法、各类金融交易项目核算、资金流量表和金融交易核算资料的应用与分析；第九章资产负债核算，阐述了资产负债核算的一般问题、资产负债流量核算、资产负债存量核算等；第十章对外交易和资产负债核算，介绍了对外交易核算的基本内容、国际收支平衡表和国际收支情况分析方法等；第十一章物量和物价核算，阐述了有关物量和物价核算的基本理论和方法，实际国内生产总值、实际国内总收入等指标的计算方法以及国际间的比较等；第十二章社会核算矩阵和附属账户，该章作为 SNA 的一个重要组成部分，介绍了社会核算矩阵的核算方法、附属账户的基本内容等，从而使《国民经济核算学》较为完整地阐述了国民经济核算的理论与方法。

本书力图体现出以下三个特点：第一，以 1993 年版 SNA 为蓝本，极力用较为通俗的语言阐释 SNA 的基本理论和方法；第二，紧密结合我国新核算体系有关内容加以阐述和评析；第三，在国民经济核算中心框架的每章都加进一节有关分析应用的内容，以强调国民经济核算理论的应用价值。总之，本书强调理论与实际应用相结合，力求在建立我国国民经济核算学科体系方面做些有益的探索，也试图为我国进一步推广和应用 SNA 多做些贡献。

本书是作者在给高校统计学专业和国民经济管理专业本科生多年讲授国民经济核算课

程讲稿的基础上，对讲稿进行不断研究和修订后形成的。它对于从事统计工作、国民经济管理工作、经济研究工作以及对其他国民经济核算理论感兴趣的实际工作者和理论工作者，都会有一定的参考价值。

在本书付梓出版之际，我要特别感谢中央财经大学刘宗时教授。从作者开始计划编著该书到书稿的最终完成，始终得到刘教授的悉心指导和热情帮助。刘教授严谨的治学态度和对年轻教师的关心和帮助深圳地感动了我，使我克服了许多困难，最终将本书顺利完成。

国家统计局许宪春博士、中国人民大学赵彦云教授和首都经济贸易大学纪宏教授对本书的写作都给予了极大的关心与帮助，在此一并表示衷心的感谢！

本书的出版得到了中央财经大学经济系及科研处领导和同志们的大力支持和帮助。经济管理出版社的同志们为该书的出版付出了极大的辛苦和努力。在此，对上述领导和同志们的支持和帮助表示衷心的感谢！

当然，限于作者的理论水平和实践水平，书中的错误和不当之处在所难免，敬请读者赐教，作者将深表感激。

李连友

2000 年 12 月于中央财经大学

第二版前言

国民经济核算学是一门研究国民经济核算的理论和方法，探讨如何收集、整理、显示和分析国民经济核算数据的科学。本书第二版是为适应高等学校国民经济核算课程教学和满足经济管理人员学习的需要而编写的教材，目的在于向学习国民经济核算学的学生和实际管理人员介绍符合国际惯例的有关国民经济核算基本理论、基本概念、核算规则和核算方法。

本书自2001年第一版出版以来，国内外经济形势发生了很大变化。国家统计局为适应新的经济形势和与国际统计标准接轨，早在2003年就开始实施《中国国民经济核算体系（2002)》；联合国统计委员会更是在第四十次会议上通过了将由联合国、欧盟委员会、经济合作与发展组织、国际货币基金组织和世界银行等五大国际组织编制的《国民经济核算体系2008》（简称SNA2008）作为国民经济核算新的国际统计标准。本书第二版就是为了适应上述这些变化，以《SNA2008》和《中国国民经济核算体系2002》为蓝本，对第一版的内容进行全面修订后编著而成的。

本书第二版保留了第一版的基本架构，根据SNA2008修订了许多SNA1993的内容，包括一些概念、分类和核算内容等，同时也增添或删减了部分核算内容，作者在此不一一列举。

本书第二版的出版得到了清华大学出版社的大力支持。我的学生陈琪和赵志蛟等也做了大量辅助工作。在此，对她（他）们的辛勤付出表示诚挚的谢意！

李连友

2014年8月于中央财经大学

第三版前言

国民经济核算学是一门研究国民经济核算的理论和方法，探讨如何收集、整理、登录、估价、显示和分析国民经济核算数据的艺术、技术和科学。如何将这门科学编写成教科书，以满足更多想了解国民经济核算方面知识的读者需要，是每位从事国民经济核算学教学与科研人员应尽的职责。本书是为适应高等学校国民经济核算课程教学和满足经济管理人员学习的需要而编写的教材，目的在于向学习国民经济核算学的学生和实际管理人员介绍符合国际惯例的有关国民经济核算基本理论、基本概念、核算规则和核算方法。

于2014年再版的《国民经济核算学》得到了国内学界和学生们的好评。但鉴于对本教材多年使用情况的总结和《中国国民经济核算体系（2016）》的实施，作者认为有必要对该书进行进一步修订，并决定出版《国民经济核算学（第三版）》。

本书除了保留第二版的基本架构和主要内容外，对教材做了大量的修订工作。主要包括以下几个重要方面。

首先，增添了许多新的核算内容。一是增加了《中国国民经济核算体系（2016）》的有关核算内容，将其每部分核算内容置于本书每个章节相对应的部分中；二是新增加了第十三章人口与劳动投入核算；三是扩展了卫星账户中原有的内容，并将旅游、环境和卫生三个卫星账户由原来的篇幅增加至三节。

其次，对个别章节的结构进行了调整。主要是将第二版第九章资产负债核算中的第二节资产负债其他变动核算分离出来，单列一章为第九章资产其他变化核算，原来的第九章改为第十章资产负债存量核算。如此调整章次结构更符合SNA的逻辑思维，即从第三章至第九章阐述的都是经济总体内部的流量（包括交易流量和非交易流量）的核算，第十章则为经济总体内部的存量核算。

再次，更新了所有关于我国经济社会的最新核算资料。全书采用《中国统计年鉴（2021）》中的最新权威数据，使读者对我国新近实际的经济社会情况有所了解。

最后，删除了《中国国民经济核算体系（2002）》的有关内容。

本教材以联合国等五大国际组织编写的SNA2008为蓝本，紧密结合《中国国民经济核算体系（2016）》的理论方法和核算的具体实践，全面、系统地阐述了国民经济核算学的理论和方法，并用这些理论和方法对实际核算数据进行简明扼要的分析，以增强实用价值。

本书的出版得到了中央财经大学统计与数学学院领导和中国财政经济出版社的大力支持。在此，作者表示诚挚的谢意！

李连友
2022年4月于中央财经大学

教材阅读和使用说明

一本好的教材，除了具有丰富的内容外，还有一个严密的、符合逻辑的结构安排。读者要正确理解和掌握书中内容，首先需要对全书的篇章结构有一个全面的了解。

一、对于学生和其他读者

对于本教材，读者可以将全书分为以下四个部分阅读和理解。

第一部分包括第一章和第二章。该部分作为全书的开篇，全面简略地阐述了国民经济核算学的理论和方法、核算原则、分类的方法和主要内容等。其地位和内容十分重要，是理解和学好国民经济核算学的关键。

第二部分包括第二章至第十一章。这十章作为全书的核心部分，全面详细地阐述了国民经济核算的内容。读者可以从不同的视角对这部分内容进行阅读和学习。第一，从社会再生产环节的角度理解，第三章至第八章依次为国民生产核算、投入产出核算、收入分配核算、收入使用核算、资本形成核算和金融交易核算。其中，第六章核算的是最终消费对收入的使用；第七章和第八章分别核算的是非金融资产和金融资产对收入中储蓄部分的使用。第二，从经济流量核算和经济存量核算角度理解，第三章至第九章为对经济流量的核算，第十章则为对经济存量的核算。第三，从经常核算和积累核算角度理解，第三章至第六章是对经常交易项目的核算，第七章至第九章则是对积累项目的核算。第四，从交易流量和非交易流量角度理解，第三章至第八章是对交易流量的核算，第九章是对非交易流量的核算。最后，从封闭型经济和开放型经济角度理解，第三章至第十章主要是对封闭型经济的核算，第十一章是对国外经济的核算。

第三部分包括第十二章。这部分主要是对物量和价格的核算方法进行阐述，目的在于将国民经济核算资料用于不同时间或不同地域之间的比较。

第四部分包括第十三章和第十四章。这两章作为国民经济核算体系的扩展核算，主要是用来拓展国民经济核算的应用领域。

此外，需要说明的是，按照惯例，一本完整的教材通常都在每章后面附有一定量的思考题和练习题。本教材之所以没有这样做，主要是因为本教材的第二版已经有一本与之相匹配的学习指导书，即由中国统计出版社2017年9月出版的《国民经济核算学（第二版）学习指南》。读者可以同时将本教材与该学习指导书一起学习使用。同时，读者在学完每章后，可以通过做指导书的习题以加深对教材内容的记忆和理解，以及检验自己的学习效果。

二、对于教师

教师在使用本教材时，可以根据课时的多少决定对教学内容的取舍。通常情况下，可以根据以下三种课时安排来确定各自的教学内容。

第一种情况，32至36课时。建议教师讲授教科书第一章至第十章内容。其中，多数章的最后一节关于核算资料的分析与应用不必讲授，可以布置学生课后阅读。

第二种情况，48至54课时。建议教师讲授教科书第一章至第十二章内容。其中，多数章的最后一节关于核算资料的分析与应用同样不必讲授，可以布置学生课后阅读。

第三种情况，68至72课时。建议教师讲授教科书全部内容。并且对多数章的最后一节关于核算资料的分析与应用给予简单的解释，以提高学生对实际问题的分析和解决能力。

目录 Contents

第一章 概 论

【学习目标与要求】

1. 了解国民经济核算体系的产生和发展演变历程；

2. 掌握国民经济核算有关基本概念、核算基础、核算目的和核算功能；

3. 掌握国民经济核算体系的基本内容和结构；

4. 掌握国民经济核算的主要规则。

第一节 国民经济核算体系的产生和发展

一、国民经济核算的概念

国民经济核算（National Accounting），是在一定经济理论指导下，通过综合运用统计、会计和数学等方法，对一个国家或地区一定时期经济运行的过程和结果进行系统描述，以反映国民经济规模和结构的全貌。

国民经济核算与统计、会计和业务三大核算之间既有密切的联系，又有区别。从联系的角度考察，国民经济核算与三大核算之间主要存在以下两个方面的联系：第一，国民经济核算是在统计核算、会计核算和业务核算的基础上，根据自身核算的要求将三大核算的制度、原则和方法按标准化、通用化和系统化的原则协调统一起来，形成一种独特的综合型核算；第二，国民经济核算的资料要依靠三大核算提供，其中，会计核算资料是国民经济核算资料的主要来源。从国民经济核算与三大核算的区别看，国民经济核算是更高层次的宏观核算，最能完整、系统地反映国民经济运行过程和结果。

二、国民经济核算的产生

现代国民经济核算是在国民收入统计的基础上产生和发展起来的。最早的国民收入统计可以追溯到 1665 年英国经济学家威廉·配第（Willian Petty）对英国当时国民收入的估算。这一时期尽管还没有产生国民经济核算这一概念，但当时许多核算的思想和方法已经体现在经济学家的学术成果中。例如威廉·配第在 1665 年对英国的国民收入进行估算时，就采用了从收入和支出两方面估算，并保证两种估算结果相等的核算理论和方法。1759 年，法国重农学派经济学家弗朗斯瓦·魁奈（Francois Quesnay）为路易十五编制的《经济表》，已经把国民收入看作部门间的流量，从社会再生产过程和部门间投入产出关系角度描述货物和购买力各自沿着不同方向所进行的循环流动，并强调产量与收入的基本一致性。1791 年，法国化学家 A. L. 拉瓦锡（Antoine Laurent Lavoisier）在估算当时法国的国民收入时，为避免重复计算，首次提出了总产品、中间产品和最终产品的概念，并将三者进行了区分。1886—1890 年，澳大利亚统计学家 T. 柯格兰（Timothy Coghlan）在对该国每年的国民收入进行估算时，首次提出了从生产、分配和使用三方面反映国民收入，并第一次提出了从国民收入中扣除折旧，采用生产净值指标反映国民收入的思想。

上述表明，这一时期的国民收入统计虽然没有产生国民经济核算的概念和方法，但国民收入统计的发展过程已经进入国民经济核算孕育期。随着国民收入不断由民间统计为主转向官方统计为主（这一时期大约为 1918—1939 年），国民经济核算的概念、理论和方法已初见端倪。

据考证，历史上最先创立“国民经济核算”概念的是荷兰经济学家 E. V. 克利夫。他在 1941 年荷兰《经济学家》杂志上，先后发表了《论国民经济核算：荷兰 1938 年年度调查的经验》和《论国民经济核算的意义和组织》两篇有关国民经济核算的文章。同年，英国伦敦大学教授 J. E. 米德（J. E. Meade）和剑桥大学教授 R. 斯通（R. Stone）也在英国预算白皮书上发表了他们为英国财政部从事国民收入估算工作所做的研究报告——《战时财政资源分析与国民收入和支出估算数字，1938—1940》。在这份报告中，他们采用了会计账户形式把收入和支出联系起来估算，并对国民生产采用了总值和市场价格计算。这标志着国民收入统计向国民经济核算的过渡。

三、国民经济核算体系的产生和发展

国民经济核算体系（System of National Accounts，SNA）①，是由一套按照逻辑严密、协调一致而完整的宏观经济账户、资产负债表和表式所组成的，包括符合国际惯例的概念、定义、分类和核算规则的核算框架。在这个框架内，经济数据得以按照经济分析、决策和政策制定的要求，以一定的程式编制和表述。

如同任何一个新生事物的产生和发展都需要同时具备需要和可能两个条件一样，国民经济核算体系的产生和发展也是在需要和可能两个条件的共同作用下形成的。从需要的方面看，首先，早在 1928 年世界许多国家都对官方经济统计数据的可比性产生了兴趣，迫切需要在统计的口径和标准方面有一个统一的规定；其次，第二次世界大战结束后，国际上迫切需要用一个可比的国民收入计算作为摊派国际组织费用的基础；最后，伴随各国政府对宏观经济干预的不断加强，他们越来越需要有一套系统核算国民经济的理论、方法、规则和框架，以了解国民经济各项总量指标，帮助制定政策和决策。从可能的角度考察，首先，20 世纪 30 年代的经济大萧条，极大地推动了国民收入的核算工作；其次，宏观经济理论的发展也促进了国民收入核算工作的更好开展；最后，国民核算工作自身也在不断地取得新进展。

如果我们将国民经济核算体系的产生和发展历程比喻成一棵参天大树的生长过程的话，从个别经济学家或一些国家零散的核算发展成现今的博大精深、世界各国普遍采用的完整核算体系，国民经济核算体系经历了从孕育、萌芽、幼苗、成长、成熟和完善六个阶段，并伴随以国民经济核算体系不同版本的形式结出了丰硕成果。

（一）国民经济核算体系的孕育期（1928—1946 年）

1928 年，伴随世界各国官方开始对经济统计数据的可比性越来越感兴趣，国际联盟召开了一次有关经济统计的国际会议，目的在于鼓励编制经济统计资料和采用一致的表述方式。会议的最终决议阐述了应当将国际可比性作为经济统计的一个重要目标，并敦促各国考虑扩大官方统计的范围，从而促进定期国民收入估计资料的编制。

1939 年，作为前一个时期的工作成果，国际联盟在其发表的《世界经济概览》年刊

① System of National Accounts 在 SNA1993 以前的几个版本中，中译本都将其译为“国民经济核算体系”，SNA2008 将其译为“国民账户体系”。为保持长期以来形成的习惯称谓，以及保持与国内官方称谓的一致，本教材继续沿用国民经济核算体系一词。

中，首次公布了26个国家1929—1938年的国民收入估计数据。其中，大约有50%国家的估计数据是由官方做出的，另外50%是作为学术研究或其他私人研究成果编入其中的。同年，国际联盟统计专家委员会认为有必要对国民收入的测算工作进行指导，并决定将国民收入的测算纳入其工作计划。该决定做出后的几年，是孕育国民经济核算至关重要的几年。尤其是第二次世界大战结束后，国际联盟在统计专家委员会之下专门成立了国民收入的统计分会，并在理查德·斯通的组织下于1945年12月开始运作，使国民经济核算体系进入了孕育最后的关键时期。

（二）国民经济核算体系的萌芽期（1947—1952年）

国民经济核算体系的萌芽期可以从1947年算起。国民收入统计分会经过近两年的工作，由国际联盟统计专家委员会于1947年公布了其报告——《国民收入的计算和社会账户的构建》，以及由该分会主席R. 斯通撰写的附件《国民收入和相关总量的定义和计算》。该报告及其附件阐述了如何通过选择和合并一个经济体的基本交易来获得国民收入和国民生产总值，以及如何展示这些交易的内在联系。该报告作为国民经济核算体系萌芽时期所取得的成果，被联合国等国际组织认定为国民核算体系历史上的第一个版本，即SNA1947。

（三）国民经济核算体系的幼苗期（1953—1967年）

自1947年国民经济核算体系第一个版本诞生后，国民经济核算体系的发展进入了幼苗期。

在第二次世界大战结束后的最初几年，国民经济核算的经验得到迅速积累，许多国家的核算数据对它们分析当期经济走向、通货膨胀或通货紧缩的趋势、决定就业水平和经济活动规模的各种要素等提供了最基本的信息。

这一时期国民经济核算体系所取得的明显成就主要表现在：（1）1950年，联合国统计署可以从41个国家的原始资料中收集到1938—1948年国民收入的估计值；（2）1950年欧洲经济合作组织（OEEC）公布了一套由其国民经济核算研究机构编制的，旨在增进各成员国之间的国民核算资料具有可比性的账户，1952年，通过对账户的前期研究，OEEC出版了标准化的国民核算体系；（3）联合国对建立一个统一的、标准化的国民核算体系也十分重视。1953年联合国统计委员会公布了《国民经济核算体系及其辅助表》（简称SNA1953）。SNA1953提供了一套6个标准账户和一套12张标准表。这些账户以三个基本机构部门——企业、住户和私人非营利机构及一般政府的生产账户、支出账户、资本调节账户及对外交易账户的基本结构为基础，对账户中的项目进行编排与合并。而且每个账户中都涉及一个常见且重要的总量。12 张标准表列示了这些账户中的详尽流量和替代分类。SNA1953 强调将国际统计标准协调一致的重要性，并在前言中指出："本报告的目的在于制定一套标准的国民经济核算体系，以便提供一个普遍适用性的报告国民收入和生产统计的框架"。SNA1953 作为这一时期的成果，是 SNA 历史上的第二个版本。

（四）国民经济核算体系的成长期（1968—1992 年）

在 SNA1953 问世伊始，联合国就召集了一个专家小组对 SNA 进行扩展和修订。1968 年联合国统计委员会批准并公布了经过重大修订的国民经济核算体系（简称 SNA1968）。可以认为，SNA1968 的问世标志着国民经济核算体系步入了一个成长时期。这主要表现在以下几个方面：首先，SNA1968 的内容较 SNA1953 有了很大扩展；其次，更加注重 SNA 与国民经济平衡表体系（通常称之为物质产品平衡表体系，英文缩写 MPS）的融合；最后，到 20 世纪 70 年代初，采用联合国推荐的 SNA1968 的国家和地区已经由起初采用 SNA1953 的 70 多个发展到 120 多个。

SNA1968 较 SNA1953 主要在以下两个方面有了较大发展：一方面是国民经济核算体系的精心设计和开发，通过在账户中增加更为详细的内容和更多地关注不变价的估计，来适应不断增长的经济分析的需要；另一方面是建立总量分解的经济模型，为经济分析和制定政策服务。例如，将生产账户分解成投入产出账户，将净借出或净借入分解为机构部门的金融流量等。

SNA1968 设计了一套十分精致，包括 20 个账户和 26 张标准辅助表及补充表的核算体系。这 20 个账户被分成三类：第一类是一套相互衔接的国家合并账户，具体包括生产账户、消费支出账户、收入与支出账户、资本形成和资本筹集账户，这些账户最后通过对外交易账户封闭起来。第二类是和生产、消费支出和资本筹集有关的账户，它们分别反映货物和服务的供给和分配，并且分别反映产业部门、政府服务生产者、为居民户服务的私人非营利服务生产者和居民户等四类生产者所进行的货物和服务的生产。第三类是反映由各类常住交易者组成的机构部门，包括非金融法人和准法人企业、金融机构、一般政府、为住户服务的私人非营利机构以及住户的收入与支出及资本筹集账户。26 张标准辅助表及补充表通过展示详尽的数据序列和一些不变价数列等以全面、系统地反映国民经济运行状况。SNA1968 作为这一时期国民经济核算体系发展的成果，是 SNA 历史上的第三个版本。

（五）国民经济核算体系的成熟期（1993—2007 年）

尽管 SNA1968 被认为适用于经济和社会发展处于不同阶段的市场经济国家，但其中也存在一些不完善之处。因此，联合国早在 1975 年就开始对有关各国实行 SNA1968 的经验进行总结，并于1979年在统计委员会下成立一个专家小组，专门负责讨论SNA1968的使用情况和未来的发展方向。在1982年的一次会议上，专家小组决定对SNA1968进行全面修订。经过专家小组以及后来（1985年）成立的国民经济核算联合工作组[①]的艰苦努力，1993年联合国第27届统计委员会会议通过了由联合国、世界银行、国际货币基金组织、经济合作和发展组织以及欧洲共同体委员会共同对SNA的修订案（简称SNA1993）。

SNA1993在总结各国SNA实践和应用的基础上进一步改进和完善了有关概念、分类、核算规则和账户体系，使之较SNA1968更加简化、合理，并与其他国际组织的统计标准协调一致。它的发表标志着国民经济核算体系进入了一个成熟期。截至SNA2008问世前，全世界已有170多个国家和地区采用和推行SNA1993。SNA1993作为国民经济核算体系的发展走向成熟的重要标志，是SNA历史上的第四个版本。

（六）国民经济核算体系的完善期（2008年至今）

自20世纪90年代前期SNA1993问世以来，许多国家的经济环境发生了显著的变化。而且，在过去的十余年间，有关针对该账户体系中一些问题改进方法的研究也取得了很多成果。在此背景下，2003年在联合国第33届统计委员会大会上，该委员会决定对SNA1993予以更新，以便国民经济核算框架与数据用户的需要更好地联系起来。经过6年多的修订，2009年2月联合国统计委员会第40届大会通过了更新后的《国民账户体系2008》（简称SNA2008）。[②]

SNA2008的突出变化正如《国民账户体系2008》序言中指出的那样，“将那些近年来越来越重要的经济特征引入核算中，对那些日益成为分析焦点的各种观点做详细阐述，澄清这一系列广泛主题在国民经济核算中的处理方法。”[③]

由联合国、欧盟委员会、经济合作与发展组织、国际货币基金组织和世界银行联合颁布与实施的SNA2008，没有对SNA1993进行根本性的或综合性的变动，主要在资产、金融部门、全球化及相关问题、一般政府和公共部门，以及非正规部门等五个方面进行了修订（详细内容将在本书相关部分介绍）。SNA2008是国民经济核算体系历史上的第五个版本，它的颁布与实施标志着国民经济核算体系的发展进入了一个新的完善时期。

---

① 国民经济核算联合工作组由欧洲共同体统计局、国际货币基金组织、经济合作与发展组织、联合国统计处和地区委员会，以及世界银行的专家组成。

② 由联合国、欧盟委员会、经济合作与发展组织、国际货币基金组织和世界银行编的System of National Accounts 2008，中国国家统计局国民经济核算司、中国人民大学国民经济核算研究所译为《国民账户体系2008》。

③ 联合国、欧盟委员会、经济合作与发展组织、国际货币基金组织和世界银行. 国民账户体系2008［M］. 北京：中国国家统计局国民经济核算司、中国人民大学国民经济核算研究所，译，中国统计出版社，2012.

四、中国国民经济核算体系的发展

我国国民经济核算体系从新中国成立初期到现在，基本上走过了一条由计划经济条件下实行的物质产品平衡表体系向 SNA 过渡，再到全面实行 SNA 的道路。具体说，大致可以分为以下三个大的不同阶段。

（一）全面实行物质产品平衡表体系阶段（1949—1991 年）

我国从 1949—1991 年实行的基本上是物质产品平衡表体系。物质产品平衡表体系（System of Material Product Balance，MPS），也称为国民经济平衡表体系，它起源于前苏联。

20 世纪 20 年代，前苏联中央统计局为适应当时高度集中计划经济体制下国家对经济实行宏观管理的需要，开始编制物质产品平衡表，用以反映社会总产品的生产、分配和使用之间的平衡关系。到 20 世纪 30 年代基本形成了一套完整的平衡表体系，20 世纪 50 年代已经定型。原经济互助会（以下简称经互会）统计委员会在总结前苏联、东欧各国、古巴、蒙古等国实行物质产品综合平衡统计工作经验基础上，拟订了题为《国民经济平衡表体系的基本原理》的报告，于 1971 年经联合国统计委员会通过并公布。随着经互会各国经济形势的发展，尤其是东欧各国经济体制改革的深化，原有的核算体系已满足不了国家对宏观经济实行调控和国际比较的需要。经互会统计合作常设委员会经过研究和协调，于 1984 年提出并交由联合国发表了《编制国民经济统计平衡表的基本方法原则》，历史上简称新 MPS。

实事求是地说，我国原先实行的国民经济核算制度在计划经济体制下还是起到重要作用的。但是，随着我国经济体制改革的不断深化和对外开放的日益扩大，物质产品平衡表体系已经适应不了新形势下宏观经济管理的需要。具体表现在，首先，物质产品平衡表体系不能适应经济形势不断发展对国民经济核算的要求。物质产品平衡表体系是建立在限制性生产理论基础上，侧重核算物质产品的生产、分配和使用。这在经济较为落后，物质产品在整个社会总产出中占有相当大比重情况下还是适用的。然而，经济发展的总趋势是物质产品在社会总产品中所占比重越来越小，而以各种服务行业为特征的第三产业的发展将是越来越快。依靠物质产品平衡表体系来核算国民经济活动显然很不完整，从而也就满足不了国民经济管理的要求。其次，物质产品平衡表体系不能适应发展市场经济的需要。我国经济体制改革的轨迹是沿着先由计划经济向有计划的商品经济，再到计划调节市场，市场引导企业，最后发展到社会主义市场经济演进的。随着我国经济体制改革的不断深入，作为计划经济产物的原有的国民经济核算制度已无法满足国家对市场经济实行宏观调控的需求。最后，物质产品平衡表体系无法适应对外扩大开放的需求。世界经济的全球一体化和我国对外开放的不断扩大，要求我国的核算制度不断与国际惯例接轨，用国际上统一的核算原则、核算标准和核算方法来测度国民经济各项活动，以便进行国际间的比较，而物质产品平衡表体系在许多方面与大多数国家不具有直接的可比性。

（二）改革 MPS，由 MPS 向 SNA 过渡阶段（1984—1995 年）

鉴于上述，我国最早从 1984 年就开始酝酿对原有的国民经济核算体系进行改革。期间经历了从 1985 的理论研究准备，到 1986—1987 年方案设计，1988 年在 18 个省、区、市试点试算，最后到 1992 年 1 月，经国务院组织有关各方面专家论证，认为在多次修订基础上所形成《中国国民经济核算体系（试行方案）》，也称为《中国国民经济核算体系（1992）》（简称 CSNA1992）是科学的、可以付诸实施的方案，并决定从该年度起我国分两步实施 CSNA1992。第一步，在 1992—1993 年建立国家和省两级新核算体系框架，实现基本过渡；第二步，到 1995 年基本完成向新核算体系的全面过渡。这标志着我国国民经济核算工作已经开始由 MPS 向国际通用的 SNA 过渡。

（三）由向 SNA 过渡到全面实行 SNA 阶段（1996 年至今）

如果我们将国家统计局 1995 年宣布完成了向 SNA 全面过渡视为我国的国民经济核算体系开始进入一个新时期，到目前为止 27 年时间已经走过了三个小的阶段。这三个阶段以不同时期实施不同版本的 CSNA 为标志。

1. 实施 CSNA 第一个版本阶段（1996—2002 年）

CSNA1992 是我国国民经济核算体系的第一个版本，也是这一时期进行国民经济核算活动的重要制度依据。CSNA1992 受当时经济改革理论发展阶段的影响，是在强调既不能保持原有的 MPS，也不能完全照搬 SNA，试图兼容并蓄，把两者的优点结合起来建立适合中国国情的国民经济核算体系背景下形成的。尽管它突破了传统观念的束缚，吸收了一些国际上先进的核算理论和方法，使我国的核算制度克服了传统核算制度的许多重大缺陷向国际行列跨进了一大步，并在国际上产生了很大影响，但它毕竟是一种过渡。这种将服务于两种不同管理体制的两大核算体系采取板块式的方法拼凑在一起，不仅不能很好地适应发展市场经济的需要，也为国际间的比较增添许多麻烦。因此，国家统计局制定的《国家统计制度方法改革规划（1996—2000 年）》提出了争取在 20 世纪末基本上实现中国国民经济核算体系向联合国 SNA1993 过渡的战略目标，并在实施中国国民经济核算体系 1992 过程中不断对其加以改进和完善。

2. 实施 CSNA 第二个版本阶段（2003—2016 年）

2000 年以来，国家统计局对 1992 年颁布实施的《中国国民经济核算体系（1992）》进行了重大修订，形成了《中国国民经济核算体系（2002）》（简称 CSNA2002），并联合当时的国家发展计划委员会、国家经济贸易委员会、财政部、中国人民银行、国家外汇管理局、国家税务总局和国家工商管理总局等 7 部委以国统字〔2002〕71 号文的形式发出通知，于 2003 年开始逐步实施 CSNA2002。CSNA2002 基本与联合国等五大国际组织编制的 SNA1993 相一致，可以视为中国国民经济核算体系的第二个版本。自 2003 年实施 CSNA2002 起，这一阶段持续至 2016 年年底结束。

3. 实施 CSNA 第三个版本阶段（2017 年至今）

随着联合国等五大国际组织于 2009 年颁布了新的国民经济核算标准——SNA2008，并不断在各国开始实施，我国国家统计局自 2013 年开始也对中国国民经济核算体系 2002 作出相应修订，并最终形成了《中国国民经济核算体系（2016）》（简称 CSNA2016）。2017 年报经国务院批复，从当年开始实施。CSNA2016 可以视为中国国民经济核算体系的第三个版本。自 2017 年开始我国的国民经济核算实践活动已经进入实施 CSNA 第三个版本阶段。

从上述国际和国内国民经济核算体系发展的轨迹看，国民经济核算体系从一个阶段发展到另一个阶段，是与以下几个制约因素密切相关的：第一，客观经济的不断发展为国民经济核算体系的发展创造了必要；第二，宏观经济理论的不断发展推动了核算理论的不断进步；第三，核算方法的不断完善和相互融通，使核算体系的结构不断趋于完整和严谨；第四，人们思想的不断解放和全球经济的一体化不断促进国民经济核算体系的发展；第五，具体到一个国家在某一特定时期实行何种核算体系（包括 SNA 和 MPS），以及同一种核算体系的哪种版本，离不开该国所实行的经济体制、经济发展水平以及核算水平。

五、《中国国民经济核算体系（2016）》的基本内容

《中国国民经济核算体系（2016）》由基本核算和扩展核算两部分组成。

基本核算由国内生产总值核算、投入产出核算、资金流量核算、资产负债核算和国际收支核算五个部分组成。

扩展核算包括资源环境核算、人口和劳动力核算、卫生核算、旅游核算和新兴经济核算等五个组成部分。

每种核算内容都由一组相应的核算表来表现（一些重要的基本核算表将在后面相应的

内容中加以阐述），从而形成了一个由 26 张核算表组成的系列（其中基本核算表 14 张，扩展核算表 12 张）。

《中国国民经济核算体系（2016）》基本框架[①]如图 1－1 所示：

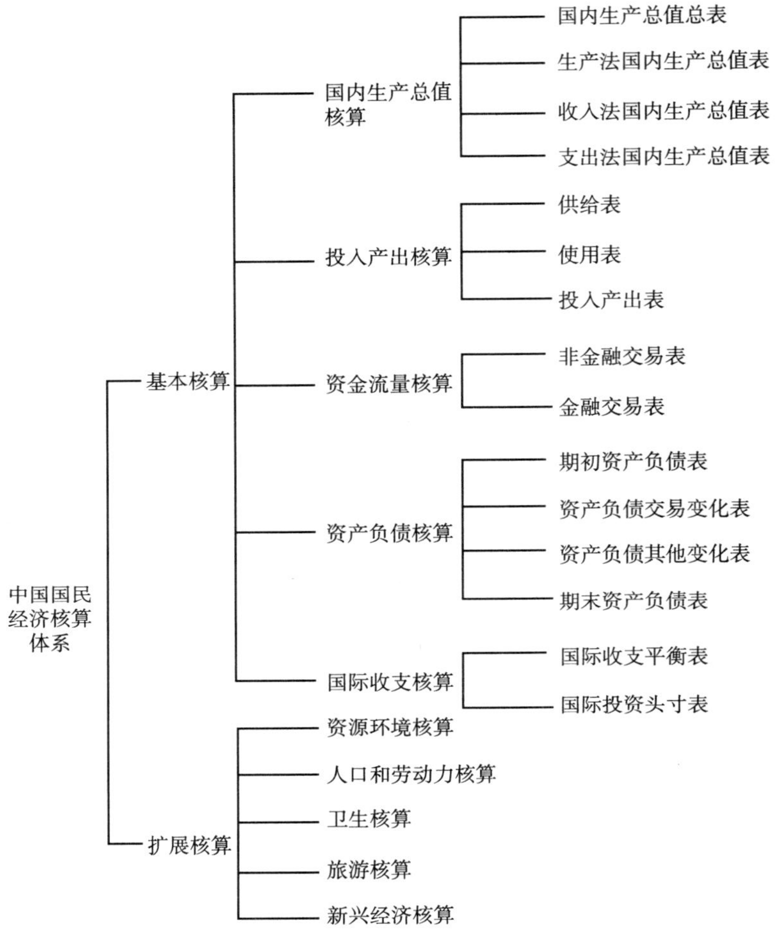

图 1－1　中国国民经济核算体系基本框架图

六、从国民经济核算体系到国民经济核算学

中国国民经济核算体系作为国内统计部门测度国民经济各项活动的标准，更多的是对实际部门各种核算行为的一种规范。这种规范既要以一定的经济理论和核算方法论作为指导，也为国民经济核算理论的产生与发展奠定了基础。因此，如果对国民经济核算活动的

① 中华人民共和国国家统计局．中国国民经济核算体系（2016）[M]．北京：中国统计出版社，2017．

实践经验加以总结，便可以形成一门新的学科——国民经济核算学。

国民经济核算学是一门研究国民经济核算理论和方法，探讨如何收集、整理、登录、估价、显示和分析国民经济核算数据的艺术、技术和科学，其目的是对国民经济核算活动的经验加以概括总结，进一步为国民经济核算实践提供理论和方法论指导。

第二节 国民经济核算的基础

国民经济核算是建立在一系列相关经济理论和会计、统计、数学等核算方法基础上的高层次宏观核算。核算的基础包括经济理论基础、微观基础和方法论基础，以及核算中的价格基础等。

一、国民经济核算的理论基础

国民经济核算体系是在西方发达国家长期进行国民经济核算背景下产生和发展起来的。它作为一种具体的方法论科学，必然受到3个多世纪，尤其是近半个世纪以来西方各种经济理论的影响。

现代西方经济学家认为，国民收入是由四种要素，即土地、劳动、资本和企业家的经营才能各为社会生产提供不同贡献创造的。尽管这种理论观点最早可以追溯到像W. 配第和A. 斯密（Adam Smith）这样一些古典经济学家，特别是W. 配第不仅是第一个对国民收入的概念做出明确规定的人，而且还对一国的国民收入进行实际估算。但对国民经济核算真正产生影响的应当是J. B. 萨伊（J. B. Say）的“生产三要素”理论以及“供给会创造它自己的需求”等理论。后来在A. 马歇尔（A. Marshall）所创造的“一国的劳动力和资本作用于它的国家资源，每年生产一定量的净商品量，物质的和非物质的，包括一切种类的劳务”的理论影响下，国民经济核算的范围得到进一步扩大。一般认为，A. 马歇尔是“综合性生产理论”的创始人。现今国民经济核算体系有关生产核算的范围就是依据综合性生产理论确定的。

1936年凯恩斯（J. M. Keynes）《就业、利息和货币通论》一书的出版，不仅激发了人们对宏观经济学的浓厚兴趣，也进一步促进了国民经济核算的发展。联合国国民经济核算体系联合工作组的组织者R. 斯通就是在凯恩斯宏观经济理论指导下，通过引进会计核算账户体系精心设计出一套覆盖范围十分广泛，有关国民经济核算概念、定义、核算原则和分类标准的基本框架。

值得注意的是，国民经济核算体系理论基础的核心是有关生产的概念和理论。因为，国民经济运行是以生产为起点和核心，作为用来描述国民经济运行过程和结果的国民经济核算体系必然将生产范围的确定作为基本前提。生产范围不同，计量产出、收入分配和使用的范围和数量也不同。历史上，自从经济学产生以来出现过许多生产的概念。由于各种生产理论有关生产范围的界定不同，从而便有了“窄口径生产理论”和“宽口径生产理论”之说，或者称为“限制性生产理论”和“综合性生产理论”。

限制性生产理论认为，只有创造物质产品的劳动才是生产劳动，具体包括农业、工业、建筑业以及为生产服务的商业和交通运输业。其他一切劳动则属于非生产劳动。持该理论观点的有以 A. 斯密为代表的一批经济学家。与限制性生产理论相反，综合性生产理论则认为，在一年期限内所生产的任何货物、提供的各项服务，以及各种效用均为国民收入的一部分。以 A. 马歇尔为代表的许多西方经济学家都持有这种观点。从生产的概念由限制性发展为综合性的过程可以发现，如果不是从生产的特殊性而是从其一般性来考察，有关生产活动的范围是随着生产力水平的不断发展而不断扩大的。尤其是第三产业在国民经济中所占的比重日益增大，综合性生产的观念被越来越多的人所接受。

国民经济核算需要以生产理论为基础。这种生产的范围应该包括一切社会生产活动，不管它是物质生产的，还是非物质生产的。只有这样，才符合国民经济核算对于生产的计量必须客观、全面和可比的要求，也只有这样，才能使国民经济核算体系真正具有普遍的适用性。正如联合国等国际组织编写的 SNA1993 所指出的：“本体系的基本概念和定义取决于经济逻辑和原理，这些逻辑和原理应该是普遍有效的，而且不受其所处的特定的经济环境所影响。”①

国民经济核算体系除了需要以生产理论为核心基础外，其他一些重要的经济理论，包括经济循环理论、市场理论、收入分配理论、最终消费理论、资本形成理论、金融理论和国际收支理论等对国民经济核算体系的建立和发展都有重要的指导意义和作用。例如，国民经济核算的顺序就是按经济循环理论所阐述的生产、收入分配、收入的使用等顺序设置的，并且依据生产决定收入分配和使用的理论求得整个循环过程中三个运行阶段的核算结果达到一致。

① 联合国等. 国民经济核算体系（1993）［M］. 国家统计局国民经济核算司，译，北京：中国统计出版社，1995.

二、国民经济核算的微观基础

国民经济核算是宏观层次经济核算，它的微观基础是单位经济核算。[①] 离开了单位核算，或者单位核算的数据不准确、核算的制度和方法不健全和不统一，国民经济核算就难以取得理想效果。

单位经济核算包括许多方面。从核算内容看，有生产经营条件核算、生产过程中物化劳动和活劳动消耗核算、资金占用方面的核算以及反映生产经营成果的产出核算等。从核算方法看，有会计核算、统计核算和业务核算等。在上述三种单位经济核算方法中，会计核算占据重要地位。这不仅是因为会计作为一种以价值形式进行管理的工作，在单位的经营管理中发挥着重要的核算和监督作用，统计核算的许多指标也取自于会计核算。因此，从事国民经济核算研究和实际工作的人员，应该了解和掌握会计核算基本知识，学会如何在国民经济核算中运用会计核算资料。

三、国民经济核算的方法论基础

国民经济核算体系在核算方法方面构造了一个完备的科学核算方法体系。在这个核算方法体系中，会计账户方法是主要的核算方法，矩阵表和平衡表、方程式法和图解法等则为核算的辅助方法。此外，统计分类方法、记录和估价的一般原则等也是核算方法体系中的重要组成部分。

账户方法是国民经济核算的根本方法。它的主要特点表现在，根据会计账户的基本原理，利用复式记账法，把每一笔交易的内容以相等的数额分别在两个或两个以上对应账户的借方和贷方进行登录；有时也会利用四式记账法，根据不同业务登录的需要，会将一笔业务在账户的借方或贷方登录两次。此外，整个账户体系依据国民经济运行过程的各阶段内容进行设计，包括属于经济流量中经常账户的生产账户、收入分配和使用账户，积累账户的资本账户、金融账户、资产物量变化账户和重估价账户，属于经济存量的资产负债账户等。同时，通过在每个账户中设计平衡项用以衔接上述各种前后账户之间的联系。如此设计国民经济核算账户体系，不仅能够清楚地反映国民经济运行过程中每项资金的来龙去脉，还构成了一套严谨而完整的科学体系。

此外，国民经济核算的外部环境，如一个国家的政治制度、经济体制，政府的宏观经

① 国民经济核算中的单位包括基层单位和机构单位，有关这两种单位的内容将在第二章详细介绍。

济政策、从事国民经济核算实际工作和理论研究人员的水平等，对国民经济核算理论的发展也具有十分重要的作用。

第三节　国民经济核算的目的和基本结构

一、国民经济核算体系的目的、特点和用途

（一）国民经济核算体系的目的

国民经济核算体系是为有关需求者分析经济、制定政策和决策而设计的，其主要目的是为用户提供一个覆盖范围十分广泛的概念和核算框架，便于人们建立一个分析和评价经济运行状况的宏观经济数据库。

（二）国民经济核算体系的特点

国民经济核算体系的特点主要体现在其账户体系的设计上。在国民经济核算体系的核心框架中，整个账户体系具有以下三个特点。

1. 全面性

整个账户体系包含了用以反映经济主体所有活动过程和运行结果的账户。

2. 一致性

整个账户体系运用相同的核算规则度量全部经济主体参与的每一项特定活动所产生的结果，由此形成了一致的价值。

3. 完整性

在整个账户体系中，对于某一经济主体特定活动所产生的所有结果都能在对应的账户（包括资产负债表）中得到反映。

（三）国民经济核算体系的用途

国民经济核算体系的用途主要表现在以下几个方面。

1. 监测经济活动

国家宏观经济管理部门可以根据国民经济核算体系提供的信息，对整个经济活动进行

监测。国民经济核算所提供的经济信息，既涉及各种不同类型的经济活动，又涉及经济中的不同部门。管理者可以根据这些信息监测许多主要的经济流量，如生产、货物和服务的消费、资本形成、货物和服务的进出口、工资、财政信贷等的动态状况；而且，国民经济核算体系还可以提供只能在核算框架内界定和计算的一些关键平衡项目或比率信息，如预算盈余赤字、各个部门或经济总体收入中用于储蓄或投资的份额，等等。这些信息为分析人员、政治家、媒体、商业界和大众等监测经济活动提供了依据。

2. 分析宏观经济

国民经济核算体系可以为宏观经济分析提供帮助。经济运行中的各种数据是宏观经济分析不可或缺的重要依据。宏观经济学家只要接受国民经济核算体系界定的有关生产、消费、收入等基本概念，便可以运用计量经济方法，通过编制各种时间序列数据、估算不同经济变量之间相关系数、建立各种宏观经济模型等对宏观经济进行分析。

3. 进行国际比较

由于国民经济核算体系是一种以标准的、国际通用的概念、定义和分类的形式向各主要国际组织报告国民经济核算数据的体系，由此产生的各种数据可以广泛用于主要总量的物量国际比较，如国内生产总值、人均国内生产总值等；国民经济核算体系的统计数字也可以用于有关经济结构的国际比较，如投资、政府支出等项目各占国内总产值的比重等。经济工作者、新闻工作者以及其他分析人员，在评价一国经济表现时经常会用上述数据同另一个类似的国家做比较。

二、国民经济运行过程

国民经济是由一国各类经济活动组成的总体。在市场经济条件下，国民经济运行过程就是各经济主体（非金融公司、金融公司、政府和住户等）运用各类生产要素（土地、资本、劳动力等）从事各种市场交易活动的过程。

从国民经济运行角度考察，社会总产品（包括货物和服务）被生产部门生产出来以后，便形成了实物和价值两种形态的运动。实物形态的运动是从生产领域开始的，途经流通领域最终进入使用领域。其中，在流通领域进口和国内生产的货物与服务一起形成社会总供给。在使用领域，出口和消费与投资一起形成社会总使用。价值形态的运动从生产领域开始，通过收入分配领域进入使用领域。在收入分配领域，各经济主体通过对生产成果的初次分配和再分配最终形成社会总需求。国民经济运行过程如图 1－2所示。

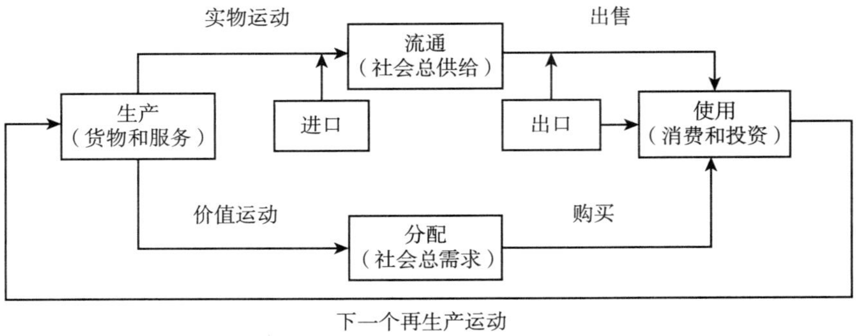

图 1－2　国民经济运行图

由此，从国民经济运行过程看，社会总供给与社会总需求之间的对比关系，生产与使用之间的对比关系，构成整个国民经济在既对立又统一的关系中运行。

在国民经济运行过程中，市场起着很重要的作用。它不仅是连接货物和服务生产与使用的桥梁和纽带，还是合理配置社会经济资源一种有效机制。尽管市场多种多样，但从宏观角度划分，大致有产品（包括货物和服务）市场、资金市场和生产要素市场三大类。所有参与市场经济活动的交易者，包括以家庭为单位的住户和以法人代表为单位的住户以外的机构单位，在由这三大市场组成的市场体系中，通过价格机制和竞争机制从事各种经济活动。这些交易者是市场的主体，他们决定着整个国民经济在市场经济环境下的运行过程。

三、国民经济核算的对象和内容

从上述国民经济运行过程可以看出，国民经济核算的对象大致包括以下四个方面。

（1）国民经济运行的主体——各种交易者；

（2）国民经济运行过程的客体——各种复杂的交易活动；

（3）维系国民经济运行的市场环境中的估价——市场价格；

（4）交易的记录时间——所有权发生变化时。

这些核算对象各自所包括的内容便构成了国民经济核算内容。

（一）交易者

交易者即国民经济活动的参与者。这些参与者按照经济活动功能考察，在微观层次可以分为两类，即基层单位和机构单位。从中观层次考察，国民经济基层单位根据其生产的货物或服务的同质性分别形成各种不同的国民经济产业部门；国民经济机构单位按其主要经济职能、行为和目的不同，分别形成各种国民经济机构部门。从宏观层次考察，国民经济活动的参与者则为经济总体与国外。

（二）交易

交易是国民经济核算体系中一个很重要的概念。它是指两个经济主体按照相互之间的协议而进行的一种活动。国民经济活动中的交易主要包括：货物和服务的生产交易、收入分配交易、收入使用交易、资本形成交易、金融交易等。

（三）价格

价格作为商品的价值表现，它不仅为国民经济核算提供了同度量条件，而且由于市场价格的不同或变化，对国民经济活动成果价值量的影响作用也很大。因此，国民经济核算体系为了保证其空间上的完整性和时间上的连续性，价格核算便成为其中一项重要的核算内容。国民经济核算体系涉及的价格形式主要有基本价格、生产者价格和购买者价格。

1. 基本价格

基本价格是生产者就其生产的每单位货物或服务产出，从购买者那里所获得的单位产品金额，扣除生产或销售时应付的所有税，再加上生产或销售时所获得的所有补贴后的金额。它不包括生产者在发票上单列的任何运输费用。

$$\text{基本价格}=\begin{matrix}\text{从购买者获得的}\\\text{单位产品金额}\end{matrix}-\begin{matrix}\text{生产或销售时}\\\text{应付的所有税}\end{matrix}+\begin{matrix}\text{生产或销售时}\\\text{获得的所有补贴}\end{matrix}$$

由于基本价格不包含生产税和运输费用，并且将生产或销售时所获得的补贴包括在内，因此，最能体现生产者生产每单位产品实际所获得的好处。

2. 生产者价格

生产者价格是生产者就其生产的每单位货物或服务产出，从购买者那里所获得的单位产品金额，扣除向购买者开列的所有增值税或类似可抵扣税以后的金额。它不包括生产者在发票上单列的任何运输费用。

$$\text{生产者价格}=\begin{matrix}\text{从购买者获得的}\\\text{单位产品金额}\end{matrix}-\begin{matrix}\text{向购买者开列的所有增值税}\\\text{或类似可抵扣的税}\end{matrix}$$

生产者价格和基本价格的共同点在于，它们都是用来核算产出的价格，它们都不包括在销售发票上单列的增值税或类似可抵扣税。但二者的区别在于，生产者价格中包括产品税（每单位产出的应缴税额），但不包括产品补贴（每单位产出获得的补贴）。

从上述内容可以看出，基本价格是归生产者所有的那部分，因此，该价格与生产者的决策密切相关。

3. 购买者价格

购买者价格是购买者在指定的时间和地点获得每单位货物或服务所支付的金额。它不包括任何增值税或类似可抵扣税，但包括购买者在其要求的时间和地点提取货物时单独支付的运输费用。

$$购买者价格=\begin{matrix}生产者\\价格\end{matrix}+\begin{matrix}购买者不可抵扣\\的增值税\end{matrix}+\begin{matrix}另行支付的\\运输费用\end{matrix}+\begin{matrix}批发、零售商\\的商业毛利\end{matrix}$$

购买者价格是在核算对货物或服务使用时所采用的价格。

（四）交易的记录时间

国民经济核算体系除了要核算上述三项内容外，为了保证核算的准确性，还需要正确确定交易发生的时间。因此，如何确定交易的记录时间也构成整个核算体系的重要内容。

在会计和统计核算中，有关记录交易的时间有两种原则可以遵循：一种是权责发生制，另一种是收付实现制。

权责发生制，又称**应计制**。它是以收入和费用是否已经发生为标准来确认本期收入和支出的一种方法。其主要内容是，凡是本期已经实现的收入和已经发生或应当负担的费用，不论款项是否收付，都应作为本期的收入和费用处理；凡是不属于当期的收入和费用，即使款项已经在当期收付，也不应作为本期的收入和费用处理。

收付实现制，又称**现金收付制**。它是以款项实际收付为标准来确认本期收入和支出的一种方法。其主要内容是，凡是在本期收到的收入和支付的费用，不论是否属于本期应当发生的，都作为本期的收入和费用处理，而对于应收、应付、预收和预付等款项均不做调整。

显然，权责发生制和收付实现制是两种相对的记录交易时间的方法和原则。国民经济核算体系所遵循的是权责发生制原则。

四、经济流量和存量

经济流量和存量既是经济学的一组重要概念，也是国民经济核算体系中首先触及的重要概念。SNA2008 在第二章综述的引言中明确指出：“从根本上说，国民经济核算体系的目标就是记录经济流量和存量。”①

经济流量是按一定时期测算的经济量值，反映经济价值的产生、转换、交换、转移或

① 联合国等．国民账户体系（2008）[M]．中国国家统计局国民经济核算司，等，译．北京：中国统计出版社，2012．

消失，涉及机构单位的资产和负债的物量、构成和价值的变化。包括产出、收入、投资和最终消费以及由于物量和物价变化所产生的数量。经济流量大致分为两大类：一类是经济交易流量，另一类是非经济交易流量。经济交易流量包括货币交易和非货币交易。举例来说，非货币有易货贸易、实物报酬、实物转移和内部交易等形式。非经济交易流量，也称为其他流量，包括资产物量其他变化和重估价变化。交易流量被记录在除积累账户中的资产物量其他变化账户和重估价账户以外的所有流量账户和表中，非经济交易流量则被记录在资产物量其他变化账户和重估价账户中。

经济存量则是在一定时点（某一日）测算的量，包括期初和期末资产和负债以及资产净值的持有量。经济存量记录在核算期初、期末的资产负债表和资产负债账户中。

经济流量和经济存量之间的区别在于，流量具有时间量纲，而存量则没有时间量纲。但二者都是变量，本期存量是前一时期存量和本期流量积累的结果，同时又是下一时期流量发生变化的条件。

五、国民经济核算的范围

准确确定国民经济核算范围，是国民经济核算体系一个重要的理论和实践问题。国民经济核算的范围主要包括核算的主体范围和客体范围。

（一）国民经济核算的主体范围

国民经济核算的主体范围就是从事国民经济活动的主体范围，即由一国所有常住单位构成的经济总体。

经济总体是根据机构单位定义的，是由在一个国家经济领土范围内所有常住单位构成的集合体。

常住单位是国民经济核算体系一个特定的重要概念。它是指在一个国家的经济领土范围内具有一个主要的经济利益中心的机构单位。一个国家的**经济领土**涵盖陆地、天空和水域，是由该国政府控制的地理领土所组成，包括该国大陆的领地、领海、领空，以及位于国际水域且该国具有捕捞或海底开采管辖权的大陆架和属于领土范围的岛屿，还包括该国在国外的领土“飞地”，但不包括该国地理领土内的领土“飞地”。“飞地”，即位于一国（境）外领土内，经与所在地政府达成协议后，为该国政府拥有或租借，用于外交、军事、科学或其他用途的有清晰界限的土地区域。例如，使领馆、军事基地、科学站、信息或移民办公机构、援助机构、央行的代表机构等，它们一般具有外交豁免权。显然，国民经济核算体系定义的经济领土与一般意义上的地理领土不同，它既有坐落何处的自然属性，又有归谁管辖的社会属性，这是在进行国民经济核算问题研究时应予以格外重视的。

国民经济核算体系之所以设计常住性和经济领土的概念，目的在于确保一个机构单位是一块经济领土上唯一的常住者。一个经济实体与某一确定的经济领土的联系，取决于该实体的自然存在地点和是否受该领土上政府的管辖等因素。

一个机构单位在某国经济领土范围内具有**经济利益中心**，是指它在该国经济领土范围内使用一些地点、住宅、生产场地或其他活动场所，从事而且有意持续（无限期或者相当长期限）从事具有显著规模的经济活动。由这个定义可以看出，一个机构单位要想在某个国家经济领土上具有经济利益中心，必须具备以下三个条件：（1）必须使用一定的场所，如住房、厂房等；（2）必须具有一定的经济活动规模；（3）必须达到足够长的经济活动时间，一般需要在一年以上。这三个条件必须同时具备，缺少其中任何一条都不能认为该机构单位在某国具有经济利益中心。可见，即使有的机构单位在别国从事经济活动，也不能认为它在别国具有经济利益中心。

国民经济核算的主体范围最基本的单位是机构单位（生产领域核算还包括基层单位），中间层次是机构部门（生产领域核算还包括产业部门），宏观层次是经济总体。

（二）国民经济核算的客体范围

国民经济核算的**客体范围**是指经济主体从事经济活动以及所涉及的经济流量和存量的范围。核算的客体范围主要包括：（1）生产范围；（2）收入分配范围；（3）收入使用范围；（4）资本形成范围；（5）金融交易范围；（6）资产其他变化范围；（7）资产存量范围等。

由于国民经济核算体系需要对每种经济活动和结果都要进行具体核算，因此，这些核算的客体范围将在后面的相关章节详细阐述。

六、国民经济核算的总量描述和结构描述

国民经济核算体系作为一个覆盖范围广泛的核算框架，是从总量和结构两个方面对整个国民经济运行过程和结果进行系统描述的。

从总量方面看，国民经济核算体系可以分别在机构单位、机构部门和经济总体三个不同层次上实施。尤其在经济总体层次，国民经济核算体系界定了一些用途十分广泛的总量统计指标，如国内生产总值、国民总收入、国民可支配收入、总储蓄等。尽管国民经济核算体系一再强调计算一些总量指标不是国民经济核算的唯一和主要目的，但汇总这些数字仍是十分重要的。这种重要性主要表现在，通过提供不同层次的汇总数据，可以满足对经济行为和一些重大经济问题，如通货膨胀、失业、经济增长和产业结构等感兴趣的分析人

员和政策制定人的需要，这是国民经济核算体系的首要意图。同时，用某些总量指标还可以实现国民经济核算体系另一个重要用途，即测定一个国家的福利变化。这些总量指标的另一个重要作用还在于通过它们把整个国民经济运行过程有机地联系在一起从而保证了整个国民经济核算体系的统一性和完整性。

国民经济核算体系的结构描述，是通过各种名目繁多的统计分类和在分类基础上的账户序列进行的。这些分类既体现出整个国民经济运行的程序性，又反映了参与经济活动主体及经济活动内容和结果的不同类别。在分类基础上，将经济主体的各种交易活动通过账户表现出来，并按照社会再生产运动过程形成账户序列。由此可以从多种角度描述国民经济结构。例如，在生产领域，通过对生产成果分别按国民经济产业部门分类和国民经济机构部门分类，来描述国民经济产业结构和社会总供给结构；在收入分配领域，通过对收入初次分配所形成的国民总收入和收入再分配所形成的国民可支配收入按机构部门分类，来描述经济总体收入分配的主体结构等。

第四节 国民经济核算规则

国民经济核算规则是国民经济核算体系重要的基础之一。国民经济核算体系要保证其账户、资产负债表和其他表式在逻辑方面的严密性和协调一致，必须制定一套大家共同遵守的规定，包括账户的记账规则，估价的一般规则，记录时间、汇总、取净值和合并等原则。这些规则对设计国民经济核算体系中心框架、确定核算范围、各种定义和分类等，都具有重要的指导作用。

一、记账规则

如前所述，国民经济核算体系主要采用账户的核算方法来描述国民经济运行过程。要记账，就需要遵循相应的记账规则。国民经济核算体系在制定账户的记账规则方面包含以下三项内容。

（一）账户两方的术语

国民经济核算体系将增加一单位或部门经济价值的交易称为“**来源**”。例如，对于接受薪金与工资的单位或部门来说，薪金与工资是它们的来源。

国民经济核算体系将减少一单位或部门经济价值的交易称为“**使用**”。同样以薪金与工资为例，对于支付薪金与工资的单位或部门来说就是它们的使用。

此外，国民经济核算体系还将账户的右方称为**来源方**，将账户的左方称为**使用方**。

（二）记账规定

有关记账规定，国民经济核算体系分为三种情况予以处理。第一，对于经常账户，凡是能够给单位或部门带来收入的交易都记录在账户的来源方；反之，凡是给单位或部门带来支出的交易则记录在账户的使用方。第二，对于积累账户，来源方记录负债和资产净值的变化；使用方则记录资产的变化。第三，对于资产负债表，来源方记录的是负债和资产净值（净值是资产与负债的差额），使用方则记录资产。

（三）复式记账和四式记账

账户核算方法最显著的特点之一，就是它执行了复式记账和四式记账的规则。

就一个单位或一个部门而言，国民经济账户核算方法如同工商企业会计核算一样，它以复式记账为基础，将每笔交易记录两次。一次作为来源记录在账户的右端，另一次作为使用记录在账户的左端。还有一种情况是将一笔交易在一个账户的同一端用相反符号记录两次。例如，住户用现金购买一件消费品，这笔交易需要在住户账户中做两次记录。一次是在住户的金融账户使用方，以负值记录现金资产的减少；另一次是在住户收入使用账户的使用方，记录一次最终消费支出。需要注意的是，为保证账户的一致性，对于同一笔交易所做的两次记录在数额上必须相等。

对于包括所有单位和部门的国民经济核算账户来说，由于大多数交易都涉及两个机构单位，原则上这些交易需要做四次记录，即每项这类交易都必须由两个有关的机构单位各记录两次。例如，当一个政府单位向一个住户支付一笔现金社会福利时，在政府账户中，两次记录分别是将其作为“使用”记录在有关转移类项目下，同时作为资产负获得记录在通货和存款项目下；在住户账户中，将其作为“来源”记录在转移项下，同时作为资产获得记录在通货和存款项下。

尽管从理论上讲复式记账和四式记账规则是国民经济核算保证一致性的基础，但在国民经济核算的实践中却不能完全利用这些原则。因为一个国家的账户不会像一个企业账户那样可以实际记录一定时期发生的全部流量，尤其像住户账户，不可能依赖于一致和完整的账户资料，对于这种情况就需要使用有关统计调查方面的数据。

二、记录时间原则

四式记账的记录时间原则，要求必须将交易流量或其他流量在同一时点记录在有关账户中。这一原则也适用于对金融资产和负债存量的记录。国民经济核算在记录时间方面总的原则是必须坚持权责发生制原则，即机构单位间的交易必须在债权和债务产生、转换或取消时进行记录。同样，一个单位内部的交易也要在经济价值被创造、转换或清偿时记录。

国民经济核算遵循了与工商会计相同的权责发生制原则，而不是收付实现制。这是因为，一方面，国民经济核算的基础是工商企业的会计核算。会计核算采用的是权责发生制，为保证国民经济核算与会计核算的协调一致，理论上讲，应该与工商企业会计核算遵循相同的原则；另一方面，所有交易都与债权债务有关。在国民经济运行中，存在着实际交易和相应的现金收付两种运动。多数情况下，二者之间存在时滞，即使一笔交易（例如购买或出售一件货物）与支付或收讫同时发生，也同样存在交易和现金运动两个方面。国民经济核算在记录交易时需要把交易的实际发生与相应的现金运动区分开来，主要根据交易实际发生时产生的债权债务关系作为记录标准。权责发生制较之收付实现制，它主要是从时间选择上确定交易确认的基础，其核心是根据权责关系的实际发生和影响期间来确认交易，符合国民经济核算记录时间的要求，更能准确地反映核算期内各种经济流量和存量。

三、估价原则

（一）估价的原则

国民经济核算在进行四式记账时，按规定必须把一笔交易在有关两个部门相关账户中以相同的价值记录。同样的要求也适用于资产和负债。这就需要对各种交易、资产和负债的记录价格做出统一规定。

国民经济核算估价的一般原则是将市场价格作为估价的基准。具体规定可区分为：（1）凡有货币支付行为的交易，都按交易双方认定成交的市场价格估价；（2）没有货币支付行为的交易，则按发生的费用（如政府生产的非市场服务）或参照类似货物和服务的市场价格来估价；（3）资产和负债则按照编制资产负债表的当期价格而不是原价来记录；（4）内部交易包括入库、出库、中间消耗和固定资本消耗等，按这些交易发生时的当期价格而不是原价来估价。

（二）估价的方法

国民经济核算体系对产品产出和使用的估价方法也做了具体的规定，即对产出（包括货物和服务）进行估价的优先方法是基本价格，如果得不到基本价格也可以按生产者价格估价；对于产品的使用（如中间消耗、最终消费和资本形成等）都要求按购买者价格估价。

四、合并和取净值原则

（一）合并

合并，是指如果从事交易的单位被合并为一组，就要把这些单位间发生的交易从使用和来源两方面加以剔除，并把相互间存在的金融资产及其相应的负债予以剔除。合并主要涉及金融机构和一般政府。

国民经济核算体系原则上不主张将处于同一子部门或部门范围内的机构单位之间的交易流量加以合并。但为了补充说明或分析，可以编制合并账户。

（二）取净值

国民经济核算体系中的**取净值**，可以分别从经常性交易和资产变化或负债变化两个方面来解释。

对于经常性交易而言，取净值是指将使用与来源进行相互抵消。例如，产品税在没有扣除产品补贴前称为产品税，当扣除产品补贴后就称其为产品税净值。类似的还有国内生产总值扣除固定资本消耗后称为国内生产净值，国民可支配总收入扣除固定资本消耗后称为国民可支配净收入等。

对于资产变化或负债变化而言，取净值可以分别用两种方式来处理。一种方式是，针对资产变化或负债变化的不同类型分别取净值。例如，某单位核算期新入库存货 100 万元，同期出库存货 20 万元，则该企业核算期存货变化的净值为 80 万元。另一种方式是，对某金融工具而言，将金融资产的变化和负债的变化二者取净值。仍以上述单位为例，假设该单位核算期新增银行贷款 50 万元，同期用银行存款偿还利息 2 万元，则该企业核算期的金融资产负债净值变化为 48 万元。

国民经济核算体系只对一些特定的情形取净值，而不鼓励超出其所列示的分类层次之上取净值。

第二章　国民经济核算中的分类

【学习目标与要求】

1. 了解有关国民经济核算分类和分类体系的概念与作用；
2. 掌握国民经济主体分类的内容和方法；
3. 掌握国民经济活动分类的内容和方法；
4. 掌握国民经济活动结果分类的内容和方法；
5. 了解国民经济核算体系其他重要分类的基本内容。

第一节　国民经济核算分类的一般问题

一、国民经济核算分类的概念和作用

分类是任何一门科学中最基本的理论和实践问题。从某种意义上说，没有分类就没有科学。国民经济核算体系同样包括了一系列分类，这些分类构成了国民经济核算体系的骨架。国民经济核算体系主要是通过对国民经济的总量和结构分析描述国民经济运行过程和结果。这里，没有科学的分类，就谈不上对国民经济结构进行科学的描述和分析。因此，熟悉和掌握这些分类的基本理论、概念、标准、方法、范围及其内容等，是从事国民经济核算理论研究和实际工作者必须重视的问题。

国民经济核算分类，是指以整个国民经济为总体，根据国民经济核算的需要，按某种标志（标准）将经济总体各构成要素划分成若干类型或组的一种方法。国民经济核算分类的关键是正确确定分类标志和准确划分各类之间的界限。这里的分类标志是指在分类时用来描述不同类事物特征的名称，如国民经济中的各种不同机构单位的性质，每种基层单位的名称，每个社会成员的性别、年龄和职业等都是这些组织或个人的标志。不同的研究目的有不同的国民经济核算分类，分类标志也随着研究目的和需要而不同。各类之间的界限就是区分相邻不同类别之间的标准。例如，作为生产活动成果的产出，从市场化程度角度分为市场产出、为自身最终使用产出和非市场产出。那么，对于一个农户所生产的粮食究竟属于市场产出还是属于为自身最终使用的产出呢？这里就需要对其进行具体分析和划分。

国民经济核算分类在研究国民经济构成，确定国民经济核算范围以及规范国民经济核算内容等方面都具有重要的作用，是国民经济核算的一项基础性工作。

二、国民经济核算分类体系

国民经济核算分类体系，是根据不同的核算需要，运用多种分类标志从多个维度对经济总体进行分类而形成的一个互有联系的集合体。这些分类包括：（1）国民经济活动的经济主体分类，包括机构部门分类和产业部门分类；（2）国民经济运行活动分类，包括国民经济活动过程中的各种交易分类和非交易分类；（3）国民经济活动结果分类；（4）国民经济活动的目的分类或功能分类等。

上述这些分类紧密地结合在一起，从而可以对经济学中人们普遍关心的基本问题做出较为全面的回答。具体来说，经济主体的机构部门分类和产业部门分类可以回答“谁”在从事“什么”活动（由经济活动的交易分类回答）；资产分类回答一个核算期结束后全社会一共积累了哪些以及多少国民财产；目的分类则回答各种经济行为是为了什么。

综上所述，我们可以认识到，国民经济核算体系的确是一部博大精深的著作，人们仅从其分类体系上就可以感受到熟练掌握和运用它的必要性。

第二节　国民经济主体分类

国民经济主体分类，是指按照谁参与了国民经济活动这一标志将经济总体划分为各个不同的组成部分。根据核算的不同需要，国民经济核算主体分类主要有机构部门分类和产业部门分类两种类型。

一、机构单位和机构部门分类

（一）机构单位及其分类

SNA 所关注的最基本的单位是能够从事所有交易，并能够以自己的名义拥有资产、发生负债，在经济活动各方面具有决策中心地位的经济单位。这些单位就是 SNA 所定义的机构单位。

机构单位是指能以自己的名义拥有资产、发生负债、从事所有经济活动并与其他实体进行交易的经济实体。机构单位的基本特点包括：（1）有权独立拥有货物或资产，并因此能够通过与其他机构单位的交易变更对货物或资产的所有权；（2）能够做出经济决策、从事经济活动，并以自己的名义在法律上承担相应的直接责任；（3）能够代表自己发生负债，或承担其他的义务或承诺，签订契约等；（4）能够编制包括资产负债表在内的完整账户，或者在被要求时，有可能编制出这样的全套账户，而且从经济观点看，这种编制具有意义。

现实生活中，具备机构单位条件的单位基本有以下两类。

1. 住户

住户是指共用生活设施，把成员的部分或全部收入或财产汇集起来使用，集体性地消费主要是住房和食物等货物和服务的一群个人。住户又可以进一步区分为个体住户和机构住户。

个体住户即通常以家庭为单位的住户。**机构住户**是指长期住在医院、养老院、宗教场所、监狱等地的人员所组成的住户。

2. 法律或社会实体

一个法律或社会实体（通常称为**法人单位**），是指被法律或社会承认的、独立于可能拥有或控制它的自然人或其他实体而存在的实体，包括公司、非营利性机构（NPI）和政府等。

1）公司①

SNA 所定义的**公司**，是指满足以下条件的实体，包括：（1）能够为其所有者创造利

① SNA 中所使用的公司概念要比单纯法律意义上的概念更为宽泛。

润或其他财务收益；(2) 在法律上被认定为独立于其承担有限责任的所有者的法律实体；(3) 为从事市场生产而成立等条件的实体。

在国民经济核算体系中，**公司**这一术语覆盖依法成立的法人公司，以及合作公司、有限责任合伙公司、名义常住单位和准公司等。

国民经济核算体系将公司划分为两类：一类是**非金融公司**，是指那些以生产市场性货物或非金融服务为主要活动的公司。另一类是**金融公司**，是指那些主要从事向其他机构单位提供金融服务活动（包括保险、养老基金服务等）的公司。

2) 非营利性机构 (NPI)

非营利性机构 (NPI)，是指出于生产货物或服务的目的而建立的，但其法律地位不允许那些建立它们、控制它们或为其提供资金的单位利用该实体获得收入、利润或其他财务收益的法律或社会实体。

NPI 具有如下特征：(1) NPI 是按照法律程序成立的法律实体，被承认独立于成立它、向它提供资金、控制或管理它的个人、公司或政府单位。(2) 许多 NPI 的控制者是团体，团体的成员拥有平等的权利。(3) 不存在对 NPI 的利润或权利有索取权的股东。所有成员都无权分享 NPI 通过生产活动所创造的任何利润或盈余，这些利润要留存在 NPI 中。(4) NPI 的政策决定权通常归属于一组管理人员、理事会或类似的团体。(5) 控制 NPI 的团体的任何成员都不可以从其运营中获得财务利益，也不能将其所挣得的任何盈余划归己有（这也是 NPI 称谓的来由）。

非营利性机构可以进一步区分为从事市场生产的 NPI 和从事非市场生产的 NPI。

SNA 中的**市场生产者**，是指那些以有显著经济意义的价格销售其大部分或全部产出的生产者，他们的销售价格会对生产者愿意提供的数量和购买者愿意购买的数量有显著的影响。**从事市场生产的 NPI**，是指那些根据其生产成本来收取费用，且费用高到足以对其提供服务的需求产生显著影响的 NPI。这类 NPI 包括学校、学院、大学、诊所、医院等非营利机构，也包括多数由企业协会成立，目标为推进会员企业利益的为企业服务的市场 NPI。

从事非市场生产的 NPI，是指那些以免费或以无显著经济意义的价格将其大多数产出提供给其他单位的 NPI。此类单位包括被政府控制的非营利机构和不被政府控制的非营利机构。

SNA 将事市场生产的 NPI 归入公司一类；将被政府控制的从事非市场生产的 NPI 归入政府一类；将不被政府控制的从事非市场生产的 NPI 称为为住户服务的非营利机构 (NPISH)，并在 SNA 中单独列为一个部门。

3）政府

政府单位，是一种通过政治过程建立的，能在一个特定区域内对其他机构单位行使立法、司法和行政权的独一无二的法律实体。政府单位的主要职能是承担向社会和个体住户提供货物和服务的责任，并利用税收和其他收入在资金上支持这种供给；通过转移支付的手段对收入和财产进行再分配；并且从事非市场性生产。

（二）机构单位的常住性

SNA 中所设定的机构单位是一种**常住单位**，即在一国的经济领土范围内具有经济利益中心的机构单位。SNA 设计经济领土和常住性的概念，目的在于保证每一个机构单位是唯一的一个经济领土上的常住者，以进一步明确统计范围和避免重复统计。某个实体与某一确定的经济领土的联系，取决于该实体的自然存在地点和是否受该领土上政府之管辖等因素。

以经济领土作为经济统计的范围，意味着一个包含多个附属企业的集团，它的每一个成员都是各自所在的经济领土上的常住者，而不是全部归并到总部所在地的经济体中。

（三）机构部门及其子部门

SNA 根据各种机构单位所从事经济活动的不同特点，将其归入相应的机构部门。**机构部门**，是指把种类相似的机构单位归并在一起的机构单位的总称。机构部门分类的主要目的是用来描述和分析国民经济运行中各种交易流量和存量的主体结构。

SNA 记录了三种基本经济活动，它们分别是：（1）货物和服务的生产；（2）满足人类需求的最终消费；（3）各种形式的资本积累。

公司或从事生产活动，或从事积累活动，或两种活动都从事，但它不会进行最终消费活动；政府代表全社会以不同于公司的方式从事生产、积累和最终消费活动；住户代表自己进行最终消费，同时也从事生产和积累活动；NPI 在性质上呈现多样化的状态：有的像公司，有的本质上属于政府的一部分，还有的虽然独立于政府但却从事着类似政府的活动。

由于在经济目的、功能和行为方式等方面的不同，公司、NPI、政府单位和住户在本质上也彼此不同。

每个机构单位都要归属于以下五个机构部门中的某一个且唯一的一个部门。有时某个机构单位即使从事了一种以上类型的经济活动，但必须根据其主要经济活动被整体地划入 SNA 的这一个或那一个部门中。这五个机构部门分别是非金融公司部门、金融公司部门、一般政府部门和为住户服务的非营利机构部门。

1. 非金融公司部门及其子部门

非金融公司部门，是指将那些以生产市场性货物或非金融服务为主要活动的公司合并所形成的机构部门。一个经济总体中的非金融公司部门由该经济总体内的三种常住机构单位组成：（1）所有的常住非金融公司；（2）非常住企业在该经济领土内长期从事非金融生产的分支机构；（3）所有为市场生产货物或非金融服务的 NPI。

国民经济核算体系同时使用两种分类标准，将非金融公司部门的所有常住机构单位划分为不同的子部门。其中，一种标准是将 NPI 和营利机构（FPI）区分开做单独显示；另一种标准是根据控制权将非金融公司分为本国公营非金融公司、本国私营非金融公司和国外控制的非金融公司。这种对非金融公司子部门双重分类所形成的结果如表 2－1 所示。

表 2－1　　非金融公司部门的子部门

非金融公司	NPI	FPI
本国公营非金融公司	本国公营非金融 NPI	本国公营非金融 FPI
本国私营非金融公司	本国私营非金融 NPI	本国私营非金融 FPI
国外控制的非金融公司	国外控制的非金融 NPI	国外控制的非金融 FPI
非金融公司合计	非金融 NPI 合计	非金融 FPI 合计

2. 金融公司部门及其子部门

金融公司部门，是指将那些主要从事向其他机构单位提供金融服务（包括保险、养老基金服务等）的常住金融公司合并所形成的机构部门。

金融公司根据其活动的性质可以分为金融中介机构、金融辅助机构和其他金融公司三大类。（1）**金融中介机构**（包括保险公司和养老基金），是指以通过在市场上从事金融交易获得金融资产为目的，以自己的名义发生负债的机构单位。（2）**金融辅助机构**，是指主要为金融市场提供服务，但不获得所经手的金融资产和债务所有权的机构单位。（3）**其他金融公司**，是那些提供金融服务，但其大多数资产或负债并不在公开市场上交易的机构单位。

金融公司部门的常住单位包括以下三种类型：（1）所有的常住金融公司（不管其股东常住性如何）；（2）非常住企业在该经济领土内长期从事金融活动的分支机构；（3）作为金融服务市场生产者的所有常住 NPI。

SNA 根据公司在市场上的活动及其负债的流动性，将金融公司部门划分成如表 2－2 所示的九个子部门。

表 2-2　　金融公司部门的子部门①

序号	子部门
1	中央银行
2	中央银行以外的存款性公司
3	货币市场基金（MMF）
4	非 MMF 投资基金
5	保险公司和养老基金（ICPF）以外的其他金融中介机构
6	金融辅助机构
7	专属金融机构和贷款人
8	保险公司（IC）
9	养老基金（PF）

表 2-2 中子部门 6 对应的是金融辅助活动；子部门 7 对应的是其他金融活动；其余 7 个子部门属于不同种类的金融中介机构。

3. 一般政府部门及其子部门

一般政府部门，是指由所有的中央、省级或地方政府单位，以及所有政府单位控制下的非市场 NPI 组成的机构部门。

SNA 有关一般政府部门的子部门划分有以下两种方法：（1）将子部门划分为中央政府、省级政府、地方政府和社会保障基金。采用此种划分方法则意味着在前三类子部门的每一项中都包含了 NPI，而未包含社会保障基金。（2）将子部门划分为中央政府、省级政府和地方政府。采用此种划分方法则意味着在子部门的每一项中既包含了 NPI，也包含社会保障基金。

一般政府子部门的社会保障基金与社会保障计划的实施方式有关。**社会保障计划**，是指由政府单位实施和控制的、覆盖全社会大部分人群的社会保险计划。该计划包括多种多样的以现金或实物形式为年老、伤残或死亡、抚恤、疾病和生育、工伤、失业、家庭补助、卫生保健等提供福利或救济的项目。如果社会保障计划与政府单位的其他活动分开运作，单独持有资产和承担负债，并以自己的名义从事金融交易，则该计划就获得了作为机构单位的资格，被称为**社会保障基金**。

4. 住户部门及其子部门

住户部门是由所有常住住户构成的机构部门。SNA 有多种划分住户部门子部门的方法，并建议统计机构对各种方法都给予应有的考虑。

1）按收入划分子部门

SNA 可以按住户最大收入来源的性质对其进行分组，以形成子部门。按此标准，可以

① 金融公司部门各个子部门的含义及内容详见《国民账户体系（2008）》中译本 2012 年版第 87—89 页。

把住户收入分为以下类型：（1）来自住户非法人企业（有付酬雇员）所有者的收入（雇主的混合收入）；（2）来自住户非法人企业（无付酬雇员）所有者的收入（自雇工作者的混合收入）；（3）雇员报酬；（4）财产收入和转移收入。

对应于上述四种收入类型，住户部门的四类子部门分别为雇主、自雇工作者、雇员和财产收入和转移收入接受者。其中，由于第四类子部门是一个异质的集合，应将其进一步划分为财产收入接受者、养老金接受者和其他转移收入接受者三个次级子部门。

2）按参照人的特征划分子部门

参照人，是指根据经济地位重要性而非年龄或地位排行来决定的那个人。因此，参照人通常是有最多收入的那个人，或者是对住户消费主要决策的那个人，而不必是“户主”的那个人。按此标准，可以将住户部门划分为如下子部门：（1）参照人的职业；（2）如果有工作，参照人工作所在的行业；（3）参照人受教育的程度；（4）参照人所拥有资格或技能。

3）按住户规模或所在地划分子部门

按照此方法，可以用适用于全部住户的标准来划分子部门，例如，可以按下列指标界定子部门：（1）住户总收入；（2）住户成员数；（3）住户居住地区的类型。其中，最后一项标准可以用来划分农村住户、城镇住户或大都市住户。

5. 为住户服务的非营利机构部门

如前所述，NPI 分为三种情况，即 NPI 如果从事市场生产，则将其归入公司部门；如果从事非市场生产且受政府控制，则应归入一般政府部门，剩余的 NPI 就称为**为住户服务的非营利机构**（NPISH）。NPISH 分为以下三个子部门：

1）为满足成员需求而建立的团体

该类团体优先免费向其成员提供货物或服务（服务更常见）。其资金来源于定期缴纳的会员费或缴款。此类 NPISH 包括专业或学术团体、政党、工会、消费者协会、教会或宗教团体，以及社会、文化、娱乐、体育等方面的俱乐部等。

2）出于慈善目的而成立的慈善、救济或援助机构

此类机构基于非市场原则向有需要的住户提供货物或服务。其资金主要来源于社会公众、公司、政府或国外的现金或实物形式的捐赠。

3）提供公共服务的机构

此类机构如无偿提供其成果的研究机构、环保组织等。与前两类 NPISH 相比，这类机构比较少见，在一国中可能没有显著的代表性。但 SNA2008 作为具有一定前瞻性的文件，还是将此类机构单独划分出来。

（四）经济总体

经济总体是所有常住机构单位的集合。从中观层次考察，经济总体是由非金融公司部

门、金融公司部门、政府部门、住户部门和为住户服务的非营利机构等五个机构部门构成。从微观层面考察，经济总体是由所有常住单位组成。

SNA 的全套账户既可以以一个机构单位为对象编制，也可以以一个机构部门或经济总体为对象编制。

（五）国外

在 SNA 中，**国外**是指所有与常住单位有交易或其他经济联系的非常住机构单位的集合。此外，国外还应包括在自然意义上处于国家地理边界以内的某些机构单位，如使领馆或军事基地等外国飞地以及国际组织。

为了方便起见，SNA 经常将国外称为国外部门，但它实际上并不是一个机构部门，也不需要编制包括资产负债表在内的全套账户，只是用来记录常住单位与非常住单位之间发生的交易和其他经济关系。

《中国国民经济核算体系（2016）》在有关机构单位和机构部门分类中，将所有常住机构单位划分为非金融企业与非金融企业部门、金融机构与金融机构部门、广义政府机构与广义政府部门、为住户服务的非营利机构与为住户服务的非营利机构部门，以及住户与住户部门等五种类型的机构单位和机构部门。将上述五种机构部门合并便构成我国的经济总体。此外，将与我国发生经济往来的所有非常住单位归并一起称为国外。对于国外按照联合国等国际组织编的 SNA 相同方法处理。

《中国国民经济核算体系（2016）》对于机构单位和机构部门的定义和划分，除了在个别机构单位和机构部门的名称方面与 SNA2008 存在某些差异外，每种机构单位和机构部门的含义和内容与 SNA2008 完全一致。[①]

二、企业、基层单位和产业部门分类

机构单位和机构部门所关注的是一个单位或部门是否能够从事所有经济活动，以及是否具有经济决策权。企业、基层单位和产业部门则只是从生产活动角度对这些经济主体的关注。

（一）企业

企业是指生产货物和服务的机构单位。企业一词可以泛指公司、准公司、非营利机构

① 关于中国国民经济核算体系对机构单位和机构部门划分的具体内容，可参阅中华人民共和国国家统计局．中国国民经济核算体系（2016）［M］．北京：中国统计出版社，2017.

和非法人企业。其中，**非法人企业**是指政府单位、NPISH或住户中由那些无法作为准公司处理的生产活动所构成企业。

（二）生产单位分类

SNA认为，尽管根据企业的主要活动即可将企业归类并形成“产业”，但由于有些企业往往存在多种与主要活动差异较大的次要活动，因而由此合并形成的产业可能性质非常不同。为了使产业更具同质性，SNA强调必须将企业分解成更小、更具同质性的单位。

1. 活动类型单位

活动类型单位，是指只从事一种生产活动，或者主要活动产生了大部分增加值的生产单位。它是按企业所从事生产活动性质的不同对企业进行进一步分解而形成的生产单位。一个活动类型单位可以是一个企业，也可以是企业的一部分。

如果一个企业被分解成两个或更多的活动类型单位，则分解后所形成的生产单位在产出、成本结构、生产工艺技术等方面肯定比原有的整体企业更具同质性。例如，一家既生产彩电又生产冰箱的家电企业，将其分解成两个活动类型单位就比将其作为一个活动类型单位更具同质性。

2. 地点单位

地点单位，是指只在一个地点从事生产活动的单位。它是将企业按从事生产活动所处地点的不同进行分解而形成的生产单位。一个企业通常不止在一个场所从事生产活动，出于某些目的还须对其按地点进行分解。一个地点单位可以是一个企业，也可以是企业的一部分。

地点单位强调的只是生产活动的地点，而不关心该单位从事什么性质的生产活动。地点单位中的“地点”可以根据不同的研究目的和范围来确定，狭义讲可以是一处具体地址，广义讲可以是一个县、一个市或一个省。

3. 基层单位

基层单位，是指在一个地点，仅从事一种生产活动，或由其主要活动产生大部分增加值的生产单位。它是产业活动维度和地点维度的综合。

基层单位是国民经济核算体系中为了进行生产核算和投入产出分析确定的基本核算单位。利用基层单位提供的核算资料可以比较准确地反映各种类型产业活动的生产规模和结构等。因此，对于基层单位而言，在编制账户时唯一有意义的是生产账户和收入形成账户。

从上述基层单位的定义可以看出，一个基层单位必须同时具备以下两个条件。

（1）生产地点的唯一性。如果一个企业在不同场所从事生产活动，即使是从事同一种类型的生产活动，也要划分为不同的基层单位。

（2）生产活动的单一性。从基层单位定义上看，尽管一个基层单位内可以包括一种或一种以上次要生产活动，但其规模必须小于主要活动。如果一个基层单位的某种次要活动与主要活动同等或几乎同等重要，那么该活动就应当从其主要活动中分离出来，并作为单独的基层单位处理。

《中国国民经济核算体系（2016）》将 SNA2008 的基层单位称为**产业活动单位**。为方便获取核算数据，将产业活动单位所具备的条件在基层单位条件的基础上增加了一条，即必须能够独立提供收入和支出会计核算资料。

（三）产业部门分类

1. 根据基层单位同质性的分类

产业是由一群从事相同或类似活动的基层单位组成的集合。SNA 对产业的定义与分类与联合国统计委员会制定的《所有经济活动的国际标准行业分类》第四版（ISIC，Rev. 4.0）是一致的。

ISIC，Rev. 4.0 按照四个层级的分类方法，将所有生产活动划分为 21 个门类、88 个大类、238 个中类和 420 个小类。[①] 其中，21 个门类分别为：（1）农业、林业和渔业；（2）采矿和采石；（3）制造业；（4）电、煤气、蒸汽和空调供应；（5）供水、污水处理、废物管理和补救活动；（6）建筑业；（7）批发和零售贸易、机动车辆和摩托车的修理；（8）运输和储存；（9）食宿服务活动；（10）信息和通讯；（11）金融和保险活动；（12）房地产活动；（13）专业和科技活动；（14）行政和支助服务活动；（15）公共行政和国防、强制性社会保障；（16）教育；（17）人体健康和社会工作活动；（18）艺术、娱乐和文娱活动；（19）其他服务活动；（20）家庭作为雇主的活动、家庭自用、未加区分的生产货物及服务的活动；（21）域外组织和机构的活动。

在最详细的分类层级（小类），产业就属于某个 ISIC 小类的所有基层单位的集合。在经过汇总形成的较高层级——分别对应着 ISIC 的中类、大类和门类。每个层级的产业都是由该层级大量从事同类活动的基层单位组成。

《中国国民经济核算体系（2016）》根据国民经济行业分类标准和统计基础情况来确定具体的产业部门分类。

我国现行的《国民经济行业分类》是由国家统计局提出，国家统计局和中国标准化研究院共同起草，中华人民共和国国家质量监督检验检疫总局和中国国家标准化管理委员会于 2017 年 6 月 30 日联合发布，并于同年 10 月 1 日正式实施的行业分类标准（国家统计

① 《全部经济活动的国际标准产业分类》第 4 版（ISIC，Rev. 4.0）参见联合国网站。

局发布该项分类时称为《2017 年国民经济行业分类（GB/T 4751－2017)》)。

《2017 年国民经济行业分类（GB/T 4751—2017)》采用与《所有经济活动的国际标准行业分类》第四版相同的四层级分类法，将整个国民经济划分为 20 个大的门类、97 个大类、473 个中类和 1381 个小类。其中，20 个门类依次用英文大写字母 A—T 编号；每个大类分别用两位阿拉伯数字编号；中类分别用三位阿拉伯数字编号；小类则分别用四位阿拉伯数字编号。在具体编号时，为了适应将来新的行业类别出现，在某些类别之间采用非连续编号的方式。

《2017 年国民经济行业分类（GB/T 4751—2017)》[①] 的 20 个门类分别是 A. 农、林、牧、渔业；B. 采矿业；C. 制造业；D. 电力、燃气及水的生产和供应业；E. 建筑业；F. 交通运输、仓储和邮政业；G. 信息传输、计算机服务和软件业；H. 批发和零售业；I. 住宿和餐饮业；J. 金融业；K. 房地产业；L. 租赁和商务服务业；M. 科学研究、技术服务和地质勘查业；N. 水利、环境和公共设施管理业；O. 居民服务和其他服务业；P. 教育；Q. 卫生、社会保障和社会福利业；R. 文化、体育和娱乐业；S. 公共管理和社会组织；T. 国际组织。

2. 根据生产者市场性质的分类

产业不仅可以按照基层单位同质性划分为不同产业，还可以根据生产者市场化程度由强到弱依次划分为市场产出生产者、自给性产出生产者和非市场产出生产者。

1）市场产出生产者

市场产出是市场经济下生产成果的一般形式，是生产者准备以有显著经济意义的价格予以销售的产出。**市场产出生产者**就是从事市场产出生产活动的单位。市场产出的种类及其数量完全由生产者根据预期的需求水平和供给成本所决定。

2）自给性产出生产者

自给性产出（为自身最终使用的产出），是指生产者为自身最终消费或资本形成而留用的产出。例如，农民生产的供自己消费的粮食，某企业中一个基层单位生产的、并被同一企业作为将来生产中固定资产使用而留用的货物等。生产这类产出的单位即为**自给性产出生产者**。

为自身最终使用的产出处于市场产出和非市场产出之间。当某种产出用于出售或打算用于出售时，它就被称为市场产出。反之则被称为非市场产出。

3）非市场产出生产者

非市场产出，是指由政府或为住户服务的非营利机构生产的，以免费或没有显著经济

① 《国民经济行业分类》历次版本发布的情况为：GB/T 4754—1984、GB/T 4754—1994、GB/T 4754—2002、GB/T 4754—2011、GB/T 4754—2017。GB/T 4754—2017 详细内容见国家统计局网站。

意义价格提供给其他机构单位或全社会使用的货物和服务。显然，**非市场产出生产者**就是政府单位或 NPISH 所拥有的那些从事非市场产出生产活动的基层单位。

（四）产业部门分类的综合——三次产业分类

产业部门按产业发展的时序可以概括为三次产业。三次产业分类是由英国经济学家费希尔（A. Fisher）于 1935 年在其所著的《安全与进步的冲突》一书中首次提出来的。费希尔认为，人类的生产活动从发展顺序看大致经历了三个阶段，即第一阶段的生产活动以农业和畜牧业为主；第二阶段以大规模工业生产迅速发展为标志；第三阶段则以服务的生产为主。根据这三个阶段先导产业的发展变化，可以把国民经济划分成三次产业：第一次产业为农业和采掘业；第二次产业包括工业和建筑业；第三次产业是除了第一次产业和第二次产业以外的所有产业。1940 年英国经济学家柯林·克拉克（Colin Clark）在其所著的《经济进步的条件》一书中又对三次产业进行了进一步明确的划分。至此，三次产业分类成为西方各国分析国民经济结构时广泛采用的一种分类方法。

我国在 1985 年以前没有三次产业分类。随着我国社会生产力的不断发展，服务业创造的价值在国民经济中所占的比重越来越大。与此同时，为了进行国际间的比较，再没有理由将按三次产业统计的内容排斥在国民经济核算范围之外。基于此，1985 年由国家统计局提出并报经国务院批准的《关于建立第三产业统计的报告》，首次对我国三次产业的划分做出了明确的规定。

目前我国实行的三次产业分类是国家统计局于 2018 年 3 月发布的，根据《国民经济行业分类》（GB/T 4754—2017）对《三次产业划分规定（2012）》中行业类别进行了对应调整后的最新标准。具体内容如下。

第一产业，是指《国民经济行业分类》中的门类 A，即农、林、牧、渔业（不含农、林、牧、渔专业及辅助性活动）。

第二产业，是指《国民经济行业分类》中门类 B 采矿业（不含开采专业及辅助性活动），门类 C 制造业（不含金属制品、机械和设备修理业），门类 D 电力、热力、燃气及水生产和供应业和门类 E 建筑业。

第三产业，是指服务业，包括门类 A 中的农、林、牧、渔专业及辅助性活动，门类 B 中的开采专业及辅助性活动，门类 C 中的金属制品、机械和设备修理业，门类 F 批发和零售业，门类 G 交通运输、仓储和邮政业，门类 H 住宿和餐饮业，门类 I 信息传输、软件和信息技术服务业，门类 J 金融业，门类 K 房地产业，门类 L 租赁和商务服务业，门类 M 科学研究和技术服务业，门类 N 水利、环境和公共设施管理业，门类 O 居民服务、修理和其他服务业，门类 P 教育，门类 Q 卫生和社会工作，门类 R 文化、体育和娱乐业，门类 S

公共管理、社会保障和社会组织，门类 T 国际组织。[①]

联合国国民经济核算体系没有提及三次产业分类，但我国的国民经济核算体系有按三次产业分类核算的内容。三次产业的分类，为分析和预测我国国民经济的产业结构及其发展趋势以及进行国际间的比较提供了依据。

第三节　国民经济活动分类

国民经济活动按照经济循环的过程依次分为生产——收入分配——收入使用——积累。每项活动都可以按不同标准划分为各种不同的类型。

一、生产活动及其分类

SNA 对企业、基层单位和产业的关注是以生产单位的主要生产活动为标准。为此，应当首先界定生产活动的概念及其分类。

SNA 所定义的**生产**，是指在机构单位控制和承担责任情况下，通过投入劳动力、资本、货物和服务，产出货物和服务的生产过程或活动。

人们可以根据各种特征对这些生产活动进行描述和分类，比如可以根据产出的货物和服务种类分类、根据被使用或被消费的投入种类分类和根据所采用的生产工艺技术分类等。SNA 对生产活动有以下三种重要分类。

（一）依据生产活动性质和对增加值所作贡献多少的分类

SNA 根据生产活动的性质和对增加值所作贡献的多少，将生产活动区分为主要活动、次要活动和辅助活动。

1. 主要活动

如果某项活动在一家生产单位所产生的增加值超出该单位所有其他活动，则该项活动就是这家生产单位的**主要活动**。主要活动的产出由主产品及其副产品（伴随主产品而生产出来的产品）组成，而且这些产出必须是能供应给其他单位的货物或服务。

① 有关我国三次产业划分的规定，详见国家统计局网站统计标准栏目。

2. 次要活动

次要活动是一家生产单位在主要活动之外所从事的，增加值小于主要活动的生产活动。次要活动的产出与主要活动一样，也必须能够供应给本单位以外的单位。次要活动的产出是次要产品。

3. 辅助活动

辅助活动是企业内部为其主要活动和次要活动能得以顺利进行而创造条件的一种辅助性活动，如材料和设备的采购、储存，产品的推销，各种形式的记录、存档和记账等。与主要活动和次要活动不同的是，辅助活动的产出不对外使用。

（二）依据生产活动市场化程度的分类

SNA 依据生产活动市场化程度，从高到低依次将生产活动划分为三种类型。

1. 市场生产活动

依据市场产出的定义，**市场产出活动**就是生产者为以有显著经济意义价格出售其产品而从事的生产活动。

2. 自给性生产活动

自给性生产活动是生产者为获得自身最终使用（包括最终消费和资本形成）产品而从事的生产活动。

3. 非市场生产活动

非市场生产活动是指生产者为提供免费或没有显著经济意义价格的货物或服务而从事的生产活动。

（三）根据 ISIC，Rev. 4. 0 的分类

SNA 依据《全部经济活动的国际标准产业分类》第 4 版（ISIC，Rev. 4. 0）对生产活动进行了分类。这种分类除了主要关注作为主产品进行生产的货物或服务性质外，还要考虑货物和服务的用途，以及投入、过程和工艺技术等两个方面的依据。这一分类较为详细的内容已在上述产业分类中阐述。

二、收入分配活动分类

国民经济的生产活动在产生各类生产成果的同时也形成各种不同的收入。这些收入需要在各类经济活动的主体之间进行分配，从而形成收入分配活动。SNA 依据收入分配活动

与生产成果之间的关系，将收入分配划分为收入初次分配和收入再分配。

（一）收入初次分配活动

收入初次分配是指经济活动组织者按照各生产要素所有者对生产活动的参与状况和贡献，对生产成果所进行的直接分配活动。

（二）收入再分配活动

收入再分配活动是指收入分配活动参与者在收入初次分配基础上，通过转移收支活动对收入初次分配形成的收入（初始收入）所进行的分配活动。

三、收入使用活动分类

收入使用活动是指经济主体将可支配收入如何在最终消费和储蓄两方面进行使用的活动。因此，收入使用活动最高层级可以分为最终消费和储蓄。

（一）最终消费

最终消费是一种行为，是指经济活动主体使用货物和服务来满足物质和精神需要的生活消费活动。最终消费依据支出还是获得可以进一步区分为最终消费支出活动和实际最终消费活动。

（二）储蓄

储蓄从活动角度看，是一种将可支配收入中没有用于最终消费的那部分收入积攒起来的活动。

由于储蓄还需要通过不同渠道转化为非金融资产或金融资产，所以 SNA 在讨论收入使用活动时着重阐释最终消费的有关问题。①

四、积累活动分类

经济学中的**积累**，是指经济主体为今后经济发展的需要，将可支配收入中的一部分或

① SNA 在讨论收入使用问题时只将最终消费作为阐释的内容，而将资本形成活动和金融交易活动作为两项与最终消费活动并列的内容进行讨论。如此很容易使人们误认为收入使用仅仅是最终消费活动对收入的使用。实际上，收入使用最高层级包括最终消费活动和储蓄活动，而资本形成和金融交易是对收入中储蓄那部分的使用，即对收入的次级使用。本教材为了保持与 SNA 的一致性，也采用在收入使用中只讨论最终消费有关内容的方式。

全部作为财富逐渐聚集起来的行为，也包括由于非交易活动引起资产变化的活动。

从上述有关积累的定义可以看出，积累活动包括由交易活动引起的积累和非交易活动引起的积累两部分。**交易**是指两个机构单位按照相互之间所达成的协议而进行的活动。国民经济中绝大部分活动属于交易活动。但也有少部分活动属于没有机构单位参与的非交易活动，这部分活动会引起资产负债的变化。

当各类经济主体完成了全部收入分配活动后，一部分具有最终消费功能的经济主体（包括住户、政府和为住户服务的非营利机构）先将自己的可支配收入用于最终消费，而后将没有消费的那部分可支配收入（储蓄）用于财富的积累；另一部分不具有最终消费功能的经济主体（包括非金融公司和金融公司）则将全部可支配收入直接用于积累，以满足今后扩大再生产的需要。

（一）资本形成活动

资本形成活动是指经济主体将储蓄用于固定资本、存货和贵重物品等非金融资产积累的行为。

（二）金融交易活动

金融交易活动是指交易双方均属于金融性交易的行为，这种交易行为会引起双方金融资产或负债发生数额相等、方向相反的变化。

（三）资产其他变化

资产其他变化是指没有机构参与，由非交易活动所引起的资产负债价值的变化。由于这种变化对资产影响的作用和结果与交易活动相同，因此，它也是积累的一种类型。

上述三种积累活动中，资本形成活动和金融交易活动属于交易活动，资产其他变化属于非交易活动。

五、涉外交易活动分类

国外交易活动是指常住经济主体与非常住经济主体之间所发生的各类交易活动。这些活动可以区分为货物和服务的进口和出口活动，与国外进行收入分配时所发生的要素收入分配活动、经常转移收支活动，对外积累交易中所发生的资本转移收支活动等。

第四节 国民经济活动结果分类

国民经济任何一项活动都会形成一定的结果。对这些结果进行科学分类，对于充分发挥国民经济核算体系的作用尤为重要。对应上述各种经济活动，经济活动结果主要有以下几种重要分类。

一、产品及产品分类

产品作为生产活动的成果，是一个基层单位生产的货物和服务。对于产品可以做如下几种分类。

（一）货物和服务

产品依据其表现形态可以区分为货物和服务。**货物**是指对其有某种需求，并且能够确定其所有权的有形产品；**服务**则是一种用来改变消费单位状况，或促进产品或金融资产交换的无形产品。

（二）主产品分类

联合国等国际组织的国民经济核算体系有关产品分类，采用的是联合国的《主产品分类》（CPC）。这一分类以货物的物理特性或服务的性质为依据，其目的是满足建立所有详细产品的各类统计需要。如生产产品统计、产品价格统计、库存产品统计等。此外，这一分类还可以在投入产出表或在国际收支表中使用。

必须注意，联合国国民经济核算体系采用的《全部经济活动的国际标准产业分类》和《主产品分类》是两种不同的分类。二者之间的关系，表明了一种生产活动与产品分类之间的对应关系。即《主产品分类》中确定的每一种货物或服务被定义为正常情况下只是由《全部经济活动的国际标准产业分类》中所定义的一种活动生产。相反，《全部经济活动的国际标准产业分类》中的每一种活动则被定义为正常情况下只生产《主产品分类》中所定义的一种产品。然而，这种一对一的关系并不总是成立的。在实际生活中，无论对一种产业的产出给出的定义有多窄，往往都不可避免地会包括不止一种产品。

联合国最新版本的《主产品分类》为2008年由联合国统计司经济和社会处颁布的第

二版《产品总分类》（CPC 2.0 版）。它采用分层和纯粹十进制的编码方法，由部（一位代码）、类（二位代码）、组（三位代码）、级（四位代码）和次级（五位代码）组成。在部的层面共分为 10 个部，具体分别为：0. 农业、林业和渔产品。1. 矿石和矿物；电、和水。2. 食品、饮料和烟草；纺织品、服装和皮革制品。3. 其他可运输货物，不包括金属制品、机器和设备。4. 金属制品和机器和设备。5. 建筑业和建筑业服务。6. 经销服务，住宿、食品和饮料服务，运输服务，电、气、水分送服务。7. 金融、房地产和租赁服务。8. 商业和商品服务。9. 社区、社会和个人服务。

另外，主产品分类其实质是对货物和服务分类的细化。货物和服务只是对产品从表现形态方面所做的最粗分类。而主产品分类则是对各种货物和服务的更详细的分类。

《中国国民经济核算体系（2016）》根据《统计用产品分类目录》和统计基础情况确定具体的产品分类。我国目前实施的是国家统计局于 2010 年 1 月推出的《统计用产品分类目录》。该目录采用 5 级分层法，将所有产品分成 95 个大类、814 个中类、2753 个小类、3488 个组和 28992 个小组。①

（三）总产品、中间产品和最终产品

产品依据其包含的价值及其是否完成全部生产过程，可以分为总产品、中间产品和最终产品。

总产品也称总产出，是包含货物或服务全部价值，由中间产品和最终产品组成的生产成果。

中间产品也称中间产出，是生产过程中所消耗的除固定资本以外的原材料和能源等产品。

最终产品也称最终产出，是结束全部生产过程，可供社会用于最终使用的产品，包括用于最终消费的货物和服务，以及用于资本形成的货物。

（四）市场产品、自给性产品和非市场产品

产品依据其市场化程度的强弱可以区分为市场产品、自给性产品和非市场产品。有关各种产品的定义与前面所阐述的市场产出、自给性产出和和非市场产出相同。

二、收入分配结果分类

收入分配结果分类就是对收入分配在结束不同阶段后所形成的收入进行的划分。由于

① 有关《统计用产品分类目录》详细内容参见国家统计局网站统计标准栏目。

收入分配活动分为收入初次分配和收入再分配，因此，也可以将与收入分配活动对应的分配结果划分为初始收入和可支配收入。

（一）初始收入

初始收入是指参与收入初次分配活动的各经济主体，在完成收入初次分配后所获得的收入，包括在生产活动中所形成的收入（主要是营业盈余）和财产收入。

（二）可支配收入

可支配收入是指参与收入再分配活动的各经济主体，在完成收入再分配后所获得的可供其有权支配和最终使用的收入。

三、收入使用结果分类

依据不同经济主体对可支配收入的使用状况，可以将其结果区分为最终消费额和储蓄额。

（一）最终消费额

最终消费额是指具有最终消费功能的经济主体（住户、一般政府和为住户服务的非营利机构）在使用可支配收入购买货物和服务，用来满足物质和精神等生活需要方面所花费的金额。最终消费额依据支出还是获得可以进一步区分为最终消费支出额和实际最终消费额。

（二）储蓄额

储蓄额是指各经济主体在可支配收入中扣除最终消费额后所剩余的，用来进行积累活动的那部分收入额。

四、积累结果分类

从上述有关积累活动所包括的内容看，尽管全部积累活动包括资本形成活动、金融交易活动和资产其他变化，但是，由于金融交易只是一种用来调剂不同经济主体之间由于资本形成所产生的资金余缺活动，从本质上讲它不会给积累带来真实的结果。因此，真正能反映积累结果的分别是资本形成活动和资产其他变化。与这两类积累活动对应的结果指标可以区分为由储蓄与资本转移引起的资产净值变化额和资产其他变化引起的资产净值变化额。

（一）由储蓄与资本转移引起的资产净值变化额

由储蓄与资本转移引起的资产净值变化是指经济主体在资本形成活动中，由可支配收入中结转过来的储蓄和资本转移收入扣除资本转移支出后的净额所形成的资产净值的变动额。在没有借助金融手段筹措资金的情况下，它是非金融投资的最高数量界限。

（二）由资产其他变化引起的资产净值变化额

由资产其他变化引起的资产净值变化额是指有某些非交易活动，包括资产物量其他变化和资产价格变动所引起的资产净值的变动额。

五、资产及资产分类

SNA 所定义的资产都是经济资产。**经济资产**是一种价值贮藏手段，它代表经济所有者在一段时期内通过持有或使用该资产所产生的一项收益或系列收益。资产又是一种载体，价值由此可以从一个核算期转移到另一个核算期。资产最高层级区分为非金融资产和金融资产。

（一）非金融资产

非金融资产是一种非金融性的实体经济资产，包括生产资产和非生产资产两种类型。①

（二）金融资产

金融资产是指包括所有金融债权、公司股票或公司其他权益，以及被货币当局作为储备资产持有的黄金（货币黄金）等形式的资产。

第五节　SNA 其他重要分类

国民经济核算体系为满足一些特殊分析或其他需要，除了上述对经济主体、经济活动和经济活动结果等所做的三种基本分类外，还有一些其他重要分类。本节主要介绍以

① SNA2008 不再在生产资产和非生产资产之下进一步区分有形资产和无形资产。

下两种常用、涉及范围较广的重要分类，另外一些具体分类将在相应核算领域予以阐述。

一、平衡项分类

如前所述，国民经济核算体系在利用账户进行记账和核算时，为保持社会再生产各环节或各账户之间的平衡协调关系，通过在各账户中设计一个平衡项来达到这一目的。

平衡项，是指记录账户两侧的总资源和总使用之间差额的项目。在一个完整的账户体系中，上一个账户的平衡项结转为下一个账户的起始项，以此类推，从而使整个账户序列形成一个环环相扣的体系。有些平衡项通常都可以按包括或扣除固定资本消耗来计算，所得结果前者称为总额，后者称为净额。

平衡项不仅可以用来确保账户平衡，而且特定账户的平衡项可以作为所核算领域的重要指标，用以评价该领域经济运行状况和结果。

（一）经常账户的平衡项

从微观、中观和宏观层次看，各种经常账户及其平衡项如表 2－3 所示。

表 2－3　　经常账户及其平衡项

账　户	平　衡　项	
	微观或中观（机构单位或部门）	宏观（经济总体）
生产账户	总（净）增加值	国内生产总（净）值
收入初次分配账户		
收入形成账户	营业盈余总（净）额/	营业盈余总（净）额/
	混合收入总（净）额	混合收入总（净）额
收入初次分配账户	初始收入总（净）额	国民总（净）收入
收入再分配账户		
收入再分配账户	可支配收入总（净）额	国民可支配总（净）收入
实物收入再分配账户	调整后可支配收入总（净）额	调整后国民可支配总（净）收入
收入使用账户		
可支配收入使用账户	总（净）储蓄	总（净）储蓄
调整后可支配收入使用账户	总（净）储蓄	总（净）储蓄

（二）积累账户的平衡项

从微观、中观和宏观层次看，各类积累账户及其平衡项如表 2－4 所示。

表 2－4　　积累账户及其平衡项

账　户	平　衡　项	
	微观或中观（机构单位或部门）	宏观（经济总体）
资本账户	净借出（+）/净借入（-）	净借出（+）/净借入（-）
金融账户	无	无
资产其他变化账户		
资产物量其他变化账户	资产物量其他变化引起的资产净值变化	资产物量其他变化引起的资产净值变化
重估价账户	名义持有损益引起的资产净值变化	名义持有损益引起的资产净值变化

（三）资产负债表的平衡项

资产负债表记录的是某一时点（期初或期末）一个经济主体所拥有的资产价值或承担的负债价值的报表，表中所有项目都是存量指标。其中的资产净值是平衡项。**资产净值**是一个经济主体在某一时点拥有的所有非金融资产和金融资产价值之和扣除所有尚未偿还负债后所剩余的价值，即资产和负债的差额。

二、功能分类

功能或者目的的概念与一笔交易或者一批交易所要满足的需要类型或它追求的目标类型有关。**功能分类**也称**目的分类**，是指从交易者从事某些交易的“目的”或“目标”上区分出“功能”，然后，再按功能对交易主体的活动进行分类。功能分类主要为实现如下三个目的：(1) 明确性。如政府职能分类主要用于区分政府所提供的公共服务与政府所提供的个人消费品和消费服务等。(2) 提供统计资料。因为人们在进行许多经济分析时，普遍对按这些分类的统计资料感性趣。例如，在按用途划分的个人消费中，有住户在食品、保健和教育服务上的支出；再如，在政府职能分类中，政府在诸如卫生、教育服务上的支出等，这些都是重要的国民福利指标。(3) 为了满足使用者特殊分析的需要，向其提供对国民经济核算体系主要总量指标进行加工的方法。

功能分类主要包括：(1) 按用途划分的个人消费分类；(2) 政府职能分类；(3) 为住户服务的非营利机构的目的分类；(4) 按照目的划分的生产者支出分类。本书只对前两种分类进行阐述。

（一）按用途划分的个人消费分类

按用途划分的个人消费分类用于对个人最终消费支出和个人实际最终消费进行分类。

实际最终消费指标可由最终消费支出指标加上实物社会转移得到。SNA2008 利用联合国2000 年出版物《按目的个人消费分类（COICOP)》对个人消费进行分类。① 该项分类共分14 个大类，每个大类下又分为若干个小类。在大类层面上的具体内容包括以下几项。

1. 家庭支付的个人消费数额（第 01～12 大类）

具体包括：01. 食品和不含酒精的饮料；02. 酒精饮料、烟和麻醉品；03. 服装和鞋类；04. 住房、水、电、煤气和其他燃料；05. 用具、家用设备和房屋的日常维修；06. 保健；07. 运输；08. 通讯；09. 娱乐和文化；10. 教育；11. 餐馆和酒店；12. 其他货物和服务。

2. 为住户服务的非营利机构的个人消费支出（第 13 大类）

3. 一般政府的个人消费支出（第 14 大类）

（二）政府职能分类

政府职能分类的目的是将一般政府及其分支机构的经常交易（如消费支出、补贴和经常转移）、资本支出（资本形成和资本转移）和金融资产的获得进行分类。SNA2008 利用的是联合国 2000 年出版物《按目的支出分类：政府职能分类》（COFOG）。该项分类将原先的 14 项大类修订为 10 大类，具体包括：01. 一般公共服务；02. 防御；03. 公共秩序和安全；04. 经济事务；05. 环境保护；06. 住房和社区福利设施；07. 卫生；08. 娱乐、文化和宗教；09. 教育；10. 社会保障。每个大类下又分为若干小类。②

①② 该项分类的详细内容参见联合国网站。

第三章　国民生产核算

【学习目标与要求】

1. 了解有关生产的基本理论、生产活动的概念和分类；
2. 掌握产品的类型及其特征；
3. 掌握总产出、中间消耗、增加值/国内生产总值的概念和核算方法；
4. 掌握生产账户的基本内容与编制方法；
5. 学会利用国民生产核算资料对生产领域的有关问题进行分析。

第一节　生产核算的基本理论

一、生产活动的基本概念

国民经济核算体系描述了收入（生产成果）在经济体中是如何产生、分配和使用的，而生产则是起点。因此，将哪些活动界定为生产，将会决定 GDP 的规模和整个经济的收入水平。

生产活动是国民经济中的基本活动。有些生产活动对国民经济核算具有意义，但有些生产活动则没有意义。为此，国民经济核算体系首先依据人类的活动是否属于生产活动，以及是否有经济意义对各种活动做了双重划分。

（一）生产活动和非生产活动

生产活动是指在生产者的控制、负责下，或在自然过程作用下，通过一定的投入形成一定产出的活动。前者如企业通过投入一定的货物或服务而生产出一定货物或服务的活动；后者如国际水域中鱼类资源的自然生长等。

非生产活动通常是指不能为其他单位或个人提供服务，并且无法由他人替代的基本的人类活动。属于这类活动的包括吃饭、喝水、睡觉和锻炼等。

（二）有经济意义的生产活动和不具有经济意义的生产活动

有经济意义的生产活动简称**经济生产**，是指在机构单位控制和负责下，利用劳动、资本、货物和服务的投入生产货物或服务（含知识载体产品）的活动。作为经济生产，必须有一个机构单位对这个生产过程负责任，并拥有作为产出货物或知识载体产品，或者有权为所提供的服务接受付款或其他补偿。

不具有经济意义生产活动简称**非经济生产**，是指没有人或机构单位参与或管理的自然过程，如国际海域中鱼类的无控制增长。

SNA 由此对生产进行了上述两种交叉分类，如表 3－1 所示。

表 3－1　　生产活动的类型

经济意义	非经济意义
生产	生产
非生产	

SNA 对生产进行经济分析时，主要关注的是那些经济生产活动。因为，只有这些活动的产出才能够交付给其他单位使用，由此产生劳动分工、生产专业化或贸易收益，从而构成经济分析的内容。

二、产品的类型及其特征

产品是货物与服务（含知识载体产品）的统称，是生产活动的成果。

（一）货物

货物是指对其有某种需求，且能够确定其所有权的有形产品，如面粉、电视机和机床等。这些有形产品被生产出来以后，它们的所有权可以通过市场上的交易从一个机构单位转移给另一个机构单位。

货物具有以下几个明显特征：（1）货物的生产和交换属于两种完全独立的活动；（2）货物在未被使用以前可以储存；（3）一般情况下，货物的生产过程和使用过程都是分离的；（4）货物不仅可以满足居民或社会最终消费需要，而且还可以用于生产其他货物或服务。

（二）服务

服务是一种无形产品，是服务生产者通过提供服务所获得的生产成果。作为生产活动的成果，服务生产者通过提供各种服务活动，可以改变消费单位的状况，或促进产品或金融资产的交换。服务可以分为以下两类。

1. 促成变化服务

促成变化服务是指生产者按照消费者的需要进行活动，以实现消费单位状况的改变的活动。

服务消费者通过聘请服务生产者提供服务所能获得的变化包括以下几方面。

（1）改变消费品的状况。服务的生产者通过运输、清洁、修理或其他改变货物的方式，直接作用于服务的消费者所拥有的货物上。例如，运输改变的是货物的空间状况；清洁和修理改变的是货物本身的状况。这些服务的目的都是确保货物价值的顺利实现。

（2）改变消费者的身体状况。服务的生产者向消费者提供运输、食宿、医疗或手术、美容等服务。这些服务都是为满足消费者生活需要的服务。

（3）改变消费者的精神状况。生产者为消费者提供教育、信息、咨询、娱乐或类似的面对面服务。

2. 增值服务

增值服务是指一个机构单位为另外两个机构单位之间变更货物、知识载体产品、某些服务或金融资产的所有权而提供便利的活动。增值服务由批发商、零售商和各类金融机构提供，如服务的生产者提供保险、金融中介服务、保护、担保等。

与货物相比，服务具有以下特征：（1）服务的生产和销售不能分离；（2）服务不能被储存；（3）服务的生产和消费过程同时发生，当生产完成时，它们就已经被提供给消费者。

（三）知识载体产品

知识载体产品是 SNA2008 新引进的一个概念。它是指那些以消费单位能够重复获取知识的方式而提供、储存、交流和发布的信息、咨询和娱乐等。

生产知识载体产品的产业是那些涉及提供、存储、交流和发布各种信息、咨询和娱乐的产业，包括新闻、咨询报告、电脑程序、电影、音乐等产业。

SNA2008 之所以将知识载体产品单独列为一种产品类型，但同时又包含在货物和服务中，是因为该类产品同时具备货物和服务的特征。例如，无论是存储于纸质或是电子媒介中的一份咨询报告，它都可以像普通货物一样进行交易，同时提供一种服务。

三、生产核算的范围

国民经济核算体系在明确了作为产出生产出来的货物和服务的基本特征基础上，首先给出一个一般生产的定义和范围，即前面所述的经济生产。其次再界定一个比一般生产范围更窄的经济生产活动作为其核算的范围，包括所有货物的生产和一部分服务的生产。

生产核算的范围具体包括以下几类生产活动：（1）生产者提供或准备提供给其他单位的所有货物或服务的生产，包括在生产这些货物或服务过程中所消耗的货物或服务的生产；（2）生产者为了自身的最终消费或资本形成所保留的所有货物的自给性生产；（3）生产者为了自身的最终消费或资本形成所保留的知识载体产品的自给性生产，但按惯例不包括住户部门的自给性产品的生产；（4）自有住房者的自给性住户服务（自有住房服务的虚拟收入）；（5）雇佣付酬家务人员生产的家庭和个人服务的生产。

从上述有关生产核算的范围可以看出，国民经济核算体系除了将住户内为自身最终消费而生产的家庭和个人服务被排除在生产核算范围之外，其余与一般生产范围基本是一致的。

不属于 SNA 生产核算范围的住户自给性服务主要包括：（1）住户对其所住房屋的清洁、装饰和保养，包括通常由房屋承租人或房主对房屋进行的小修（所购买的原材料作为最终消费支出处理）；（2）家庭耐用品或其他货物，包括住户家用的车辆的清洁、保养和维修；（3）膳食的制备与提供；（4）儿童的照顾、培养和管教；（5）病人、体弱者或老人的照顾；（6）运送住户成员或其货物等。

国民经济核算体系不将上述服务活动包括在生产范围主要有以下几点理由：第一，住户内部这种自给性服务完全是一种自成一体的活动，对经济的其余部分影响极小；第二，由于大部分家庭和个人服务不是为了市场而生产的，因此也没有确定的市场价格可用来对这些服务进行适当的估价；第三，如果将这些服务活动包括在生产范围，就要估算它们产出的虚拟价值。虚拟价值与货币价值具有不同的经济意义。实际上，由虚拟生产产生的虚拟收入很难征税，不得不把它们表示成全部花费在相同的服务消费上。因此虚拟自给性服务的价值没有任何经济意义，相反会增加核算的难度，影响国民经济核算体系的效用。

四、关于“未观测”经济的生产范围划分问题

（一）未观测经济的概念和种类

未观测经济是指由于某种原因，在常规统计调查中未被观测到的经济活动。未观测经济主要有以下三类。

1. 非正规经济

非正规经济是指那些由非正规部门所从事的生产活动，如街头商贩所从事的叫卖、私人作坊所从事的缝纫等活动。

SNA 采用了国际劳工组织（ILO）有关非正规部门的概念，即基于创造有关人群的就业及收入这一主要目标而从事货物或服务生产的单位的集合。这些单位通常具有以下特征：(1) 组织程度较低，很少或没有区分生产要素中的劳动与资本；(2) 生产规模很小；(3) 在存在劳动关系的情况下，主要基于临时雇佣、亲属或个人以及社会关系，而不是通过有正式保障的合同安排；(4) 生产单位具有住户企业的特征。

2. 被生产者掩盖的合法生产活动

生产者通常基于以下原因故意向政府当局隐瞒这些生产活动：(1) 为了避免缴纳各种税金，包括所得税、增值税或其他税等；(2) 为了避免缴纳社会保障缴款；(3) 为了避免遵从某些法定标准，如最低工资标准、最长工时、安全或卫生等；(4) 为了避免遵守某些行政程序，如填写统计调查表或其他行政管理表格等。

3. 非法生产活动

非法生产活动通常包括以下两类：(1) 法律禁止销售、分配或持有的货物和服务的生产，如麻醉品的制造和销售、走私形式的非法运输等；(2) 生产活动本身通常是合法的，但由于生产者未经许可而成为非法活动，如没有营业执照的行医者所从事的行医活动。

（二）未观测经济生产核算范围的确定

SNA 认为，现实中的未观测经济不管属于哪种类型，只要生产过程真实，产出的货物和服务具有有效的市场需求，都应当包括在 SNA 的生产核算范围之内。

SNA 将未观测经济纳入生产核算范围的意义在于，没有一个经济体是完全受管制的，并能取得统计调查完整的记录。但那些未观测经济所从事的活动却是客观存在的，它们的生产产出、收入、投资及消费支出等将影响整个国民经济活动。只有将这些未观测经济纳

入生产核算的范围，并采用相应的方法加以估算，才会保证账户的“穷尽性”（即全面性），从而保证国民经济核算体系全面、准确地描述整个经济运行过程和结果，提高国民经济核算的效用。

第二节　总产出核算

一、总产出核算的一般问题

（一）总产出的概念

SNA的总产出核算是对基层单位测度的。**总产出**是指一个基层单位生产的货物和服务。

确定一种产品是否属于总产出，关键看它是否提供给除基层单位以外的单位使用。同一基层单位内部消耗的货物和服务的价值不包括在总产出的范围内。

总产出如果从价值角度考察，一种总产出的价值是由中间产出价值和最终产出价值（增加值）构成的。

（二）总产出的分类

总产出除了可以从形体（有形和无形）角度将其区分为货物和服务外，还可以从总产出与市场关系的角度，将其区分为市场总产出、为自身最终使用的自给性总产出和非市场总产出。

1. 市场总产出

市场总产出是指生产者准备以有显著经济意义的价格在市场上出售的产品的价值。**有显著经济意义的价格**实质上是经济学中的“均衡价格”，指的是对生产者愿意提供的产品数量和购买者希望购买的数量有重要影响的价格。

2. 为自身最终使用的总产出

为自身最终使用的总产出也称**自给性总产出**，是指生产者为自身最终消费或资本形成而留用的产品的价值。

3. 非市场总产出

非市场总产出是指由为住户服务的非营利机构或政府生产的，以免费或按没有显著经济意义的价格提供给其他机构单位或全社会的货物或个人及公共服务的价值。

（三）总产出的记录时间

大部分货物和服务的总产出通常在其生产完成时予以记录。然而，对于那些生产周期很长的产出而言，就需要将其生产活动视为持续性生产，并将其产出记录为“在制品”。例如，某些生长期较长的农作物、建造周期较长的船舶或建筑物等大型耐用品的生产，可能需要数月或数年才能完成。对于这些总产出，如果将其全部作为生产过程结束时生产的，就会扭曲实际的经济情况。因此，只要生产过程持续两个或两个以上核算期，就要计算每个核算期完成度的“在制品”的价值，以便核算每个时期的价值。

（四）总产出的估价

市场总产出按基本价格估价。如果无法获取基本价格，也可以按生产者价格进行估价。

生产者为自身最终使用生产的总产出按市场上销售相同货物或服务的平均基本价格估价。如果无法获得平均基本价格，也可以按所发生的总成本来核算这些总产出。

非市场总产出应当以生产总成本进行估价。

二、各种总产出的具体核算

（一）市场总产出的核算

市场总产出的价值由下列各项产出价值之和构成。这些项目的内容及其记录时间和估价方法分别如下。

1. 按有显著经济意义价格出售的货物或服务价值

对于按有显著经济意义价格出售的货物和服务，记录它们的销售时间是按货物的所有权从生产者转移到购买者，或将服务提供给购买者并取得购买者满意的时刻记录。

销售货物或服务应按其销售的基本价格估价，如果不能按基本价格估价，可以用生产者价格代替。

2. 易货贸易的货物或服务价值

易货贸易是指用一种货物或服务交换另一种货物或服务或资产的活动。

进行易货贸易的货物或服务的价值，应在货物的所有权发生变更或提供服务完成之时加以记录。

易货贸易货物的价格应当按照如果是出售它们时的基本价格估价。

3. 用于实物支付（包括实物报酬）的货物或服务价值

对于实物报酬或其他实物支付的货物或服务，应该在货物的所有权发生转移或服务提供时进行记录。

它们的价格应当按照如果出售时可得到的基本价格进行估价。

4. 企业内部交付的总产出价值

企业内部交付的总产出价值是指一个基层单位向属于同一市场企业的另一个基层单位提供的，用于中间投入的货物或服务总值。

对于这部分货物，只有在接受的基层单位有权决定其向市场提供的总产出水平和价格时，才将相关产品记录为内部交付。

企业内部交付的总产出价格，应当按如果出售时可得到的基本价格进行估价。

5. 准备用于上述某种用途的制成品和在制品存货的变化价值

1）制成品存货变化的核算

制成品存货变化核算的基本原则是，进入库存的货物按其生产时记录为总产出，而出库用于销售或其他用途时不记录为总产出。

存货变化的估价采用“永续盘存法”（PIM），即进入库存的货物必须按入库时通行的基本价格进行估价；从库存中退出的货物则按销售价格估价。

具体来说，对于某一核算期制成品存货的变化价值可采用如下公式计算：

$$\begin{matrix}\text{制成品存货的}\\\text{变化价值}\end{matrix}=\begin{matrix}\text{入库货物的}\\\text{价值总和}\end{matrix}-\begin{matrix}\text{出库货物的}\\\text{价值总和}\end{matrix}-\begin{matrix}\text{存货在核算期内发生}\\\text{经常性损失的价值}\end{matrix}$$

存货在核算期内发生的经常性损失包括由于时间的推移使存货变质、存货被盗或受到意外的损坏等。

2）在制品库存变化的核算

在制品就是那些尚不能销售的未完工的产出。对于在制品，在任意给定的核算期内，一是要记录该核算期内生产的在制品累积量；二是要记录该核算期内增加的在制品数量。当生产过程结束时，所有累积的在制品都将变成可供交货或销售的制成品存货。一旦销售发生，必须从存货中减去与销售额等值的价值。

估价在制品在核算期增加的价值的方法，是将最终产出的价值按照本期生产成本占制成品成本的比重分摊进去。

6. 提供货物和服务收取的服务费、运输费、金融资产获得或处置的附加费

SNA 为了适应新经济情况下核算的需要，在 SNA2008 中新增了这项内容。尽管 SNA 没有具体阐述这类产出的核算方法，但按照核算的一般规则，这些产出应当在所提供的服务结束时进行记录。

对这部分产出应当按照实际收取的费用进行估价。

（二）为自身最终使用总产出的核算（自给性产出）

1. 为自身最终使用总产出包含的内容

生产者为自身最终使用而生产的总产出价值等于核算期下列项目的价值之和：（1）由住户非法人企业生产的，并被同一住户消费的货物的价值；（2）付酬家政人员为住户提供的服务的价值；（3）自有住房服务的虚拟价值；（4）由某一基层单位生产的，被同一企业为未来生产使用所保留的固定资产价值（自给性固定资本形成）；（5）计划用于上述某种用途的制成品和在制品存货变动的价值；（6）在例外情形下，可能用于自身中间消耗的总产出价值。

2. 为自身最终使用生产的总产出的记录时间和估价

对于生产者为自身最终使用而生产的总产出，应该在生产这些总产出的同时予以记录。

对于这部分总产出的估价，SNA 提供了以下两种方案可供选择。优先考虑的是采用假定在市场上销售它们时的基本价格估价。当采用这一方案时，为了能得到准确的估价，必须保证在市场上有足够多的同类货物和服务的买卖交易供作参考。其次是在得不到可靠市场价格情况下，可以按为自身使用而生产的货物和服务的生产成本进行估价，即这部分货物或服务的价值等于其生产成本之和，包括中间消耗、雇员报酬、固定资本消耗、固定资本净回报和其他生产税（减生产补贴）。其中，**固定资本净回报**（A Net Return of Fixed Capital）是 SNA2008 新增加的项目，是指生产过程使用的固定资产租金中利息成本的净额。

（三）非市场总产出的核算

1. 非市场总产出的核算方法

政府单位和为住户服务的非营利机构主要从事非市场生产活动，但可能同时也从事少部分市场生产活动。例如，非市场性的博物馆可以销售复制品。非市场性的基层单位通过次要活动生产的市场总产出，其价值等于市场产品的销售收入。

非市场总产出的价值等于全部总产出价值减去市场产出价值。

2. 非市场总产出的记录时间

对于由政府单位或为住户服务的非营利机构所生产的非市场货物，应当在这些货物产生时记录；对于它们所提供的服务则在交付时记录。

3. 非市场总产出的估价

政府单位和为住户服务的非营利机构通常以免费或没有显著经济意义价格将它们的非市场总产出提供给住户或全社会。无论是免费还是按没有显著经济意义的价格提供的货物或服务，都需要根据它们的生产成本估价。其成本包括中间消耗、雇员报酬、固定资本消耗和其他生产税减去生产补贴。

SNA 按生产成本估价非市场总产出的原因在于：第一，对于公共服务，诸如公共管理和国防等是没有市场的；第二，对于提供给住户的非市场教育、卫生和其他服务，尽管可以从市场上找到类似服务，但二者间在提供服务的类型和质量方面存在明显差异；第三，没有显著经济意义的价格既不反映相应的成本，也不相应地反映消费者的偏好，它们不能为估价有关货物或服务的产出价值提供一个适当的基准。因此，不能用为自身最终使用的总产出估价方法估算非市场总产出的价值。

国民经济核算体系总是将政府和为住户服务的非营利机构生产的非市场货物或服务的净营业盈余假定为零。

三、部分特殊产业总产出的核算

以上我们介绍了生产核算中有关总产出核算的一般问题，它们对具体部门总产出核算具有广泛的指导意义。然而，对于一些特殊的产业，尤其是诸如批发和零售、金融机构等服务业，还需进一步详细确定它们的总产出核算方法。SNA2008 着重阐述了下列几种特殊产业总产出的核算方法。

（一）农业、林业和渔业总产出的核算

农业、林业和渔业是国民经济的基础产业，其总产出是指核算期内农、林、渔业生产活动的总成果。

由于农、林、渔业生产的特殊性，在核算它们的总产出时，首先应视其生产周期的长短而确定不同的方法。对于有些生产过程需持续一个以上核算期的产品，其每一个核算期总产出的价值可以采用与生产过程持续很长时间的其他类型产出完全相同的方法计算。即可以将其视为在制品，按照每个时期成本占总成本的比重将它们的制成品价值分摊到各个时期。对于生产过程可以在一个核算期完成的农、林、渔业产品的总产出，可以按一般制成品的方法计算它们的总产出。

（二）机器、设备和建筑物总产出的核算

对于像船舶、重型机器、房屋和其他建筑物等生产周期比较长的高价值资本品，一般采用在制品的核算方法计算它们的总产出价值。但对其中房屋和其他建筑物的核算，应当分为以下两种情况做不同处理：

（1）如果房屋和其他建筑物在动工之前就预先签订了销售合同，则应当将每期完成的总产出视为在期末已经销售给了购买者，此时应当将其总产出作为销售核算。

（2）如果房屋和其他建筑物在动工之前没有签订销售合同，则应当将每期完成的总产出记为生产者的在制品。

（三）运输和仓储业总产出的核算

经济学理论认为，运输是生产过程在不同地点之间的延续。相同的货物在不同地点所显示的品质不同，所以，将货物从一地运送到另一地属于生产过程。对于运输业的总产出，应当用运送货物或旅客的应收额（货运或客运收入）进行测度。

经济学理论同样认为，仓储是生产过程在时间上的延续。因此，由仓储而导致货物价值的增加应当作为生产的总产出来处理。这部分总产出要按货物出库时的价格减去入库时的价格来估价。

（四）批发和零售业总产出的核算

批发和零售作为买卖货物的中间环节，尽管对货物做了一些极少量的加工，但由批发和零售商所购买的货物不能作为中间消耗来处理，而将批发和零售商对货物所做的少量加工，诸如分级、清洗和包装等视为向顾客提供了服务。因此，该产业的总产出应当用转售其货物所实现的商业毛利总量来测度。

商业毛利是指转售所购货物时的实际价格（或虚拟价格）减去该货物在经销商销售时或另作他用时，如想重新购置该货物所须支付的价格以后的价值额。

实际操作中，批发和零售业的总产出可按下列公式计算：

$$\begin{array}{c}\text{总产出}\\\text{价值}\end{array}=\begin{array}{c}\text{销售}\\\text{价值}\end{array}+\begin{array}{c}\text{为转售而用于中间消耗}\\\text{和雇员报酬等的价值}\end{array}-\begin{array}{c}\text{为转售购买}\\\text{的货物价值}\end{array}+\begin{array}{c}\text{用于转售的}\\\text{存货增值}\end{array}$$

$$-\begin{array}{c}\text{从存货中退出用于}\\\text{转售的货物价值}\end{array}-\begin{array}{c}\text{经常性}\\\text{损失}\end{array}$$

其中，经常性损失是指由于正常损耗、被盗或意外损坏而造成损失的价值。

（五）中央银行总产出的核算

中央银行通常提供以下三大类服务：（1）货币政策服务；（2）金融中介服务；（3）一些临界情形服务。

中央银行提供的货币政策服务实质上是一种服务于全社会的公共性服务，属于非市场总产出；金融中介服务是中央银行在没有对利率进行政策干预情况下所承担的具有个体性质的服务，属于一种市场生产；对于诸如监管服务等一些临界情形的服务，既可以归入市场总产出，也可以归入非市场总产出，关键取决于是否存在直接收取足以弥补服务成本的服务费用。

对于中央银行总产出的核算，理论上应当区分为市场总产出和非市场总产出，并分别加以核算。但是，如果核算时无法区分市场总产出和非市场总产出，就将其所有的总产出作为非市场总产出，按成本进行估价。

（六）保险和养老基金以外的金融服务业总产出的核算

SNA 将金融活动区分为以下三类：（1）金融中介服务，包括金融风险管理、流动性转换、机构单位主要以获取金融资产为目的而发生的金融负债活动；（2）金融辅助服务，主要是为风险管理和流动性转换提供便利的活动；（3）其他金融服务。

金融服务的内容包括监测服务、便利服务、流动性提供、风险承担、承销和贸易服务等。

金融服务业的总产出主要通过金融服务费测度。金融服务的提供和收费主要有以下几种类型。

1. 直接收费并提供相应的金融服务

直接收费并提供相应的金融服务包括由多种不同类别的金融机构所提供的多种收费服务。例如，作为吸收存款机构的银行，可能通过向住户部门提供抵押贷款、投资组合管理、税务咨询等服务的方式直接收取服务费；专业金融公司通过向非金融公司提供股票发行或企业重组管理等收取服务费；信用卡发放机构向接受信用卡那些单位收取的费用等。

直接收费并提供相应金融服务活动的总产出按收费额测度。

2. 与存贷款利息费用相关的金融服务

金融中介机构所提供的传统金融服务方式是，金融机构通过吸收存款，并将这些存款借给那些需要资金的单位，从中获取服务费用。在这一过程中，无论是存款单位还是借款单位都向银行支付了隐含费用，这种隐含费用就是存款单位所获得的利率低于借款单位所支付利率所产生的存贷利差。

SNA 为了准确测度这部分费用，界定了以下三个重要概念。

1）“参考”利率

“参考”利率是指介于银行存贷款利率之间的利率。由于存款数额与贷款数额不一定相等，所以不能用简单算术平均的方法计算参考利率。此外，参考利率不应当考虑服务因素，而要反映存贷款的风险和期限结构。鉴于上述，通常情况下，可以将银行间的拆借利率视为一个比较合适的参考利率。

2）“SNA 利息”

“SNA 利息”是指根据参考利率计算而得出的利息额。该利息额等于参考利率与相应的存款或贷款数额的乘积，即：

$$\text{存款“SNA 利息”} = \text{参考利率} \times \text{存款数额}$$

$$\text{贷款“SNA 利息”} = \text{参考利率} \times \text{贷款数额}$$

3）“银行利息”

“银行利息”是指由存款人或贷款人支付给金融机构，或由金融机构支付的利息总额。

由此就可以根据以下公式计算出金融机构在提供与存贷款利息费用有关服务时所收取的隐含服务费：

$$\begin{matrix}\text{隐含}\\\text{服务费}\end{matrix} = \left(\begin{matrix}\text{银行贷款}\\\text{利息之和}\end{matrix} - \begin{matrix}\text{相同贷款数额}\\\text{SNA 利息}\end{matrix}\right) + \left(\begin{matrix}\text{存款}\\\text{SNA 利息}\end{matrix} - \begin{matrix}\text{相同存款数额}\\\text{银行利息}\end{matrix}\right)$$

显然，公式等号右边的前两项之差是贷款人支付给金融机构的服务费，而后两项之差则是存款人支付给金融机构的服务费。

3. 与金融市场上金融资产和负债获得与处置相关的金融服务

对于诸如票据和债券等这样一些能够产生利息支付的债务性金融资产总产出的核算，SNA 采用以下的方法进行测度：

$$\begin{aligned}\text{金融服务费} &= \text{证券购买价格} - \text{提供给卖方的价格}\\ &= \left(\begin{matrix}\text{市场}\\\text{估计值}\end{matrix} + \begin{matrix}\text{购买服务}\\\text{加价}\end{matrix}\right) - \left(\begin{matrix}\text{市场}\\\text{估计值}\end{matrix} - \begin{matrix}\text{销售服务}\\\text{加价}\end{matrix}\right)\end{aligned}$$

为了避免在计算服务加价时包含由于证券价格发生快速波动而产生的持有收益或损失，SNA 建议用中间价计算销售和购买的加价。

证券的中间价，是指在给定时点上出价（提供给卖方的价格）与要价（证券的购买价格）的平均数。因此，

$$\text{购买证券的服务加价} = \text{证券的购买价格} - \text{证券的中间价}$$

$$\text{销售证券的服务加价} = \text{销售证券的中间价} - \text{证券的购买价格}$$

4. 与保险和养老基金计划相关的金融服务

有关与保险和养老基金计划有关的金融服务的提供和收费途径 SNA 作为单独的产业

进行阐述。

（七）与保险和养老基金计划相关的金融服务业总产出的核算

属于这类金融服务范围的包括：（1）非人寿保险；（2）人寿保险和年金型人寿保险；（3）再保险；（4）社会保险计划；（5）标准化担保计划。

所有这些计划都将导致资金的再分配，并记录在收入再分配账户或金融账户中。各类金融服务的总产出分别按以下方法核算。

1. 非人寿保险

非人寿保险是一种与人寿保险类似，但其覆盖的是所有其他的风险、意外、疾病和火灾等的保险。

在非人寿险保单下，保险公司接受并留存客户的保费，直至做出赔付或保险到期。

对于保险公司的该项服务总产出，SNA 采取如下方法进行核算：

非人寿保险总产出 = 实际保费总值 + 追加保费 - 调整后已生索赔

其中，**实际保费**是指投保人为了获得在一个具体时期内某个特定事件的保险覆盖而直接向保险机构或再保险机构支付的金额。

实收保费是指实际保费中覆盖核算期的那部分保费。例如，如果一份 240 单位保费的年度保单在 3 月 1 日生效，且账户按日历年度编制，则该核算期的实收保费为 200 单位。剩余的 40 个单位（为次年前两个月份所准备）称为**未满期保费**，即已收取的、实际保费中覆盖核算时点以后的那部分金额。

通常情况下，保险公司都将保险准备金用于投资。尽管从理论上讲，用保险准备金投资所得到的收入应作为保单持有人的财产收入，但实际上这部分收入被留在了保险公司。因此，这部分收入被处理为保单持有人向保险公司缴纳的追加保费。

所谓**保险准备金**是指由未满期保费和未决索赔构成的保险金额。其中，未决索赔包括未报告、已报告未受理和已报告已受理但未付款的各种索赔情况。

赔付（保险金）是指在保单有效期内所覆盖事件发生的情况下，由保险人或再保险人支付给投保人的金额。当某个特定事件发生时，赔付一般会变成应付状态。变成应付状态的赔付称为**已生索赔**。

调整后已生索赔就是通过利用期望法或会计信息，对已生索赔进行调整而得到的金额。其中，期望法是一种事前方法，它以公司过去的应付索赔模式为基础建立一个模型，据此估计出调整后已生索赔的水平；利用会计信息，也就是通过会计账户内的“平均准备金”来推算调整后已生索赔的水平，即：

调整后已生索赔的水平 = 实际索赔额 + 平均准备金的变动

由此可见，利用会计信息的方法是一种事后推算法。

2. 人寿保险

人寿保险是指投保人向保险人作规律性支付，作为回报，保险人保证在或早于（如果投保人提前死亡）一特定日期给予投保人（有些情形下是指定的另一人）一项既定的金额，或一项年金。

人寿保单是一种储蓄计划。寿险服务的总产出核算一般原则与非寿险相同。具体计算公式为：

$$\text{人寿保险总产出} = \text{实收保费} + \text{追加保费} - \text{到期应付保险金} - \text{人寿保险专门准备金的增加（加准备金的减少）}$$

3. 再保险

再保险也称**分保**，是保险人在原保险合同的基础上，通过签订分保合同，将其所承保的部分风险和责任向其他保险人进行保险的行为。

无论再投保的是寿险保单还是非寿险保单，对于再保险服务总产出的核算都采用与非寿险服务完全相同的方法。

4. 社会保险计划

社会保险计划是满足下列两个条件的一种保险计划：(1) 保险金的获取以参与计划为前提条件，并且保险金构成了 SNA 中的社会保险金。(2) 下列 3 个条件中至少满足一个：①参与计划是法律强制性的，或体现在雇员或雇员群的就业条款和条件中；②计划是集合性的，为了员工团体的利益而运作，不管其是否被雇用，但仅限团体内的成员参与；③雇主代表雇员向计划缴款（实际或虚拟），不管雇员缴款与否。

社会保险通常有以下四种不同的组织形式，并且不同模式下运营的社会保险计划，应当按不同的方法计算它们的总产出。

1）由政府提供的社会保障计划

社会保障计划是一般政府部门业务的一部分。如果能够识别出进行运作的独立单位，则社会保障的总产出应使用成本加总法计算；如果不能识别出独立的单位，则将社会保障总产出包括在负责运作的政府部门的总产出中。

2）雇主自己运作的社会保险计划

当雇主自己运作社会保险计划时，其总产出的价值也按成本之和计算。

3）雇主委托保险公司管理的社会保险计划

一些雇主可能委托保险公司为其雇员运营保险计划，并支付一定的费用。这种组织形式的保险总产出就是保险公司收取的费用。

4）多雇主计划

多雇主计划就是一个保险公司同时为多个雇主运作一个保险计划。保险公司获得的财产收入和持有收益中，除了应归属计划参与人的部分外，剩余的部分作为保险公司的回报。

多雇主计划的总产出按寿险保单的方法计算，即：

$$\text{多雇主计划总产出}=\text{该计划应收的投资收入}-\text{为满足当前和未来养老金权益需要而增加的准备金}$$

5. 标准化担保计划

标准化担保是指那些由大批量金额很小，且条款相同的已生效的担保所构成的担保。借入方（债务人）或贷出方（债权人）与担保人订立契约，要求其在借入方违约时偿还贷出方。

无论是从事单纯商业业务的担保人还是政府都可以进行标准化担保。如果以市场生产者方式运行担保，其总产出价值按照非人寿保险相同的方法计算；如果以非市场生产者方式运行该计划，则按成本加总法计算它们的总产出。

（八）研究和开发业总产出的核算

研究和开发是一项有计划、有步骤进行的，目的在于增加知识存量，并利用这些知识存量来发现或开发新产品的创造性活动。

SNA2008 认为，研究和开发不是一项辅助活动，应当尽可能为其单独设立一个基层单位。同时，SNA2008 不再把研究和开发作为中间消耗记录，而大多数情况下将其记录为固定资本形成。

有关研究和开发的核算内容和方法分别按以下几种不同情况进行。

1. 市场生产者为自身利益而进行的研究和开发

市场生产者为自身利益而进行的研究和开发，理论上应当按其如被商业转包所支付的基本价格估价总产出价值，但实际中则是按生产总成本进行估价。

2. 专门的商业性研究单位的研究和开发

专门的商业性研究室或研究机构所进行的研究和开发属于市场生产活动，其总产出应当按销售收入、合同收入、佣金收入和服务收入等进行估价。

3. 政府单位、大学和非营利性研究机构等的研究和开发

政府单位、大学和非营利性研究机构等所进行的研究和开发属于非市场生产活动，其总产出按总成本估价。

（九）原件和复制品生产的总产出的核算

书籍、唱片、影片、软件、磁带、磁盘等的生产过程包括两个阶段：第一阶段是原件的生产；第二阶段是原件复制品的生产和使用。

第一阶段的总产出就是原件本身，其价值取决于在第二阶段销售或使用复制品获得的实际或预期收入。

如果原件生产出来后被销售，则原件生产者的总产出就是其销售价格。如果未被销售，则其价值可以通过在生产成本基础上加成来估计。加成多少取决于在将来生产中使用该原件能获得预期收入的贴现值。

当资产所有者利用原件生产复制品时，复制品的价值也记录为总产出。同时，制作复制品过程中对资产的使用也要记录为固定资本消耗。

第三节　中间消耗核算

一、中间消耗的概念

中间消耗也称**中间投入**①，是指生产过程中作为投入所消耗的除固定资产以外的货物和服务的价值。作为中间投入所消耗的货物和服务，在生产过程中或是被改变形式，如粮食可被碾成面粉；或是被完全用掉，如电和大部分服务。

中间消耗不包括固定资产和企业购置贵重物品的支出。因为企业核算期内固定资产逐渐磨损所形成的成本在国民经济核算体系中被记为该期的固定资本消耗。企业在核算期购置的贵重物品包括艺术品、贵金属和宝石以及由其加工而成的时髦珠宝等，是作为价值贮藏而获得的。它们不会在生产过程中被改变形态或是被消耗掉，一般在资本账户中记录。但是，中间消耗包括为使用固定资产所支付的租金、按授予许可证的协议所支付的服务费、佣金、特许费以及投入到辅助活动的所有货物和服务的价值。

二、中间消耗的记录时间和估价

（一）中间消耗的记录时间

货物和服务的中间消耗在货物或服务进入生产过程时予以记录。在实际核算中，由于

① 中间消耗或中间投入从产出角度考察也称为中间产品或中间产出。

大多数基层单位通常并不直接记录生产过程中实际使用了多少货物，而是备有作为投入用的原料和辅料的采购额记录以及这些货物存货数量变化的记录。因此，某一核算期内的中间消耗可以从该期的采购额中扣除存货变化的价值得到。其中，原料和辅料存货变化的价值等于入库额减去出库额和存货中的经常损失。显然，经常性损失实质是减少了存货变化的价值，而增加了中间消耗。

（二）中间消耗的估价

对于中间消耗掉的货物或服务的估价，可以按它们进入生产过程时的购买者价格估价。

三、确定中间消耗应明确的几个重要界限

对于许多生产者来说，尽管多数情况下哪些支出属于中间消耗较为明显，但有些中间消耗与其他活动之间就没有严格的界限。在核算中间消耗时，应当正确界定中间消耗和其他核算内容之间的界限。这对于正确核算各类不同生产成果十分重要。国民经济核算体系尤其应当正确划分好中间消耗与以下几种核算内容之间的界限。

（一）中间消耗和雇员报酬之间的界限

当企业已使用的某些货物和服务不是在生产进程中，而是被这一生产进程中工作的雇员所消费时，明确这些被使用的货物是中间消耗还是雇员报酬对国民经济核算十分必要。因为尽管对每一个具体雇主来说，把这些货物和服务无论是作为中间消耗还是雇员报酬都无关紧要，两者都是生产成本，不会影响营业盈余。但对于整个国民经济来说，把这些货物和服务划归不同范畴，将会使增加值和初始收入乃至整个国内生产总值都会发生变化。

一般情况下，当雇员为直接满足自己的需要，在由他们自己支配的时间内自主使用货物或服务时，这些货物和服务应做实物报酬处理。例如，如果雇员下班后经常把制服或其他特殊服装当作普通服装来穿，就应将其作为实物报酬处理；相反，当雇员为了能够开展工作而必须使用某些货物或服务时，例如，专门或主要在工作中穿着，但普通消费者一般不会选购或穿用的衣服和鞋类，则将这些货物和服务作为中间消耗处理。具体应作为中间消耗处理的几种货物和服务包括：（1）雇员专门或主要在工作中使用的工具或设备；（2）普通消费者一般不会选购或穿戴的、由雇员专门在工作中穿着的保护服、工作服或制服；（3）不归雇员所有而供其使用的工作所在地的住宿服务；（4）特殊工作条件所

必需的专用膳食或饮料，向执行任务的军人和其他人员提供的膳食或饮料；（5）向因公出差的雇员提供的交通和旅馆服务；（6）因工作性质所需的更衣设施、厕所、淋浴、浴缸等；（7）因工作性质所需的急救设备、医疗检查或其他健康检查。

为雇员提供的其他类型的货物和服务，如膳食、普通住房服务、下班后大量使用的车辆和其他耐用消费品服务、上下班交通等，均作为实物报酬处理。

（二）中间消耗和固定资本形成总额之间的界限

中间消耗计量的是核算期内在生产过程中改变物质形态或完全用掉的货物和服务的价值。如前所述，它既不包括使用企业拥有的固定资产的成本，也不包括购置固定资产的支出。前者作为固定资本消耗单独核算，后者计入固定资本形成总额。为此，在核算中间消耗时，应当注重明确划分中间消耗与固定资本之间的界限。

需要在中间消耗和固定资本形成总额之间划清界限的主要包括以下几个方面。

1. 有关小型工具的使用

对于在生产过程中使用的小型、廉价和功能简单的工具，如果购买这些工具的支出经常发生，且与机器和设备的支出相比数额非常小，可将其作为中间消耗处理，如锯、铁锹、刀、斧、锤等手工工具。如果此类工具在生产者的耐用品存量中占有很大比重，也可以将其支出作为固定资产处理。

2. 关于保养和修理

通常情况下，设备的保养、修理和固定资本形成之间是没有明确界限的。处理这类问题的基本原则是，对生产过程中所使用的固定资产的普通定期保养和修理，如对有缺陷零件的更换等应做中间消耗处理。对固定资产更新、改造或扩大应作为固定资本形成处理。

区分普通保养、修理和固定资产重大更新、改造、扩大的方法是根据两种活动各自不同特点进行。普通保养和修理具有以下两个特征：（1）固定资产所有者或使用者为了确保该资产在预期使用年限内的正常使用而必须定期进行的活动。普通保养和修理活动所发生的各种开支是生产者为了继续使用该固定资产而势必会出现的经常性费用。（2）保养和修理不改变固定资产或其性能，而只是确保其处于良好工作状态，或在发生故障时使其能恢复到原有状况。

固定资产的更新、改造和扩大与普通保养和修理相比也有两个明显的特征：（1）更新、改造和扩大固定资产的决策是一种审慎的投资决策，这种决策不受现有固定资产状况影响，可以在任何时候做出。（2）对现有固定资产的重大更新或扩大的目的是增加它们的性能或容量，或是显著延长它们以前预期的使用年限。

3. 有关研究与开发

研究和开发通常被视为资本形成。但是，如果某项研究和开发活动明确地不会给其所有者带来任何经济利益，此时便将这项活动作为中间消耗处理。

4. 矿藏勘探和评估

对于矿藏勘探和评估的支出，无论成功与否，都应将其全部作为固定资本形成而不是中间消耗处理。

（三）中间消耗和增加值之间的界限

影响中间消耗和增加值之间界限的主要因素是不同基层单位或企业之间的组织和分配生产方式。通常情况下，由辅助活动生产的服务既可以在同一基层单位内生产自用，也可以从外部市场上的专业企业购买。但两种形式就会使中间消耗与增加值发生变化，后一种方式显然会使增加值减少而中间消耗增多，另一种情况同样会使中间消耗与增加值的比率发生变化，即企业是使用自己的，还是租用其他企业的房屋、机器和设备。如果是租用其他企业的房屋、机器和设备，则所付租金按中间消耗记录；如果是企业使用自己拥有的房屋、机器和设备，则作为固定资本消耗记录，构成总增加值的一部分。

第四节　增加值和 GDP 核算

一、增加值的概念

生产账户的平衡项是增加值。之所以称为增加值，是因为它衡量了生产所创造的价值。增加值根据是否包含固定资本消耗，可以分别按总额或净额计算。

总增加值是总产出价值减去中间消耗价值后的差额。

净增加值是总产出价值减去中间消耗价值和固定资本消耗价值后的差额。①

增加值是用于衡量生产过程所创造的新增价值的，而固定资本消耗是生产过程中发生

① 固定资本消耗是 SNA 中的要素之一。在大部分情况下，一提到“总额”和“净额”的区别，“总额”就意味着没有扣除固定资本消耗，而“净额”则意味着扣除了固定资本消耗。SNA 账户中所有平衡项，从增加值到储蓄，都可以记录成总额或净额。

的费用。因此，理论上增加值应该按净额计算。然而，在实际中要准确计算出固定资本消耗价值是比较困难的，并且也未必总能对其价值做出令人满意的估计，由此也会影响到净增加值的计算。基于此，SNA 规定，增加值既可以按总额计算，也可以按净额计算。由此引起的连锁反应是，随后账户中的各平衡项也可以同时按总额或按扣除固定资本消耗后的净额计算。

增加值是生产单位的最终生产成果，体现了生产过程的附加价值。

二、增加值的计算方法

增加值有两种计算方法，分别是增加值的生产计算法和收入计算法。

（一）增加值的生产计算法

增加值的生产计算法简称**生产法**，是从生产过程所形成的总产出价值入手，扣除生产过程中投入的中间产品价值后得到增加值的一种方法。计算公式为：

$$增加值=总产出价值-中间消耗价值$$

这里的总产出和中间消耗在前文已有阐述。需要注意的是总产出价值、中间消耗价值和增加值都必须具有相同的生产范围，即都是由常住单位生产。而且必须按照国民经济核算体系确定的生产核算范围计算。

SNA 依据不同的价格基础，用生产法计算可以得到以下两种不同的增加值。

1. 按基本价格计算的总增加值

$$\begin{matrix}按基本价格计算的\\总增加值\end{matrix}=\begin{matrix}按基本价格计算的\\总产出价值\end{matrix}-\begin{matrix}按购买者价格计算的\\中间消耗价值\end{matrix}$$

由于用这种方法估价产出和投入反映了生产者实际的收付价格，因此，按基本价格计算的总增加值特别适合于从生产者角度对增加值的测算。

2. 按生产者价格计算的总增加值

$$\begin{matrix}按生产者价格计算的\\总增加值\end{matrix}=\begin{matrix}按生产者价格计算的\\总产出价值\end{matrix}-\begin{matrix}按购买者价格计算的\\中间消耗价值\end{matrix}$$

按生产者价格计算的总增加值与按基本价格计算的总增加值之间的区别在于对产出上应付的产品税或产品补贴。如果按生产者价格计算的总增加值超出了按基本价格计算的总增加值，其差额即为产品税扣除产品补贴的数额。

由此，两种方法计算的总增加值之间关系为：

$$\begin{matrix}按基本价格计算的\\总增加值\end{matrix}=\begin{matrix}按生产者价格计算的\\总增加值\end{matrix}-\left(\begin{matrix}产品\\税\end{matrix}-\begin{matrix}产品\\补贴\end{matrix}\right)$$

此外，SNA 还介绍了一种按要素成本计算的总增加值的方法。不过，SNA 认为，严格来说，按要素成本计算的总增加值不是增加值的一个测度指标，它实质上是一个收入测度指标。因此，本书未对其加以介绍。

（二）增加值的收入计算法

增加值的收入计算法简称**收入法**或**分配法**，是从生产过程创造收入的角度，对常住单位的生产成果进行计算。按照收入法，总增加值由雇员报酬、生产税净额、固定资本消耗和营业盈余/混合收入四部分构成。计算公式为：

总增加值 = 雇员报酬 + 生产税净额 + 固定资本消耗 + 营业盈余/混合收入

由此可知，按收入法核算增加值的核心问题是要正确界定上述四个要素的核算范围和方法。此部分内容将在第五章收入分配核算中详细阐述。

三、国内生产总值（GDP）核算

（一）国内生产总值的概念

国内生产总值（Gross Domestic Product，GDP），是一个国家（或地区）所有常住单位在一定时期内生产的最终产品的总和。这里的**最终产品**是相对中间产品而言的，它是指由本期生产，本期不再加工，可供社会最终使用的社会产品。而**中间产品**也称**中间消耗**，是生产过程中消耗的各种原材料、燃料和动力等货物及各种服务的价值。

国内生产总值是整个国民经济核算体系中的第一个总量指标，而且由于它能够完整地反映一个国家的生产水平和规模，因此，成为国民经济核算体系中的核心指标。目前各个国家或地区都采用这一指标来衡量本国或本地区的生产水平和经济实力。它的核算还将对后面若干个总量指标，如国民总收入、国民可支配收入等产生重要影响。

国内生产总值存有价值形态、收入形态和产品形态三种表现形态。（1）从价值形态考察，国内生产总值是所有常住单位在核算期内产出的所有货物和服务价值超过同期投入的全部非固定资产货物和服务价值的差额，即所有常住单位的总增加值之和；（2）从收入形态考察，它是所有常住单位在核算期内创造并分配给常住单位的初次分配收入之和；（3）从产品形态考察，它是最终使用的货物和服务减去进口货物和服务。

（二）国内生产总值的核算

由上述国内生产总值的三种表现形态可以推出其三种核算方法，即生产法、收入法和支出法。

1. 生产法

生产法是从各机构单位（或基层单位）生产过程中产出的总值入手，剔除生产过程中消耗的货物和服务的价值，得到各单位的总增加值。将各单位总增加值汇总得到各部门总增加值后，再将各部门的总增加值汇总最终得到国内生产总值的一种核算方法。其核算公式为：

$$\begin{aligned}\text{国内生产总值} &= \sum \text{部门总增加值}\\ &= \sum \text{机构部门(产业部门)(总产出}-\text{中间消耗)}\end{aligned}$$

2. 收入法

收入法也称分配法，是从生产过程所创造的收入角度，对常住单位生产活动的成果进行核算的一种方法。按此种方法所计算的国内生产总值是由雇员报酬、固定资本消耗、生产税净额及营业盈余/混合收入构成。即：

$$\begin{matrix}\text{国内生产}\\\text{总值}\end{matrix} = \sum \text{各部门}\left(\begin{matrix}\text{雇员}\\\text{报酬}\end{matrix}+\begin{matrix}\text{固定资本}\\\text{消耗}\end{matrix}+\begin{matrix}\text{生产税}\\\text{净额}\end{matrix}+\begin{matrix}\text{营业盈余/}\\\text{混合收入}\end{matrix}\right)$$

3. 支出法

支出法是从最终使用角度核算国内生产总值，以反映其最终使用去向的一种方法。最终使用包括国内常住单位对货物和服务的最终消费和用于资本形成的总额以及用于对国外的净出口。即：

$$\begin{matrix}\text{国内生产}\\\text{总值}\end{matrix} = \sum \begin{matrix}\text{各机构}\\\text{部门}\end{matrix}\left(\begin{matrix}\text{最终消费}\\\text{支出}\end{matrix}+\begin{matrix}\text{资本形成}\\\text{总额}\end{matrix}+\begin{matrix}\text{货物和服务的}\\\text{(出口}-\text{进口)}\end{matrix}\right)$$

由于增加值既可以按总值计算，也可以按净值计算，所以在经济总体层次上也可以计算国内生产总值和国内生产净值。即：

$$\text{国内生产净值} = \text{国内生产总值} - \text{固定资本消耗}$$

依据 SNA 核算 GDP 时的三面等值原则，由生产法、收入法和支出法计算的国内生产总值/净值在数额上应该完全相等。原因是它们反映的是同一经济总体在同一核算期所生产的最终成果。但这只是一种理论，在实际核算时，三种核算方法计算的结果不可能完全相等。一方面，因为三种方法分别核算的是国内生产总值/净值在三种不同形态下的结果，由于三种形态下经济运动的相对独立性，会使同一经济总量不可避免地产生一些背离；另一方面，由于受到资料来源口径范围的限制和计算方法的影响，要保证三种核算方法所得到的结果完全相等也几乎是不可能的。为使三种结果之间保持一定的衡等关系，我国统计部门的处理方法是首先确定生产法计算的国内生产总值等于收入法计算的国内生产总值，以此为准，在按支出法计算的国内生产总值上设置一个统计误差，并将其控制在一定范围内。使三种方法计算的国内生产总值数据之间保持以下关系：

国内生产总值 = 生产法国内生产总值

= 收入法国内生产总值

= 支出法国内生产总值 + 统计误差

（三）国内生产总值核算的地位和作用

国民经济最基本的活动是社会生产活动，对社会生产活动成果进行核算是国民经济核算的首要任务。国内生产总值核算就是围绕着对社会生产成果的生产、分配与使用而开展的核算。

国内生产总值核算是国民经济核算体系的重要组成部分。在我国的核算体系中，它与投入产出核算、资金流量核算、国际收支核算和资产负债核算一起构成了相互联系与补充的完整统一的核算整体。国内生产总值核算概括地描述了整个核算的基本总量，反映了国内生产、分配与使用总量之间的平衡关系，在国民经济核算体系中占有中心地位。其他四种核算则是对国内生产总值核算的扩展和延伸。

首先，从国内生产总值核算与投入产出核算的关系看，由生产法计算的国内生产总值是从总量上反映社会产品的生产与使用之间的经济联系。投入产出核算则是在国内生产总值核算基础上，向生产部门间的流量核算延伸，对生产过程中的投入和产出做进一步的分解与核算，详细反映国民经济中部门与部门之间、产品与产品之间的技术经济联系。

其次，从国内生产总值核算与资金流量核算之间的关系看，由收入法和支出法计算的国内生产总值分别从收入分配领域和使用领域反映初始收入的形成和最终支出的结果。资金流量核算则是在国内生产总值核算基础上，以该总量指标为起点向收入分配、使用和金融领域扩展，详细记录了由生产领域形成的收入，通过各种收入分配渠道形成初始收入和可支配收入，最后再转化为最终消费和资本形成总额的资金运动过程，反映了储蓄与投资、资本筹集与资本形成之间的关系，以及金融机构在各部门之间调剂资金余缺中所起的中介作用。

再次，从国内生产总值核算与国际收支核算的关系看，前者主要从总量上反映货物和服务的进出口数量，国际收支核算则包含了国民经济中所有对外经济往来项目，更加全面而详细地反映了国内经济与国外经济的联系。

最后，从国内生产总值核算与资产负债核算之间的关系看，国内生产总值核算通过对核算期固定资本形成和存货变化的记录与估价，反映该核算期资产流量的变化①。资产负

① 资产流量变化除了由生产等经济交易引起的变化外，还包括由资产物量其他变化和重估价等引起的变化，有关详细内容将在第十章阐述。

债核算是反映某一时点各类资产和负债的存量状况。

期初存量 + 本期流量 = 期末存量

由这一关系式可以看出，通过国内生产总值核算和资产负债存量核算将流量和存量很好地联系起来。

四、我国国内生产总值的核算

如前所述，我国目前实行的是《中国国民经济核算体系（2016）》（简称 CSNA2016）。按照 CSNA2016 的原则，我国 GDP 核算的生产范围包括：（1）所有货物的生产，不论是生产者对本单位以外提供的还是自给性的；（2）生产者全部对本单位以外提供的服务的生产；（3）自有房屋拥有者为自己最终消费提供的自有住房服务和为家庭成员提供的有酬家庭或个人服务。

（一）GDP 核算中的基本分类

CSNA2016 在核算 GDP 时采用了以下几种基本分类。

1. 产业部门分类

我国 GDP 核算采用的产业部门分类是国家统计局制定的《国民经济行业分类》和《三次产业划分规定》。

2. 支出项目分类

最终消费支出按照消费主体分为居民消费支出、政府消费支出和为住户服务的非营利机构支出。其中，居民消费支出划分为城镇居民消费支出和农村居民消费支出；政府消费支出按政府支出的经济性质分类。

资本形成总额按资本属性划分为固定资本形成总额、存货变动和贵重物品的获得减处置。其中，固定资本形成总额按资产类型分类。

货物和服务净出口分别按货物与服务的出口和进口分类。

（二）基本核算方法

我国 GDP 的核算包括现价 GDP 核算和不变价 GDP 核算两种方法。

1. 现价 GDP 核算方法

CSNA2016 在核算现价 GDP 时，也采用了理论上通常所采用的核算 GDP 的三种方法，即生产法、收入法和支出法。

2. 不变价 GDP 核算方法

不变价国内生产总值是指按基期价格计算的国内生产总值。由于不变价国内生产总值消除了价格变动因素，可以通过两个不同时期不变价国内生产总值的比较，反映该时期我国所有常住单位生产活动成果在物量方面的实际变动。

不变价国内生产总值可以分别采用分行业不变价增加值核算法和不变价最终使用核算法进行核算。

1）分行业不变价增加值核算法

分行业不变价增加值核算法主要采用价格指数缩减法和物量指数外推法计算各行业不变价增加值，然后将各行业不变价增加值加总得到不变价生产法国内生产总值。

2）不变价最终使用核算法

不变价最终使用核算法主要采用价格指数缩减法，对现价最终消费支出、资本形成总额、货物与服务进出口等支出项目进行缩减，得到各项不变价支出，再将各项不变价支出加总得到不变价支出法国内生产总值。

（三）国内生产总值表

CSNA2016 没有采用 SNA 通用的账户形式，而是采用一系列表来表现各种核算成果。对于国内生产总值的核算，CSNA2016 的国内生产总值表分别由国内生产总值总表、生产法国内生产总值表、收入法国内生产总值表和支出法国内生产总值表共四张表构成。每张表的构造分别如表 3－2～表 3－5① 所示。

表 3－2　国内生产总值总表　　单位：亿元

生产	金额	使用	金额
1. 生产法国内生产总值		1. 支出法国内生产总值	
总产出		最终消费	
中间消耗（－）		居民消费支出	
2. 收入法国内生产总值		为住户服务的非营利机构消费支出	
劳动者报酬		政府消费支出	
生产税净额		资本形成总额	
生产税		固定资本形成总额	
生产补贴（－）		存货变动	
固定资产折旧		贵重物品获得减处置	
营业盈余		货物和服务净出口	
		货物和服务出口	
		货物和服务进口	
		2. 统计误差	

① 表 3－2～表 3－5 摘自：中华人民共和国国家统计局．中国国民经济核算体系（2016）［M］．北京：中国统计出版社，2017．

表 3-3 生产法国内生产总值表 单位：亿元

	增加值	总产出	中间投入
合 计			
1. 第一产业			
2. 第二产业			
3. 第三产业			
1. 农、林、牧、渔业			
2. 采矿业			
3. 制造业			
……			
19. 公共管理、社会保障和社会组织			

注：本表由上下两部分构成。上部分反映按三次产业计算的增加值、总产出和中间投入；下部分反映行业分类的19个门类的增加值、总产出和中间投入。为简便起见，本书没有将19个门类全部列入表中。

表 3-4 收入法国内生产总值表 单位：亿元

	增加值	劳动者报酬	生产税净额	固定资产折旧	营业盈余
合 计					
1. 第一产业					
2. 第二产业					
3. 第三产业					
1. 农、林、牧、渔业					
2. 采矿业					
3. 制造业					
……					
19. 公共管理、社会保障和社会组织					

注：本表由上下两部分构成。上部分反映按三次产业计算的增加值、总产出和中间投入；下部分反映行业分类的19个门类的增加值、总产出和中间投入。为简便起见，本书没有将19个门类全部列入表中。

表 3-5 支出法国内生产总值表 单位：亿元

	金 额
国内生产总值	
1. 最终消费支出	
居民消费支出	
食品烟酒	
衣着	
……	
为住户服务的非营利机构消费支出	
政府消费支出	
1. 实际最终消费	
居民实际最终消费	
为住户服务的非营利机构实际最终消费	
政府实际最终消费额	

续表

	金　额
2. 资本形成总额	
固定资本形成总额	
住宅	
其他建筑和构筑物	
……	
存货变动	
贵重物品获得减处置	
3. 货物和服务净出口	
货物和服务出口	
货物出口	
服务出口	
货物和服务进口	
货物进口	
服务进口	

注：本表中居民消费支出和固定资本形成总额每个项下都有更细分类，为简便起见，本表只列到上述项目。

第五节　生产账户

账户作为国民经济核算体系一种主要的核算方法和表现形式，在国民经济核算体系中占有十分重要的地位。尤其是生产账户作为机构单位、机构部门和经济总体编制的账户序列中的第一个账户，对整个核算体系会产生很大影响。

一、单个单位、部门或经济总体的生产账户

生产账户既可以按机构单位和机构部门编制，也可以按基层单位和产业部门编制，还可以按经济总体编制。从第二章所阐述的机构单位与机构部门、基层单位和产业部门，以及两种不同部门各自与经济总体的层级关系看，一个机构部门的生产账户实质上是该机构部门所有机构单位生产账户的汇总。类似地，一个产业部门的生产账户则是该产业所有基层单位生产账户的汇总。一个经济总体的生产账户则可以分别将所有机构部门的生产账户或所有产业部门的生产账户加以汇总得到。国民经济核算体系的一致性要求无论按哪种方式编制的生产账户，在基本概念、基本指标的计算方法和所有同义数字都必须一致。

当一个单位（包括机构单位和基层单位）、一个部门（包括机构部门和产业部门）、或经济总体要编制生产账户时，可以采用联合国 SNA2008 提供的如表 3－6 所示的生产账

户的基本形式。

表 3－6　　生产账户

使　　用	来　　源
	总产出
	市场产出
	为自身最终使用的产出
	非市场产出
	产品税
	产品补贴（－）
中间消耗	
总增加值/国内生产总值	
固定资本消耗	
净增加值/国内生产净值	

SNA 设置生产账户的目的在于用来显示整个核算体系中重要的平衡项（总量指标）之一——增加值/国内生产总值。因此，该账户没有全部列出与生产过程相关的所有交易，只是设置了生产总成果（总产出）、生产过程中用掉的货物和服务（中间消耗）和生产最终成果（增加值/国内生产总值）。

上述生产账户的基本形式表明，该账户的来源方（右方）记录各单位或部门或经济总体的总产出、产品税和产品补贴。其中，总产出被划分为市场产出、为自身最终使用的产出和非市场产出三个分项。生产账户的使用方（左方）记录中间消耗、固定资本消耗和增加值（或国内产值）三个项目。其中，增加值（或国内产值）作为生产账户的平衡项，可以根据是否包含固定资本消耗分别记为总增加值（国内生产总值）和净增价值（国内生产净值）。

例如，某一经济总体生产账户如表 3－7 所示。

表 3－7　　经济总体生产账户①

使　　用		来　　源	
		总产出	3604
		市场产出	3077
		为自身最终使用的产出	147
		非市场产出	380
		产品税	141
		产品补贴	－8
中间消耗	1883		
国内生产总值	1854		
固定资本消耗	222		
国内生产净值	1632		

① 该账户以及后面有关账户的数据摘自联合国，等，编．国家统计局国民经济核算司，等，译．国民账户体系（2008）［M］．北京：中国统计出版社，2012．

经济总体生产账户中的平衡关系是：

国内生产总值 = 总产出 +（产品税 - 产品补贴）- 中间消耗

1854 = 3604 +（141 - 8）- 1883

国内生产总值之所以等于总产出加上产品税减去产品补贴后再减中间消耗，是由于国内生产总值是按生产者价格计算的，而总产出是按基本价格估价的，二者相差的数额恰好是产品税减去产品补贴的差额。

国内生产净值 = 国内生产总值 - 固定资本消耗

1632 = 1854 - 222

二、多个机构单位、多个机构部门生产综合账户

如果想在部门的层级上了解某个部门的增加值都由该部门哪些单位创造，或在经济总体层面了解各部门对国内产值的贡献状况，便可以分别通过编制多个单位或多个部门生产综合账户实现。

生产综合账户是指将某个部门的所有单位，或经济总体的所有部门有关生产账户中的全部指标在一个账户上加以展现的账户。这些多个单位生产综合账户既包括通过编制多个基层单位生产综合账户进而显示产业部门生产成果状况，也包括通过编制多个机构单位生产综合账户进而显示机构部门生产成果状况。同理，经济总体层面的多个部门生产综合账户也可以分别按照多个产业部门和多个机构部门编制。现以联合国 SNA2008 中多个机构部门生产综合账户为例，阐释此类账户的基本结构，如表 3 - 8 所示。

表 3 - 8　　机构部门生产综合账户

使用							来源					
经济总体	NPISH	住户	一般政府	金融公司	非金融公司	交易和平衡项	非金融公司	金融公司	一般政府	住户	NPISH	经济总体
						总产出	2808	146	348	270	32	3604
						市场产出	2808	146	0	123	0	3077
						自给性产出	0	0	0	147	0	147
						非市场产出			348		32	380
1883	17	115	222	52	1477	中间消耗						
						产品税						141
						产品补贴（-）						-8
1854	15	155	126	94	1331	总增加值/GDP						
222	3	23	27	12	157	固定资本消耗						
1632	12	132	99	82	1174	净增加值/NDP						

观察表3－8中总产出和相关部门所对应的数值可以发现，有的部门下相应的总产出项目数值为0，如一般政府部门和NPISH的市场产出，非金融公司部门、金融公司部门、一般政府部门和NPISH的为自身最终使用的总产出均为0；有的部门下相应的总产出项目没有数值，如非金融公司部门、金融公司部门和住户部门的非市场产出项目均没有数值。这种填写生产账户方式的含义是，其中凡是在有关交易项目下填写0的，表明该部门可以从事这种类型的生产，但实际中没有从事；凡是在有关交易项目下没有填写数值的，则表明这些部门不具有从事该种类型生产活动的功能。[①]

表3－8中的国内生产总值和国内生产净值可以分别从加法和减法两个角度核算得到。

（一）用加法计算国内生产总值和国内生产净值

用加法计算的国内生产总值和国内生产净值分别等于各机构部门总增加值和净增加值加产品税减去产品补贴。即：

$$国内生产总值\ 1854 = (1331 + 94 + 126 + 155 + 15) + 133$$

$$国内生产净值\ 1632 = (1174 + 82 + 99 + 132 + 12) + 133$$

（二）用减法计算国内生产总值和国内生产净值

用减法计算的国内生产总值等于总产出减中间消耗，再加上产品税减产品补贴；国内生产净值等于国内生产总值减去固定资本消耗。即：

$$国内生产总值\ 1854 = 3604 - 1883 + 133$$

$$国内生产净值\ 1632 = 1854 - 222$$

从上述的生产账户可以看出，总产出3604主要来自非金融公司部门。该部门2808的总产出占经济总体总产出3604的77.91%。同时，在经济总体总产出的3604中，绝大部分来自市场产出，其数额为3077，占总产出的85.4%。说明该经济总体的市场化程度比较高。

唯有政府部门和为住户服务的非营利机构有非市场产出，可见他们是为社会或个人提供免费或没有显著经济意义价格的货物和服务的部门。

从经济效益角度分析，该经济总体核算期所提供的总产出中，消耗的中间产品为1883，占总产出3604的52.2%，可供社会最终使用的最终产出为1721（1854－133），占总产出的47.8%。说明该经济总体的总产出中超过一半用于中间产品的生产，经济效益不

---

① SNA这种填表规则在后续的账户中普遍适用。

够理想。

三、生产账户的作用

生产账户是整个账户体系的起点。它既简略地反映了生产过程，又反映生产的结果，在国民经济核算体系中具有以下重要作用。

首先，生产账户是整个账户序列的起点，对后续账户有着重要的决定作用。生产账户将生产所形成的收入结转到后续账户中，对后续其他账户将产生重要影响。例如，由于生产账户对平衡项的增加值/国内产值既可以按总额计算，也可以按净值计算，这样，在其后的账户中，凡与增加值/国内产值有关的平衡项，如营业盈余/混合收入、初始收入、可支配收入及储蓄等，都可以按总额和净额计算。

其次，利用生产账户提供的有关资料，可以分析生产中的投入产出关系。

再次，生产账户还可以为研究各种经济结构，如三次产业结构、各种投入结构及产出结构等提供依据。

最后，利用生产账户所提供的有关数据，可以分析经济增长、经济波动规律、各机构部门对经济增长的贡献率等，从而，可以更好地做出经济政策和决策。

第六节　生产核算资料的分析与应用

国民经济核算体系的目的之一，就是通过对国民经济运行过程和结果的核算为经济分析和制定政策服务。生产核算是国民经济核算体系最重要的组成部分，它的核算资料为经济分析与应用开拓了广阔的领域。当生产活动的各种变量经过核算表现在生产账户或平衡表中时，我们可以从各种角度，采用多种方法对所需要了解或感兴趣的问题进行分析。

通常情况下，人们往往对生产领域诸如经济规模、人均国内生产总值、经济增长、生产结构、经济效益等问题较为重视，这也是利用生产核算资料进行经济分析应该探讨的主要内容。

一、经济总规模和人均国内生产总值

由于国内生产总值是衡量一个国家或地区经济实力和综合国力的核心指标，对生产核算资料的分析与应用自然首先要涉及国内生产总值和人均国内生产总值这两项总量指标。

强调注重对国内生产总值和人均国内生产总值等总量指标的分析应用，除了上述原因外，还在于对任何经济分析来说，总量指标所起的作用是其他分量指标无法取代的。这主要表现在总量指标既是认识事物的起点，又是对问题进行深入研究的基础。

国内生产总值在经济分析中主要用于不同国家或地区同一时间生产规模的比较研究，或是同一国家或地区在不同时间上发展状况的对比分析，无论是在哪方面应用都要注意可比性。前者要注意国际间由于货币单位不同而带来的麻烦；后者则须用不变价格计算的国内生产总值来比较。

在利用国内生产总值这一总量指标直接对不同国家或地区的经济规模进行分析研究时，往往由于各个国家的人口、国土面积等存在很大差别，这会在很大程度上降低对比研究的效果，有时甚至可以说没有可比性。不难设想，在一个人口规模比另一个大几倍或几十倍的两个国家做国内生产总值规模的比较会是一种怎样的结果。因此，我们在用国内生产总值进行分析研究的同时，就需要辅之以另一个总量指标——人均国内生产总值。

由于人均国内生产总值消除了人口数量的多少对于国内生产总值规模的影响，使两个国家或地区之间具有一定的可比性。同样，在同一个国家或地区的不同时期里，也存在人口数量对生产规模的影响问题，利用人均国内生产总值也会达到相同的目的。

同时利用两种总量指标进行时空间对比分析的做法早已被人们所认可。作者在此予以强调，一方面，意在说明利用总量资料进行分析是生产核算资料分析与应用的重要内容之一；另一方面，想通过强调人均国内生产总值也是一个总量指标，来澄清统计学界长期对总量指标这一概念的模糊认识。有关总量指标的定义可以参见作者在《统计教育》1999年第5期所发表文章的阐述，在此不再说明。①

二、国民经济增长及其因素分析

经济增长作为宏观经济调控的四大目标之一，历来备受各国政府、经济学家和社会各界广泛关注。基于SNA的经济增长描述性分析研究主要可以从以下几方面进行。

① 李连友．对规范和统一〈统计学原理〉若干基本概念的探讨［J］．统计教育，1999（5）．

（一）经济增长速度的分析研究

通常用国内生产总值的增长速度作为一个尺度，来衡量国民经济发展水平。其计算方法是采用按可比价格计算的国内生产总值发展速度减去基数 1 或 100% 求得。即：

$$\text{国内生产总值增长速度}(100\%) = \frac{\text{核算期按可比价计算的国内生产总值}}{\text{基期按可比价计算的国内生产总值}} - 100\%$$

国民经济增长速度之所以用可比价格计算的国内生产总值增长速度来表现，是因为按现行价格计算的国内生产总值增长速度包含了价格因素变化对速度的影响，不能单纯反映社会最终产品物量的增长变化。

对经济增长速度的研究除了计算国内生产总值增长速度外，还可以计算人均国内生产总值的增长速度，并将两种增长速度结合起来分析，考察社会最终产品的生产与人口的生产之间是否保持着合理的比例关系。通常情况下，对于一个增长型人口的国家，只有国内生产总值的增长速度始终快于人口增长速度，才能使人均国内生产总值增长速度与国内生产总值增长速度之间有一个合理的比例，使人民的生活水平随着生产的不断发展而有所改善。例如，我们通过表 3－9 和图 3－1 中我国 2011—2020 年各年国内生产总值指数和人均国内生产总值指数之间的对比关系，可以直观地反映出近 10 年来我国人民生活水平的不断改善从根本上说是来自生产的持续增长。人均国内生产总值始终保持与国内生产总值同步增长速度。

表 3－9　　我国 2011—2020 年国内生产总值指数和人均国内生产总值指数

本表按不变价格计算（上年＝100）

年份	国内生产总值指数	人均国内生产总值指数
2011	109.6	109.0
2012	107.9	107.1
2013	107.8	107.1
2014	107.4	106.8
2015	107.0	106.4
2016	106.8	106.2
2017	106.9	106.3
2018	106.7	106.4
2019	106.0	105.6
2020	102.3	102.1

资料来源：中华人民共和国国家统计局．中国统计年鉴（2021）［M］．北京：中国统计出版社，2021.

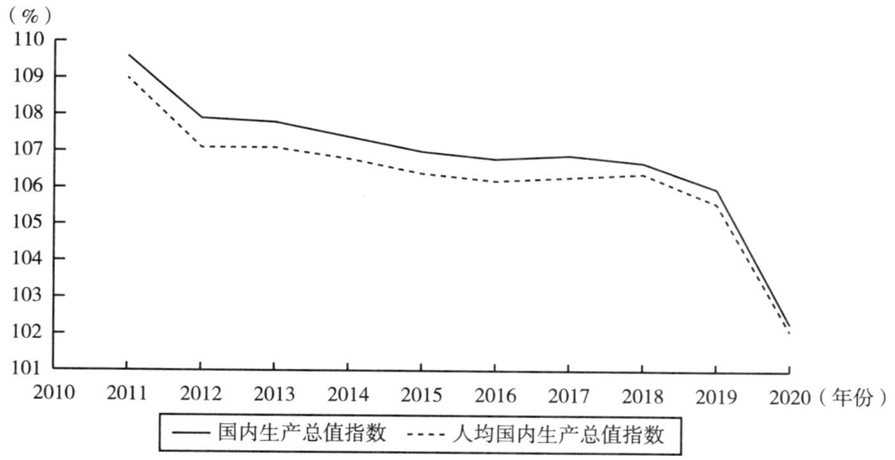

图 3-1　我国 2011—2020 年国内生产总值和人均国内生产总值指数图

从表 3-9 和图 3-1 中可以发现另一规律是，在 2011—2020 年我国的人均国内生产总值指数一直低于国内生产总值指数，表明人口的增长对提高人均国内生产总值指数还是有一定的影响。

（二）经济增长波动的分析研究

在国民经济运行过程中，各项经济活动总是在平衡与不平衡的对立统一规律中进行的，增长总是伴随着波动。运用生产核算资料分析研究经济增长的波动，目的就在于通过分析发现其中的规律性，为宏观决策部门提供制定防止经济增长大起大落措施的依据。因为任何一种波幅过大的经济增长都是不健康的，它会给经济和社会带来许多负面效应。

经济增长过程中的波动通常用国内生产总值增长速度的波动幅度来衡量和测度。在具体测度时，可以利用以下两种方法中的一种来测度经济增长的波动幅度与周期。

1. 随手描绘法

随手描绘法是指将历史上各有关年份的经济增长速度随手画在一张坐标图上，以各年平均增长速度为轴心，通过计算增长速度的最大值与最小值之差来求出波幅并研究增长中的经济周期。例如，我国 2011—2020 年近 10 年的国内生产总值环比增长速度，如表 3-10 所示。

表 3-10　我国 2011—2020 年国内生产总值各年环比增长速度　　单位：%

年份	2011	2012	2013	2014	2015	2016	2017	2018	2019	2020
GDP 增速	9.6	7.9	7.8	7.4	7.0	6.8	6.9	6.7	6.0	2.3

注：本表数据是用表 3-9 中每年环比发展速度分别减去 100% 所得。

根据表 3-10 数据和这段时间我国国内生产总值的年均增长速度 6.8% 绘制一张国内

生产总值增长速度图，如图 3－2 所示。

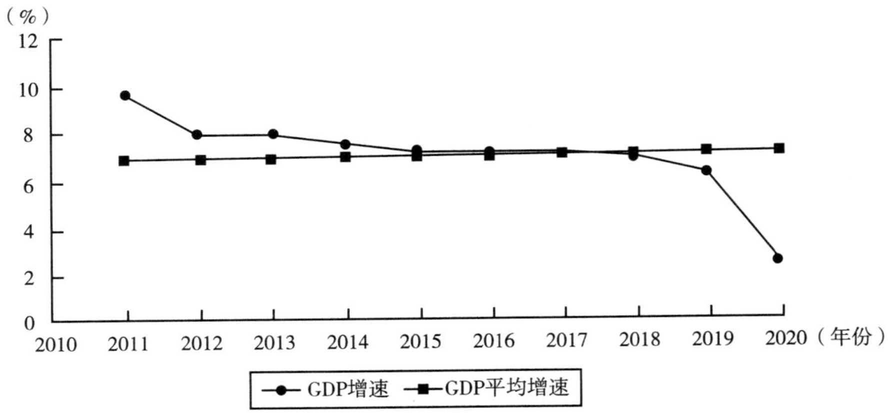

图 3－2　我国 2011—2020 年国内生产总值增长速度图

从表 3－10 和图 3－2 所显示的特征看，我国在最近 10 年间 GDP 的增长呈逐年走低的态势，尤其是受新冠肺炎疫情的严重影响，经济增长速度断崖式下降，由 2019 年的 6.0% 降至 2020 年的 2.3%，下降了 3.7 个百分点。

2. 相关与回归分析法

此种方法以时间（年份）为自变量，以国内生产总值环比发展速度为因变量，采用一元线性回归方法求出国内生产总值长期发展趋势方程，以分析国民经济在一个较长时期内的发展趋势。现仍以我国 2011—2020 年国内生产总值环比发展速度为例加以说明。

根据表 3－9 中国内生产总值各年环比发展速度，利用最小二乘法求得我国此间国内生产总值发展的长期趋势方程为：

$$\text{GDP 发展速度} = 109.89\% - 0.56\%\,T$$
$$(-2.725)$$

由于 $|t| = 2.725 > t_{0.025}(8) = 2.306$，所以当显著性水平为 0.05 时，上述回归方程的效果显著，说明我国的国内生产总值在 2011—2020 年这段期间内的发展速度长期趋势较为明显，且处在一个逐年下降的通道。

（三）经济增长的因素分析

利用国民经济核算资料分析影响经济增长的有关因素，可以为制定经济发展战略和政策提供充分的数据依据。分析各种因素对经济增长的影响既可以从三次产业增加值的增长对 GDP 增长的贡献、三次产业对 GDP 增长速度的拉动来分析，也可以根据经济学基本原理——“在长期中，经济社会基本资源的总供给决定产量”，从影响 GDP 的主要生产要素方面做出分析。

1. 三次产业发展对 GDP 增长贡献率分析

具体方法是通过计算一定时期各产业增加值对 GDP 增长的贡献率，来分析评价各产业为经济增长所作出的贡献。某产业对国内生产总值增长贡献率的计算公式为：

$$\text{某产业对国内生产总值增长的贡献率} = \frac{\text{该产业增加值增量}}{\text{国内生产总值增量}} \times 100\%$$

上述公式表明，某产业对国内生产总值增长的贡献率，就是在核算期的全部国内生产总值增量中，该产业增加值的增量所占的比重。

例如，我国 2011—2020 年各年三次产业对 GDP 的贡献率分别对如表 3-11 和图 3-3 所示。

表 3-11　　我国 2011—2020 年三次产业对 GDP 增长的贡献率　　单位：%

年份	国内生产总值	第一产业	第二产业	第三产业
2011	100.0	4.1	52.0	43.9
2012	100.0	5.0	50.0	45.0
2013	100.0	4.2	48.5	47.3
2014	100.0	4.5	45.6	49.9
2015	100.0	4.4	39.7	55.9
2016	100.0	4.0	36.0	60.0
2017	100.0	4.6	34.2	61.1
2018	100.0	4.1	34.4	61.5
2019	100.0	3.9	32.6	63.5
2020	100.0	9.5	43.3	47.3

资料来源：中华人民共和国国家统计局. 中国统计年鉴（2021）[M]. 北京：中国统计出版社，2021.

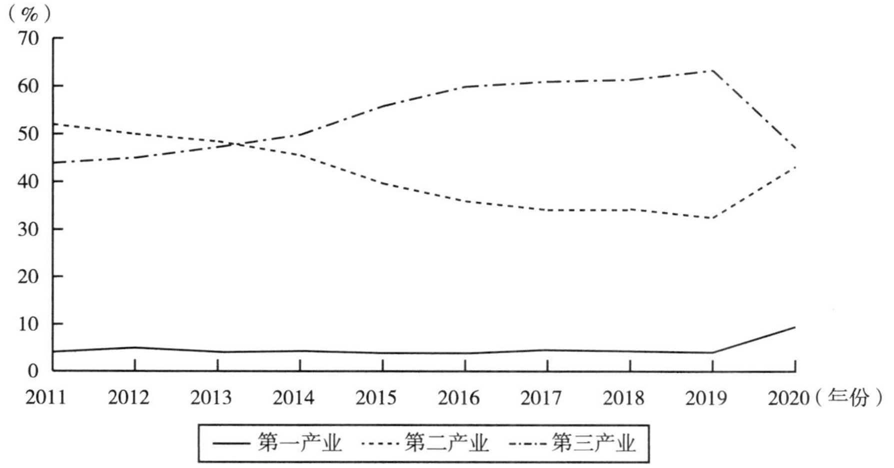

图 3-3　我国 2011—2020 年三次产业对 GDP 增长的贡献率图

从表 3－11 中的相关数据和图 3.3 可以看出，近 10 年来，我国各产业对国内生产总值的贡献率除了 2020 年受新冠肺炎疫情影响发生异常变动外，其余年份呈现以下特点：第一产业对国内生产总值的贡献率长期稳定在较低水平，且有逐年走低趋势；第二产业对国内生产总值的贡献率自 2014 年首次低于第三产业后，逐年走低的趋势比较明显；第三产业对国内生产总值的贡献率与第二产业恰好相反，自 2014 年首次超过第二产业后，逐年走高的趋势明显，且自 2016 年开始超过了 60%。2020 年是一个非常特殊的年份，受新冠肺炎疫情影响最大的是第三产业。因此，这一年第三产业对国内生产总值的贡献率急速下降，由 2019 年的 63.5% 急降至 2020 年的 47.3%，下降了 16.3 个百分点。第三产业对国内生产总值贡献率的下降导致第一产业和第二产业对国内生产总值的贡献率同时上升。

2. 三次产业对 GDP 增长拉动的分析

某一产业对 GDP 增长的拉动，是由该产业的贡献率乘以 GDP 的增长速度得到的，即：

$$某产业对 GDP 的拉动 = 该产业贡献率 \times GDP 增长速度$$

我们同样可以通过我国 2011—2020 年三次产业对 GDP 增长速度的拉动情况，分析其中的特点和规律，如表 3－12 所示。

表 3－12　我国 2011—2020 年三次产业对 GDP 增长的拉动　单位：%

年份	国内生产总值	第一产业	第二产业	第三产业
2011	9.6	0.4	5.0	4.2
2012	7.9	0.4	4.9	3.5
2013	7.8	0.3	3.8	3.7
2014	7.4	0.3	3.4	3.7
2015	7.0	0.3	2.8	3.9
2016	6.8	0.3	2.5	4.1
2017	6.9	0.3	2.4	4.2
2018	6.7	0.3	2.3	4.2
2019	6.0	0.2	1.9	3.8
2020	2.3	0.2	1.0	1.1

资料来源：中华人民共和国国家统计局．中国统计年鉴（2021）［M］．北京：中国统计出版社，2021.

由于三次产业对 GDP 增长的拉动与三次产业贡献率之间存在一定关系，所以，各产业对 GDP 增长的拉动呈现出与三次产业贡献率相同的特点和规律。各产业对经济增长拉动所占比重与贡献率大致相当。

3. 生产要素对 GDP 增长的影响作用分析

传统经济学理论认为，决定 GDP 增长的供给因素主要有劳动、资本和技术。其中技术是作为一个通过对劳动和资本都有直接影响的综合性因素来间接影响 GDP 的增长。它的作用可以通过一定时期的劳动生产率对 GDP 增长的贡献来体现。由此，我们可以用美国布鲁金斯学院的爱德华·丹尼森等经济学家创立的公式来测算各因素对经济增长的贡献。其计算公式为：

$$\frac{\Delta Y}{Y}=\frac{\Delta A}{A}+0.7\frac{\Delta N}{N}+0.3\frac{\Delta K}{K}$$

式中，ΔY、ΔA、ΔN 和 ΔK 分别代表核算期（报告期）的 GDP 增量、全要素生产率增量和资本增量；Y、A、N、K 分别代表基期的 GDP、全要素生产率、劳动和资本；0.7 和 0.3 分别为劳动和资本两个要素的权数。

这一公式表明了经济的总增长同三个决定因素的增长是紧密相关的。具体含义是，一定时期 GDP 的增长速度等于全要素生产率的增长率加上 0.7 乘劳动投入增长率，再加上 0.3 乘资本投入增长率。不过上述公式中 0.7 和 0.3 这两个权数是丹尼森教授根据美国经济长期发展的实际观察值确定的。在具体应用这一公式时，应当根据我国的具体情况予以确定。

值得注意的是，随着数字经济、大数据技术和人工智能的不断发展，传统经济学理论与方法已无法满足新情况下分析有关各种因素对经济增长贡献的需要，应当对这方面的理论和方法进行必要的修正与完善，尤其是数据作为一种资产，对经济增长的作用越来越明显，应当将其作为一个独立因素加入经济增长因素分析的模型中，深入分析与研究数据资产对经济增长的作用机制与份额。

三、国民经济的生产结构分析

利用国民经济核算资料分析一定时期国民经济结构状况是国民经济核算体系重要的分析应用领域之一。生产环节的经济结构表现为多个方面。其中较为重要的有经济运行的客体——产业结构，经济运行的主体——各机构部门结构，以及反映我国具体国情的所有制结构和地区结构等。

（一）产业结构分析

对于产业结构应该着重分析以下几个方面内容。

1. 各行业增加值占 GDP 比重分析

通过测算各行业创造的增加值在国内生产总值中所占的比重，分析在一定时期内哪些产业部门是国民经济的主导部门。在此基础上将各行业综合成三次产业，并分析各次产业占国内生产总值的比重。

2. 产业结构的时间序列分析

对产业结构的时间序列进行分析，以寻找其发展变化的规律性。例如，从我国 2011—2020 年三次产业结构的变化就可以发现其中发展的规律性，如表 3 - 13 和图 3 - 4 所示。

表 3 - 13　　我国 2011—2020 年国内生产总值构成

本表按当年价格计算　　单位:%

年份	国内生产总值	第一产业	第二产业	第三产业
2011	100. 0	9. 2	46. 5	43. 3
2012	100. 0	9. 1	45. 4	45. 5
2013	100. 0	8. 9	44. 2	46. 9
2014	100. 0	8. 6	43. 1	48. 3
2015	100. 0	8. 4	40. 8	50. 8
2016	100. 0	8. 1	39. 6	52. 4
2017	100. 0	7. 5	39. 9	52. 7
2018	100. 0	7. 0	39. 7	53. 3
2019	100. 0	7. 1	38. 6	54. 3
2020	100. 0	7. 7	37. 8	54. 5

资料来源：中华人民共和国国家统计局．中国统计年鉴（2021）[M]．北京：中国统计出版社，2021.

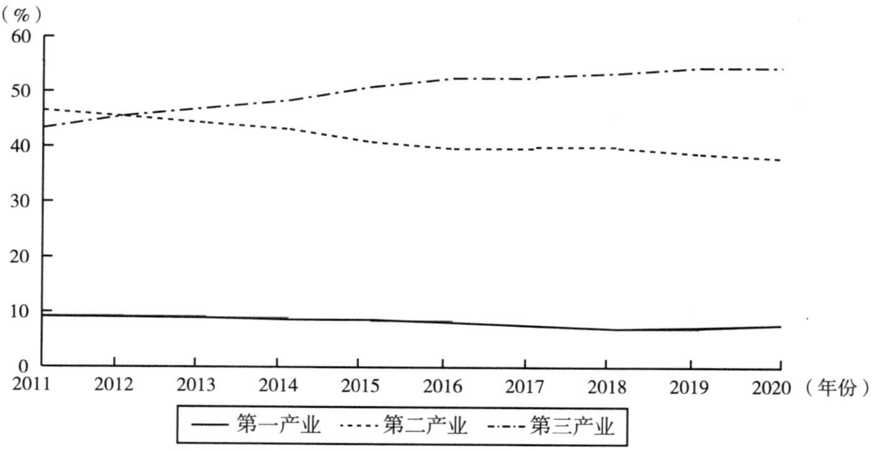

图 3 - 4　我国 2011—2020 年国内生产总值构成图

表 3 - 13 的数据和图 3 - 4 显示出我国三次产业结构在发展变化过程中具有以下特点：(1) 第一产业的比重长期呈逐步缓慢下降的趋势，从 2011 年的 9.2% 降至 2020 年的 7.7%，9 年间下降了 1.5 个百分点。如果抛开 2020 年受新冠肺炎疫情影响，不将该年度的数值考虑在内，则 2019 年第一产业增加值占国内生产总值的比重为 7.1%，8 年间降低

了2.1个百分点。(2)第二产业增加值占国内生产总值的比重表现出与第一产业大致相同的特点，也是逐年缓慢下降，从2011年的46.5%下降到2020年的37.8%，降低了7.7个百分点。降幅高于第一产业，而且在2012年其比重首次低于第三产业。(3)第三产业增加值占国内生产总值的比重与第一产业和第二产业相反，呈逐年快速上升趋势，由2011年的44.3%上升为2020年的54.5%，9年间提高了10.2个百分点。这一上升幅度是由第一产业和第二产业所占比重均逐步下降共同所致。

总之，我国三次产业结构的变动符合经济发展的一般规律。即当经济发展到一定阶段时，伴随着经济发展水平和城市化水平的不断提高，首先是第一产业增加值占国内生产总值的比重开始下降，其次是第二产业增加值占国内生产总值的比重开始下降，而与此同时第三产业增加值占国内生产总值的比重开始逐年上升。我国三次产业结构经过2011年以前长期的缓慢变动后，2012年是一个重要时间节点。这一年第三产业增加值占国内生产总值比重首次超过了第二产业，并且同时进入了一个快速提升的通道。

3. 产业结构与需求结构比较分析

将产业结构与需求结构进行对比，可以评价供需结构的平衡状况，发现其中的供需失衡矛盾，制定出解决矛盾的政策措施。比如，就国内长期以来存在的部分高档日用品供给不足问题，可以通过增加这方面的研发投入和扩大产能予以解决。相反，对于一些低级的原材料生产企业，通过关停并转，压缩供给实现供需平衡。

(二) 机构部门生产结构分析

机构部门生产结构分析，是指对国民经济中各机构部门所创造的增加值占国内生产总值的比重所做的比较分析。通过这种分析可以发现不同机构部门对国民经济的贡献及其所处的地位。例如，我国2019年国内生产总值各机构部门的结构如表3-14所示。

表3-14　　我国2019年各机构部门增加值及占GDP的比重

部门	非金融企业部门	金融机构部门	政府部门	住户部门	国内合计
增加值（亿元）	621264.9	76250.7	100788.0	197311.6	986515.2
各部门增加值占GDP的比重（%）	62.0	7.7	10.3	20.0	100.0

注：中华人民共和国国家统计局．中国统计年鉴（2021）[M]．北京：中国统计出版社，2021.

从表3-14可以明显看出，在国民经济的四个机构部门中，非金融企业部门和住户部门是创造增加值最多的两个部门，它们2019年所创造的增加值分别占当年国内生产总值的63.0%和20.0%，二者合计为83.0%。由此显示出这两个部门在国民经济中的地位和作用。而其余两个部门所创造的增加值占国内生产总值的比重十分低。尤其是金融机构部门的增加值仅占国内生产总值的 7.7%，没有充分发挥该部门在国民经济中的应有作用。今后应大力发展我国的金融业使其为经济的发展作出更大的贡献。

对于机构部门生产结构除了可以做静态分析外，还可以进行动态对比分析，用以发现这种结构关系在两个或多个不同时间内所发生的变化。例如，如果将 2019 年各机构部门增加值占国内生产总值比重分别与各自 2009 年数值相比，可以从中发现变化还是十分明显的，如表 3－15 所示。

表 3－15　　我国 2019 年和 2009 年各机构部门增加值占 GDP 比重的比较　　单位：%

年份	非金融企业部门	金融机构部门	政府部门	住户部门	国内合计
2019	62.0	7.7	10.3	20.0	100.0
2009	57.9	5.2	9.8	27.1	100.0
差值	4.1	2.5	0.5	－7.1	0.0

注：表中 2009 年数值根据中华人民共和国国家统计局网站，数据查询栏目中国民经济核算的资金流量表（实物交易）相应数据计算得到。

从表 3－15 中两个年份各机构部门增加值占国内生产总值比重数据对比分析明显可以看出，非金融企业部门、金融机构部门和政府部门等三个部门它们 2019 年增加值占国内生产总值的比重比 2009 年都有所增加，而只有住户部门的比重有所下降，而且其降低的百分比恰好是前三个机构部门提升之和。

（三）地区生产结构分析

利用国民经济核算资料分析地区生产结构，可以为有关部门制定地区发展战略，研究国民经济发展在地区间分布规律提供帮助。分析研究各地区生产结构，一方面，可以从静态的角度分析在一定时点上各地区所创造的地区生产总值占经济总体国内生产总值的比重，评价各地区对国民经济的贡献份额；另一方面，可以将各地区的地区生产总值所占比重作时间序列分析，研究我国经济发展在地区分布上的变动趋势。表 3－16 所列示的资料即为我国 2020 年各地区国内生产总值的有关资料。

表 3－16　　2020 年我国各地区生产总值及其占 GDP 的比重

省、市、区	GDP（亿元）	比重（%）	地区	GDP（亿元）	比重（%）
北京	36102.55	3.57	华北	121404.92	11.99
天津	14083.73	1.39			
河北	36206.89	3.58			
山西	17651.93	1.74			
内蒙古	17359.82	1.71			

续表

省、市、区	GDP（亿元）	比重（%）	地区	GDP（亿元）	比重（%）
辽宁	25114.96	2.48	东北	51124.78	5.05
吉林	12311.32	1.22			
黑龙江	13698.5	1.35			
上海	38700.58	3.82	华东	387437.92	38.27
江苏	102718.98	10.15			
浙江	64613.34	6.38			
安徽	38680.63	3.82			
福建	43903.89	4.34			
江西	25691.5	2.54			
山东	73129	7.22			
河南	54997.07	5.43	华中	278672.04	27.53
湖北	43443.46	4.29			
湖南	41781.49	4.13			
广东	110760.94	10.94			
广西	22156.69	2.19			
海南	5532.39	0.55			
重庆	25002.79	2.47	西南	117852.75	11.64
四川	48598.76	4.80			
贵州	17826.56	1.76			
云南	24521.9	2.42			
西藏	1902.74	0.19			
陕西	26181.86	2.59	西北	55922.61	5.52
甘肃	9016.7	0.89			
青海	3005.92	0.30			
宁夏	3920.55	0.39			
新疆	13797.58	1.36			
全国	1012415.02	100			

注：1. 各省、市、区生产总值数据来自：中华人民共和国国家统计局. 中国统计年鉴（2021）[M]. 北京：中国统计出版社，2021.

2. 其他数据根据本表中的有关数据计算得到。

3. 表中各省、市、区生产总值占全国 GDP 比重，以及各地区生产总值占全国 GDP 比重，由于计算过程中的四舍五入，它们的合计不一定等于 100.0%。

4. 由于各省、市、区生产总值加总与全国 GDP 不等（前者为 1012412.02 亿元，后者为 1015986.20 亿元，二者相差 -3571.18 亿元），本表中各项比重数据都是由各省市区或地区生产总值除以全国地区生产总值合计数得到。

从表 3 - 16 所显示的资料可以明显看出，我国的经济发展在地区之间是极为不平衡的。对全国生产总值汇总值[①]贡献份额最多的是广东省，该省所创造的生产总值占全国生产总值汇总值的10.94%，比西北5个省、区所创造的生产总值总和还要多。从各省、区、市的结构看，全国31个省、市、区（不包括台湾省，港、澳两个特区）中，各省、市、区生产总值占全国生产总值汇总值的比重不足1.0%的有5个，占全国总数的16.13%；1.0%～5.0%的省份有22个，占全国省份总数的70.97%；5.0%以上的有4个，占12.90%。在这4个省份中，华东占有3席，分别为江苏省、浙江省和山东省；华中占有1席，为广东省。从各大区的分布情况看，华东7个省市所创造的生产总值占全国生产总值汇总值的38.27%，是全国最高的地区；而最低的西北地区的生产总值只占全国生产总值汇总值的5.52%。不过，对照历史数据（见《国民经济核算学（第一版）》和《国民经济核算学（第二版）》）可以发现，经过25年的发展（1995—2020年），我国各地区在对全国生产总值汇总值的贡献度方面发生了一些变化，详细情况如表3－17所示。

表3－17　1995年、2012年和2020年我国各地区生产总值占GDP比重　单位：%

地区	1995年	2012年	2020年
华北	12.3	14.8	12.0
东北	10.3	8.8	5.1
华东	37.4	36.2	38.3
华中	25.9	25.5	27.5
西南	9.4	9.2	11.6
西北	4.7	5.5	5.5
合计	100.0	100.0	100.0

在6大经济区中，华北地区经过2012年较1995年有所提高后，2020年又回到了1995年12%左右的水平；东北地区继2012年由1995年10.3%降到8.8%后，到2020年进一步降低到5.1%，比1995年降低了一倍多。华东和华中两个地区的比重除了在经历2012年各自略有降低外，2020年比2012年又都分别提高了2.0个和2.1个百分点，达到38.3%和27.5%。两个地区对经济总体的贡献高达65.8%。令人欣喜的是，西南地区对经济总体的贡献明显提高，该地区生产总值占全国生产总值汇总值的比重由2012年的9.2%提高到2020年的11.6%，首次达到了两位数。西北地区2012—2020年较为稳定，两个时间点都保持在5.5%。

值得注意的是，上述的比较分析只是对国内生产总值所做的简单直观说明。其中不乏有许多不可比因素。要对其做进一步分析研究，就需要将各地区的区域面积、人口、就业

① 由于全国各地区生产总值加总不等于国家统计局对外公布的国内生产总值，为了避免混淆，本部分将其称为全国生产总值汇总值，而不称为国内生产总值。

人员、资源、环境、科学技术等因素考虑进去。

四、生产环节的经济效益分析

经济效益是经济理论和实践的一个重要问题。利用国民经济生产核算资料对经济效益做出分析，主要通过以下两个指标进行。

（一）生产效果指标

生产效果是指生产者一定时期内所创造的供全社会最终使用的有用成果（增加值或国内生产总值）占总产出的比重。其计算公式为：

$$生产效果 = \frac{增加值(国内生产总值)}{总产出}$$

显然，该项指标是一个正指标，生产效果越大，说明生产过程中的效益就越好。例如，根据表 3－7 中有关数据，该经济总体的总产出为 3604，再加上产品税减产品补贴为 3737，国内生产总值为 1854，生产效果为 0.496。这就意味着，该经济总体所生产的总产出中，有超过 49.6% 的产出（接近一半）可供全社会最终使用。

（二）生产投入系数

分析经济效益另一个常用指标就是生产投入系数，是指生产者一定时期在生产过程中所投入的中间使用（消耗）占总产出的比重，即：

$$生产投入系数 = \frac{中间投入}{总产出}$$

显然，该指标是一个逆指标，生产投入系数越小，说明生产过程中的效益就越好。例如，根据表 3－7 中有关数据，该经济总体的总产出与产品税减产品补贴的合计为 3737，中间投入为 1883，生产投入系数为 0.504。这就意味着，该经济总体所生产的总产出中，有 50.4% 的产出来自生产过程中所投入的原有货物和服务等。

由于中间投入加加增加值（国内生产总值）等于总产出，上述两个指标是相互制约的关系。生产效果指标越高越好，而生产投入系数越低越好。

我们通常强调的要提高生产效益，实质是要提高生产效果，即提高增加值或国内生产总值占总产出的比重，或降低中间使用占总产出的比重，而并非是用最少的投入创造出更多的产出。因为无论是总投入也好，或是总产出也好，在一定条件下二者都是既定的量，而且总投入总是等于总产出。能够改变的只是其中生产消耗和最终产品之间的比例关系。

第四章　投入产出核算

【学习目标与要求】

1. 了解投入产出核算的一般原理；

2. 掌握投入产出表的结构及其平衡关系；

3. 掌握直接消耗系数、完全消耗系数和完全需求系数的概念，并会计算直接消耗系数；

4. 掌握货物服务账户、供给表和使用表的基本结构；

5. 学会利用投入产出核算资料对产业结构的有关问题进行分析。

第一节　投入产出核算的基本问题

一、投入产出分析方法的产生与发展

投入产出分析方法产生于20世纪30年代，最早由美国经济学家瓦西里·列昂惕夫（Wassily Leontief）提出。列昂惕夫从1931年开始研究投入产出分析方法，并利用这种方法分析了美国的经济结构。1936年8月，他在《经济与统计评论》杂志上发表了第一篇有关投入产出分析的论文——《美国经济体系中投入产出的数量关系》。该文系统阐述了

有关美国第一张投入产出表（1919 年）的编制工作，投入产出理论和相应的模型，以及资料来源和计算方法等。1941 年，列昂惕夫出版了投入产出分析的第一本专著《美国经济的结构，1919—1929》。此后又与他人合作，于 1953 年出版了《美国经济结构研究》一书。列昂惕夫因创立和发展了投入产出分析方法及这种方法在经济领域产生的重大作用，使其备受西方经济学家所推崇。列昂惕夫也因此于 1973 年成为第五届诺贝尔经济学奖获得者。列昂惕夫的投入产出分析法自被提出来后，就被世界多国广泛采用。据西方报刊报道，早在 1979 年运用投入产出理论编制和发表投入产出表的国家已有 80 多个。

联合国经济和社会事务部统计处于 1968 年出版的《国民经济核算体系》，又称《国民经济账户体系》（简称 SNA1968），将投入产出核算纳入其中，与国民收入核算和其他核算结合起来，成为国民经济核算体系重要组成部分，从而极大地增强了国民经济核算对经济研究和分析的作用。联合国等五大国际组织编写的 SNA1993 将投入产出表与供给和使用表一起作为国民经济核算体系一个组成部分，并指出："将'投入产出'纳入国民经济核算体系，是 SNA 的一个重要特点。它在本体系中的作用主要与货物和服务核算以及相应的产业部门账户相联系。作为对机构部门账户（机构部门账户覆盖了本体系中所有核算）的补充，供给和使用表以及由此推出的对称表，通过对本体系中生产账户和收入形成账户以及对称型投入产出表中的货物和服务加以细化，为进行产业分析和产品分析提供了详细的依据。"① SNA2008 又将投入产出表从原来的"第十五章，供给和使用表及投入产出"中分离出来，与诸如社会核算矩阵等其他基于矩阵分析的核算放在一起（详见《国民账户体系(2008)》② 第 28 章），更加纯粹地从矩阵分析方法角度探讨国民经济核算的相关内容。

如前所述，投入产出核算也是我国国民经济核算体系的重要组成部分，在 5 张基本核算表中就包括投入产出表。由于投入产出核算不仅核算国民经济的总量指标，还核算各总量指标内部的结构指标，侧重反映国民经济各部门之间的技术经济联系，从而成为国内生产总值核算的扩展和延伸。

二、投入产出核算的几个重要概念

（一）投入产出核算

投入产出核算又称**投入产出分析**，是指主要利用投入产出表来反映部门间生产过程中所形成的技术经济联系和各种比例关系。

---

① 联合国等．国民经济核算体系（1993）［M］．国家统计局国民经济核算司，译．北京：中国统计出版社，1995.

② 联合国等．国民账户体系（2008）［M］．国家统计局国民经济核算司，等，译．北京：中国统计出版社，2012.

（二）投入、最初投入、中间投入和总投入

投入是企业为生产某种产品，在生产过程中消耗的各种货物和服务，包括最初投入、中间投入和总投入。**最初投入**是各种生产要素的投入，包括雇员报酬、生产税净额、固定资产折旧和营业盈余。**中间投入**也称**中间消耗**，是生产过程中消耗的各种货物和服务。**总投入**则为最初投入与中间投入之和。

（三）中间产出、最终产出和总产出

中间产出也称**中间产品**或**中间使用**，是用作中间投入的产品。**最终产出**也称**最终产品**或**最终使用**，是用作最终使用的产品，包括消费品、投资品和净出口。**总产出**是中间产出和最终产出之和。

三、投入产出分析的基本思想

正如我们在第三章所阐述的那样，任何单位要获得一定的产出，都必须有一定的投入。由此形成各单位在经济系统中既是生产产品（提供产出）的单位，又是消耗产品（形成投入）的单位，即一个单位同时具备产品生产者和产品使用者双重身份。每个单位生产的产品提供给别的单位使用，同时又消耗别的单位提供的产品。这样，整个经济系统中各单位之间就形成了投入和产出相互交织的内在联系。投入产出分析的基本思路就是，首先，将各单位的投入和产出分别按来源和去向编织成一张纵横交叉的表格，即投入产出表；其次，依据投入产出表中的各种平衡关系构建模型；最后，根据投入产出表和投入产出模型进行有关经济分析和预测。

投入产出分析具有广泛的用途，小到一个单位，大到一个部门和经济总体都可以编制投入产出表和进行投入产出分析。

四、投入产出核算中的估价

鉴于投入产出核算所采用的概念、定义、核算原则等与整个国民经济核算体系相一致，因此，其估价也与整个体系保持一致。对于不同的内容具体应当以各种相应的方法估价。

（一）总产出的估价

对于投入产出核算中的总产出按基本价格估价。之所以采用基本价格估价总产出，

是因为此种估价方法具有以下优点：（1）基本价格能够为各个行业提供同质的估值。（2）当采用增值税或类似扣除税体系时，基本价格最有用。因为从基本价格的内涵可知，它是生产者生产单位货物或服务从购买者那里所获得的金额，减去单位产出的生产或销售时任何应支付的税金，再加上单位产出的生产或销售所获得的补贴。（3）基本价格反映了生产者实际可得的金额。当然，当按基本价格估价很困难时也可按生产者价格估价。

（二）货物和服务使用的估价

对于投入产出核算中使用的货物和服务（中间消耗和最终使用）按购买者价格估价，即按购买者在其所要求的时间和地点获得每单位货物或服务所支付的金额估价。

（三）总增加值的估价

对增加值的估价主要取决于总产出和中间消耗这两个要素。由于中间消耗一般都按购买者价格估价，从而对总产出采用两种不同的估价会产生两种不同的结果：一种是按基本价格估价的总增价值，它等于按基本价格计算的总产出减按购买者价格计算的中间消耗；另一种是按生产者价格计算的总增加值，它等于按生产者价格计算的总产出减按购买者价格计算的中间消耗。

（四）进口和出口的估价

对于进口和出口的核算，国民经济核算体系对总额均采用离岸价格估价。**离岸价格**，是指由进口商在出口国的口岸将所购买的货物装上运输载体，并支付了出口税的价格。对进口产品的细目则采用**到岸价格**，即货物在进口国国境的交货价格。离岸价格和到岸价格之间的差额反映了在出口国国境和进口国国境之间所发生的商业和运输费用。

第二节　投入产出表

一、投入产出表的结构和种类

（一）投入产出表的结构

投入产出表由四个象限构成，其基本格式如表 4－1 所示。

表 4－1　　　　标有数学符号的投入产出简表

产出 投入		中间产品		最终产品				进口	总产出
		1　2　…　n	合计	最终消费	资本形成总额	出口	合计		
中间投入	1	x_{11}　x_{12}　…　x_{1j}	w_1	s_1	k_1	g_1	y_1		x_1
	2	x_{21}　x_{22}　…　x_{2j}	w_2	s_2	k_2	g_2	y_2		x_2
	⋮	⋮　⋮　…　⋮	⋮	⋮	⋮	⋮	⋮		⋮
	n	x_{i1}　x_{i2}　…　x_{ij}	w_n				y_n		x_n
	合计	c_1　c_2　…　c_n		S	K	G			
最初投入	雇员报酬	v_1　v_2　…　v_n							
	生产税净额	t_1　t_2　…　t_n							
	固定资产折旧	m_1　m_2　…　m_n							
	营业盈余	r_1　r_2　…　r_n							
	增加值	N_1　N_2　…　N_n							
总投入		X_1　X_2　…　X_n							

投入产出表从总体上看，它由横向和纵向两个不同方向来分别反映表的不同功能和经济含义：表的横向（水平方向）表示产品的产出，产品的实物构成和使用去向；表的纵向（垂直方向）表示投入，说明产品是如何形成的，耗用了哪些活劳动和物化劳动。具体可以用四个象限分别加以说明（以产品×产品投入产出表为例）。

1. 第Ⅰ象限

投入产出表的第Ⅰ象限位于整个表的左上方，是由名称相同、数目一致的若干种产品纵横相交而成的棋盘式表格。横行（主栏）反映的是中间产品（也称中间使用）；纵列（宾栏）反映的是中间投入（也称中间消耗）。该象限是投入产出表的核心部分，主要反映国民经济各种产品之间在生产过程中所形成的技术经济联系。表中的每个数值 x_{ij} 都具有双重含义，即从横向看，它说明第 i 种产品有多少是提供给第 j 种产品，供其作为中间使用；从纵向看，它又表明第 j 种产品在生产中消耗了多少第 i 种产品。

2. 第Ⅱ象限

投入产出表的第Ⅱ象限位于表的右上方，其主栏与第Ⅰ象限相同，反映每种产品的去向；宾栏则表明最终产品的使用，包括最终消费、资本形成总额和出口等项目。该象限给出了已退出本期生产过程的产品内容和数量，体现了国内生产总值经过分配和再分配后所形成的最终使用。

3. 第Ⅲ象限

投入产出表的第Ⅲ象限位于表的左下方，主栏包括雇员报酬、生产税净额、固定资产折旧和营业盈余等四项内容，它们的合计数构成最初投入，亦即用收入法计算的增加值；宾栏是与第Ⅰ象限分类相同的产品，反映各产品部门增加值的构成状况。

4. 第Ⅳ象限

投入产出表的第Ⅳ象限位于表的右下方，通常认为是反映国民经济中收入再分配关系的。但由于收入再分配关系的复杂以及资料收集的困难，目前它仍为一个空白象限。

（二）投入产出表的种类

投入产出表的种类繁多，可以从不同角度对其进行以下划分：(1) 从投入产出表所包括的范围看，有全国投入产出表、地区投入产出表和企业投入产出表；(2) 从投入产出表所反映内容的时间状况看，有静态投入产出表和动态投入产出表；(3) 从投入产出表所采用的计量单位看，有实物型投入产出表和价值型投入产出表；(4) 从投入产出表反映的内容看，有产品×产品投入产出表和产业×产业投入产业表。

二、投入产出表中的几个平衡关系

（一）行的平衡关系

投入产出表从横行看，有如下平衡关系：

中间产品＋最终产品＝总产品（出）

用符号表示，即

$$w_i + y_i = X_i$$

（二）列的平衡关系

投入产出表从纵向看，各项目之间的平衡关系如下：

中间投入＋最初投入＝总投入

用符号表示，即：

$$c_j + N_j = X_j$$

（三）总量的平衡关系

总投入＝总产出

用符号表示，即：

$$\sum X_j = \sum X_i$$

每个部门的总投入＝每个部门的总产出

用符号表示，即：

$$X_j = X_i$$

中间投入总和 = 中间产品（使用）总和

用符号表示，即：

$$\sum c = \sum w$$

最初投入总和 = 最终产品总和

用符号表示，即：

$$\sum N = \sum y$$

三、投入产出表的消耗系数

编制投入产出表的目的是利用它所提供的各种信息对经济进行分析。其中，最主要是对生产过程中各部门之间相互依存的技术经济联系的分析。这种分析的方法是计算第Ⅰ象限的消耗系数，包括直接消耗系数和完全消耗系数。

（一）直接消耗系数

直接消耗系数，又称**中间投入系数**，是指在生产经营过程中单位总产出所直接消耗的各种中间产品的数量。其计算公式为：

$$a_{ij} = \frac{x_{ij}}{X_j}$$

式中，a_{ij}表示直接消耗系数；x_{ij}表示第 j 种产品对第 i 种产品耗用的价值；X_j 表示 j 产品部门的总投入。由此可见，直接消耗系数就是用第 j 种产品的总投入去除该种产品直接消耗的第 i 种产品价值求得的系数。

若用第Ⅰ象限每个产品部门的中间投入分别除以本部门的总投入，便可得到由全部直接消耗系数 a_{ij}组成的直接消耗系数矩阵。

$$A = \begin{pmatrix} a_{11} & a_{12} & \cdots & a_{1n} \\ a_{21} & a_{21} & \cdots & a_{2n} \\ \vdots & \vdots & \ddots & \vdots \\ a_{n1} & a_{n2} & \cdots & a_{nn} \end{pmatrix}$$

直接消耗系数是分析投入产出关系的基础，它反映了在一定技术水平和生产组织管理水平下，生产各种产品过程中所发生的直接的经济技术联系。由此可以启示我们在分析直接消耗系数大小时，主要考虑以下几个因素的影响：（1）生产的技术水平。在其他条件一定情况下，技术进步对直接消耗系数的影响可以从两方面体现出来，一是直接促成生产单位产品对中间消耗的节约；二是由于新技术会促使新工艺、新产品或新材料的出现等，通过这些改变生产的投入构成来影响投入产出系数。（2）产出的结构。当一个生产单位或产业部门生产两种以上产品时，不同的投入结构会使产出的结构也发生变化，从而影响投入系数。（3）价格水平。由于投入产出表有实物型投入产出表和价值型投入产出表两种。对于实物型投入产出表，直接消耗系数只受生产技术水平的影响；而对于价值型投入产出表，由于直接消耗系数包含了价格等经济因素，因而它既受技术水平又受经济因素的影响。

根据价值型投入产出表计算的直接消耗系数，其取值范围在 $0 \leqslant a_{ij} < 1$ 之间。a_{ij}越大，说明第 i 种产品与第 j 种产品之间的经济技术联系越密切；a_{ij}越小，说明第 i 种产品与第 j 种产品之间的经济技术联系越不密切。当 $a_{ij}=0$ 时，说明第 i 种产品与第 j 种产品之间没有直接相互依赖关系，也不存在直接经济技术联系。

（二）完全消耗系数

国民经济各种产品之间除了存在直接消耗的联系外，同时还有间接消耗方面的联系。以采煤生产要直接和间接消耗电力为例，开采煤矿时要直接消耗电力，同时采煤也要直接消耗采煤设备、钢材、坑木等产品，而这些产品在被生产时也要直接消耗电力。如此就形成了由采煤时通过采煤设备、钢材和坑木等对电力的间接消耗，这是采煤对电力的一次间接消耗。同时应看到，在生产采煤设备时需要消耗钢材等一些原材料，这些原材料在被生产时也要消耗电力，由此形成采煤时对电力的二次间接消耗。依次类推，还会有对电力的三次、四次……等间接消耗。**完全消耗系数**就是直接消耗系数与所有间接消耗系数的总和，它说明第 j 种产品每生产单位最终产出时，需要直接与间接消耗（即完全消耗）第 i 种产品的数量。完全消耗系数的计算公式为：

$$b_{ij} = a_{ij} + \sum_{k=1}^{n} a_{ik}a_{kj} + \sum_{s=1}^{n}\sum_{k=1}^{n} a_{is}a_{sk}a_{kj} + \cdots (i,j = 1,2,\cdots,n)$$

式中，b_{ij}表示完全消耗系数；k 为中间产品；$\sum_{k=1}^{n} a_{ik}a_{kj}$ 表示通过 k 种中间产品而形成 j 种产品对 i 种产品的第一轮间接消耗；$\sum_{s=1}^{n}\sum_{k=1}^{n} a_{is}a_{sk}a_{kj}$ 表示通过 k 和 s 种中间产品形成的 j 种产品对 i 种产品的第一轮间接消耗；依此类推。

如果将全部完全消耗系数 $b_{ij}(I,j=1,2,\cdots,n)$ 编制成矩阵，并令 $B=(b_{ij})_{n\times n}$则有：

$$\begin{aligned} B &= A + A^2 + A^3 + \cdots \\ &= (I-A)^{-1} - I \end{aligned}$$

（三）完全需求系数

上式中，I 为单位矩阵，$(I-A)$ 表示投入产出矩阵，其具体形式为：

$$(I-A)=\begin{bmatrix}1-a_{11} & -a_{12} & \cdots & -a_{1n}\\ -a_{21} & 1-a_{22} & \cdots & -a_{2n}\\ \vdots & \vdots & \ddots & \vdots\\ -a_{ni} & -a_{n2} & \cdots & 1-a_{nn}\end{bmatrix}$$

$(I-A)^{-1}$ 为 $(I-A)$ 的逆矩阵，通常称为完全需求矩阵，也称列昂惕夫逆矩阵。完全需求系数矩阵在投入产出分析中的地位十分重要，用 $\overline{B}$ 表示，即

$$\begin{aligned}\overline{B} &= (I-A)^{-1}\\ &= B+1\end{aligned}$$

完全需求系数矩阵的元素 $\overline{b}_{ij}$ $(i，j=1，2，\cdots，n)$ 称为**完全需求系数**，它表明第 j 种产品每增加一个单位最终使用时，对 i 种产品的完全需要量。从上式可以看出，只要在完全消耗系数矩阵的基础上加一个单位矩阵，就可以得到一个完全需求系数矩阵。即

$$\overline{B}=\begin{bmatrix}b_{11}+1 & b_{12} & \cdots & b_{1n}\\ b_{21} & b_{22}+1 & \cdots & b_{2n}\\ \vdots & \vdots & \ddots & \vdots\\ b_{n1} & b_{n2} & \cdots & b_{nn}+1\end{bmatrix}$$

完全需求系数 $\overline{b}_{ij}$ 和完全消耗系数 b_{ij} 有着不同的经济含义。完全消耗系数表明当 j 种产品增加一个单位最终使用时所完全消耗 i 种产品的数量，而完全需求系数除包括完全消耗 i 种产品数量外，还包括第 j 种产品产出的一个单位最终产品本身。

四、各种消耗系数与产出或投入之间的联系

利用投入产出表进行经济分析，需要了解各种消耗系数与各种产出之间的联系。这些联系可以通过以下的形式表现出来：

（一）直接消耗系数与总产出及最终产出的联系

直接消耗系数与产出之间的关系，可以通过投入产出的横行模型和纵列模型分别描述。

1. 横行模型

从横行模型看，直接消耗系数与总产出和最终产出的关系表现为：

$$AX + Y = X$$

式中，A 为直接消耗系数矩阵；X 为各种产品总产出的列向量；Y 为各种产品最终产出的列向量。

如果将上述反映直接消耗系数与总产出和最终产出关系式的同类项加以归并，即可得到以下关系式：

$$(I - A)X = Y$$

在（$I - A$）矩阵中，从纵列看，说明了每种产品的投入与产出之间的关系。若以“－”号表示投入、“＋”号表示产出，则矩阵内每一列都说明生产一个单位产品需要消耗其他产品（包括本身）的数量。主对角线上的各元素，说明扣除自身消耗以后的净产出。

$(I - A)X = Y$ 表明了总产出与最终产出之间的联系。如果要反映最终产出与总产出的关系，还可将（$I - A)X = Y$ 变换为：

$$(I - A)^{-1}Y = X$$

即通过计算（$I - 1$）的逆矩阵（$I - A)^{-1}$来实现。

2. 纵列模型

从列的模型看，直接消耗系数与总投入和增加值的关系表现为：

$$(I - A_C)X = N$$

该模型反映的是总投入与增加值之间的关系。式中，A_C为直接消耗系数的对角矩阵，矩阵的每一个元素 $a_{cj} = \sum a_{ij}(i,j = 1,2,\cdots,n)$，表示为生产单位 j 产品的全部消耗系数之和。即：

$$A_c = \begin{pmatrix} a_{c1} & 0 & \cdots & 0 \\ 0 & a_{c2} & \cdots & 0 \\ \vdots & \vdots & \ddots & \vdots \\ 0 & 0 & \cdots & a_{cn} \end{pmatrix}$$

（$I - A_c$）为增加值系数矩阵。N 为增加值的列向量。

通过上述模型可以看出，直接消耗系数与最初投入之间的关系是通过直接消耗系数的对角矩阵显示的。

如果要描述增加值与总投入之间的关系，上述模型可以转换为：

$$X = (I - A_c)^{-1}N$$

式中，$(I-A_c)^{-1}$ 为增加值系数矩阵的逆矩阵。

（二）完全消耗系数与最终产出之间的联系

首先应该明确，完全消耗系数是与最终产出直接相联系的，这可以从以下的关系式得到证明。

$$
\begin{aligned}
X &= (B+I)Y \\
&= BY + Y
\end{aligned}
$$

上式表明，第 j 产品生产单位最终产出，需要完全消耗第 i 种产品产品的数量。

五、我国的投入产出表

我国的投入产出表作为中国国民经济核算体系一个重要组成部分，是一张产品部门×产品部门的投入产出表，表式的基本结构如表 4－2 所示。

表 4－2　　产品部门×产品部门投入产出表

产出／投入		中间使用				最终使用										进口	进口税	总产出（生产者价格）
						最终消费支出				资本形成总额				出口	最终使用合计			
		产品部门1	…	产品部门n	中间使用合计	居民消费支出	为住户服务的非营利机构消费支出	政府消费支出	合计	固定资本形成总额	存货变动	贵重物品获得减处置	合计					
中间投入	产品部门1 ⋮ 产品部门n	第Ⅰ象限				第Ⅱ象限												
	中间投入合计																	
增加值	劳动者报酬 生产税净额 固定资产折旧 营业盈余	第Ⅲ象限																
	增加值合计																	
总投入（生产者价格）																		
不可抵扣增值税																		

从表 4－2 的结构看，《中国国民经济核算体系（2016）》的投入产出表与一般投入产

出表的设计原理完全一致。第Ⅰ象限的主栏和宾栏分别采取了分类相同，数目相等和顺序一致的产品部门分类与编排方法，以反映中间投入和中间使用情况。第Ⅱ象限的宾栏包括最终使用项目和进口。其中，最终使用包括最终消费支出、资本形成总额和出口。第Ⅲ象限的增加值包括劳动者报酬、生产税净额、固定资产折旧和营业盈余，反映了生产过程的附加价值。这些与联合国国民经济核算体系的分类标准基本一致。

第三节 投入产出核算资料的分析与应用

如前所述，投入产出表在经济领域有着广泛的用途。这些用途主要体现在以下几个方面。

一、用于编制和修订宏观经济计划

由消耗系数和产出之间的关系可知，如果掌握了各个部门的直接消耗系数或完全消耗系数，便可以或由总产出来编制最终产出计划，或由最终产出来编制总产出计划。前者采用直接消耗系数；后者则利用完全消耗系数。现举一个简单例子，说明如何利用投入产出法来制定生产计划。

现假定某地区某年的三次产业投入产出表，如表 4－3 所示。

表 4－3 某地区某年三次产业投入产出表 单位：亿元

		中间使用				最终使用	总产出
		第一产业	第二产业	第三产业	小计		
中间投入	第一产业	3249	6900	1150	11299	7845	19144
	第二产业	4690	8650	7000	20340	14121	34461
	第三产业	4660	3900	5000	13560	9414	22974
	小　计	12599	19450	13150	45199	31380	76579
增加值		6545	15011	9824	31380		
总投入		19144	34461	22974	76579		

根据上述统计核算资料，假定在计划年度三次产业的增加值分别为 8433 亿元、15067 亿元和 9885 亿元。

试问：（1）为实现计划规定的增加值目标，三次产业部门应各自分别投入多少总投入？（2）为完成三次产业各自总产出计划指标，各产业部门应分别提供多少中间产品供本部门和其他部门消耗使用？（3）各产业部门的总产出在扣除中间使用后，可用于最终使用的产出是多少？

首先，让我们来研究如何回答第一个问题。显然，要计算出三个产业部门各自的总投入是多少，就应该先根据已有的资料计算出直接消耗系数。然后由直接消耗系数与总投入之间的关系式计算出相应的数值。经计算，本核算期三次产业的直接消耗系数如表 4 - 4 所示。

表 4 - 4　　　　某地区某年三次产业直接消耗系数表

	第一产业	第二产业	第三产业
第一产业	0.17	0.20	0.05
第二产业	0.25	0.25	0.30
第三产业	0.24	0.11	0.22
合计	0.66	0.56	0.57

三次产业各部门的总投入计划数值可以根据下式分别计算得出：

$$X = (I - A_C)^{-1}N$$

即

$$\begin{pmatrix} X_1 \\ X_2 \\ X_3 \end{pmatrix} = \left(\begin{pmatrix} 1 & 0 & 0 \\ 0 & 1 & 0 \\ 0 & 0 & 1 \end{pmatrix} - \begin{pmatrix} a_{c1} & 0 & 0 \\ 0 & a_{c2} & 0 \\ 0 & 0 & a_{c3} \end{pmatrix} \right)^{-1} \begin{pmatrix} N_1 \\ N_2 \\ N_3 \end{pmatrix}$$

$$= \begin{pmatrix} \frac{1}{1-0.66} & 0 & 0 \\ 0 & \frac{1}{1-0.56} & 0 \\ 0 & 0 & \frac{1}{1-0.57} \end{pmatrix} \begin{pmatrix} 8433 \\ 15067 \\ 9885 \end{pmatrix} = \begin{pmatrix} 24803 \\ 34243 \\ 22988 \end{pmatrix}$$

由上述计算结果可以看出，若要完成计划年度三次产业各自的增加值目标，三次产业的总投入就应当分别为：第一产业 24803 亿元；第二产业 34243 亿元；第三产业 22988 亿元。

其次，由于各产业的总投入即为它们的总产出，因此，各产业部门为完成计划规定的总产出指标，需要提供给本部门和其他部门作为中间消耗的产出数量可以采用如下方法测算出来。

$$X = A\hat{X}$$

式中，$\hat{X}$ 为总产出 X 估计值的列向量。将此式展开即为：

$$\begin{pmatrix} x_{11} & x_{12} & x_{13} \\ x_{21} & x_{22} & x_{23} \\ x_{31} & x_{32} & x_{33} \end{pmatrix} = \begin{pmatrix} 0.17 & 0.20 & 0.05 \\ 0.25 & 0.25 & 0.30 \\ 0.24 & 0.11 & 0.22 \end{pmatrix} \begin{pmatrix} 24803 & 0 & 0 \\ 0 & 34243 & 0 \\ 0 & 0 & 22988 \end{pmatrix}$$

$$= \begin{pmatrix} 4216 & 6848 & 1150 \\ 6201 & 8561 & 6896 \\ 5953 & 3767 & 5057 \end{pmatrix}$$

将上述结果用表列示如表 4－5 所示。

表 4－5　　三次产业中间产品流量表　　单位：亿元

	第一产业	第二产业	第三产业	合计
第一产业	4216	6848	1150	12214
第二产业	6201	8561	6896	21658
第三产业	5953	3767	5057	14777
合计	16370	19176	13103	48649

可见，三个产业部门提供的中间产品总计为 48649 亿元。

最后，各产业部门的总产出扣除中间产品（中间使用）后，用于最终使用数量分别为 12589 亿元（24803 －12214）；12585 亿元（34243 －21658）；8211 亿元（22988 －14777）。

将上述三个测算结果编制成一张该地区某计划年度的投入产出表，如表 4－6 所示。

表 4－6　　某地区某计划年度三次产业投入产出表　　单位：亿元

	中间使用				最终使用	总产出
	第一产业	第二产业	第三产业	小计		
第一产业	4216	6848	1150	12214	12589	24803
第二产业	6201	8561	6896	21658	12585	34243
第三产业	5953	3767	5057	14777	8211	22988
小计	16370	19176	13103	48649	33385	82034
增加值	8433	15067	9885	33385		
总投入	24803	34243	22988	82034		

二、用于研究产业结构的分析和规划

投入产出（表）模型在分析和规划产业结构方面是一个有效的工具。现仍以上述某地区三次产业的统计资料为例，说明投入产出表在分析产业结构方面的作用。

首先，从三次产业各自提供的最终使用和总产出看，核算期各产业在三次产业中的比重分别为25%、45%和30%。用这一结构关系与国内其他地区或国际上其他国家同期的数据相比较，即可看出本地区在三次产业方面的特点或差距；如果用核算期这一结构关系同该地区历史资料相比较，则可看出它的发展趋势；同时它还可以作为规划三次产业结构的依据。比如从上例的计算结果可以发现，由于三次产业计划期的最初投入有所变化，从而使计划期三次产业最终使用的结构分别为37.7%、37.7%和24.6%。

其次，从三次产业各自最终使用与总产出的关系可以看出各产业提供给全社会最终使用的产品占总产出比重的变化。例如，核算期各产业的最终使用占其总产出的比重均为41%，而计划期这一结构关系分别为51%、37%和36%。

最后，从增加值与总产出的关系可以看出各产业的经济效益及其变化。核算期三次产业增加值各自占其总产出的比重分别为34%、44%和43%。说明第二产业的经济效益最好，第三产业次之，最低的是第一产业。

从上述分析可以看出，利用投入产出模型进行产业结构规划的基础是它的行模型 $X=(I-A)^{-1}Y$。这里，只要 A 已知，则 $(I-A)^{-1}$ 即可确定。由此可以根据最终使用 Y 的变动，测算其对各部门总产出的影响。若用 ΔY 代表各产业部门增加的最终需求（最终使用）数值，ΔX 表示 ΔY 对各产业部门总产出的影响，则：

$$\Delta X=(I-A)^{-1}\Delta Y$$

上述公式是在假定规划期 A 没有发生变化情况下，将 ΔY 作为规划目标来进行测算的。倘若 A 有所变化，即使 ΔY 不变，ΔX 也将发生变化。实际经济生活中，由于技术的不断进步和经济因素的变化，A 是在不断变化的。在利用投入产出模型进行规划和预测时要充分考虑这一点。

投入产出模型除了上述两个重要方面的应用外，在价格预测、产业部门之间相互影响程度分析、成本分析、投资分析和活劳动消耗分析等方面有着广泛的用途。

三、根据投入产出表可以计算 GDP

在第三章已经说明，GDP 有生产法、收入法和支出法三种核算方法。利用投入产出表资料，完全可以满足利用三种核算方法计算 GDP 的需要。下面以表 4－6 中的具体数据为例，分别说明用三种方法计算 GDP 的结果。

（一）生产法

$$
\begin{aligned}
\text{生产法 GDP} &= \sum \text{各产业(总产业}-\text{中间消耗)} \\
&= (24803-12214)+(34243-21658)+(22988-14777) \\
&= 33385\ \text{(亿元)}
\end{aligned}
$$

（二）收入法

$$
\begin{aligned}
\text{收入法 GDP} &= \sum \text{各产业(劳动者报酬}+\text{固定资产折旧}+\text{生产税净额}+\text{营业盈余)} \\
&= \sum \text{各产业(增加值)} \\
&= 8433+15067+9885 \\
&= 33385\ \text{(亿元)}
\end{aligned}
$$

（三）支出法

$$
\begin{aligned}
\text{支出法 GDP} &= \sum \text{各产业(最终消费}+\text{资本形成总额}+\text{净出口)} \\
&= \sum \text{各产业最终使用} \\
&= 12589+12585+8211 \\
&= 33385\ \text{(亿元)}
\end{aligned}
$$

第四节　货物服务账户和供给使用表

尽管联合国 SNA2008 对供给使用表与投入产出的编排进行了修订，将 SNA1993 “第十五章，供给和使用表及投入产出” 修订为 SNA2008 “第十四章，供给使用表及货物服务账户” 和 “第二十八章，投入产出及其他基于矩阵的分析”，但考虑到供给使用表与投入产出表的内在联系，本书还是将其作为一章的内容加以阐述，只是较第一版在节次的安排上有所变动。

一、产品的平衡关系

在一个经济总体内，一种产品核算期的总供给量除了上一期结转的以外，通常主要是由国内生产和进口决定的。同时，核算期内同样数量的该种产品必定用于中间使用和最终使用（最终消费、资本形成和出口）。由此，在不考虑上期结转和本期结转至下期的情况下，便形成了如下的产品平衡关系：

总产出 + 进口 = 中间使用 + 最终消费支出 + 资本形成总额 + 出口

总供给 = 总使用

在 SNA 中，编制供给使用表是编制投入产出表的第一步。同时，其本身也具有非常重要的作用。一方面，产品的上述平衡关系既可以通过货物和服务账户体现出来，也可以通过供给使用表体现。而且，这种平衡关系对于分析总供给和总需求的平衡关系，及其内部结构的平衡关系都十分有用。另一方面，作为数量控制工具，可以提供足够严谨的框架来消除在测算整个经济流量时的差异，以确保不同测算方法下的 GDP 能够得到同样的数据。

二、货物服务账户

（一）货物和服务账户的概念和作用

货物和服务账户是从产品和整个经济两个方面反映每一种产品总量（供给）与使用总量之间平衡关系的账户。它描述了在经济总体中货物和服务从它们最初的生产者到它们最终的使用者的过程。

国民经济核算体系设置货物和服务账户有其独特的意义，一方面，由于整个国民经济活动从生产开始到最终使用结束，可以通过该账户的来源方和使用方将整个经济活动过程连接在一起。SNA 整个账户序列就是在货物和服务账户基础上，通过加入那些与收入形成、收入初次分配、收入再分配以及最终消费和储蓄有关的交易建立起来的。另一方面，如果没有货物和服务账户，供给使用表将无法阐明和列举出经济中的所有产品。

货物和服务账户在国民经济核算体系中所起的一个基本且十分重要的作用，就是它把经济社会作为一个整体，并以产品为对象，将总产出和进口作为总资源，并将对货物和服务的使用分成中间消耗、最终消费、资本形成总额和出口，从而成为计算供给和使用平衡关系的基础。

（二）货物和服务账户的表式结构和特点

表 4 - 7 是经济总体货物和服务账户的一般表式。

表4-7 经济总体货物和服务账户

来 源		使 用	
总产出	3604	中间消耗	1883
货物和服务进口	499	最终消费支出/实际最终消费	1399
产品税	141	资本形成总额	414
产品补贴（-）	-8	固定资本形成总额	376
		存货变化	28
		贵重物品的获得减处置	10
		货物和服务出口	540

从上述货物和服务账户表式结构可以看出，该账户的一个重要特点是它在总体上，而不是在每种类型的交易上保持平衡，即在总资源和总使用之间存在平衡。货物和服务账户的另一个特点是，在账户的左方列示资源，包括产出、进口和产品税净额。在账户右方列示使用，包括中间消耗、最终消费支出/实际最终消费、资本形成总额及货物和服务出口。

国民经济核算体系如此设置货物和服务账户中各项指标的坐落，其目的在于按机构部门账户相反的方向来反映交易。

（三）货物和服务账户中各项目的平衡关系

总资源 = 总使用

4236 = 4236

上述平衡关系也可以扩展为：

总产出 + 进口 +（产品税 - 产品补贴）= 中间消耗 + 最终消费 + 资本形成总额 + 出口

3604 + 499 +（141 - 8）= 1883 + 1399 + 414 + 540

其中，

资本形成总额 = 固定资本形成总额 + 存货变化 + 贵重物品的获得减处置

414 = 376 + 28 + 10

此外，从生产者价格和基本价格的关系可以发现，账户中的总产出如果按基本价格列出（该账户的总产出3604即为按基本价格计算的），则上述平衡式中的总产出需要加上产品税净额（产品税 - 产品补贴）。

三、供给表和使用表

（一）供给表

1. SNA的供给表

SNA1993推荐的供给表是一张主要按基本价格计算的供给表，同时，为了与按购买者价格计算的使用表相平衡，在供给表中又增加了几列以便得到按购买者价格计算的总供给。SNA2008 改变了 SNA1993 的做法，直接将供给表设计为与使用表估价相同的按购买者价格计算的供给表。

SNA1993 按购买者价格计算的供给表是一个长方形矩阵，其基本表式如表 4 - 8 所示。

表 4 - 8 的各行是按主产品分组（按 CPC 的大部类分组）。列的布局上，共由以下三部分组成：(1) 分别按购买者价格和基本价格计算的总供给。在这部分中，首先给出以购买者价格计算的总供给，其次通过列出商业及运输费用、产品税和产品补贴等调整项，给出按基本价格计算的总供给。(2) 分产业的产出（按 ISIC 的类别分组）。在这部分中，又将产业的产出分为市场生产者在各产业上的产出、自给性生产者在各产业上的产出和非市场生产者在各产业上的产出。在此基础上汇总得到产业合计数。(3) 进口部分。这部分包括两项内容，一项是到岸价或离岸价调整，另一项是货物和服务的进口。

供给表的主要部分是分产业的产品矩阵（也称“制造矩阵”），它表示哪个产业供给或“制造”了哪些以及多少产品。

2. 我国的供给表

《中国国民经济核算体系（2016）》将编制供给表作为投入产出核算的内容之一纳入其中。供给表的形式是由 n 个产品部门 × m 个产业部门构成，具体如表 4 - 9 所示。

表 4 - 9　　　　我国的供给表

产业部门 / 产品部门	产业部门1	…	产业部门j	…	产业部门m	产品部门总产出（生产者价格）	进口（到岸价）	进口税	按生产者价格计算的总供给	不可抵扣的增值税	商业毛利和运输费用	按购买者价格计算的总供给
产品部门1												
⋮												
产品部门i												
⋮												
产品部门n												
产出合计												

从表 4 - 9 可以看出，表的行各产品部门与各列的交汇部分反映的是某一产品部门的货物和服务都是由哪些产业部门生产的，合计部分为生产者价格计算的产品部门总产出；加上进口和进口税（不包括增值税），即得到按生产价格计算的总供给；再加上不可抵扣的增值税和商业毛利与运输费用，最终得到按购买者价格计算的总供给。表的列各产业部门与产品部门交汇处反映的是某一产业部门都生产了哪些产品部门的货物和服务；其余各列反映的是列标题的指标数值都是由哪些产品部门形成的。例如，进口一列反映的就是核

算期都进口了哪些货物和服务。

（二）使用表

1. SNA 的使用表

SNA1993 推荐的使用表是一张由四个象限构成的矩阵表，其结构如表 4－10 所示。

表 4－10 的左上方的象限为第Ⅰ象限，是一个由中间消耗构成的，反映不同生产单位对不同产品使用情况的子矩阵。其中，各行列示出按 CPC 的大部类分组的各种产品；列表示的是各生产者对不同产品的使用。这一象限的内容是使用表中最受关注的部分。它展示了产品如何转化为用于进一步加工的更为复杂的产品。行的合计表示某种产品有多少被生产单位用于中间消耗；列合计表示某类生产单位用作中间投入的各类产品总共有多少。

表 4－10 的右上方为第Ⅱ象限，包括反映各种产品的出口、最终消费者对各种产品的最终消费支出状况和各种产品资本形成总额等三个子矩阵。这三个子矩阵合起来构成全社会的最终使用。

表 4－10 的左下方为第Ⅲ象限，反映有关增加值的信息，包括不同产业的雇员报酬、总营业盈余或总混合收入、生产税和进口税减生产补贴等。

表 4－10 的右下方为第Ⅳ象限，是一个空象限。

2. 我国的使用表

如同供给表一样，《中国国民经济核算体系（2016）》也将编制使用表作为投入产出核算的内容之一纳入其中。我国使用表的表式与 SNA 使用表相同，具体如表 4－11 所示。

表 4－11　　我国的使用表

<table>
<tr><th colspan="2" rowspan="3">产业部门
产品部门</th><th colspan="4">中间使用</th><th colspan="10">最终使用</th><th rowspan="3">总使用（购买价格）</th></tr>
<tr><th rowspan="2">产业部门1</th><th rowspan="2">…</th><th rowspan="2">产业部门m</th><th rowspan="2">合计</th><th colspan="4">最终消费支出</th><th colspan="4">资本形成总额</th><th rowspan="2">出口</th><th rowspan="2">最终使用合计</th></tr>
<tr><th>居民消费支出</th><th>为住户服务的非营利机构消费支出</th><th>政府消费支出</th><th>合计</th><th>固定资本形成总额</th><th>存货变动</th><th>贵重物品获得减处置</th><th>合计</th></tr>
<tr><td rowspan="4">中间投入</td><td>产品部门1</td><td colspan="4" rowspan="4">第Ⅰ象限</td><td colspan="11" rowspan="4">第Ⅱ象限</td></tr>
<tr><td>⋮</td></tr>
<tr><td>产品部门n</td></tr>
<tr><td>合计</td></tr>
</table>

续表

产业部门 / 产品部门	中间使用				最终使用										总使用（购买价格）
					最终消费支出				资本形成总额						
	产业部门1	…	产业部门m	合计	居民消费支出	为住户服务的非营利机构消费支出	政府消费支出	合计	固定资本形成总额	存货变动	贵重物品获得减处置	合计	出口	最终使用合计	
增加值 劳动者报酬															
增加值 生产税净额															
增加值 固定资产折旧	第Ⅲ象限														
增加值 营业盈余															
增加值 合计															
总投入（生产者价格）															

第五章　收入分配核算

【学习目标与要求】

1. 了解收入、收入分配的概念和基本理论；

2. 掌握收入初次分配的核算内容和核算方法，并学会编制收入初次分配账户；

3. 掌握收入再分配的核算内容和核算方法，并学会编制收入再分配账户；

4. 学会利用收入分配核算资料对收入初次分配和收入再分配领域的有关问题进行分析。

第一节　收入分配核算的基本理论

一、收入、收入分配和收入分配核算

依据国民经济运行过程，当生产活动结束后，全社会自然要将生产中形成的收入（生产成果）进行分配。

什么是收入？在日常生活中，不同的使用者可能会对这个问题给出不同的答案。例

如，普通的劳动者可以把从就业单位获得的报酬称为收入；一个企业经营者可以把当期营业收入、销售收入称为收入；一个政府单位可以把当期的财政收入称为收入；等等。收入一词是一个很宽泛的概念，导致人们长期以来相互之间即使使用了相同的概念，但由于彼此可能取其不同的含义而造成紊乱。这种状况直至1939年英国经济学家J. 理查德·希克斯给出了有关收入的明确定义，并为人们广泛接受后才有所改变。希克斯在其《价值与资本》一书中指出，“**收入**是他（人们）在一星期当中所能消费的最高价值，并且预期他在周末的处境会和周初一样好”。[①] SNA采用了希克斯有关收入这一经典定义，并将其进一步明确定义为**可支配收入**，即所有收入分配活动结束后，经济主体可用于最终使用的收入总量。

收入分配是社会再生产的一个重要环节，也是国民经济核算体系的重要内容。各经济活动主体通过对社会生产成果的直接分配形成初次分配收入，再通过对初次分配收入的再分配，最终形成各单位、各部门以及经济总体的可支配收入，从而完成整个收入分配全过程。

收入分配是指生产过程所创造的价值（通常微观和中观用总增加值，宏观用国内生产总值表示）在参与生产活动过程的要素之间进行的直接分配以及要素收入在不同单位和部门之间的转移收支产生的间接分配。前者通常称为**收入初次分配**，后者则称为**收入再分配**。

收入分配核算是以收入初次分配和再分配过程为依据，对收入分配中涉及的相关内容所进行的核算。通过计算收入初次分配和再分配形成的各种收入指标，编制有关收入初次分配、再分配的系列账户以反映生产成果在收入初次分配过程中，以及初始收入在收入再分配过程中的数量表现及其构成。

二、收入分配构成要素

收入分配是一个错综复杂的过程，要实现对收入分配的准确核算，有必要首先搞清收入分配都由哪些要素构成的。收入分配通常包括以下构成要素。

（一）收入分配的主体

收入分配主体是指在收入初次分配阶段参与对生产成果进行分配的各类经济实体，以及在收入再分配阶段，参与对初次分配收入进行再分配的各类经济实体。这些经济实体都

① ［英］J. 理查德·希克斯. 价值与资本［M］. 北京：商务印书馆，1962.

是在财务上具有独立决策能力的机构单位或机构部门。具体来说，在微观层次上是指各机构单位和非常住单位，在中观层次上则是由各机构部门构成，即非金融公司部门、金融公司部门、一般政府部门、住户部门、为住户服务的非营利机构部门。此外，还有将所有非常住单位的集合视为一个部门看待的，通常称为国外的部门。在宏观层次上，收入分配主体则由经济总体和国外构成。

收入分配主体回答的是都有谁参与了收入分配活动的问题。在核算各种收入分配交易流量时，只有首先明确都有哪些经济主体参与了分配活动，才能为接下来的收入分配核算打下良好基础。

（二）收入分配的客体

收入分配客体是指被作为收入分配的对象。在收入初次分配阶段，收入分配的对象是以价值形态表现的当期生产成果（微观层次上是各单位创造的增加值，宏观层次上则是国内生产总值），在收入再分配阶段，收入分配的对象是经过收入初次分配后所形成的初始收入。

收入分配客体回答的是收入分配都分配些什么的问题。尽管实际生活中，不同的收入分配阶段是交融在一起的，但从理论上讲，收入分配还是可以明确地划分为收入初次分配和收入再分配。不同收入分配阶段，收入分配的对象也不同。明确不同收入分配阶段的分配对象，对于正确划定收入分配核算范围，制定科学的收入分配政策都具有十分重要的意义。

（三）收入分配的宿体

收入分配宿体是指在收入分配过程中都有哪些经济实体接受了收入。通常情况下，从主动性角度考察，收入分配主体与宿体是一致的，即由谁参与了收入分配当然就由谁接受了收入。但有时接受收入的一方并非主动而是被动的，如政府通过社会福利等经常转移向居民提供的收入等。此时，明确收入分配的宿体，以及这些宿体各自都接受了多少收入就显得十分必要。

（四）收入分配的依据

尽管从经济学一般原理来说，只有参与了生产活动的经济主体才有权参与收入分配，但不同的国家或一个国家在不同时期所实行的经济制度和经济体制不同，都会依据不同的收入分配理论制定不同的收入分配政策，以指导具体的收入分配活动。

在核算收入分配时，明确了解政府在核算期所依据的收入分配理论，以及所执行的收入分配政策，有利于科学分析收入分配的结果和效果。

（五）收入分配的方式

无论是微观领域的收入分配活动，或是宏观领域的收入分配，都是在一定的收入分配组织方式下进行的。从宏观角度看，收入分配活动的组织方式主要包括市场、计划以及市场与计划相结合三种。

在当今世界各国普遍实行混合经济体制下，收入分配的组织者都很难单独将市场或计划作为收入分配的手段，往往是将它们相互配合共同对收入分配进行调节。通常情况下，市场在初次分配领域发挥的作用强一些，计划（通过政府）在收入再分配中起着更大的作用。

（六）收入分配的方法

如果说依据什么（包括收入分配理论和政策、收入分配组织方式等）进行收入分配是规定一些分配原则的话，收入分配的方法解决的是怎样进行具体收入分配的操作性问题。同一种收入分配理论和政策，可能会通过不同的收入分配方法得到贯彻落实和实现。例如，同样是都在强调按劳分配的情况下就会出现是按劳动贡献多少实行多劳多得，少劳少得，还是按人头实行平均分配（计时工资就属于这一种）。

三、收入分配核算的基本流程和相关总量指标

收入分配过程表现为各种错综复杂的收支活动。在对各种收入分配关系有所了解，以便准确核算各种收入分配流量之前，必须先对收入分配核算的基本流程及相关总量指标有所认识。

收入分配首先从各类经济主体对生产成果的初次分配开始，这一过程微观上表现为对各单位增加值所进行的初次分配，宏观上表现为对国内生产总值的初次分配。在这一阶段，各类生产活动的参与者（生产要素的所有者）要从生产成果中得到相应的份额，包括雇员报酬、固定资产折旧、生产税、财产收入、营业盈余和混合收入等。收入分配的结果形成各单位或各部门的初始收入①以及经济总体的国民总收入。对上述指标进行核算，并编制收入形成账户和初始收入分配账户，从而结束第一个阶段的核算任务，进入收入再分配核算阶段。

---

① SNA1993（中译本）将初始收入称为原始收入。

在收入再分配阶段，各单位之间或各部门之间要进行各种形式转移收支（包括现金转移和实物社会转移以外的实物转移）和实物社会转移。前者的结果形成各单位或各部门的可支配收入以及经济总体的国民可支配收入，后者形成各单位或各部门的调整后可支配收入以及经济总体的调整后国民可支配收入。这一阶段核算的内容就是对可支配收入及调整后可支配收入的核算并编制出收入再分配账户和实物收入再分配账户。

第二节　收入初次分配核算

一、收入初次分配的概念及核算内容

收入初次分配是指按照各生产要素所有者对生产的参与状况和贡献，对生产成果所进行的直接分配。由于收入初次分配是对生产成果的直接分配，即它与生产成果之间存在直接关系，因此，收入初次分配也称为**收入直接分配**。

如前所述，收入初次分配的结果形成各单位或部门的初始收入以及经济总体的国民收入。一个单位或部门是否被准入参与收入的初次分配，其基本前提是它是否参与了生产过程。由此可见，初次分配的流量与生产有直接联系，它是对增加值（宏观上是国内产值）进行分配所形成的生产性收入。

收入初次分配核算的根本目的在于，全面反映各种初次分配流量如何在各机构单位或各机构部门之间进行分配，以及各单位或部门获得了多少初始收入。收入初次分配核算的内容包括：（1）收入形成核算。通过编制收入形成账户反映各项收入形成的数量及其构成。（2）初始收入分配核算。通过编制收入初次分配账户，反映各种收入初次分配流量在各单位或部门之间是如何分配的。

二、收入形成核算及其账户

收入形成核算是针对生产货物和服务的常住单位进行的初始收入核算，它是生产核算的进一步延伸和细化。同生产核算一样，收入形成核算不仅可以通过按机构单位或机构部门编制收入形成账户来核算，还可以通过按照基层单位和产业部门编制收入形成账户进行核算。

（一）收入形成的基本流量

1. 雇员报酬

雇员报酬是指在核算期内企业按雇员在生产活动中的贡献支付给雇员的全部现金和实物报酬。雇员报酬由两部分构成：一部分是以现金或实物形式应付的工资或薪金；另一部分是雇主应付的社会缴款，包括雇主对社会保险计划的缴款、对其他就业相关社会保险计划的实际社会缴款和虚拟社会缴款。

2. 生产和进口税

税收是由机构单位缴纳给政府单位的强制性的、无回报的现金或实物。联合国SNA2008之所以认为税收是无回报的，是因为在它看来，尽管政府会用税收筹集的资金为其他单位，包括个体、集体乃至整个社会提供货物或服务，但政府不会向单个纳税单位提供任何回报。

生产和进口税在最顶级的分类层次上分为产品税和其他生产税。

1）产品税

产品税是指每单位货物或服务应缴纳的税收。当生产、销售或进口产品时，通常应当缴纳产品税；在其他一些情况下，如出口、出租、转移、交付货物，或为自身最终消费或资本形成而使用货物，也可能要缴纳产品税。

产品税包括：（1）增值税（VAT）；（2）VAT以外的进口税和进口关税；（3）出口税；（4）VAT、进口和出口税以外的产品税等。

产品税通常可以选择以下两种计税方法中的一种来计算纳税单位应缴纳的产品税额：一种是从量计税法，即按每单位数量的货物或服务缴纳某一特定金额税收来计算产品税数额的方法；另一种是从价计税法，即按所交易货物或服务价值或单位价格的一定百分比计算缴纳产品税的方法。

2）其他生产税

其他生产税是指除产品税以外，企业因从事生产活动而应缴纳的所有税收。这类税收不包括任何针对企业所得利润或其他收入而征收的税，即无论企业生产活动的盈利如何，只要从事生产活动都应纳税。

其他生产税主要包括：（1）工薪或劳力税；（2）土地、房屋或其他建筑物定期税；（3）营业和执业执照税；（4）固定资产使用或其他活动税；（5）印花税；（6）污染税；（7）跨国交易税等。

3. 补贴

补贴是政府部门（包括非常住政府部门）根据企业生产活动水平或企业生产、销售、进口货物或服务的数量或价值量给予企业的经常性无偿支付。补贴的目的是为了影响企业的生产水平、产品的销售定价或生产单位的报酬。从补贴对营业盈余的影响来看，由于补贴与生产税的作用方向相反，因此，可将补贴视为一种负税。补贴包括产品补贴和其他生产补贴。

1）产品补贴

产品补贴是指按每单位货物或服务计算应得到的补贴，包括进口补贴、出口补贴和其他产品补贴。

政府通常可以采用以下三种方法中的一种来计算给予企业的产品补贴：（1）从量计算法，是指按每单位数量货物或服务来计算应给予一个固定数额补贴的方法；（2）从价计算法，即按单位产品价格的一定百分比计算应给予补贴数额的方法；（3）差额计算法，即按特定目标价格与买者实际支付价格之间的差额来计算补贴数额的方法。

2）其他生产补贴

其他生产补贴是指产品补贴以外的，常住企业因参与生产所应得的补贴，包括工薪或劳力补贴、减少污染补贴等。

4. 营业盈余和混合收入

营业盈余是收入形成账户的平衡项，它是企业增加值扣除雇员报酬和生产税净额（生产税减去生产补贴后的数额）后的差额，是对企业由于生产活动所获得盈余的一种测度。

混合收入是住户所拥有的非法人企业收入形成账户的平衡项，是此类企业的增加值扣除雇员报酬和生产税净额后的差额。由于此类企业所有者或者同一家庭的成员所投入的劳动可能是不付酬的，因此，SNA 将此类企业所获得的包含企业所有者或同一家庭成员劳动报酬的业主收益称为混合收入。

由于增加值可以按总值计算，也可以按净值计算，营业盈余和混合收入也可以按总值或净值核算。

值得注意的是，收入形成账户显示的是创造初始收入的机构单位、机构部门，基层单位或产业部门在生产中对收入形成的贡献数量，而不是各机构单位、机构部门，或基层单位、产业部门从生产过程中所得到了多少收入。例如，在住户收入形成账户中记录的雇员报酬是由住户所有的非法人企业应付的雇员报酬总额组成。该项总额与记录在下一个账户，即收入初次分配账户上的住户部门应收的雇员报酬总额是大不相同的。

（二）收入形成账户

1. 单个单位、部门或经济总体的收入形成账户

当一个机构单位或基层单位，或者一个机构部门或产业部门，以及经济总体在进行收入形成核算时，可以按照表 5－1 的基本形式分别编制它们的收入形成账户。不同单位或部门收入形成账户之间的区别在于，它们各自收入形成的构成项目有所不同。

表 5－1　　收入形成账户

使　用	来　源
雇员报酬	总增加值/国内生产总值
生产和进口税	净增加值/国内生产净值
补贴	
营业盈余总额	
混合收入总额	
营业盈余总额中的固定资本消耗（－）	
混合收入总额中的固定资本消耗（－）	
营业盈余净额	
混合收入净额	

收入形成账户是直接与生产账户相衔接的账户，它的初始项是从生产账户结转过来的增加值/国内产值，被记录在账户来源方（右方）。使用方（左方）记录了那些直接与生产过程相联系的收入形成流量，包括雇员报酬、生产和进口税、补贴以及营业盈余和混合收入等。其中，对于除了住户单位或部门以外的其他单位或部门，该账户的平衡项是营业盈余（既可以是营业盈余总额，也可以是营业盈余净额）。住户单位或部门该账户的平衡项是营业盈余和混合收入（两个平衡项既可以是总额，也可以是净额）。这些流量反映了雇员、政府和企业等机构单位或机构部门（也可以是基层单位或产业部门）在生产过程中，由创造初始收入时所形成的相互之间的关系。

2. 多个单位、多个部门收入形成综合账户

如果需要在部门的层级上了解部门的收入是如何形成的，或在经济总体层面了解各部门对收入形成的贡献，便可以分别通过编制多个单位和多个部门收入形成综合账户实现。

收入形成综合账户是指将某个部门的所有单位，或经济总体的所有部门有关收入形成账户中的全部指标在一个账户上加以展现的账户。这些多个单位收入形成综合账户既包括通过编制多个基层单位收入形成综合账户进而显示产业部门收入形成状况，也包括通过编制多个机构单位收入形成综合账户进而显示机构部门收入形成状况。同理，经济总体层面的多个部门收入形成综合账户也可以分别按照多个产业部门和多个机构部门编制。表 5－2 是一个由 5 个机构部门组成的收入形成综合账户。

表 5－2　　　　　　　　　　　　　机构部门收入形成综合账户

使用　　　　　　　　　　　　　　　　　　　　　　　　　　　　　来源

经济总体	NPISH	住户	一般政府	金融公司	非金融公司	交易和平衡项	非金融公司	金融公司	一般政府	住户	NPISH	经济总体
						总增加值/GDP	1331	94	126	155	15	1854
						净增加值/NDP	1174	82	99	132	12	1632
1150	11	11	98	44	986	雇员报酬						
235						生产税和进口税						
－44						补贴						
452	3	84	27	46	292	营业盈余总额						
61		61				混合收入总额						
214	3	15	27	12	157	固定资本消耗						
8		8				固定资本消耗						
238	0	69	0	34	135	营业盈余净额						
53		53				混合收入净额						

注：表中第一项固定资本消耗为营业盈余总额中的固定资本消耗，第二项固定资本消耗为混合收入总额中的固定资本消耗。由于制表宽度受限难以完整表述，在此加以说明。

表 5－2 中的有关数字表明了各种不同生产要素对生产成果所作出的贡献，如经济总体雇员报酬 1150，说明劳动力这一生产要素对国内生产净值 1632 的贡献占到 70.5%，整个最终生产成果的净值中超过 70% 由劳动创造。

三、收入初次分配核算及其账户

（一）收入初次分配核算的性质

收入初次分配核算是着重考虑其性质属于初始收入的接受者，而不是初始收入创造者的核算。在账户方面，收入初次分配账户与收入形成账户的区别在于，收入形成账户既可以按基层单位或产业部门编制，也可以按机构单位或机构部门编制。但由于收入初次分配核算与生产没有直接联系，所以收入初次分配账户只能按机构单位或机构部门编制。

收入初次分配账户显示的信息包括：（1）收入形成账户中各应付项目被哪些单位或部门所接受，如雇员报酬流向了住户部门，成为住户部门初始收入的主要来源；生产税和进口税流向了政府部门，成为政府部门初始收入的来源等。（2）常住机构单位或部门应收和应付财产收入的数量。

（二）收入初次分配的主要流量

收入初次分配除了包括收入形成的几个流量外，新增加了财产收入和初始收入两个流量。

1. 财产收入

财产收入是金融资产和自然资源的所有者将其资产交由其他机构单位支配时所获得的收入。财产收入包括投资收入和地租，其金额是二者之和。

1）投资收入

投资收入是金融资产所有者因向另一机构单位提供资金而应得的作为回报的收入。

在 SNA 中，投资收入包括利息、公司已分配收入、外国直接投资的再投资收益和其他投资收入等四项内容。

（1）利息。**利息**是某种类型金融资产——即存款、债券、贷款和其他应收款（有可能）的所有者，因将其金融资产交由另一机构单位支配而应得的财产收入。

①贷款和存款应收应付利息的核算。借款者应付给金融公司的贷款利息额和存款者从金融公司应获得的存款利息额都含有一个加价服务的成分，表示借款者和存款者对金融企业提供贷款、接受存款服务的隐含支付。SNA 将借款者对金融企业实际支付的利息，或存款者从金融企业实际获得的利息称为**银行利息**。

$$\begin{matrix}\text{借款者对金融公司}\\\text{支付的 SNA 意义利息}\end{matrix}=\begin{matrix}\text{银行}\\\text{利息}\end{matrix}-\begin{matrix}\text{金融公司对借款者}\\\text{应收服务费的估计值}\end{matrix}$$

$$\begin{matrix}\text{存款者从金融公司}\\\text{获得的 SNA 意义存款利息}\end{matrix}=\begin{matrix}\text{银行}\\\text{利息}\end{matrix}+\begin{matrix}\text{金融公司对存款者}\\\text{应收服务费的估计值}\end{matrix}$$

SNA 强调对银行利息加以区分，以便能分别记录利息和服务费。金融公司将其从借款者和存款者获得的服务费记录在生产账户的服务销售，同时，借款者和存款者将自己所支付的服务费记录为使用①。

②债券利息的核算。对于债券利息而言，SNA 强调应当在资产到期时，债务人要一次性地偿还债权人最初提供的本金和资产存在期间所累积利息在内的全部债务。应付利息额等于债券在到期时的价值减去获得时价值的差额。

（2）公司已分配收入。公司已分配收入中属于财产收入部分的包括红利和对准公司收入的提取。**红利**是财产收入的一种形式，它是股东因将其资产交由公司支配而有权获得的财产收入。**准公司收入的提取**是指所有者从准公司所提取的可分配收入。此类收入类似于通过股东分红从公司提取的收入，因此，SNA 将其视为准公司所有者的财产收入。

（3）外国直接投资的再投资收益。外国直接投资企业的实际分配是以分红或准公司收入提取的方式，用公司可分配收入支付的。实际中，许多外国直接投资者会将收益的一部分或全部留存在国外企业作为再投资。SNA 对这类投资的处理方法是，首先假定留存收益

---

① 如果服务费的支付者为企业，则应当将这笔服务费作为中间使用（购买服务）记录在生产账户的使用方；如果服务费的支付者为住户，则应当将这笔服务费作为最终消费支出记录在收入使用账户的使用方。

已按投资者所拥有的企业权益比例分配并已汇给国外直接投资者；其次这些投资者再以金融账户中增加权益的方式，进行再投资。SNA 认为，这些虚拟汇出的留存收益已与分红或准公司收入提取有所区别，属于一种独立的已分配收入类型。

（4）其他投资收入。**其他投资收入**包括属于投保人的投资收入、养老金权益的应付投资收入和属于投资基金股东集体的投资收入等三项内容。

2）地租

地租是指自然资源的所有者（出租人或地主）因将其自然资源交由另一机构单位（承租人或佃户）支配供其在生产中使用而应得的收入。地租包括土地地租、地下资源地租和其他自然资源地租三种类型，其中，前两者为地租的主要形式。

SNA 认为，地租和租金主要存在以下区别：首先，二者收入的性质不同，地租是财产收入的一种形式，而租金则是一种服务销售收入或服务购买支出；其次，二者出租资产的类型不同，地租是靠出租非生产资产取得收入，租金则是靠出租生产资产获取收入；最后，二者租约的性质不同，地租是资源租赁中承租人因使用另一单位的资源所做的支付，租金是经营租赁中承租人因使用属于另一单位的固定资产所做的支付①。

2. 初始收入和国民收入

初始收入是指一个机构单位或部门应收初始收入之和减去应付初始收入之和的差额。该指标作为单位或部门收入初次分配账户的平衡项，体现了收入初次分配的最终结果，反映了各单位或部门通过初次分配后所取得的生产性收入。各机构部门的初始收入构成如下：

$$\begin{matrix}\text{非金融公司和金融公司}\\\text{部门的初始收入}\end{matrix}=\begin{matrix}\text{营业}\\\text{盈余}\end{matrix}+\begin{matrix}\text{应收}\\\text{财产收入}\end{matrix}-\begin{matrix}\text{应付}\\\text{财产收入}\end{matrix}$$

$$\begin{matrix}\text{一般政府部门}\\\text{初始收入}\end{matrix}=\begin{matrix}\text{营业}\\\text{盈余}\end{matrix}+\begin{matrix}\text{应收生产税}\\\text{和进口税}\end{matrix}-\begin{matrix}\text{应付}\\\text{生产补贴}\end{matrix}+\begin{matrix}\text{应收}\\\text{财产收入}\end{matrix}-\begin{matrix}\text{应付}\\\text{财产收入}\end{matrix}$$

$$\begin{matrix}\text{住户部门}\\\text{初始收入}\end{matrix}=\begin{matrix}\text{营业}\\\text{盈余}\end{matrix}+\begin{matrix}\text{混合}\\\text{收入}\end{matrix}+\begin{matrix}\text{雇员}\\\text{报酬}\end{matrix}+\begin{matrix}\text{应收}\\\text{财产收入}\end{matrix}-\begin{matrix}\text{应付}\\\text{财产收入}\end{matrix}$$

$$\begin{matrix}\text{为住户部门服务的}\\\text{非营利机构初始收入}\end{matrix}=\begin{matrix}\text{营业}\\\text{盈余}\end{matrix}+\begin{matrix}\text{应收}\\\text{财产收入}\end{matrix}-\begin{matrix}\text{应付}\\\text{财产收入}\end{matrix}$$

上述各机构部门的初始收入构成项目中，一般政府部门和为住户服务的非营利机构部门的营业盈余从理论上说都应该为零，但是，实际中一般政府部门也可能会有少量的，来自属于一般政府部门从事市场化生产单位的营业盈余。

① SNA2008 将租赁分为经营租赁、融资租赁和资源租赁三种类型。区分不同租赁的标准在于法定所有权和经济所有权的差异。一项资产的法定所有者是指，由法律授权并在法律下可持续要求与该项资产相关收益的机构单位。一项资产的经济所有者是指，因为在经济活动过程中接受了使用资产的各种风险而有权要求相关收益的机构单位。通常情况下，法定所有者也是经济所有者。如果两者不同一，表明法定所有者放弃了上述风险，接受了来自经济所有者的协议支付。

雇员报酬、生产税净额和财产收入（地租除外）等形式的初始收入既可以由常住者付给非常住者，也可以由非常住者付给常住者。对非常住者的应收与应付初始收入总价值的差额通常被称为来自国外的净收入。

在经济总体层面上，SNA 将收入初次分配的结果称为**国民收入**。所有机构部门初始收入净额之和称为**国民净收入**（NNI）；所有机构部门初始收入总额之和称为**国民总收入**（GNI）。国民总收入与 SNA1993 以前国民经济核算中通常所说的国民生产总值（GNI）概念是一致的。

值得注意的是，联合国 SNA1993 将过去版本的“国民生产总值”改称“国民总收入”，并强调在衡量一国或地区的经济规模时弃用国民生产总值，而改用国内生产总值主要基于以下几方面原因。

首先，从概念上讲，以前的国民生产总值一词是一个收入的概念而不是一个生产的概念，改称“国民总收入”以消除人们误认为国民生产总值即为生产总值的模糊认识。

其次，强调国内生产总值是对生产的核算，而国民总收入或国民净收入是对收入的核算。国内生产总值反映常住单位生产活动的最终成果。而一国常住单位创造的增加值要通过各种渠道分配给不同的劳动者和投资者，其中一部分有可能分配给非常住单位；同样常住单位还有可能从非常住单位得到一部分收入。国民总收入（原称国民生产总值）描述了这一初次分配过程的结果。

再次，纠正传统意义上有关核算范围方面的认识误区，强调无论是“国内”，还是“国民”，两者之间的差别不在于核算的范围，而如前所述在于一项是核算生产，另一项是核算收入。两种加总值都与经济总体——全体机构单位或机构部门有关，两者都有同等资格被称为国内或国民。

最后，国民总收入与国内生产总值在数值上的差额只在于来自国外的净收入，即常住者从非常住者那里得到的初始收入总计减去常住者付给非常住者的初始收入总计。SNA2008 再一次强调，GDP 和 GNI 这两个由英文首字母构成的缩写词，重点都在第三个字母而非第二个字母上，以此强调 GDP 测度生产（产出），GNI 测度收入这样一个事实。

GNI 的计算公式为：

$$\begin{aligned}\text{国民总收入} &= \text{国内生产总值} + \begin{matrix}\text{常住者从非常住者}\\\text{应收的初始收入}\end{matrix} - \begin{matrix}\text{常住者对非常住者}\\\text{应付的初始收入}\end{matrix}\\ &= \text{国内生产总值} + \text{来自国外的净要素收入}\end{aligned}$$

（三）收入初次分配账户

1. 单个单位、部门或经济总体初始收入分配账户

单个单位、部门或经济总体初始收入分配账户的表式结构如表 5－3 所示，它是收入形成账户的后续账户。

表 5－3　　　　收入初次分配账户

使　　用	来　　源
	营业盈余总额
	混合收入总额（住户部门）
	营业盈余净额
	混合收入净额（住户部门）
	雇员报酬（住户部门）
	生产税和进口税（政府部门）
	补贴
财产收入	财产收入
初始收入总额/国民总收入	
初始收入净额/国民净收入	

该账户的来源方记录了从收入形成账户平衡项结转过来的营业盈余和混合收入、作为收入接受者所获得的雇员报酬、生产税和进口税、作为负税处理的补贴，以及收入初次分配阶段新增指标——应收财产收入等；账户的使用方则记录了应支付的财产收入、初始收入总额/国民总收入和初始收入净额/国民净收入。

2. 多个单位、多个部门收入初次分配综合账户

如果将多个单位或多个部门的收入初次分配账户加以合并，即得到机构部门层面或经济总体的收入初次分配综合账户。多个部门收入初次分配综合账户如表 5－4 所示。

表 5－4　　　　机构部门收入初次分配综合账户

使用　　　　来源

国外	经济总体	NPISH	住户	一般政府	金融公司	非金融公司	交易和平衡项	非金融公司	金融公司	一般政府	住户	NPISH	经济总体	国外
							营业盈余总额	292	46	27	84	3	452	
							混合收入总额				61		61	
							营业盈余净额	135	34	0	69	0	238	
							混合收入净额				53		53	
6							雇员报酬				1154		1154	2
							生产税和进口税			235			235	
							补贴			－44			－44	
44	391	6	41	42	168	134	财产收入	96	149	22	123	7	397	38
	1864	4	1381	198	27	254	初始收入总额/GNI							
	1642	1	1358	171	15	97	初始收入净额/NNI							

从表 5－2 和表 5－4 可以看出，国内生产净值为 1632，而国民净收入则为 1642，二者

之差10个单位在于常住单位从非常住单位得到的初始收入大于付给非常住单位的初始收入。其中，雇员报酬4是由常住单位从非常住单位得到的数额是6，多于常住单位付给非常住单位的数额为2所形成；财产收入6是常住单位从非常住单位获得的财产收入为44，多于付给非常住单位的财产收入为38所致。

表5－4展示的另一个明显现象正如前面所述，住户从初始收入分配中得到的雇员报酬远远多于它在收入形成过程中所使用的数额，前者的11表明由住户部门付给雇员的报酬；后者的1154表明住户部门在收入初次分配中从常住单位得到的报酬。除此之外，住户部门还从国外获得6个单位的雇员报酬。该部门从国内和国外共获得的雇员报酬为1160个单位。

从表5－4中的有关数字可以核算出各机构部门和经济总体的初始收入及各自占国民净收入的份额。具体数字如下：

非金融公司部门初始收入净额＝135＋96－134＝97　　占国民净收入5.91%

金融公司部门初始收入净额＝34＋149－168＝15　　占国民净收入0.91%

政府部门初始收入净额＝0＋235－44＋22－42＝171　　占国民净收入10.41%

住户部门初始收入净额＝69＋53＋1154＋123－41＝1358　　占国民净收入82.70%

为住户服务的非营利机构初始收入＝7－6＝1　　占国民净收入0.06%

国民净收入＝97＋15＋171＋1358＋1＝1642

或

国民净收入＝238＋53＋1154＋（235－44）＋（397－391）＝1642

第三节　收入再分配核算

一、收入再分配的概念

收入再分配是指在收入初次分配基础上通过转移支付与获得，使初始收入进一步在机构单位之间所进行的分配。虽然收入再分配从形式上表现为对收入初次分配结果的再分配，但依据经济学关于生产什么就分配什么，生产多少就分配多少的基本原理，其实质上仍然是对生产成果的分配。同时，由于收入再分配与生产成果之间是一种间接关系，所以收入再分配也称为**收入间接分配**。收入再分配的手段是各种类型的经常转移。

SNA中的收入再分配有广义和狭义之分。**广义的收入再分配**是指通过各种转移支付与获得，使初始收入在各机构单位之间所进行的分配。**狭义的收入再分配**是指实物社会转移以外的收入再分配。

实物收入再分配是收入再分配过程的延续，它是指通过实物社会转移的支付与获得，如何将住户、为住户服务的非营利机构和政府的可支配收入转换为调整后可支配收入的分配过程。由于这一分配过程只与上述三个单位或部门有关，因此它不涉及非金融公司和金融公司以及由二者分别合并成的两种部门。

二、收入再分配中其他几个重要概念

在收入再分配阶段，SNA 涉及许多概念。其中，最重要的包括转移（特别是经常转移）、社会保险、社会保障、社会救济和实物社会转移等五个概念。准确理解这些概念及其相互间的差别，对于正确核算收入再分配和描述收入再分配的两个账户都十分关键。

（一）转移的概念和种类

在收入再分配理论和核算中，转移是一个很重要的概念。**转移**是指一个机构单位向另一个机构单位提供货物、服务或资产，而同时又不从后者索取任何货物、服务或资产作为与之直接对应回报的一种交易。可见，转移只是一种“单方面”的经济行为，或者说是单向交易。

转移按照不同的标准，可做如下两种不同的分类。

1. 经常转移和资本转移

从转移的性质看，可以将转移区分为经常转移和资本转移。

经常转移是指一个机构单位向另一个机构单位提供货物、服务或资产，但同时又不向后者索取任何货物、服务或资产作为与之直接对应回报，并且交易的一方或双方无须获得或处置资产的一种交易。

资本转移是指支付转移方通过处置现金和存货以外的资产来实现资助，或是接受转移方不得不将资助用于形成现金以外资产，或是两者都满足的一种交易。

经常转移和资本转移的区别在于：（1）经常转移与资产的获得和处置没有关系，而资本转移与资产的获得与处置相关联（实物转移的是资产的所有权而不是存货）；（2）经常转移会直接影响到可支配收入的水平，而资本转移与资本形成有关，它不构成收入再分配的内容；（3）经常转移会影响到货物或服务的最终消费，而资本转移与最终消费水平无关；（4）经常转移通常规模较小、经常并且定期发生，而资本转移一般规模大、频率低、发生无规律。

2. 现金转移、企业提供货物与服务转移和实物社会转移

从形式上看，可以将转移分为现金转移、企业提供货物与服务和实物社会转移。

现金转移是一个单位向另一个单位支付货币或可转让存款，而同时并没有反方向任何支付的一种交易。例如，社会保险福利转移作为社会保障基金的转移支付减少了它的可支配收入；而作为住户的转移获得增加了住户的可支配收入。

企业提供货物与服务转移是一种由企业提供的，包括货物或现金以外资产所有权的转移，或服务的提供，同时并没有任何反方向的相应支付的实物社会转移以外的实物转移①。

SNA 对于由企业所做的实物转移，一律作为现金转移来处理。例如，某被服制造企业向慈善机构（NPISH）捐赠了部分被褥，则需要记录以下两项交易：第一项交易是企业向 NPISH 支付现金转移。相应的账户记录如表 5-5～表 5-8 所示。

企业：

表 5-5　　非金融公司收入再分配账户

使用	来源
应付现金转移	

表 5-6　　非金融公司金融账户

资产变化	负债和净值变化
现金（-）	

为住户服务的非营利机构：

表 5-7　　NPISH 收入再分配账户

使用	来源
	应收现金转移

表 5-8　　NPISH 金融账户

资产变化	负债和净值变化
现金（+）	

第二项交易是 NPISH 运用转移所得的资金从企业购买被褥。相应的账户记录如表 5-9～表 5-12 所示。

---

① SNA2008 将转移区分为现金转移、企业提供货物与服务和实物社会转移三个并列类型，而在 SNA1993 中，将企业提供货物与服务称为实物社会转移以外的实物转移。由此，SNA1993 实际上是将转移区分为现金转移和实物转移两类，又进一步将实物转移区分为实物社会转移以外的实物转移和实物社会转移。

企业：

表 5－9　　非金融公司生产账户

使用	来源
	被褥产出

表 5－10　　非金融公司金融账户

资产变化	负债和净值变化
现金（＋）	

为住户服务的非营利机构：

表 5－11　　NPISH 收入使用账户

使用	来源
被褥购买	

表 5－12　　NPISH 金融账户

资产变化	负债和净值变化
现金（－）	

上述企业与为住户服务的非营利机构之间一笔实物转移之所以造成如此繁杂的账户处理，关键是 SNA 将企业与其他单位之间的实物转移作为现金转移所致。由此产生了包括企业的被褥产出（销售）、金融资产的变化、NPISH 收入使用（被褥的购买）和金融资产变化等在内的多笔虚拟交易。

SNA 将企业向其他单位进行实物转移视为现金转移，其目的在于突出强调只有政府和 NPISH 才具有向住户部门进行实物转移的功能，即实物社会转移的功能。

实物社会转移是一种由政府和为住户服务的非营利机构提供的，包括货物或现金以外资产所有权的转移，或服务的提供，同时并没有任何反方向的相应支付。

现金转移、企业提供货物与服务和实物社会转移均既可以是经常转移，也可以是资本转移。

从上述有关现金转移、企业提供货物与服务的转移和实物社会转移的内容，以及 SNA 关于企业提供货物与服务的转移（企业实物转移）的账户处理规定可以看出，SNA 关于转移形式方面的划分实质上只分为两种，即现金转移和实物社会转移。

（二）经常转移的种类

SNA 将经常转移区分为所得税和财产税等经常税、社会缴款和社会福利以及其他经常转移等三种类型。

1. 所得税、财产税等经常税

所得税、财产税等经常税是指政府对住户和公司所得所征收的税，以及每个纳税期定期应征收的财产税①。

SNA之所以将所得税、财产税等经常税作为经常转移，是因为它是机构单位以现金或实物形式向政府做出的具有强制性的、无回报的支付。同时，SNA不主张继续使用过去那种将所得税、财产税等经常税称为“直接税”，将生产税称为“间接税”这类术语。一般认为，间接税是指那些产品出售者能够通过提高销售货物或服务的价格转嫁给其他机构单位的税。但是，由于经济学认为要确定不同类型的税赋最终由谁负担是极其困难的。因此，经济学已不使用“直接税”和“间接税”术语。鉴于此，联合国等国际组织从SNA1993开始也不再使用“直接税”和“间接税”术语，SNA2008继续强调了这一点。

除此之外，SNA还强调对于所得税、财产税等经常税中的“等”字不能被省掉，因为在该类税收中还包括了一些既不依据住户及其成员所得，也不依据他们的财产来对住户征收的定期税，如经常税杂项中的人头税、支出税等。

2. 社会缴款和社会福利

社会缴款和社会福利作为经常转移的一项重要内容，涉及许多与此相关而又有所区别的概念，其中重要的包括社会保险、社会保障、社会缴款、社会福利和社会救济等。弄清这些概念的基本含义及其相互间的联系，对于理解这部分内容是十分重要的。

1）社会保险计划

社会保险计划是一种满足如下两个条件的保险计划。(1) 社会保险计划的参与者获得福利是有条件的，并且所获得的福利是SNA中所定义的社会福利的构成部分。(2) 社会保险计划至少应是下列三种情况之一：第一，参与社会保险计划是依法应尽的义务；或者是已经列入一个雇员或者一群雇员就业协议中的相关条款或条件。第二，社会保险计划是针对特定的劳动者群体的集体计划。参与者仅限于这一群体的成员，无论其处于雇佣状态还是失业状态。第三，雇主代其雇员支付了社会缴款，不管雇员自己是否也进行了社会缴款的支付。

社会保险计划本质上是一种由雇主或政府强制要求或鼓励工人办理保险，以应对某些可对工人或其赡养者的福利产生负面影响的概率事件的计划。

社会保险计划可以分为两种主要类别：第一类是覆盖整个社会或社会大部分群体的社会保障计划；第二类是其他就业相关计划。该类计划来自养老金条款中规定的雇主雇员关系，也可能来自作为就业条件一部分的其他权利中规定的雇主雇员关系。政府对此类计划不承担提供福利的义务。

① 定期应征收的财产税不同于非定期征收的资本税，后者构成资本转移的内容。

2）社会保障计划

社会保障计划是一种由政府单位收取缴款、进行管理并提供经费，其目的在于向全社会成员或社会特定群体的成员提供社会福利的计划。

为实行社会保障计划而成立的社会保障基金是一个独立于其他基金的专门机构。其收入主要来源于个人所支付的社会缴款、雇主替雇员支付的社会缴款和政府其他基金的转移。一般来说，雇员或替雇员缴纳社会缴款的雇主都是在尽法定的义务。

从以上的阐述中可以发现，社会保障计划是社会保险计划的一种形式或一种类型，而且该种计划与政府的行为有关。

3）社会缴款和社会缴款净额

社会缴款是指对社会保险计划做出的实际或虚拟的支付，以便为社会保险的给付提供准备。它可以由雇主为雇员支付，也可以由雇员、自我雇佣者或非受雇人员为自己支付。

社会缴款的构成包括以下几个方面。(1) 雇主实际社会缴款：由雇主向社会保障基金的缴款和向其他就业相关社会保险计划的缴款构成。该项缴款是雇员报酬的一部分，构成住户初始收入的一项内容。(2) 雇主虚拟社会缴款：是指有些雇主在不涉及保险企业或养恤基金，也不专门设立社会保险基金或准备金的情况下，利用自己的资金直接为其现在的和过去的雇员及受其赡养者提供社会福利。由于这些缴款没有实际上缴到社会保险机构，但接受这些待遇的雇员的确受到了保护以应付各种特定的需要或情况。因此，SNA 需要将这些费用视为雇主代表雇员缴纳的社会缴款，并虚拟成雇员报酬。(3) 住户实际社会缴款：是指雇员、自我雇佣者或未受雇佣者独立应付给社会保险计划的社会缴款。(4) 住户追加社会缴款：是指在核算期内住户持有的养老金和非养老金权益所产生的财产收入。

社会缴款净额是指住户向备付社会福利的社会保险计划所支付的，不包括计划管理者所收取的服务费的实际缴款或虚拟缴款。

在 SNA 中，支付给社会保险计划的所有缴款都显示为住户的支付。但是，支付额中包括了以上所述的社会缴款四项构成。作为社会保险计划的管理部门在收取这些社会缴款的同时还收取一定数额的服务费。SNA 认为，管理部门所收取的服务费不应当构成社会缴款的一部分，对于住户而言，应当将这部分管理费作为消费支出从社会缴款总额中扣除，从而形成社会缴款净额这一流量。

4）社会福利

社会福利是住户部门为满足应对一些突发事件或情况如疾病、失业、退休、住房、教育及家庭问题的需要而获得的经常转移。

社会福利包括三种不同的支付方式，它们分别是由政府以社会保障的方式支付（社会保障福利）、由政府以社会救济的方式支付（社会救济福利）和由其他就业相关社会保险计划支付。

5）社会救济

社会救济是指政府部门或为住户服务的非营利机构应支付给住户部门，接受救济的住户不需事先缴款的经常转移。社会救济是社会福利的一种形式，所满足的需求与社会保险福利相同。但两者的差别在于：一方面，社会保障的受益人获得福利需要先支付社会缴款，社会救济的受益人不需要通过支付缴款来证明自己已参加计划，就可以有资格获得福利。另一方面，社会保障受益人是那些已支付社会缴款的特定人群，而社会救济福利的受益人可以是所有常住住户成员。当然，这种给予通常也是要有条件的。

3. 其他经常转移

其他经常转移是指发生在常住机构单位之间或常住机构单位和非常住机构单位之间除所得税、财产税等经常税，社会缴款与社会福利以外的所有经常转移。其他经常转移包括以下四种类型。

1）保险相关交易

保险相关交易主要包括与直接保险相关的净保费和索赔、与再保险相关的净保费和索赔，以及与标准化担保相关的支付。

SNA 有关“净保费”中的“净”字，是专指已经从实际缴纳的保费和追加保费合计中扣除保险服务费之后的保费。

与直接保险相关的净保费和索赔主要指非寿险的净保费和索赔。其中，非寿险净保费等于投保人为在核算期内获得保险而应付的实际保费，加上属于投保人财产收入中的应付追加保费，再减去应付给保险公司的服务费之后的差额。用公式表示即为：

非寿险净保费 = 投保人应付实际保费 + 投保人应付追加保费 − 投保人应付的服务费

SNA 强调，只有非寿险的净保费才构成经常转移，而保险服务费应当记入生产者的中间消耗或消费者的最终消费。**非寿险索赔**是指核算期内因为理赔非寿险保单所保事件导致的损失而应支付的数额。索赔通常都视为经常转移。

再保险净保费和索赔的计算方式与非寿险保费和索赔完全一样。

标准化担保是指由许多同一种类的担保被提供，并且有可能对总体违约的概率水平做出可靠估计的担保。标准化担保的范围只涉及金融工具，不涉及产品担保领域。由于担保与非人寿保险具有很多相同的特征，因此，其所支付的费用的处理方式与非寿险保费相同；代偿的处理方式与非寿险索赔相同。

2）一般政府内经常转移

一般政府内经常转移是指不同政府单位之间的经常转移，包括不同级政府之间的经常转移和一般政府与社会保障基金之间的经常转移等。

3）国际经常性合作

国际经常性合作是指发生在不同国家政府之间或政府与国际组织之间的现金或实物经常转移。它包括以下几个方面。（1）接受者用以进行经常支出的政府间转移，包括自然灾害后的各类实物紧急援助；（2）成员国政府支付给国际组织的年度或其他定期缴款；（3）政府或国际组织对其他政府的支付。

4）杂项经常转移

杂项经常转移包括除了保险相关交易、一般政府内经常转移和国际经常性合作之外的经常转移。其中，比较重要的包括中央银行和一般政府之间的经常转移①、支付给 NPISH 的经常转移②、住户间的经常转移、罚金和罚款、抽彩和赌博③、补偿支付等。

CSNA2016 将经常转移分为所得税和财产税等经常税、社会保险缴款与社会保险支出、社会保障补助，以及其他经常转移等四项内容。

三、收入再分配核算及账户

（一）单个单位、部门或经济总体的收入再分配账户

收入再分配核算是描述如何通过除实物社会转移以外的经常性转移收支将机构单位或部门的初始收入转换成可支配收入的核算，是收入再分配核算的主要内容。单个单位、部门或经济总体收入再分配账户的结构如表 5－13 所示。

表 5－13　　收入再分配账户

使　用	来　源
	初始收入总额
	初始收入净额
经常转移	经常转移
所得税、财产税等经常税	所得税、财产税等经常税
社会缴款净额	社会缴款净额
实物社会转移以外的社会福利	实物社会转移以外的社会福利
其他经常转移	其他经常转移
可支配收入总额/国民可支配总收入	
可支配收入净额/国民可支配净收入	

① 如中央银行提供的货币政策服务通常被作为中央银行向政府转移支付的一种非市场产出。

② 该项是指，NPISH 从其他常住机构单位或非常住机构单位处获得的，表现为会员费、募捐、自愿捐赠等形式的经常转移。

③ 彩票和赌注的支付额包括了两部分：对组织抽彩或赌博单位所支付的服务费；剩余部分则为给赢家的经常转移。有些彩票的支付额可以包括三部分，除前面提到的服务费和住户间经常转移外，第三项则是作为支付给慈善机构的捐款，记录为住户对 NPISH 的经常转移。

表 5－13 是一个适合所有单位、部门或经济总体使用的收入再分配账户。不同单位或部门在具体编制该账户时，在显示一些具体流量时，在来源方和使用方的坐落方面会有所不同。例如，所得税、财产税等经常税对于政府单位或部门来说，就体现在账户的来源方，而对于其他单位或部门则体现在账户的使用方。

（二）多个单位、多个部门收入再分配综合账户

将各机构单位或部门的收入再分配账户加以合并，即得到机构部门或经济总体层面的收入再分配综合账户。

收入再分配综合账户是指将某个部门的所有单位，或经济总体的所有部门有关收入再分配账户中的全部指标在一个账户上加以展现的账户。现以多个部门收入再分配综合账户为例，说明经济总体中各项收入再分配流量总额都由哪些部门流量构成，以及各项指标之间的相互关系。多个部门收入再分配综合账户如表 5－14 所示。

表 5－14　　　　机构部门收入再分配综合账户

使用　　　　　　　　来源

国外	经济总体	NPISH	住户	一般政府	金融公司	非金融公司	交易和平衡项	非金融公司	金融公司	一般政府	住户	NPISH	经济总体	国外
							初始收入总额/GNI	254	27	198	1381	4	1864	
							初始收入净额/NNI	97	15	171	1358	1	1642	
17	1212	7	582	248	277	98	经常转移	72	275	367	420	40	1174	55
1	212	0	178	0	10	24	所得税、财产税等经常税			213			213	0
0	333		333				社会缴款净额	66	213	50	0	4	333	0
0	384	5	0	112	205	62	实物社会转移以外的社会福利				384		384	0
16	283	2	71	136	62	12	其他经常转移	6	62	104	36	36	244	55
	1826	37	1219	317	25	228	可支配收入总额/GNDI							
	1604	34	1196	290	13	71	可支配收入净额/NNDI							

从表 5－14 可以看出，该账户的来源方除了记录从初始收入分配账户平衡项结转来的初始收入总额/国民总收入和初始收入净额/国民净收入外，还记录了应收经常转移的总额及其 4 个子类项目的数据，即所得税和财产税等经常税收入、社会缴款净额、实物社会转移以外的社会福利收入，以及其他经常转移收入。

从使用方看，该账户记录了经常转移支出及其4个子类项目，以及平衡项可支配收入总额/国民可支配总收入和可支配收入净额/国民可支配净收入。

现以账户中经济总体的各项数据为例，说明它们之间的相互关系。

从来源方看，来源方总额的合计数和来源方净额的合计数分别为：

来源方总额合计数 = 国民总收入 + 经常转移收入

3038 = 1864 + 1174

来源方净额合计数 = 国民净收入 + 经常转移收入

2816 = 1642 + 1174

从使用方看，使用方的合计数无论是总额或是净额都是经常转移支出。经济总体经常转移支出的数额为1212。

经济总体账户的平衡项为国民可支配总收入或国民可支配净收入。它们与来源方与使用方的关系为：

国民可支配总收入 = 来源方总额合计数 − 使用方总额合计数

1826 = 3038 − 1212

国民可支配净收入 = 来源方净额合计数 − 使用方净额合计数

1604 = 2816 − 1212

经过收入再分配后，经济总体的国民可支配总收入和国民可支配净收入分别比国民总收入和国民净收入减少了38（1864 − 1826，1642 − 1604），这是由于在收入再分配过程中，国外部门从常住单位获得的经常转移收入（55）多于支付给国内常住单位（17）所产生的结果。

（三）可支配收入和国民可支配收入

可支配收入是指机构单位或部门在收入分配过程全部结束后，所形成的最终可供它们支配使用的收入。可支配收入既是收入再分配账户的平衡项，也是收入再分配核算的一个重要的经济总量指标。

可支配收入从来源构成内容看，它是机构单位或部门的初始收入与该机构单位或部门经常转移净额（经常转移收入 − 经常转移支出）之和。即：

某机构单位（部门）可支配收入 = 该机构单位（部门）初始收入 + 该机构单位（部门）应收实物社会转移以外的经常转移 − 该机构单位（部门）应付实物社会转移以外的经常转移

= 该机构单位（部门）初始收入 + 该机构单位（部门）实物社会转移以外的经常转移净额

可支配收入从使用去向看，它是实现最终消费和储蓄的前提。因此，可支配收入又可定义为各机构单位或部门本期获得的可用于最终消费和储蓄的收入。

如同其他总量指标一样，可支配收入既可以用总额表示，也可用净额表示。

国民可支配收入是一个国家在一定时期内通过收入初次分配和再分配后所形成的，可供该国最终支配使用的收入。国民可支配总（净）收入可以用下面的公式计算：

$$\text{国民可支配总(净)收入} = \text{国民总(净)收入} + \text{经济总体从国外部门获得的经常转移收入} - \text{经济总体支付给国外部门的经常转移}$$

例如，在表 5－14 中，国民总收入和国民净收入分别为 1864 和 1642，经济总体从国外部门获得的经常转移收入为 17，支付给国外的经常转移为 55，从而形成国民可支配总收入和国民可支配净收入分别为 1826 和 1604。

通过对国民收入和国民可支配收入的阐述可以发现，在运用国民经济核算资料分析一国的最终消费趋势时，使用国民可支配收入要比国民收入好得多。因为，从收入的形态看，国民收入只是反映初次分配过程中所形成的各种关系和结果，并不是一个完整的收入概念。而国民可支配收入是在收入初次分配基础上，通过再分配后形成的结果，反映了收入分配的全过程，进而是一个完整的收入概念。同时，只有可支配收入才是可以用于最终消费和积累的收入。各机构单位或部门的可支配收入构成对最终消费的总量和构成都会产生极大的影响。

（四）可支配收入与经济理论中收入概念的关系

SNA 中的可支配收入与经济学中的收入概念既有区别又有联系。经济理论所定义的收入，通常是指住户或者其他单位在不减少实际净资产的条件下可能实现的最大消费额。但是，在实际经济活动中，一个单位的实际净资产可能会由于多种原因而发生变化，除了通过一般交易减少现金、处置其他金融资产或非金融资产或增加负债等使净资产发生变化外，下列三种情况也会导致实际净资产发生变化：（1）因资本转移的获得或支付而引起实际净资产的变化；（2）因所拥有的资产或负债的实际持有损益而引起实际净资产的变化；（3）因自然灾害等会改变资产物量的事件发生而引起实际净资产的变化。SNA 所核算的可支配收入不包括由上述三种情况而引起实际净资产的变化。[①] 由此，可支配收入便可以解释为：核算期内，住户或其他单位不必通过减少现金、处置其他金融资产或非金融资产或增加负债等方式为自己的支出筹措资金，即能最大限度负担得起的货物或服务的消费。

由此可见，SNA 的可支配收入所涵盖的范围较经济理论收入概念要窄。只有当期初的净资产没有因为上述三种情况而发生变化时，两种收入的概念才是等价的。

---

① 资本转移记录在 SNA 的资本账户中，资产物量的其他变化和实际持有收益记录在资产其他变化账户中。

四、实物收入再分配核算及账户

实物收入再分配核算是在收入再分配核算基础上，用于反映实物社会转移状况及结果的核算。其账户结构及内容如表 5－15 所示。

表 5－15　　实物收入再分配账户

使　用	来　源
	可支配收入总额/国民可支配总收入
	可支配收入净额/国民可支配净收入
实物社会转移	实物社会转移
非市场产出	非市场产出
从市场上购买的产品	从市场上购买的产品
调整后可支配收入总额/AGNDI	
调整后可支配收入净额/ANNDI	

实物收入再分配账户与收入再分配账户的区别表现为以下两点：（1）两种账户关注和记录的内容不同。收入再分配账户关注和记录的是，初始收入是怎样通过实物社会转移以外的经常转移，在不同部门之间进行再分配的；而实物收入再分配账户关注和记录的是，初始收入是怎样通过实物社会转移在不同部门之间进行再分配的。（2）两种账户涉及的单位或部门范围不同。收入再分配账户涉及经济总体所有机构单位或部门，而实物收入再分配账户由于实物社会转移只发生在政府单位、为住户服务的非营利机构和住户之间，因此，非金融公司部门、金融公司部门不需要设立或编制实物收入再分配账户。

实物收入再分配账户的来源方记录了从收入再分配账户结转来的可支配收入和新增的应收实物社会转移；使用方记录了应付的实物社会转移和该账户的平衡项——调整后可支配收入/调整后国民可支配收入。其中，实物社会转移又进一步划分为非市场产出和从市场上购买的产品。

实物社会转移是由政府单位和为住户服务的非营利机构免费或以没有显著经济意义的价格提供给住户的货物和服务，它是政府和 NPISH 代表住户所进行的最终消费支出。政府和 NPISH 为住户而进行的消费支出（即政府和 NPISH 的个体消费支出）的目的是进行实物社会转移，包括政府和 NPISH 免费或以没有显著经济意义的价格提供给住户的非市场产出，也包括它们从市场生产者手中购买然后再免费或以没有显著经济意义的价格提供给住户的货物和服务。

另一点值得说明的是，由于只有住户部门才是实物社会转移的接受者，政府部门和 NPISH 是实物社会转移的支付者，所以在政府部门和 NPISH 的实物收入再分配账户的来源方都没有实物社会转移项目，而住户部门实物收入再分配账户的使用方没有实物社会转移项目。

调整后的可支配收入是实物收入再分配账户中的平衡项，是机构单位或部门经过实物社会转移的收支调整后所形成的最终可支配收入。

由于政府和 NPISH 是实物社会转移的转出方，住户是实物社会转移的转入方，因此，它们的调整后可支配收入分别为：

$$\begin{matrix}\text{政府或 NPISH 单位(部门)}\\\text{调整后可支配收入}\end{matrix}=\begin{matrix}\text{该单位(部门)}\\\text{可支配收入}\end{matrix}-\begin{matrix}\text{该单位(部门)}\\\text{实物社会转移支出}\end{matrix}$$

$$\begin{matrix}\text{住户单位(部门)}\\\text{调整后可支配收入}\end{matrix}=\begin{matrix}\text{该单位(部门)}\\\text{可支配收入}\end{matrix}+\begin{matrix}\text{该单位(部门)}\\\text{实物社会转移收入}\end{matrix}$$

正如可支配收入一样，调整后可支配收入也可按总额或扣除固定资本消耗后的净额计算。

由于只有政府单位和为住户服务的非营利机构才向住户做实物社会转移，所以，一般政府部门和为住户服务的非营利机的调整后可支配收入都低于各自的可支配收入；而住户部门的调整后的可支配收入要多于其可支配收入。

从整个经济总体看，由于住户部门应收的实物社会转移与政府部门和为住户服务的非营利机构应付的实物社会转移总额相等，两者相抵后为 0，因此，调整后的国民可支配收入等于国民可支配收入。

经济总体层面多个部门实物收入再分配综合账户如表 5－16 所示。

表 5－16　　机构部门实物收入再分配综合账户

使用								来源						
国外	经济总体	NPISH	住户	一般政府	金融公司	非金融公司	交易和平衡项	非金融公司	金融公司	一般政府	住户	NPISH	经济总体	国外
							可支配收入总额/GNDI	228	25	317	1219	37	1826	
							可支配收入净额/NNDI	71	13	290	1196	34	1604	
	215	31		184			实物社会转移				215		215	
	211	31		180			非市场产出				211		211	
	4			4			从市场购买的产品				4		4	
	1826	6	1434	133	25	288	调整后可支配收入总额/AGNDI							
	1604	3	1411	106	13	71	调整后可支配收入净额/ANNDI							

对照表 5－14 和表 5－16 可以看出，由于非金融公司部门和金融公司部门不存在实物社会转移，因此，两个账户的可支配收入相同。即非金融公司部门的可支配收入总额是 228，调整后可支配收入总额都仍为 228；该部门可支配收入净额是 71，调整后可支配收入净额都仍为 71。金融公司部门的相应指标也未发生变化。而政府部门和为住户服务的非营利机构分别向住户部门实物社会转移 184 和 31，从而使它们调整后的可支配收入分别减少 184 和 31，两个部门调整后可支配收入总额分别由原来的可支配收入 317 和 37 变为 133 和 6；净额分别由原来的 290 和 34 变为 106 和 3。同时，住户部门由于接受了政府和为住户服务的非营利机构的实物社会转移 215，使调整后的可支配收入总额由原来的可支配收入总额 1219 增加到 1434，净额由原来的 1196 增加到 1411。

但是，由于实物社会转移是在常住单位之间进行的，有一方转进，必然有一方转出。转进转出相互抵消后，从整个经济总体看，调整后国民可支配总收入与国民可支配总收入完全相同，均为 1826，调整后国民可支配净收入与国民可支配净收入也完全相同，均为 1604。

第四节　收入分配核算资料的分析与应用

一、收入分配核算应用分析应明确的几个基本问题

如前所述，整个国民经济核算的目的之一在于为经济分析提供必要的信息和方法。作为国民经济核算体系重要内容之一的收入分配核算也是如此。要对收入分配核算进行分析应用，必须明确以下几个基本问题。

（一）关于收入分配主体问题

在收入分配核算的分析研究中，收入分配主体有哪些、每个收入主体的概念应如何界定都必须明确。如果我们所研究的参与收入分配的主体不全，其结果必然是所有收入主体所拥有的收入之和不等于经济总体的总收入，据此所做的各种分析也就失去意义。如果各收入主体的界定不清晰，即便是收入主体不遗漏，其结果将是夸大一种主体而缩小另一种主体的收入水平。这也是我们所不希望看到的。

关于收入分配的主体，联合国 SNA 和我国国民经济核算体系都有明确的划分，即联

合国 SNA 在微观层面将收入分配的主体划分为非金融公司、金融公司、一般政府、住户、为住户服务的非营利机构和国外。由此可见，参与收入分配的并不是人们日常习惯上所说的国家、集体（企业）和个人三类主体，而是一共有六类主体参与了收入的分配。将收入分配主体简单归结为国家、集体和个人既在范围上不全（起码漏掉了国外），在各主体之间的界定也不明晰，国家和集体都是一些抽象而模糊的概念。①

（二）关于收入分配的层次问题

SNA 实际上把收入分配的全过程划分成两个阶段、四个层次，即广义收入初次分配阶段和广义收入再分配阶段。其中，广义收入初次分配阶段又包含了收入形成和狭义收入初次分配两个层次。广义收入再分配阶段又包含了狭义收入再分配和实物收入再分配两个层次。相应地，收入分配格局即可区分为收入形成格局、收入初次分配格局、收入再分配格局和实物收入分配格局。

经济学理论通常将狭义收入再分配和实物收入分配不加区分统称为收入再分配，我们认为这种划分收入分配层次的方法不利于更加细致地研究分配格局，对收入分配政策的分析和制定也无益处。

另一点需要注意的是，我国多年来对有关收入分配格局究竟如何存在争论的重要原因之一，实际上就是有些对收入分配格局的研究层次不同所致。不难设想，用不同分配层次上的收入指标去研究收入分配结构，必然得出不同的结论。

（三）关于收入分配核算分析的内容

收入分配核算分析可以从不同方面进行多种分析，但主要应放在有关收入分配主体结构分析和收入分配渠道构成分析以及收入分配主体结构与渠道结构综合分析三个方面。

二、收入分配主体的结构分析

收入分配主体结构是指各收入主体通过分配所得到的收入占总收入的比重。在宏观层次上，就是各机构部门的收入占总收入的比重，即

$$\text{某部门收入所占比重} = \frac{\text{该部门收入量}}{\text{经济总体收入总量}} \times 100\%$$

根据不同的需要，可以在不同分配层次上计算各部门收入所占的比重并加以分析研

① 李连友．对收入主体分类的再认识［J］．中国统计，1994（6）．

究，以综合反映不同层次上的分配结果和结构特征。依据本章前面有关资料，将不同分配层次上的主体结构整理为表 5－17。

表 5－17　　　　经济总体生产和收入分配主体结构表

层次	部门	非金融公司	金融公司	政府	住户	为住户服务的非营利机构	经济总体
生产阶段	净增加值/NDP	1174	82	99	132	12	1499（1632）
	比重（%）	78.32	5.47	6.60	8.81	0.80	100.00
收入形成	营业盈余净额	135	34	0	69＋53	0	238
	比重（%）	56.72	14.29	0.00	28.99	0.00	100.00
收入初次分配	初始收入净额/NNI	97	15	171	1358	1	1642
	比重（%）	5.91	0.91	10.41	82.71	0.06	100.00
收入再分配	可支配收入净额/NNDI	71	13	290	1196	34	1604
	比重（%）	4.43	0.81	18.08	74.56	2.12	100.00
实物收入再分配	调整后可支配收入净/ANNDI	71	13	106	1411	3	1604
	比重（%）	4.43	0.81	6.60	87.97	0.19	100.00

注：表中住户部门 53 这个数字为该部门的混合收入净额。此处列出，为方便下一层次计算初始收入。

表 5－17 所显示的有关数据表明，非金融公司部门尽管是一个国内生产净值主要创造者（净增加值占 NDP 的比重为 78.32%），但其得到的收入占整个收入的比重却非常小，且随着分配过程的不断延续而逐步减少，由初次分配阶段的 5.91% 减至收入再分配时的 4.43%。增加值的另一个主要创造者是住户部门，该部门所创造的净增加值占国内生产净值的 8.81%。但同时，该部门又是收入分配得到最多的受益者，而且其收入随着收入分配过程的不断延续而呈现出由多——少——多的变化过程。具体来说，由初次分配的 82.71% 降低到收入再分配的 74.56%，再到实物收入分配的 87.97%。其中，由收入初次分配到再分配所降低的几个百分点，主要是由于上缴税收、社会缴款等经常转移支出大于收入所致，而由收入再分配到实物收入再分配所增加的几个百分点，主要是由政府部门和为住户服务的非营利机构通过实物社会转移增加了住户部门的收入所致。金融公司部门无论在生产阶段，还是在收入分配阶段，其在经济总体中所占的比重都比较小，说明金融部门在这两个阶段的独立作用并不明显，主要在金融交易活动中起着重要的作用。政府部门和为住户服务的非营利机构主要靠少部分企业创造一部分增加值，其中政府的相当一部分增加值是靠征收的生产税形成。在收入分配阶段，政府主要通过各种转移收支将收入的大部分分配给住户部门。因此，该部门的收入由再分配时的 18.08% 最终降至实物收入再分配结束后的 6.60%。表明该经济总体所执行的公共财政政策效果非常明显。

通过以上分析我们还可以看到，收入分配的不同阶段（或层次）的收入分配主体结构也不同。在分析收入分配主体结构时采用不同的收入指标所分析的立足点也就不同。以往国内许多学者利用国民生产总值（现为国民总收入）来分析我国的收入分配格局。显然这种分析所得出的结论只是反映我国收入初次分配层次上的构成状况。但最终决定各经济主体收入水平高低以及各自所占比重，主要应看各经济主体调整后可支配收入水平及其结构。总之，我们要对收入分配主体结构有一个较为完整、全面的认识，必然应当立足于收入的再分配或实物收入分配阶段分析。尤其当考察的重点是最终收入结构和政府财政政策的作用时，就更需从实物收入再分配的角度进行深入的分析研究。

三、收入分配渠道的结构分析

收入分配渠道结构分析，就是通过计算各种分配手段所产生的收入流量占经济总体收入总量的比重来分析整个收入的形成格局，揭示特定分配阶段不同收入格局的特点和形成原因，为制定宏观调控政策、调节各种分配关系提供依据。

（一）收入初次分配阶段的分配渠道结构分析

收入初次分配阶段的主要分配手段包括雇员报酬、生产税、营业盈余和财产收入等。通过分别计算这些指标在总收入中所占比重，来分析它们的结构。现仍以本章前面有关表的数据整理成表 5－18 来予以说明。

表 5－18　　收入初次分配渠道结构分析表

	雇员报酬	生产税净额	营业盈余净额和混合收入净额	财产净收入	国民净收入
数值	1154	191	291（238＋53）	6	1642
比重（%）	70.28	11.63	17.72	0.37	100.00

表 5－18 的数据表明，收入初次分配阶段的大部分收入是由劳动者以雇员报酬的形式获得的，这部分收入占了国民净收入的 70.28%，其余是营业盈余和混合收入占国民净收入的 17.72%。从国外得到的净财产收入只占 0.37%，而政府所得到的生产税净额只占国民净收入的 11.63%。如果将雇员报酬（1154）、住户部门的营业盈余净额（69）和混合收入净额（53）三项数据加在一起，合计数为 1276，占国民净收入的比重为 77.71%。从中不难看出该经济总体的大量收入都集中在住户手中。

（二）收入再分配渠道结构分析

收入再分配是在初次分配基础上，主要通过经常转移收支手段来实现收入的重新分配。由于经常转移既有转移收入又有转移支出，在经济总体范围内有些项目收支相抵为0，有些项目收支相抵后的差额反映经济总体与国外的收入分配关系。分析收入再分配渠道结构可以利用各种经常转移手段所产生的经济流量占收入总量的比重，考察各种经常转移对收入再分配结构的影响。例如，表5－19中的各项数值所反映的正是各种转移收支对收入再分配构成的影响。

表5－19　　收入再分配渠道结构分析表

	所得税、财产税等经常税	社会缴款净额	社会福利	其他经常转移	经常转移合计	国民净收入	国民可支配净收入
收入数值	213	333	384	244	1174	1642	1604
占NNI比重（%）	12.97	20.28	23.39	14.86	71.50	100.0	—
占NNDI比重（%）	13.28	20.76	23.94	15.21	73.19	—	100.0
支出数值	212	333	384	283	1212	—	—
占NNI比重（%）	12.91	20.28	23.39	17.24	73.81	100.0	—
占NNDI比重（%）	13.22	20.76	23.94	17.64	75.56	—	100.0
收支差额	1	0	0	－39	－38		

从表5－19中的相关数值可以看出，在收入再分配阶段有1174通过经常转移收入的形式进行重新分配的，分别占国民净收入的71.50%和国民可支配净收入的73.19%。与此同时，由经常转移支出方式进行收入再分配的数额为1212，分别占国民净收入的73.81%和国民可支配净收入的75.56%。由此可见，收入再分配对于最终收入格局的形成所起的重要作用。

进一步具体分析各种经常转移手段对收入再分配的影响，实物社会转移以外的社会福利最多（384），分别占国民净收入的23.39%和国民可支配净收入的23.94%，是经常转移收入总量（1174）的32.71%和支出总量（1212）的31.68%。由于社会福利只发生在国内各机构部门之间，因此，该项数值的收支相互抵消后差额为0。其次多的是各种社会缴款净额（333），分别占国民净收入的20.28%和国民可支配净收入的20.76%，占经常转移收入总量的28.36%和支出总量的27.48%。该项数值收支相互抵消后也为0。

所得税、财产税等经常税和其他经常转移两项由于涉及国外部门，它们的收支差额分别为1和－39，说明经济总体从国外部门获得的收入税比缴纳给国外的多1（表5－14显示，从国外部门获得的收入税为1，缴纳给国外部门的为0）；支付给国外部门的其他经常转移比从国外部门获得的多39（表5－14显示，这两个数字分别为55和16）。通过经常转移收支这一收入再分配手段的调节，最终使经济总体的国民可支配净收入比国民净收入减少38（1642－1604）。这一数值正是发生在经济总体和国外部门之间的经常转移收支差额（1－39）。

（三）实物收入再分配渠道结构分析

实物收入再分配是政府部门和为住户服务的非营利机构通过实物社会转移的形式将一部分收入分给住户部门的过程。分析这一分配渠道对最终收入分配结构的影响，就是利用计算实物社会转移所产生的流量占收入总量比重的方法进行，如表 5－20 所示。

表 5－20　　实物收入再分配渠道结构分析表

	实物社会转移	调整后国民可支配净收入
数值	215	1604
占 ANNDI 比重（%）	13.4	—

计算结果表明，在实物收入再分配阶段，经济总体收入总量中有 13.40% 通过实物社会转移渠道从政府部门和为住户服务的非营利机构流入住户部门。

四、收入主体分配结构与渠道结构的综合分析

如果我们把上述两种分析方法加以综合，就可以更加全面地了解各种收入分配的结构关系。综合的方法是将各种分配渠道作为分析表的主栏，把各机构部门作为分析表的宾栏，绘制一张纵横交叉的收入分配流量和结构分析列联表。通过对表中各项数值的观察，来研究各种收入分配结构关系。现以表 5－21 有关初次分配阶段的数值为例予以说明。

表 5－21　　收入初次分配结构综合分析表

部门 渠道	非金融公司	金融公司	政府	住户	NPISH	经济总体	国外
雇员报酬				1154		1154	－4
占本部门比重（%）				84.98		70.28	
占经济总体比重（%）				100.00		100.00	
生产税净额			191			191	
占本部门比重（%）			111.70			11.63	
占经济总体比重（%）			100.00			100.00	
营业盈余/混合收入	135	34	0	69＋53	0	291	
占本部门比重（%）	139.18	226.67	0.00	8.98	0.00	17.72	
占经济总体比重（%）	46.39	11.68	0.00	41.93	0.00	100.00	
财产收入净额	－38	－19	－20	82	1	6	－6
占本部门比重（%）	－39.18	－126.67	－11.70	6.04	100.00	0.37	
占经济总体比重（%）	－633.33	－316.67	－333.33	1366.67	16.66	100.00	

续表

部门 渠道	非金融公司	金融公司	政府	住户	NPISH	经济总体	国外
初始收入净额/NNI	97	15	171	1358	1	1642	
占本部门比重（%）	100.0	100.0	100.00	100.00	100.00	100.00	
占 NNI 比重（%）	5.91	0.91	10.42	82.70	0.06	100.00	

表 5－21 中每一行占本部门比重的数值，是该行每个部门的绝对数值与本部门初始收入净额之比的比值，说明部门内某种分配渠道所产生的流量占该部门所创造的初始收入净额的比重。笔者将其称为**初始收入部门分配系数**。如非金融公司部门的营业盈余净额为 135，是该部门初始收入净额 97 的 139.18%，说明该部门在收入初次分配阶段营业盈余净额多于初始收入净额的 39.18%。每一行占经济总体比重的数值，是该行每个部门的绝对数值与经济总体中同一种分配手段所产生的经济流量合计数之比的比值，说明该部门某种收入分配渠道的流量占同一种收入分配渠道总流量的比重，将其称为**初始收入渠道分配系数**。例如，非金融公司部门的营业盈余净额是经济总体同一种流量合计数 291 的 46.39%，说明在收入初次分配阶段，大部分的营业盈余净额被非金融公司部门得到。

表 5－21 中最后一行，即国民净收入一行的各项比重，均为各部门初始收入净额占国民净收入的比重，从总量上说明收入分配的部门结构。例如，住户部门的初始收入净额为 1358，占国民净收入 1642 的 82.70%，表明该经济总体的绝大部分初始收入净额被住户部门获得。

表 5－21 中经济总体一列各行的第一个比重，均为各种收入分配渠道所产生的流量占国民净收入的比重，从总量上说明各种不同的收入初次分配渠道对国民净收入的贡献，以及由此所形成的结构。例如，雇员报酬为 1154，占国民净收入 1642 的 70.28%，说明在整个收入初次分配结束后，超过 70% 的国民净收入通过雇员报酬的方式被住户部门所获得。

如果将表 5－21 中的两种收入分配系数分别列成表 5－22 和表 5－23，其中的收入分配关系就会揭示得更加明显。

表 5－22　　　　　初始收入渠道分配系数表

	非金融公司部门	金融公司部门	政府部门	住户部门	为住户服务的非营利机构	经济总体
雇员报酬	—	—	—	1.00	—	1.00
生产税净额	—	—	1.00	—	—	1.00
营业盈余/混合收入	0.46	0.12	0.00	0.42	0.00	1.00
财产收入净额	－6.33	－3.17	－3.33	13.67	0.17	1.00

表 5－23　　初始收入部门分配系数表

	雇员报酬	生产税净额	营业盈余/混合收入	财产收入净额	国民净收入
非金融公司部门	—	—	1.39	－0.39	0.06
金融公司部门	—	—	2.27	－1.27	0.01
政府部门	—	1.12	0.00	－0.12	0.10
住户部门	0.85	—	0.09	0.06	0.83
为住户服务的非营利机构	—	—	0.00	1.00	0.00

收入再分配和实物收入再分配的收入主体分配结构与收入分配渠道结构的综合分析可以采用与收入初次分配相同的方法进行。

第六章　收入使用核算

【学习目标与要求】

1. 了解收入使用核算的目的和最终消费核算原则；

2. 掌握最终消费、储蓄各自的有关概念及其分类；

3. 掌握各经济主体最终消费支出核算和实际最终消费核算的内容和方法；

4. 掌握收入使用账户的基本结构，学会根据相关核算数据编制收入使用账户；

5. 学会利用收入使用核算资料对最终消费领域的有关问题进行分析。

第一节　收入使用核算概述

一、收入使用核算的目的

在社会再生产运动中，当各种经济主体完成了对收入的初次分配和再分配以后，便将各自的收入带入到使用阶段。收入的用途主要有两种：一种是各机构单位或部门首先将一部分收入用于最终消费；另一种是将最终消费剩余的部分收入用于储蓄。国民经济核算体系有关收入使用核算，其目的就是揭示住户、政府单位和为住户服务的非营利机构如何将它们的可支配收入用于最终消费和储蓄。

对应于收入分配阶段的两个可支配收入概念，收入使用核算也有相应的两个最终消费概念，分别是最终消费支出和实际最终消费。由此产生两个收入使用账户——可支配收入使用账户和调整后可支配收入使用账户。

二、最终消费的概念和种类

（一）最终消费的概念

最终消费是一种行为，是指经济活动主体使用货物和服务来满足物质和精神生活需要的最终消费活动。经济学认为："最终消费是家庭用于食物、衣着、汽车、医药和住房等物品和劳务上的开支"①。实际上，这种定义有一定的欠缺。因为单从最终消费主体看，尽管家庭（住户）是最终消费最重要的主体，但承担最终消费支出的不仅仅只有家庭（住户），还有政府单位和为住户服务的非营利机构。

参与最终消费的主体是具有最终消费功能的那些机构单位或部门，包括政府、住户和为住户服务的非营利机构。其中，由于对为住户服务的非营利机构提供的所有货物和服务都被假定以实物社会转移的形式提供给了各个住户来处理，因此，该机构单位或部门只具有最终消费支出功能，而不具有实际最终消费功能。

最终消费的客体是各种货物和服务。用于最终消费的货物和服务统称为消费性货物或服务。

消费性货物或服务②是指住户、为住户服务的非营利机构或政府用于直接满足个人需要（或需求）或社会成员的公共需要（无需在SNA所定义的生产过程中进一步加工）的货物或服务。其中，货物依据对其最终消费的目的是只能使用一次还是反复连续使用，可区分为耐用消费品和非耐用消费品。**耐用消费品**是指为了最终消费的目的可在一年以上时期内反复或连续使用的物品。反之，则为**非耐用消费品**③。

（二）最终消费的种类

最终消费根据考察或核算的角度不同，可以区分为不同类型。SNA中经常涉及的最终

---

① ［美］保罗·A. 萨缪尔森，威廉·D. 诺德豪斯．经济学（第12版）．北京：中国发展出版社，1992.

② SNA1993将消费性货物或服务统称为消费品。

③ 经济分析中广泛使用的区分方法是，根据货物是一次性用于生产或消费，还是反复或连续地使用，将货物划分为耐用品和非耐用品。耐用品是指可在至少一年的时间内反复或连续使用，并假定具有正常或平均物理使用率的物品。耐用消费品是以最终消费为目的、可以连续或反复使用一年以上的货物。

消费有以下两种分类。

1. 最终消费支出和实际最终消费

根据考察最终消费是支出还是获得，最终消费分为最终消费支出和实际最终消费。

最终消费支出是指购买者为得到出售者提供给购买者或其指定的其他机构单位的货物和服务，由购买者向出售者支付或同意支付的价值量。最终消费支出是遵循最终承担支出的原则定义的，它是消费性货物和服务的支出总额。通常情况下，承担支付责任的购买者不一定就是拥有货物和服务的单位，如政府单位和为住户服务的非营利机构常常作为最终消费支出者，向出售者支付它们提供给住户的货物和服务的费用。

实际最终消费是指最终消费者实际获得的，可供自己最终消费使用的货物和服务的价值。实际最终消费是以最终消费货物和服务的实际获得为标准定义的，它是消费者所获得的消费性货物和服务的总量。一个机构单位或部门（尤其是住户部门）实际获得的货物和服务一部分是由自己承担最终消费支出，另一部分是由实物社会转移得到。

2. 个人最费和公共消费

依据最终消费主体的性质不同，最终消费有个人消费和公共消费之分。

个人消费是指为满足居民个人需要，由居民个人直接实现的最终消费。用于个人消费的消费性货物或服务（**个人消费性货物或服务**）是住户获得并用于满足住户成员需要或需求的货物或服务。尽管一部分个人消费性货物或服务有时可能是政府或为住户服务的非营利机构以实物社会转移的形式免费提供，或以无经济意义的价格销售给住户，但通常情况下，个人消费性货物或服务都能在市场上进行买卖。实际上，所有货物和大部分服务都是个人消费性货物或服务。个人消费的货物和服务或由住户承担最终消费支出，或由政府单位及为住户服务的非营利机构承担一部分最终消费支出。其中，为住户服务的非营利机构提供的所有服务均按个人服务处理。

公共消费是指由政府提供，全社会公享的最终消费。公共消费的只是公共消费性服务。**公共消费性服务**是指同时提供给社会全体成员或社会中某一部分的所有成员（如生活在某一地区的所有住户）的服务。公共服务不能在市场上出售给个人，所需资金来源于政府单位的税收或其他收入。

无论是最终消费支出或是实际最终消费，都要区分个人消费和公共消费。

三、储蓄

储蓄作为可支配收入使用账户和调整后可支配收入使用账户的平衡项，是可支配收入

（包括已调整养老金权益变化）中没有用于货物和服务最终消费的部分。储蓄既可能为正数，也可能为负数或零。

当一个机构单位或部门核算期的最终消费支出少于可支配收入时，该机构单位或部门的储蓄即为正数。反之，即为负数。如果一个机构单位或部门的储蓄为正，那么，它一定会将这部分储蓄用于获得资产或是减少负债；与此相反，如果一个机构单位或部门的储蓄是负数，那么，它一定是变卖了某些金融或非金融资产，或是减少了现金余额，或是增加了负债。

除了上述两种情况外，如果一个机构单位或部门核算期的储蓄为零，说明该机构单位或部门将核算期的可支配收入和养老金权益变化全部用于最终消费，并且，它在不变卖任何资产或改变任何负债的情况下，实现了最终消费的最大数额。

从上述对储蓄的阐述可以看出，一方面，可支配收入是一个机构单位在不减少其现金、变卖资产或增加负债条件下，在该核算期内能用于最终消费的最大数额；另一方面，储蓄为国民经济核算体系中的经常账户和后面的积累账户提供了一个连接纽带。

有关储蓄还需要说明以下两点：（1）由于非金融公司和金融公司不具有最终消费的功能，因此，它们的净储蓄等于其可支配收入净额或调整后可支配收入净额（对养老金权益的调整除外）。（2）在计算储蓄率时，通常的方法是将各部门的储蓄除以其可支配收入或调整后可支配收入。但是，在 SNA 中，无论是可支配收入使用账户还调整后可支配收入使用账户中都包含了养老金权益变化这一项目，由此使得储蓄率的分母不是可支配收入或调整后可支配收入，而应当使用在此基础上再加养老金权益变化作为分母。只有这样，计算出的储蓄率才更为准确。即：

$$\text{某部门的储蓄率}=\frac{\text{该部门储蓄}}{\text{该部门可支配收入}+\text{养老金权益变化}}$$

或

$$\text{某部门的储蓄率}=\frac{\text{该部门储蓄}}{\text{该部门调整后可支配收入}+\text{养老金权益变化}}$$

第二节　最终消费支出核算

最终消费支出核算主要从承担支出角度测度核算期具有最终消费功能的各机构单位或部门以及经济总体用于最终消费的价值总量，分析各承担支出的机构单位或部门为最终消费支出提供的资金额占全部最终消费支出额的比重。

一、最终消费支出核算的原则

核算最终消费支出，需要遵循以下三项主要原则。

（一）最终承担支出原则

最终承担支出原则，就是在核算最终消费时，支出是按照最终承担此项费用的单位，而不按照向出售者付款的单位进行确定的规则。一般情况下，付款单位即为承担费用的单位，但有时也并不如此。例如，某住户购买货物或服务并归自己使用，但花费的款项有一部分或全部随后由社会保险基金报销。在这种情况下，由社会保险基金报销的数额就视为该基金所承担的支出。

（二）支出的记录时间原则

当购买者向出售者承担负债时，消费性货物或服务的支出随即发生。如果是消费性货物，记录支出的时间就以货物的所有权从出售者转移到购买者的时间为准；如果是消费性服务，就在生产者提供使消费者满意的服务完成时记录。

（三）最终消费支出的估价原则

对最终消费支出的估价，需要分为以下两种情况进行。

1. 直接发生最终消费支出的估价

当支出行为实际发生时，支出额以发生支出时应收和应付的实际金额计算。

2. 间接发生的非货币交易支出的估价

当货物或服务购买者根据买卖双方达成的协议，用货物、服务或其他非现金资产偿还债务时，此种情况下所发生的支出就属于一种间接支出。对于这种间接支出需要采用“虚拟核算”的方法，估计出一个“虚拟支出”。

虚拟支出，是指买卖双方并未真正发生货币性的最终消费支出，而是根据达成的协议，购买者可用货物、服务或非现金资产来偿还对出售者的债务的一种支出。通常需要做虚拟支出估价的主要有以下三种情况。

1）易货贸易虚拟支出

易货贸易是买卖双方用货物或服务与不同的货物或服务进行交换，而不发生货币支付的交易。对于易货贸易虚拟支出的估价，需要用市场上以现金购买类似货物或服务的价格对这一支出做出虚拟计算。

2）作为实物收入获得的货物服务虚拟支出

雇员得到的实物收入是按雇主作为雇员报酬而提供给雇员的货物服务的价值估价的。收到实物报酬的雇员被认为做出了与他们收到的货物或服务的市场价值相同的一笔支出。雇员得到的货物或服务如果是由雇主生产的，按生产价格计算；如果是雇主购买的，则按购买者价格计算。

3）自产自用货物服务的虚拟支出

当机构单位将自己生产的货物服务用于自己最终消费时，就认为是由使用自己生产的货物服务的单位承担了这些支出。这些支出金额以市场上销售类似货物服务的基本价格估价。如果没有适合的基本价格，则用生产成本虚拟计算最终消费支出。

二、住户最终消费支出核算

（一）住户最终消费支出的含义及其界定

住户最终消费支出是由常住住户承担的消费性货物或服务的支出总额。住户最终消费支出除了包括购买的消费性货物和服务外，还包括易货贸易的虚拟支出、以实物收入形式收到的货物和服务的虚拟支出，以及同一住户自产自用的货物和服务的虚拟支出。

住户最终消费支出不包在购买住宅这类固定资产和贵重物品上所发生的支出。SNA 认为，住宅是一种为所有者提供住房服务的货物。因此，对于住宅的处理分为以下三种情况：（1）住户在购买住宅上的支出属于固定资本形成，而不是最终消费支出；（2）住宅所有者如果将房屋出租，则将租金同时分别记为所有者的住房服务产出和承租人的最终消费支出；（3）对于消费者的自用住宅，其住房服务的虚拟价值（房租）要同时分别记录为所有者的住房服务产出和最终消费支出。

所谓**贵重物品**，是指那些诸如艺术品、宝石、贵金属以及用宝石和贵金属加工而成的珠宝、玉器等永不变质的珍贵耐用品。这些贵重物品不会在消费或生产中被消耗掉。人们得到或持有它们虽然可以得到某些满足，但主要用于保存价值。

（二）某些特定情况下或某些特定类型货物或服务支出的核算

通常情况下，当住户最终消费支出容易明确识别时，可将其发生的支出金额直接记入可支配收入使用账户。但由于住户单位或部门的性质所决定，有些支出很难直接断定它们究竟是最终消费支出还是生产支出。正确核算住户最终消费支出的前提条件是，必须明确在一些特定情况下的支出和在某些特定类型货物和服务上的支出如何处理。

1. 关于拥有非法人企业的住户某些支出的核算

当住户中有一个或一个以上成员拥有非法人企业时，必须确保只有直接满足住户成员需要或愿望的那部分支出才被记入住户的最终消费支出。因经营需要而承担的所有支出均不列入住户的最终消费支出。当同一货物或服务，如电或其他燃料既可用于经营目的，又可用于最终消费时，就要将支出按其用于经营目的和个人使用目的的用量比例，分别记为企业的中间消耗和住户的最终消费支出。同样，当业主将如车辆、家具或电器设备等耐用品既用于经营目的，又作为个人最终消费使用时，应将购买耐用品的支出按其用于经营目的和个人最终消费使用目的的用量比例，分别记为企业的固定资本形成总额和住户的最终消费支出。同时，将在经营范围内使用耐用品所减少的价值作为该非法人企业的固定资本消耗处理。

2. 关于自产自用货物和服务支出的核算

住户的最终消费支出包括住户的非法人企业作为产出所生产的，并被留作住户成员最终消费的货物或服务的虚拟价值。记入住户最终消费支出的自产自用货物和服务主要包括：(1) 由农户（包括自给性农户或其他将农业生产作为次要活动或闲暇活动的其他住户）生产，并用于自己最终消费的粮食及其他农产品；(2) 由住户拥有的非法人企业所生产的，并为其成员最终消费的其他种类的货物；(3) 自有住宅者为自己最终消费而生产的住房服务（房租）；(4) 用于住户最终消费目的，由其付酬的雇员生产的家庭服务或其他服务。上述货物和服务的价值前三种根据现行市场上类似货物或服务的市场价格估算，如果没有合适的市场价格可利用时，用生产成本估算。第四种服务的价值依常规按付酬家庭雇员的现金和实物报酬估算。

3. 关于易货交易虚拟支出的核算

住户通过易货交易获得用于最终消费的货物和服务，其价值虚拟为它们的市场价值。当它们的价值不同时则取其平均数作为支出记录。

4. 关于一些特定类型货物和服务支出的核算

住户在特定类型货物或服务方面的支出主要包括以下几项内容。

1）金融中介服务支出

对于金融中介机构直接收取费用的服务支出，按通常办法记录；对于住户承担的由金融中介机构提供的、不直接收取费用的服务支出，可以根据金融服务的不同类型采取相应的核算方法。(1) 对于保险和养老基金服务以外的金融中介服务，可以采用将服务价值在各部门之间分配的方法，在住户的可支配收入使用账户把虚拟的服务价值记为在金融中介机构服务上的支出。从理论上讲，金融中介机构向住户收取的间接服务费用的计算方法为：金融机构通过对预支、透支、抵押贷款或其他贷款向住户收取的名义利率减去支付给住户存款的名义利率。但实际上，金融机构只是记录它们提供服务的总价值。这些总价值等于它们所得到的除利用自有资金投资获得的收入以外的财产收入减去它们付给债权人的利息。在这种情况下，就有必要将这些总价值分配到住户和其他部门中去。（2）对于保险和养老金服务支出，住户部门可以直接按所支付的金额记录在可支配收入使用账户的最终消费支出项目下。

2）住宅服务、修理和翻新支出

对于住户在住宅方面最终消费支出的核算，主要包括以下几个方面内容：（1）居住自有住宅的住户被视为拥有非法人企业，该企业生产住房服务并被其所属住户最终消费。住房服务最终消费支出的虚拟价值等于在市场上租用同样大小、质量和类型的房屋所要支付的租金数额。（2）自有住宅者在房屋装修、小修和维护上所承担的对专业建筑人员或装修工提供服务所支付的费用，SNA 将其视为住宅服务生产中的中间消耗。（3）如果是由房主自己进行一般修理和内部装修，他们的活动不包括在生产范围之内，但用于这类装修和修理活动所购买材料的费用应被看作最终消费支出。（4）房主用在住宅大翻新，即对住宅的再建、改建或扩建的支出不作为最终消费支出，而是作为住宅所有者的固定资本形成总额处理。

3）耐用品的修理和保养

对耐用最终消费品的修理和保养上的支出，不管其是由专业人员还是住户成员自己进行，这类支出都构成住户的最终消费支出。在后一种情况下，只将购买的材料价值列入住户的最终消费支出。

4）为获得执照等证件所发生的费用

住户为领取拥有或使用车辆、船只或飞机的牌照所做的支出以及为领取狩猎或钓鱼许可证所做的支付作为税收处理；住户为领取其他种类的执照、许可证、证明、护照等而支付的款项作为购买服务记入住户最终消费支出中。

（三）记录时间和估价

住户最终消费支出按购买者对出售者发生欠债时记录。具体来说，在货物上的支出应该在其所有权改变时记录；在服务上的支出则应该在该项服务交付完成时记录。非货币交易在相关货物可供住户使用时记录。

住户最终消费支出是以住户支付的购买者价格记录的。货物的购买者价格是指在购买者指定的地点和指定的时间提取单位货物所支付的价格。该价格包括未列入出售者发票价格中的由购买者负担的所有运费。服务的购买者价格则按住户实际支付的价格记录。

（四）住户最终消费支出分类

关于住户最终消费支出的分类，SNA2008 建议采用以下两种分类方法进行细分：一种是利用主产品分类（CPC）按货物或服务的种类细分；另外一种是按目的（用途或功能）划分的个人消费分类（COICOP），如食品、保健和教育等分类方法进行划分。其分类的详细内容已在本书第二章阐述。这种分类方法在最终消费核算与分析中有着广泛的用途。

三、一般政府最终消费支出核算

无论是公共服务还是特定的个人货物或服务，一般政府部门承担了很多消费性货物服务的最终消费支出。其支出的资金主要来源于税收和其他政府收入。

为准确核算和满足不同分析目的的需要，国民经济核算体系通常将一般政府部门的最终消费支出按以下几种方法分类。(1) 根据货物和服务的来源不同，分为在市场生产者产出上的支出和非市场生产者产出上的支出；(2) 依据支出的性质不同，分为个人货物或服务支出与公共服务支出；(3) 对政府承担的最终消费支出按功能或目的分类；(4) 根据“主产品分类”的货物或服务种类，对政府单位或部门承担的最终消费支出分类。

（一）在市场和非市场生产者产出上支出的核算

由于一般政府部门的最终消费支出，主要用于支付非市场生产者免费或以无经济意义的价格向住户或社会提供的产出，因此，SNA 在核算政府部门用于市场和非市场生产者产出上的支出时，首先考虑这部分支出。

1. 在非市场生产者产出上的支出

尽管政府部门可能会为自身的最终消费而生产，或者也可能提供一些市场化产出，但一般政府单位的大部分生产还是属于非市场性的。在核算政府最终消费支出时，将按成本记录这部分支出。

由于政府不一定将在非市场货物服务上的产出全部用于最终消费支出，因此，其支出金额应当按以下公式计算：

$$\text{政府在非市场生产者产出上的支出} = \text{非市场产出的虚拟价值} - \text{资本形成的产品价值} - \text{销售产品的收入}$$

2. 在市场生产者生产的消费性货物或服务上的支出

政府单位除了将自身的大部分非市场产出提供给住户外，还会从市场生产者那里购买一部分消费性货物或服务，并直接将它们提供给住户。在这种情况下，政府的作用仅限于为这些货物服务付款，并保证它们以实物社会转移的形式分配给住户，而不对这类货物服务进行任何进一步加工。因此，政府为住户在市场货物服务上的支出要同时记录为政府的最终消费支出和住户部门的实际最终消费。

由此，从消费性货物服务的来源看，政府的最终消费支出等于在非市场生产者产出上的支出，加上在市场生产者生产的消费性货物或服务上的支出。

（二）在个人与公共货物和服务上支出的核算

政府的最终消费支出从消费的主体看，可以分成为住户个人最终消费承担的支出和为整个社会或社会特定阶层最终消费承担的支出。

为满足各种分析和政策的需要，国民经济核算体系必须对政府单位在个人最终消费上承担的最终消费支出和公共最终消费上承担的支出做出明确的区分。

1. 个人货物服务

不同于“公共”货物服务，个人货物服务实质上是“私人的”。判断一项支出是否属于个人最终消费支出，可以从个人货物和服务的特点上鉴别。这些货物和服务的特征包括以下几项。（1）必须有可能观察和记录到某个住户或其成员对这一货物或服务的获得及其发生这种获得的时间；（2）住户必须同意接受这一货物或服务的供给，并采取必要行动使这种供给成为可能，如去上学或去看病；（3）一个住户或个人或是有限的一个小群体对某项货物或服务的获得，就排除了其他住户或个人对该货物或服务的获得。

个人对货物或服务的获得所以包括有限的小群体，是因为某些服务是同时提供给一小群人的，比如几个人可以同乘一辆汽车、火车或飞机等交通工具，或是在同一个班级听同一堂课等。如果能最终消费这些服务的人有限，那么它们本质上仍属个人服务。

另外，从福利观点看，个人货物或服务的重要特点是，某一住户、个人或一个群体得到这种货物或服务，对社会其他成员没有任何好处或没有多少好处。因此，政府单位在支付个人消费品或消费服务有关费用时，不仅要决定花费的总额，还要决定如何在社会的各成员之间分配这些货物或服务。从社会经济政策角度看，分配方式和支出总额同等重要。

2. 公共服务

由于货物消费都属于个人消费，因此，政府以集体性方式提供给整个社会消费的只是公共服务。

在核算由政府承担的公共服务支出时，可以根据公共服务的特点来确定一项服务是否属于公共服务。公共服务的特点可以概括为以下几个方面。(1) 政府的公共服务可以同时提供给社会每个成员或社会的某些特定部分；(2) 消费者对公共服务的使用通常是被动的，而且不需要所有相关个人的明确同意或积极参与；(3) 政府向某个人提供一种公共服务不减少社会其他成员或社会某一特定部分所得的服务量。因此，在公共服务获得方面不存在排他性或竞争。

政府提供的公共服务主要包括安全和防务、法律和秩序的维护、立法和制定规章条例、公共卫生的维护、环境保护等。社会所有成员都能从这些公共服务中受益。由于无法记录个人对公共服务的使用，所以不能按其使用情况对个人收费。

四、为住户服务的非营利机构最终消费支出核算

为住户服务的非营利机构所承担的最终消费支出的核算方法基本与政府部门类似，不同之处主要表现在以下两个方面。

(一) 支出的主要资金来源不同

政府支出的资金来源主要是税收，而为住户服务的非营利机构所承担的最终消费支出主要依靠成员的缴款、社会捐款或财产收入等提供资金。

(二) 服务对象范围不同

政府的支出既可以为个人提供服务，也为整个社会提供公共服务，而为住户服务的非营利机构往往仅为它们的成员服务，这些服务本质上属于个人服务。尽管为住户服务的非营利机构有时也可能提供某些公共服务，例如，私人出资的非营利机构可能进行医学研究并将其成果让大家免费使用，但是，除非这类活动是明显并可计量的，否则通常假定其支出仅为个人货物和服务支出。

第三节 实际最终消费核算

实际最终消费核算是从真正获得和实际使用角度反映核算期各经济主体用于最终消费

的价值总额；鉴别实际获得消费性货物和服务，并从对其使用中获益的单位；更准确地反映居民在核算期的消费水平。

由于只有住户和一般政府才是实际最终消费的主体，因此，实际最终消费核算只是对住户和一般政府实际最终消费进行核算。

一、住户部门实际最终消费核算

住户部门实际最终消费是指各个住户对个人支出的消费和通过实物社会转移从政府或为住户服务的非营利机构所获得的消费性货物服务的消费的总称。住户部门实际最终消费可以按以下公式核算：

$$\text{住户部门实际最终消费}=\text{住户部门最终消费支出}+\text{从政府部门以实物社会转移形式获得的消费性货物和服务}+\text{从 NPISH 以实物转社会移形式获得的消费性货物和服务}$$

其中，

$$\text{政府承担的实物社会转移支出价值}=\text{政府向住户提供货物或服务的虚拟价值}-\text{住户按无经济意义价格承担的支出金额}$$

$$\text{NPISH 承担的实物社会转移支出价值}=\text{NPISH 向住户提供的货物和服务的虚拟价值}-\text{住户按无经济意义价格承担的支出金额}$$

二、一般政府部门实际最终消费核算

政府实际最终消费是指政府对通过最终消费支出所提供的公共服务的消费。

核算政府实际最终消费是为了实现以下两个主要分析或政策目的：（1）为政府干预经济和社会生活提供经济依据。由于公共服务主要依靠税收或政府其他收入作为资金来源，准确核算政府在公共服务上的实际最终消费，为政府干预经济和社会生活提供了经济根据。比如，政府所提供的公共安全服务是全社会都需要的，而这种服务是很难通过对服务对象收取服务费用来满足各种经费需求，税收则成为为此提供资金的重要理由。（2）有利于政府实现有关经济和社会目标。将公共服务与由政府付款但最终转移到各个住户的个人货物和服务区分开，有利于政府通过收入再分配手段实现有关经济和社会目标。

政府实际最终消费的计算方法为：

政府实际最终消费 = 政府最终消费支出 − 政府以实物社会转移形式提供给住户的个人货物或服务支出

三、经济总体最终消费核算

将具有最终消费功能的机构部门最终消费予以加总便可得到经济总体的最终消费，可以分别从支出和获得两个角度进行核算。

（一）经济总体最终消费支出核算

经济总体最终消费支出 = 常住住户部门最终消费支出 + 政府部门最终消费支出 + 为住户服务的非营利机构最终消费支出

（二）经济总体实际最终消费核算

经济总体实际最终消费 = 常住住户实际最终消费 + 政府部门实际最终消费

无论从哪个角度核算，两种情况下经济总体的最终消费总量都是相同的。为确保两个最终消费总量相等，核算时必须注意使两种情况下有关货物和服务的范围界定保持一致；常住住户通过实物社会转移得到的消费性货物和服务必须按照在支出总量中估价的同一价格估值；与此同时，两种情况下对实物社会转移必须在同一时间记录。

第四节　收入使用账户

收入使用账户是继收入分配账户之后，用于揭示住户、政府和为住户服务的非营利机构如何将它们各自的可支配收入在最终消费和储蓄之间进行分配的账户。

如前所述，对应于两个可支配收入和最终消费概念，国民经济核算体系有两个并列的收入使用账户，分别是可支配收入使用账户和调整后可支配收入使用账户。

由于公司没有最终消费，因此，就公司而言，可支配收入使用账户和调整后可支配收入使用账户都是虚设账户（实际中，公司或公司部门可以不编制收入使用账户），只有住户、政府和为住户服务的非营利机构在这两种账户中才有实际核算内容。

一、单个单位、部门或经济总体的可支配收入使用账户

可支配收入使用账户是以可支配收入为起始项，记录各机构单位或部门或经济总体的可支配收入、最终消费支出和储蓄，与收入再分配账户相衔接的账户。账户的基本结构如表 6－1 所示。

表 6－1　　可支配收入使用账户

使　　用	来　　源
最终消费支出	可支配收入总额/国民可支配总收入
个人消费支出	可支配收入净额/国民可支配净收入
公共消费支出	养老金权益变化调整（住户、住户部门）
养老金权益变化调整（金融公司、部门）	
总储蓄	
净储蓄	

从表 6－1 可以看出，该账户主要包含了 4 个项目。作为本账户起点的可支配收入，是从收入再次分配账户结转的平衡项，被记录在账户的来源方。最终消费支出在账户左边的使用方下记录。该项指标要求按个人最终消费支出和公共最终消费支出分别列出。**养老金权益变化的调整**作为该账户的调整项，在住户的可支配收入使用账户中记录在右边资源方下。它是住户所缴的养老金与收到的养老金的差额，构成住户对金融资产的获得减处置。因此，对金融公司而言，该调整项则记录在账户左边的使用项下。该账户的平衡项——储蓄，记录在账户左边的使用方下。它的意义在于表明各机构单位或部门或经济总体的可支配收入用于最终消费后的结余，是各机构单位或部门或经济总体进行投资活动的基本资金来源。同时，该指标的重要意义还在于，在整个国民经济核算体系账户序列中，它为经常账户和资本账户的联结起了桥梁、纽带作用。

二、多个单位、多个部门可支配收入使用综合账户

从机构部门层面考察，可以将多个单位的可支配收入使用账户加以合并形成多个单位可支配收入使用综合账户；从经济总体层次考察，可以将多部门可支配收入使用账户加以合并，形成多部门可支配收入使用综合账户。机构部门可支配收入使用综合账户的基本结构与内容如表 6－2 所示。

表 6－2 机构部门可支配收入使用综合账户

使用 来源

国外	经济总体	NPISH	住户	一般政府	金融公司	非金融公司	交易和平衡项	非金融公司	金融公司	一般政府	住户	NPISH	经济总体	国外
							可支配收入总额/GNDI	228	25	317	1219	37	1826	
							可支配收入净额/NNDI	71	13	290	1196	34	1604	
	1399	32	1015	352			最终消费支出							
	1230	31	1015	184			个人消费支出							
	169	1		168			公共消费支出							
0	11	0		0	11	0	养老金权益变化调整				11		11	0
	427	5	215	－35	14	228	总储蓄							
	205	2	192	－62	2	71	净储蓄							
13							对外经常项目差额							

由表 6－2 可以看出，非金融公司部门由于不具有最终消费功能，因此，该部门的总储蓄和净储蓄就是它们的可支配收入总额和可支配收入净额，分别为 228 和 71。金融公司部门尽管也不具有最终消费功能，但由于养老金权益变化调整构成该部门使用项，使其可支配收入总额或净额使用了 11，最终导致总储蓄或净储蓄比可支配收入总额或净额减少了 11，分别为 14 和 2。一般政府部门由于用于最终消费支出多于其可支配收入，进而导致总储蓄和净储蓄分别赤字 35 和 62。在政府部门的 352 支出中，用于个人消费和公共消费分别为 184 和 168。住户部门作为最终消费的最重要主体，将可支配收入中的 1015 用于最终消费支出，从而使其总储蓄和净储蓄分别为 215 和 192。NPISH 的 32 最终消费支出中，有 1 个单位用于公共消费，其余全部用于个人消费。

从经济总体考察，国民可支配收入中有 1399 用于最终消费支出，从而使国民经济的总储蓄和净储蓄分别为 427 和 205。

国外部门的对外经常项目差额 －13 表明，国内与国外之间经过货物和服务的进出口交易（国内顺差为 41，即出口 540 － 进口 499）、收入初次分配（国内来自国外的净要素收入为 10，即国内从国外获得的要素收入为 50，国内付给国外的要素收入为 40）和收入再分配（国内来自国外的经常转移收入净值为 －38，即国内从国外得到的经常转移收入为 17，付给国外的经常转移收入为 55）后，经济总体对外交易的净获得为 13。

三、调整后可支配收入使用账户

调整后可支配收入使用账户是以调整后可支配收入为起点，记录调整后可支配收入如何在实际最终消费和储蓄之间分配的账户。该账户与实物收入再分配账户相衔接。账户的基本结构如表 6－3 所示。

表 6－3　　调整后可支配收入使用账户

使　用	来　源
实际最终消费	调整后可支配收入总额/调整后国民可支配总收入
实际个人消费	调整后可支配收入净额/调整后国民可支配净收入
实际公共消费	养老金权益变化调整
养老金权益变化调整	
总储蓄	
净储蓄	

该账户除了平衡项储蓄外，包含了三个项目，即调整后可支配收入，它由实物收入再分配账户的平衡项结转而来，作为该账户的起点记录在账户的来源项下；养老金权益变化的调整一项的含义及账户处理方法如同可支配收入使用账户；而实际最终消费则记录在账户的使用方。该项目被进一步细分为实际个人消费和实际公共消费两个子项。

由于为住户服务的非营利机构不存在实际最终消费，该账户只与政府和住户有关。

SNA 核算住户实际最终消费的目的是衡量住户实际得到的（不管是通过自己购买，还是通过政府单位或为住户服务的非营利机构实物社会转移得到的），并用于满足自身需要的消费性货物和服务的价值。从统计指标的作用看，实际最终消费较住户最终消费支出更能真实地反映住户的生活水平，尤其对于一些奉行高福利经济政策的国家，住户实际最终消费的价值往往是大大超过其支出。若用最终消费支出指标衡量和分析住户的生活水平及其最终消费结构，就会低估这些指标的价值，降低统计分析对制定经济政策的参考作用。

从整个国民经济角度考察，将政府部门和住户部门的调整后可支配收入使用账户加以合并，就形成多个部门调整后可支配收入使用综合账户，如表 6－4 所示。

表 6 – 4　　　　机构部门调整后可支配收入使用综合账户

使用　　　　　　　　　　　　　　　　　　　　　　　　　　　　来源

国外	经济总体	NPISH	住户	一般政府	金融公司	非金融公司	交易和平衡项	非金融公司	金融公司	一般政府	住户	NPISH	经济总体	国外
							调整后可支配收入总额/AGNDI	228	25	133	1434	6	1826	
							调整后可支配收入净额/ANNDI	71	13	106	1411	3	1604	
	1399	1	1230	168			实际最终消费							
	1230		1230				实际个人消费							
	169	1		168			实际公共消费							
0	11	0		0	11	0	养老金权益变化调整				11		11	0
	427	5	215	– 35	14	228	总储蓄							
	205	2	192	– 62	2	71	净储蓄							
13							对外经常项目差额							

表 6 – 4 中的各项数值清楚表明，非金融公司部门不存在实际最终消费，其调整后可支配收入全部用作储蓄。金融公司部门尽管也不存在实际最终消费，但住户对养恤基金净权益变化的调整构成了该部门的使用。因此，它的调整后可支配收入为 25，扣除调整项后用作储蓄的数值为 11。从政府部门看，可供其使用的调整后可支配收入为 133。由于其用于实际公共最终消费的金额为 168，超支了 35，使其总储蓄和净储蓄分别为 – 35 和 – 62，意味着政府的财政赤字。由住户部门相关数值可以看出，该部门可供使用的调整后可支配收入总额为 1434。其中，住户部门用于实际最终消费 1230，占该部门收入近 85. 77% 。总储蓄和净储蓄分别为 215 和 192。储蓄中有 11 来自住户对养老金净权益变化的调整（金融权益），其余部分来自调整后可支配收入。住户用于实际最终消费的 1230，比该部门最终消费支出的 1015 数额多出 215。这部分最终消费是靠政府和为住户服务的非营利机构以实物社会转移的形式所做的支出。其中，有 184 是政府支出，31 是为住户服务的非营利机构支出。政府和为住户服务的非营利机构对住户部门的实物社会转移占到住户部门实际最终消费的 17. 48% 。

从经济总体看，净储蓄为 205，它与经济总体可支配收入使用账户的净储蓄数值完全相同。这是因为对整个经济总体来说，国民可支配收入等于调整后国民可支配收入，实际最终消费的价值等于最终消费支出的价值，其结果必然是两个账户的储蓄额相等。

四、两个收入使用账户的联系

从可支配收入使用账户和调整后可支配收入使用账户的关系看，两者既不是序列关系，更不是分级关系。它们是服务于不同分析目的和政策的两个平行账户。可支配收入使用账户主要从承担支出的角度核算和分析可支配收入是如何使用的，以及最终消费支出中的各种结构关系。它对于政府制定宏观财政政策具有重要的参考作用。调整后可支配收入使用账户则从实际最终消费角度核算收入的使用。如果人们的注意力集中在研究居民的实际生活水平和社会福利方面，那么，这种核算更有用。

第五节 收入使用核算资料的分析与应用

对于收入使用核算资料的应用分析，主要是通过对可支配收入在最终消费和储蓄两方面的分配情况，以及在最终消费领域各种消费结构的核算，反映一定时期内一个国家或地区对收入的使用状况，为制定有关政策和引导消费服务。

一、收入使用结构分析

对于具有最终消费功能的各机构单位或部门，当其通过收入分配阶段获得一定数额的可支配收入后，首先将这些收入用于最终消费，而后将最终消费剩余的那部分收入用作储蓄。我们可以通过分别计算最终消费率和储蓄率来分析收入的使用结构。

由于收入有可支配收入和调整后可支配收入之分，最终消费也有最终消费支出和实际最终消费两种不同意义上的概念，因此，最终消费率和储蓄率也分别有两种不同计算方法。

$$最终消费支出率=\frac{最终消费支出}{(国民)可支配收入}\times 100\%$$

$$实际最终消费率=\frac{实际最终消费}{调整后(国民)可支配收入}\times 100\%$$

$$储蓄率=\frac{储蓄}{(国民)可支配收入}\times 100\%$$

$$调整后储蓄率=\frac{储蓄}{调整后(国民)可支配收入}\times 100\%$$

在计算和运用上述公式计算结果进行分析时，需要注意以下几点。

（1）应当注意可支配收入既可以用总额，也可以用净额，相应的储蓄必须与之相匹配。

（2）如前所述，无论是在可支配收入使用账户还是调整后可支配收入使用账中，金融部门和住户部门都包含了养老金权益变化调整项目。由于这个项目对它们的储蓄会产生影响，所以，如果按上述公式来计算这两个部门的储蓄率就不能真实地反映它们的储蓄状况，而应当按以下公式分别计算住户部门的最终消费率、储蓄率和金融部门的储蓄率。

$$住户部门最终消费支出率=\frac{最终消费支出}{可支配收入+养老金权益变化}\times 100\%$$

$$住户部门储蓄率=\frac{储蓄}{可支配收入+养老金权益变化}\times 100\%$$

$$=100.0\%-住户部门最终消费支出率$$

$$住户部门实际最终消费率=\frac{实际最终消费}{调整后可支配收入+养老金权益变化}\times 100\%$$

$$住户部门实际储蓄率=\frac{储蓄}{调整后可支配收入+养老金权益变化}\times 100\%$$

$$=100.0\%-实际最终消费率$$

$$金融部门储蓄率=\frac{储蓄}{可支配收入-养老金权益变化}\times 100\%$$

现以住户部门调整后可支配收入使用账户为例，按照常规的计算方法，住户部门的净实际最终消费率和净储蓄率分别为：

$$住户部门实际最终消费率=\frac{实际最终消费}{可支配收入}\times 100\%=\frac{1230}{1411}\times 100\%=87.17\%$$

$$住户部门净储蓄率=\frac{净储蓄}{可支配收入}\times 100\%=\frac{192}{1411}\times 100\%=13.61\%$$

两个比率相加的结果为100.78%，比100%多出0.78%。而按照包括养老金权益变化这一经济变量计算的住户部门实际最终消费率和储蓄率分别为：

$$住户部门实际最终消费率=\frac{实际最终消费}{可支配收入+养老金权益变化}\times 100\%$$

$$=\frac{1230}{1411+11}\times 100\%=86.50\%$$

$$住户部门净储蓄率=\frac{净储蓄}{可支配收入+养老金权益变化}\times 100\%=\frac{192}{1411+11}\times 100\%=13.50\%$$

由此可见，对于住户和金融公司两种单位或部门来说，只有按照公式的分母用可支配收入加或减养老金权益变化数额进行计算，所得到的最终消费率和储蓄率才是正确的结果。

（3）由于非金融公司部门和金融公司部门不具有最终消费的功能，它们的可支配收入全部用于储蓄。因此，这两个部门的储蓄率在任何情况下均为100%。

（4）若要分析最终消费支出的最终承担结构，应当采用最终消费支出率公式，假如要分析居民的实际消费水平，应该用实际最终消费率公式。

（5）由于在经济总体层面，最终消费支出和实际最终消费数值相等，由此，两种消费率或两种储蓄率都分别相等。

表6－5是根据表6－2和表6－4有关项目的净额数据计算的结果。

表6－5　　收入使用结构分析表

部门＼项目	非金融公司	金融公司	政府	住户	NPISH	经济总体
可支配收入	71	13（－11）	290	1196（＋11）	34	1604
最终消费支出	—	—	352	1015	32	1399
消费率（%）	—	—	121.38	84.09	94.12	87.22
储蓄	71	2	－62	192	2	205
储蓄率（%）	100.00	100.00	－21.38	15.91	5.88	12.78
调整后可支配收入	71	13（－11）	106	1411（＋11）	3	1604
实际最终消费	—	—	168	1230	1	1399
消费率（%）	—	—	158.49	86.50	33.33	87.22
储蓄	71	2	－62	192	2	205
储蓄率（%）	100.00	100.00	－58.49	13.50	66.67	12.78

表6－5的相关数值表明，从各机构部门看，由于非金融公司和金融公司两部门不具有最终消费功能，所以无论是它们的可支配收入，还是调整后可支配收入都全部用于储蓄，因而它们的储蓄率都分别为100%。政府部门由于最终消费支出超出其可支配收入和调整后可支配收入62，使该部门的最终消费支出率和实际最终消费率分别为121.38%和158.49%。超出100.00%的部分正好通过负储蓄（赤字）来实现平衡。所以储蓄率和调整后储蓄率分别为－21.38%和－58.49%，恰好分别与消费率超出部分相等。住户部门最终消费支出率和储蓄率分别为84.09%和15.91%。由于该部门从政府和为住户服务的非营利机构得到215个单位实物社会转移，以及从金融公司部门得到11个单位养老金权益变化的调整，这不仅增加了该部门的收入，也改变了它的消费和储蓄结构，使实际最终消费率和调整后储蓄率分别为86.50%和13.50%。实际最终消费率比最终消费支出率高出

2.41 个百分点。

从经济总体看，由于实物社会转移接受方的数值和转出方的数值在经济总体范围内相互抵消，可支配收入等于调整后可支配收入，最终消费支出总值与实际最终消费总值相等，所以经济总体的最终消费率和储蓄率无论是采用哪种方法计算都是一样的，分别为 87.22% 和 12.78%。表明该经济总体绝大部分国民可支配净收入都用于当期的最终消费，而只有不足 13.00% 的国民可支配净收入用于储蓄。该经济总体是一个典型的高消费国家。

二、产品使用结构分析

一定收入的使用最终要落实到对一定产品的购买和使用上。因此，国民经济核算理论加强对产品使用结构的分析研究，对于实现全社会总供给与总需求的平衡具有十分重要的意义。表 6-6 是一张显示经济总体及各机构部门最终消费支出对产品使用状况的表格。

表 6-6　　最终消费支出的产品使用表

货物和服务（按主产品分类）	代码	政府部门	住户部门	NPISH	经济总体
1. 农、林、渔业产品	0	2	28	0	30
比重（%）		0.54	2.76	0	2.14
2. 矿石和矿物、电、气、水	1	0	40	0	40
比重（%）		0	3.94	0	2.86
3. 制造业产品	2~4	3	570	0	573
比重（%）		0.82	56.16	0	40.96
4. 建筑	5	0	2	0	2
比重（%）		0	0.20	0	0.14
5. 贸易、住宿、餐饮、运输服务	6	0	42	0	42
比重（%）		0	4.14	0	3.00
6. 金融保险（不包含 72~73）	7	0	53	0	53
比重（%）		0	5.22	0	3.79
7. 房地产服务、租赁服务	72~73	0	115	0	115
比重（%）		0	11.33	0	8.22
8. 商务和生产服务	8	0	40	0	40
比重（%）		0	3.94	0	2.86
9. 社区和社会服务	92~93	204	21	14	239
比重（%）		55.4	2.07	87.5	17.08
10. 其他服务	94~99	0	85	0	85
比重（%）		0	8.37	0	6.08

续表

货物和服务（按主产品分类）	代码	政府部门	住户部门	NPISH	经济总体
11. 公共管理	91	159	5	2	166
比重（%）		43.2	0.49	12.5	11.87
12. 居民在国外的直接购买			43		43
比重（%）			4.24		3.07
13. 非居民在国内的直接购买			-29		-29
比重（%）			-2.86		-2.07
合计		368	1015	16	1399
比重（%）		100.00	100.00	100.00	100.00

注：此表根据联合国等．国民账户体系2008．国家统计局国民经济核算司，等，译．北京：中国统计出版社，2012．表14.12编制整理而成。

从表6-6不难看出，政府部门的最终消费支出绝大部分用于社团、社会服务和公共管理上，该部门在这两项产品上的支出占全部支出的98.64%。住户部门在货物和服务上的最终消费支出比重除了制造业（56.16%）、房地产服务和租赁服务（11.33%）较高外，其他则较为分散，多数都在2.00%～5.00%之间。

如果将上述的产品使用结构进一步按国内生产的货物和服务以及国内外货物和服务贸易进行划分，序号1～4为国内货物，5～11为国内服务，12～13为国内外贸易，由此就可以分析各部门及经济总体在国内货物和服务上，以及国内外贸易的货物和服务方面最终消费支出各自所占的比重，以便为宏观决策部门制定三次产业发展规划和政策提供依据。表6-7是一张根据上述分析和表6-6中相关数据整理得到的，显示经济总体及各部门有关国内外货物和服最终消费支出构成表。

表6-7　　货物和服务最终消费支出结构表

	政府部门	住户部门	NPISH	经济总体
国内货物	5	640	0	645
比重（%）	1.36	63.05	0	46.10
国内服务	363	361	16	740
比重（%）	98.64	35.57	100.00	52.90
国内外贸易货物和服务		14（43-29）		14
比重（%）		1.38		1.00
合计	368	1015	16	1399
比重（%）	100.00	100.00	100.00	100.00

表6-7中的数值明显反映出，政府部门几乎将全部支出用于服务的最终消费上。住户部门有63.05%的最终消费支出用在国内货物的消费上，用于国内服务的最终消费支出

占35.57%，另外有1.38%的最终消费支出用于净进出口货物和服务上。为住户服务的非营利机构的最终消费支出全部用于国内服务。

从经济总体看，用于国内服务上的最终消费支出已经超过国内货物的最终消费支出，占全部消费支出的52.90%。可见该经济总体的生产力水平相当发达，居民的生活水平也相当高。

三、最终消费结构分析

最终消费结构是指各种不同最终消费主体、不同消费内容、不同消费形式的消费金额在最终消费总值中所占的比重，以及它们之间的相互关系。利用国民经济核算资料分析和研究最终消费结构，主要可以从不同消费主体之间的结构关系、最终消费总额中个人消费与公共消费之间的比例关系、居民消费总额中不同消费内容占居民消费总额的比重、市场性消费与自给性消费的比例关系、耐用消费品消费与非耐用消费品之间的比例关系、消费性货物和消费性服务消费之间的比例关系等方面进行。

（一）经济主体最终消费结构分析

分析研究经济主体最终消费结构，可以分别从承担最终消费支出和实际获得两个角度测度政府、为住户服务的非营利机构和住户各自的最终消费在最终消费总额中所占的比重，以分析评价它们各自在最终消费中所起的作用。表6－8是一张分别从表6－2和表6－4中摘录出来的有关政府部门、为住户服务的非营利机构部门和住户部门的各种消费数额，并且经过计算整理后得到的经济主体最终消费结构表。

表6－8　　经济主体最终消费结构表

	政府部门	住户部门	NPISH	经济总体
最终消费支出	352	1015	32	1399
比重（%）	25.16	72.55	2.29	100.00
实际最终消费	168	1230	1	1399
比重（%）	12.01	87.92	0.07	100.00
两种最终消费差额	184	－215	31	0
两种最终消费差率	13.15	－15.37	2.22	0.00

从表6－8中可以明显看出，无论是最终消费支出还是实际最终消费，从经济主体角度观察最终消费结构，实际上主要看政府部门和住户部门之间的构成。为住户服务的非营

利机构尽管也具有最终消费的功能，但其所占比重微乎其微。住户部门是最终消费的主导部门，其最终消费支出比重和实际最终消费比重分别占到最终消费总额的72.55%和87.92%。由此可见，有关经济管理者要鼓励最终消费主要应当放在鼓励住户的最终消费上。政府部门也是最终消费的重要部门。但其主要体现在承担最终消费支出方面。该部门尽管承担了最终消费支出的25.16%，但其中超过一半通过实物社会转移变为住户部门对货物服务的实际最终消费，政府部门所提供的公共服务只占到实际最终消费的12.01%。

（二）个人消费与公共消费结构分析

SNA十分注重对个人消费和公共消费的区分和研究。因为只有重视这种区分，才能使政府和为住户服务的非营利机构在承担最终消费支出时，不仅可以决定总共要花费多少，而且还可以决定如何将这些花费在社会各个成员之间进行分配，即如何在个人消费和公共消费之间做出选择。SNA认为，分配的方式和所花钱的总金额同样重要。

1. 个人消费与公共消费单维度结构分析

所谓个人消费和公共消费单维度结构分析，就是只就个人和公共一个角度分析研究最终消费的构成。表6-9是一张分别从表6-2和表6-4中摘录出来，并且经过计算整理后得到的个人消费和公共消费结构表。

表6-9　　　　个人消费和公共消费单维度结构表

	个人消费	公共消费	经济总体
最终消费支出	1230	169	1399
比重（%）	87.92	12.08	100.00
实际最终消费	1230	169	1399
比重（%）	87.92	12.08	100.00

从表6-9可以明显看出，从单维度来观察个人消费和公共消费的构成，无论是最终消费支出还是实际最终消费其构成是相同的。即个人消费占到最终消费总额的87.92%，而公共消费占最终消费总额的12.08%。

2. 个人消费与公共消费双维度结构分析

所谓个人消费和公共消费双维度结构分析，就是在分析个人和公共最终消费构成时同时考虑经济主体的因素。表6-10是经济总体中三个具有消费功能的部门在个人消费和公共消费上的比重。

表 6－10　　个人消费与公共消费双维度结构表

	政府部门	住户部门	NPISH	经济总体
最终消费支出	352	1015	32	1399
个人消费支出	184	1015	31	1230
比重（%）	52.27	100.00	96.88	87.92
公共消费支出	168	0	1	169
比重（%）	47.73	0.00	3.12	12.08
实际最终消费	168	1230	1	1399
实际个人消费	0	1230	0	1230
比重（%）	0.00	100.00	0.00	87.92
实际公共消费	168	0	1	169
比重（%）	100.00	0.00	100.00	12.08

表 6－10 说明，政府部门所承担的最终消费支出有 52.27% 用于个人最终消费支出，47.73% 用于公共消费支出。而用于公共消费部分又是全部通过实际公共消费实现的。住户部门无论是最终消费支出，或是实际最终消费都全部用于个人消费，没有承担任何公共消费（从理论上住户不应该有承担公共消费的义务）。但由于该部门通过实物社会转移分别从政府和为住户服务的非营利机构得到共 215 个单位的收入，使其实际最终消费由个人承担支出的 1015 增加到 1230，由政府和为住户服务的非营利机构承担支出个人实际消费部分占个人实际消费总额的 17.48%（215/1230），而且其中 85.58%（184/215）是由政府承担最终支出的。由此可见政府在影响个人消费与公共消费比例关系中起着相当重要的作用。从经济总体范围看，个人最终消费的比重为 87.92%，而公共消费只占 12.08%。

（三）个人最终消费用途结构研究

个人最终消费用途结构又称为**个人最终消费目的结构**，是指按用途对个人的消费进行分类所形成的消费内部结构。SNA2008 采用联合国制定的《按目的划分的个人消费分类》（COICOP）对个人消费的用途进行分类（此部分内容详见本书第二章）。

我国国家统计局 2013 年参照联合国制定的《按目的划分的个人消费分类》（COICOP），将我国的个人消费划分为：（1）食品、烟酒；（2）衣着；（3）居住；（4）生活用品及服务；（5）交通和通讯；（6）教育、文化和娱乐；（7）医疗保健；（8）其他用品和服务等。

研究个人消费目的结构，就是具体计算各类消费在个人总消费中所占的比重，并根据动态观察研究发现其变化的规律性。

在消费用途结构研究中，国际上应用较为广泛的是恩格尔系数。**恩格尔系数**是一种以 19 世纪德国统计学家恩斯特·恩格尔（Ernst Engel）命名的，用食品支出与全部消费支出的比值衡量个人消费水平高低的系数。其计算公式为：

$$恩格尔系数 = \frac{食品支出}{消费总支出}$$

由于食品消费是人类满足最基本生存需要的消费，它对于收入和消费总量的变动呈现出明显的刚性，其变动速度总是慢于收入和消费总量的变动速度。据此，恩格尔定律指出，随着家庭收入的不断增加，收入中用在食物上的开支比例将越来越小，即恩格尔系数将越来越小。这一规律的存在，使恩格尔系数的作用不仅可以用来研究消费结构，而且被世界各国或地区普遍用来作为衡量本国或本地区居民生活富裕程度的方法。联合国曾为此规定了几种数量界限，如表 6－11 所示。

表 6－11　　居民生活水平判断标准

恩格尔系数（%）	生活水平
60 以上	绝对贫困
50—60	勉强度日
40—50	小康
30—40	富裕
30 以下	最富裕

上述标准尽管对我们有一定的参考价值，但由于各国的具体国情不同，消费文化和习惯不同，恩格尔定律在某些方面不具有普遍性。因此，在运用恩格尔系数时要对具体问题进行具体分析。尤其在进行国际间的对比时，更要注意可比性。

第七章　资本形成核算

【学习目标与要求】

1. 了解资本形成的有关概念和基本理论；

2. 掌握资本形成核算与非生产非金融资产获得减处置核算的内容、核算原则和方法；

3. 掌握资本转移核算的内容和方法；

4. 掌握资本账户的基本结构，学会编制资本账户；

5. 学会利用资本形成核算资料对非金融投资领域的有关问题进行分析。

第一节　资本形成核算的基本问题

经济主体通过对可支配收入的最终消费后，会将剩余的储蓄部分用于非金融投资和金融投资，从而引起所持有资产价值量的变化。

在实际经济活动中，主要有以下四种渠道可以引起机构单位所持有资产价值量变化：(1) 由非金融资产交易所引起的非金融资产价值量的变化；(2) 由金融交易引起的金融资产价值量的变化；(3) 资产物量其他变化引起的资产价值量的变化；(4) 由价格变化导致的资产价值量的变化。

在整个国民经济核算体系中，对上述四种内容的核算构成了积累核算。其中，第一种即由非金融资产交易所引起的非金融资产价值量的变化称为资本形成。本章主要阐述有关资本形成核算的主要内容，其余内容将在后面相应章节阐述。

一、资产所有权的概念和种类

资产所有权是指单位或个人依法对自己的资产享有占有、使用、收益和处分的权利，包括对资产的占有权、使用权、收益权和处分权四项权能。资产所有权意味着所有者对资产最充分、最完全的支配，是最完整的物权形式。SNA 将资产所有权区分为法定所有权和经济所有权。

（一）法定所有者和法律所有权

法定所有者是指在法律上有权拥有诸如货物服务、自然资源、金融资产和负债等经济实体，并能持续获得这些实体所带来的经济利益的机构单位。

法律所有权是指法定所有者在法律上拥有如货物服务、自然资源、金融资产和负债等经济实体，从而享有相应经济利益的权利。

（二）经济所有者和经济所有权

经济所有者是指由于在如货物服务、自然资源、金融资产和负债等经济实体上承担了有关风险，从而有权享有这些经济实体在经济活动期间内运作所产生的经济利益的机构单位。

经济所有权是指经济所有者由于经营如货物服务、自然资源、金融资产和负债等经济实体，承担相关风险，从而享有相应经济利益的权利。

每项经济实体都有一个法定所有者和经济所有者，而且在很多情况下一个经济实体的法定所有者和经济所有者是相同的。但是，当两个所有者出现不同时，经济实体的法定所有者会把承担在经济活动中使用这些实体的相关风险的责任和获取相关收益的权利转交给经济所有者。经济所有者会将另一组相关收益和风险作为回报交付给法定所有者。

二、资产的概念和种类①

资产是一种贮备价值的实体，反映经济所有者在一段时期内通过持有或使用该实体所

① 有关资产、资本形成和固定资本消耗的概念、分类与核算规则等，SNA2008 较 SNA1993 有很多修订和变动。详细内容读者可参阅《国民账户体系 2008》附录 3，与 SNA1993 相比的变化中的 D 部分内容。

生成的一次性或连续性经济利益。它是价值从一个核算期转移到另一个核算期的载体。

SNA 所核算的资产，是一种经济资产。**经济资产**是指由机构单位个别地或集体所有，并在一段时期内由于持有或使用它们而获得经济利益的资产。

经济资产的特征是，它必须作为一种价值贮藏手段行使职能，并由其所有者因为持有或使用它而获得的经济利益数额确定其价值。

经济资产根据其性质不同，可区分为非金融资产和金融资产。

（一）非金融资产

非金融资产是一种非金融性的经济资产，包括生产资产和非生产资产两种类型。

1. 生产资产

生产资产是指在 SNA 生产范围内作为生产过程的产出而形成的非金融资产。生产资产包括以下三大类。

1）固定资产

固定资产是指生产过程中被反复或连续使用一年以上的生产资产。固定资产不仅包括各种建筑物、机器和设备，而且还包括可反复或连续用于生产水果或奶制品等其他产品的树木或牲畜等培育资产，还包括在生产中使用的诸如软件或艺术品原件等无形资产。

2）存货

存货是指由生产单位持有的本期或较早时期生产的货物和服务。持有存货的目的在于销售、生产中使用或以后用作其他用途。存货包括在进行进一步加工、出售、交付其他单位或以其他方式使用之前的产出存量；从其他单位获得准备用于中间消耗的产品存量；不经过进一步加工就转卖的产品存量；以在制品或产成品形式持有的服务存货等。后者如未完成的建筑图纸或已完成等待依此来开始建造的建筑图纸。

3）贵重物品

贵重物品是指主要不用于生产或消费，而是在一段时间内作为价值贮藏手段持有的，具有相当大价值的生产性货物，包括贵金属和宝石、珠宝、艺术品等。单位或个人持有贵重物品的目的在于保值增值。因为它（他）们会预计到在正常情况下经过一段时间，贵重物品的实际价值会上升或至少不会下降，其质量也不会变坏。

2. 非生产资产

非生产资产是指通过生产过程以外的方式形成的非金融资产。非生产资产包括自然资源，合约、租约和许可，以及外购商誉和营销资产等三种类型。这些非生产资产是生产所需的、但其本身并不能被生产的资产。

（二）金融资产

金融资产是指由那些包括所有金融债权、公司股票或公司其他权益，以及货币当局所持有的黄金储备等所组成的资产（该类资产的详细内容将在第八章详细阐述）。

二、核算资本形成的目的

核算资本形成的主要目的在于，记录常住机构单位在交易过程中所获得的或处置的非金融资产的价值，并显示由于储蓄和资本转移而发生的资产净值的变化。

资产净值是指一个机构单位或部门所拥有的资产总值减去其负债总值所得的余额，它是衡量一个机构单位或部门在某一时点所拥有财产规模的尺度。

资本交易既可以在常住单位和常住单位之间、常住单位和非常住单位之间进行，也可以在机构单位内部进行，后者如机构单位保留的自己生产的产品作为资本形成的交易。

三、资本核算的内容和规则

资本形成核算的内容主要包括：(1) 资本形成总额核算，这是资本形成核算的主要部分；(2) 固定资本消耗核算[①]；(3) 非生产非金融资产获得减处置核算；(4) 资本转移核算。

核算资本形成总的原则是，该项交易的记录时间应该以交易者获得资产所有权的时间为准，同时按核算时的实际价格为估价依据。

第二节　资本形成总额核算

资本形成总额是由固定资本形成总额、存货变化数额和贵重物品的获得减处置的总价值构成的。因此，上述几项内容便构成了资本形成总额的核算内容。

① 由于固定资本消耗核算的内容较为简单，并且在整个资本形成核算中不占有重要地位，因此，本书不将其作为单独核算内容阐释。

一、固定资本形成总额核算

固定资本形成总额是指机构单位核算期内通过经济交易在固定资产上发生的积累。它以生产者在核算期内获得的固定资产减去处置的固定资产，再加上机构单位由生产活动实现的非生产资产价值的某些增加部分的总值来计算。为便于准确核算固定资本形成总额，需要对存在较大差异情况的固定资本形成予以分类，并分别核算其总额。

（一）固定资本形成总额核算的一般问题

固定资本形成总额核算是一个极其复杂的问题。为此，应当首先对核算中一些基本问题予以说明。

1. 固定资产的定义和范围

固定资产是指那些在生产过程中使用超过一年的货物和服务。

在界定固定资产范围时，需要将以下两种项目排除在资产范围之外：（1）耐用消费品。这些耐用消费品提供的服务是住户自有服务，而住户自有服务不包括在 SNA 生产范围之内。（2）小型工具。将小型工具排除在固定资产范围之外，主要是从实用角度而不是从概念角度考虑的。

此外，对于有些耐用消费品，例如汽车，可以依据其所有者及其使用目的来确定是归于固定资产，还是归于耐用消费品。对于诸如建筑物或计算机软件等现有资产的改良，由于这种改良可以提高资产的生产能力，延长它们的使用年限，或二者兼有之，所以需要把这种改良作为固定资本形成总额处理。对于自然状态下土地的改良需要作为新增固定资产处理，而对曾被改良过的土地进行进一步改良，则作为对现有固定资产的改良处理。

2. 资产获得和处置的费用

一项资产的获得或处置通常要发生一些费用，例如，对于一些非常复杂的机器，交付和安装过程可能会发生大量费用；一项固定资产所有权发生变更，还要支付随之引起的有关税款等。通常情况下，这些费用并未包括在所发生的获得或处置的固定资产价格中。

SNA 认为，所有与资产获得与处置有关的费用都可以视为所有权转移费用，而所有权转移费用应当作为固定资本形成总额的一部分。使用固定资产生产所获得的利润不仅要弥补资产的原始价格，还要弥补获得资产时所发生的费用。

资产所有权转移费用包括以下几个部分：（1）获得或处置资产的单位所发生的一切业务费用或佣金，例如支付给律师、建筑师、测量员、工程师、评估师的酬金，付给房地产中介机构、拍卖行的佣金等；（2）由购买方承担的一切交易和运输费用；（3）资产获得单位应缴纳的所有与资产所有权转移相关的税收；（4）处置资产应付的一切税款；（5）未包括在资产获得或处置价格里的所有交付、安装或卸载费用；（6）资产寿命期末产生的一切终期费用，例如，恢复资产所在的环境所要求的费用。

3. 资产获得和处置的记录时间

记录固定资产获得或处置时间的一般原则是，当固定资产的所有权转移到打算将其用于生产的机构单位时进行记录。

按照上述原则，生产者尚未出售的新资产不能作为资产记录，而应当作为其持有的制成品存货增加进行记录；同样，进口产品只有在被打算使用它的单位获得之时，才记录为固定资本形成总额。

4. 资产获得和处置的估价

固定资产获得减处置的价值由以下几个部分构成：（1）购买的固定资产价值；（2）通过易货贸易获得的固定资产价值；（3）作为实物资本转移而接受的固定资产价值；（4）生产者留作自用的固定资产价值；

固定资产处置的价值包括：（1）出售的现有固定资产价值；（2）在易货贸易中交付的现有固定资产价值；（3）作为实物资本转移交付的现有固定资产价值。

（二）各类固定资产交易的核算

SNA2008 将固定资产分为以下几种类型，并分别予以核算。

1. 住宅

住宅是指完全或基本用作居住使用的房屋或房屋的指定部分，包括各种附属结构，如车库和在住所中习惯安装的所有永久性固定装置。

此外，作为住户主要居住场所的居住船只、移动设施和大篷车、基本可视为住宅的公共纪念物等也包括在住宅的范围内。军人获得的住宅如同民用单位获得的住宅一样，也包括在住宅核算的范围内。

在核算住宅的价值时应当注意，由于清理建筑场地的费用是新住宅成本中的一部分，因此应当包括在房屋的价值中。

2. 其他建筑和构筑物

其他建筑和构筑物由非住宅建筑、其他构筑物和土地改良所组成。

非住宅建筑包括未被指定为住宅的整个或部分建筑物，固定装置、设施等建筑物的组成部分也包括在内。

属于非住宅建筑的主要包括仓库和工业用房、商业用房、公共娱乐用房、旅馆、餐馆、学校、医院和监狱等。基本被视为非居住房屋的公共纪念物也包括在非住宅建筑项目中。

其他构筑物是指除房屋以外的所有构筑物，其中包括街道、下水道的成本等，也包括场地清理费和准备费。

土地改良是指能够极大改良土地的数量、质量或生产率，或者防止土地退化的行为。与所改良的土地结合在一起的活动，如土地清理、土地修筑、修筑水井和灌溉渠道等活动可视为土地改良。与此相反，未与土地结合在一起的活动，如修筑海堤、堤坝、水坝和大型灌溉系统等不被视为土地改良，而作为建筑物进行核算。

在核算土地改良的价值时应当注意，土地在改良之前属于非生产资产，土地改良所代表的是一类与之不同的固定资产。改良之前的土地仍属于非生产资产，应当将其所产生的持有损益与改良所带来的价格变动区分开。前者属于由价格变化引起的资产价值量变化核算的范畴，后者只核算由改良所引起价格变化的部分。实际核算中，如果无法将两者区分开，就应当将整个土地归入价值较大的那个类别中。

3. 机器和设备

机器和设备包括交通设备，用于信息、通信和电信（ICT）的机器，以及其他机器和设备。

按照 SNA 的解释，融资租赁下的机器和设备不属于出租人的资产获得，而应当视为使用者（承租人）的资产获得。因为按照租赁条款的规定，承租人既承担了在生产中使用该资产的经济风险，也享有相应的报酬。因此，实际上承租人成为了该资产的经济所有者。在此情形下，应视为承租人获得了该项资产，同时出租人向承租人提供了一笔贷款。承租人所支付的租金可视为归还的贷款本金以及支付的利息和一些服务费用。

4. 武器系统

武器系统包括如军舰、潜艇、军用飞机、坦克、导弹运载工具和发射架等交通设备和其他设备。

5. 培育性生物资源

培育性生物资源包括那些处于机构单位的直接控制、负责和管理之下，能重复提供产品的动物资源和能重复产果的树木、庄稼和植物资源等。

按照SNA核算的一般原则，当固定资产的生产需要经过很长时间才能完成时，那些在核算期结束时尚未完工的固定资产应当视为在制品。然而，如果生产的资产是为自用，那么在这些资产被生产的同时就应记录为使用者的资产获得。这个一般原则也适用于需要经过很长时间才能成熟的牲畜和树木等培育性资产。

6. 非生产资产所有权转移费用

非生产资产所有权转移费用尽管与生产资产所有权转移费用相当，但其在核算方面与后者的区别在于，除了土地所有权转移费用包括在土地改良中之外，其他非生产资产所有权转移费用不能与别的生产资产的价值合并，必须作为固定资本形成总额的一个独立组成部分进行核算。

7. 知识产权产品

知识产权产品是研究、开发、调查或者创新的成果。这些行为会产生知识，开发者能够销售这些知识，或者在生产中使用这些知识来获利，因为通过法律或其他保护手段，这些知识的使用是受到限制的。知识产权产品包括研究和开发的成果、矿藏勘探和评估、计算机软件和数据库，以及娱乐、文学或艺术品的原件等。

知识产权产品的特征在于，它们的大部分价值都是靠脑力劳动形成的。通常情况下，包含知识的产品的价格会比没有包含知识的产品的价格更高。一旦知识的使用为其所有者创造了某种垄断利润，知识就成为了资产。如果知识不再受保护，或者由于后来的发展而过时了，那么它也就不再是资产了。

对于如计算机软件和艺术品原件等产品的使用，通常有两种形式，即一种是原件或“原版拷贝”仅由一个单位控制，另一种是把原件复制成复制品，然后再将其直接出售给其他单位，或是由其他单位通过许可而获取复制品。如果一件被直接出售的复制品用于生产的时间超过一年，就可将其视为固定资产；如果通过许可才获得的复制品，只要其被用于生产的时间超过一年，并且许可证持有者承担了与所有权相关的一切风险和报酬，也可以将其视为固定资产。

二、存货变化的核算

存货包括材料和用品、在制品、制成品、军事存货和供转售的货物等五种类型。

材料和用品是指企业存在仓库里打算作为中间投入用于生产的所有货物。

在制品是指企业生产的还没有制成的，即尚未经过充分加工、未处于能正常供应其他机构单位使用的产品。在制品又进一步区分为培育性生物资源在制品和其他在制品。

制成品是指作为产出而生产的，生产者在将其供应给其他机构单位之前不打算做进一步加工的货物。

军事存货是指武器或武器系统中的一次性使用的物品，如弹药、导弹、火箭和炸药等。

供转售的货物是指诸如批发商或零售商等企业为了向他们的顾客转卖而获得的货物。

核算期存货变化的价值可以采用如下公式计算：

$$\text{核算期存货变化的价值} = \text{该核算期入库存货的价值} - \text{该核算期出库存货的价值} - \text{该核算期所持存货经常性损失价值}$$

式中经常损失包括发生的浪费、意外损失或偷盗等。

对存货的价值应当按如下方法进行估价：货物入库时如果是制成品按当期购买这些货物的价格估价；如果是在制品，则按对制成品估计的当期基本价格的一定比例来估价。货物出库时按当期的购买者价格估价。

在核算存货变化时，应当对由以下两种情况引起存货价格的提高加以区别。它们分别是：（1）当货物只是作为存货保存时，其价格的提高。这种价格的提高不是来自生产，而仅仅是持有收益。因此，由这种价格提高引起的存货价值量的增加应当作为持有收益核算。（2）有些货物在仓库存储一段时间之后其特性会有所改变，如几年陈酿的白酒会比当年陈酿的白酒更贵重。这种因储存而产生的价值增长被视为生产，而非持有收益。当以上两种情况同时发生时，应当按照生产来处理。

三、贵重物品的获得减处置核算

贵重物品包括：（1）任何机构单位所持有的不打算把它们用于生产过程中间投入的如钻石、非货币黄金、白金、白银等宝石和贵金属；（2）被承认为艺术品和古玩的绘画、雕塑等；（3）用宝石和贵金属制成的珠宝和收藏品等其他贵重物品。

获得的贵重物品和处置的贵重物品分别按以下公式计算：

$$\text{获得贵重物品的价值} = \text{获得该贵重物品支付的实际（估计）价格} + \text{获得贵重物品所有权转移费用} + \text{贵重物品经销商利润}$$

$$\text{处置贵重物品的价值} = \text{获得贵重物品的价值} - \text{处置贵重物品所有权转移费用}$$

所有权转移费用是指为获得或处置某件贵重物品应支付给估价专家、机构和拍卖人的酬金等任何与所有权转移有关的费用。

第三节 非生产非金融资产获得减处置核算

一、自然资源的核算

自然资源是指由自然界的活动而形成的资产，如具有经济价值的土地、水资源、非培育性森林和矿藏等。

不是所有的环境资源都符合经济资产的条件。因此，在对自然资源进行核算前，首先需要将自然产生的资源区分为 SNA 资产和非 SNA 资产。只有那些所有权已经确立并已得到有效实施，同时，在核算期给定的技术、科学知识和经济基础设施条件下，能够为其所有者带来经济利益的自然性资产，才能作为经济资产被包括在 SNA 核算范围内。

由于自然资源是非生产性的，因此，除了土地的所有权转移费用包含在土地改良中外，其余自然资源的所有权转移费用均作为固定资本形成的一部分记录在资本账户中。

（一）土地交易

土地是指地面本身，包括覆盖的土层和相连的地表水，但不包括在土地上修建的房屋或其他的建筑物、任何园林及其生长中的作物、地下资产、非培育生物资源和地下水资源等。

土地所有者通过持有或使用它们可以对其行使所有权，并获得经济利益。

按照国际惯例，位于经济领土之内的土地的一切所有者或者购买者都是常住机构单位。如果非常住机构单位购买土地，那么必须创造一个名义常住机构单位拥有土地，而非常住机构单位被视为拥有名义单位。因此，一切凭借土地的获得或处置而进行的交易都是发生在常住机构单位之间。

土地的获得或处置只记录属于土地本身的价值。与土地的所有权转移有关的费用，如购买者付给测量员、估价员、房地产中间商、律师等的报酬以及转让土地应交的任何税金，销售者应付的相应酬金或税金都不包括在土地的价值里。土地购买者的所有权转移费用作为固定资本形成总额的支出记录；土地销售者负担的所有权转移费用减少了销售者负担的固定资本形成总额。因此，土地的获得或处置都记录相同的价值。同时，由于假定交易的双方都是常住单位，从经济总体看，全部土地购买的总价值必须等于全部销售的总价值，土地获得减处置的价值为零。

（二）矿物和能源储备

矿物和能源储备是指位于地球表面以上或以下的，在给定的现有技术和相对价格下具有经济可开采性的矿物和能源储备。

矿物和能源储备由以下存在于地下或地球表面上的已探明的矿藏量组成：煤、石油、天然气或其他燃料、金属矿，以及非金属矿物，其中包括海底蕴藏量。

SNA 核算的仅仅是指那些已经确立了所有权的矿物和能源储备。记录在资本账户里的矿物和能源储备交易，仅指通过交易将资产所有权由一个机构单位转让给另一个机构单位的那部分矿物和能源储备的获得或处置。以生产为目的对矿藏资源的采掘会减少矿物和能源储备的已探明储量，由此造成的价值下降不属于资本交易，因此，它不记录在资本账户中，而是记入资产物量其他变化账户。

（三）非培育性生物资源

非培育性生物资源是指那些所有者能够对其行使所有权，但其自然生长和繁殖不在机构单位的直接控制、负责和管理之下的，可能产生一次性产品也可能重复产生产品的动物、鸟类、鱼类和植物等。例如，在一国经济领土内的原始森林和渔场等。

（四）水资源

水资源是指其稀缺性已导致了行使所有权或使用权，进行市场估价和采取某些经济控制措施的地下蓄水和其他地表水。

在核算水资源时，如果不能将地表水的价值和其所附属的土地分开，那么就要将两者作为一个整体归类于在总价值中所占比重较大的那个类别中。

（五）其他自然资源

在 SNA 中，其他自然资源目前只包括无线电频谱。

SAN 认为，借助于市场测量仪器执行环境政策的快速推进，其他自然资源可能会逐步被视为经济资产，届时将会对这些已经转化为经济资产的其他自然资源进行核算。

二、合约、租约和许可

SNA 不是将所有合约、租约和许可都作为非生产资产进行核算。只有当某些合约、租约和许可满足以下两个条件时才可作为资产纳入核算范围：(1) 合约、租约和许可规定了使用资产或提供服务的价格，并且该价格不同于缺乏合约、租约和许可时遵循的价格；(2) 合约的一方必须能够合法地而且实际上实现了这个价格差异。

与核算自然资源的核算方法一样，凡是由于获得和处置合约、租约和许可而发生的所有权转移费用，都应当作为固定资本形成进行核算。

合约、租约和许可包括可交易的经营租赁、自然资源使用许可、从事特定活动许可和货物与服务的未来排他性权利等四种类型。

(一) 可交易的经营租赁

可交易的经营租赁是一种与固定资产有关的第三方财产权。例如，一个房屋的租户往往通过与出租者签订一份租约，定期交纳固定数量的租金。如果没有租约，这个租户有可能会被要求交纳更高的租金。在这种情况下，如果这个租户能够合法地且实际转租这间房屋，这样他就拥有了可交易的经营租赁这类资产。

(二) 自然资源使用许可

自然资源使用许可是与自然资源有关的第三方财产权。例如，一位持有一个捕鱼配额的人，如果他能够合法且实际将这个配额转卖给其他人，那么，该人就拥有了自然资源使用许可这类资产。

(三) 从事特定活动许可

一项从事特定活动许可是由以下要素构成的：(1) 许可在数量上是有限的，所以允许持有者获取垄断利润；(2) 垄断利润不是来自于使用属于许可发放方的资产；(3) 许可的持有者能够合法且实际上对第三方出售许可。

从事特定活动许可主要由政府发放。政府发放某种经营活动的许可，实际是为获取授权经营该项活动经营者创造了垄断利润，并且从这种垄断利润中索取一部分收费。

(四) 货物与服务的未来排他性权利

货物与服务的未来排他性权利是指已经签约在将来某一时点以固定价格购买货物或服务的一方，能够把协议第二方的义务转移给第三方。例如，足球运动员的签约就属于这类资产。

三、商誉和营销资产的核算

商誉是指一个企业潜在购买者准备支付给该企业超过可单独识别和估价的资产和负债净值的额外费用。它反映了公司结构的价值，以及该公司所汇集的人力资源和管理、公司文化、分销网络和顾客基础的价值。

商誉是一种不能与其他资产相分离的资产。商誉之所以有价值，是因为它能使公司的各个单项资产彼此联合起来使用，从而使其价值附加于各单项资产价值之上。商誉一旦与其他资产分离，它将不会有任何价值。

正是因为商誉具有上述特点，它不能被单独识别并出售给另一方。因而，其价值只能作为一种余值被估计出来，即：

$$\begin{matrix}\text{商誉}\\ \text{价值}\end{matrix}=\begin{matrix}\text{购买公司所}\\ \text{支付的价值}\end{matrix}-\left(\begin{matrix}\text{公司资产}\\ \text{总额}\end{matrix}-\begin{matrix}\text{公司负债}\\ \text{总额}\end{matrix}\right)$$

上述公式中，商誉的价值中除了包含商誉价值本身外，还可能包含其他资产和负债估计值的误差和营销资产的价值。其中，**营销资产**是指诸如品牌名称、报头、注册商标、公司标识和域名等项目。

此外，被出售公司中的每项资产或负债都必须是可以单独识别和估价的。

只有当商誉的价值通过市场交易（通常是出售整个公司）而表现出来时，SNA 才将其记入该项目下。作为例外，当可识别的营销资产与整个公司分离被单独出售时，也可以记录在该项目下。

第四节　资本转移核算

一、资本转移的概念和种类

如前所述，转移是一个机构单位向另一个机构单位提供货物、服务或资产而不从后者接受任何相应的货物、服务或资产作为回报的交易。转移可以是现金转移，也可以是实物转移。现金转移和实物转移均可分为经常转移和资本转移。

现金资本转移是指转出方通过处置一笔或几笔存货以外的资产所筹集的资金而产生的

现金转移，或者期望或要求转入方获得一笔或几笔存货以外的资产而发生的现金转移。这种转移使转入方往往不得不用现金获得一笔或几笔资产，作为转移产生的条件。

实物资本转移是指存货和现金以外的资产所有权的转移，或债权人取消债务而没有接受任何对应物作为回报的转移。

为确保国民经济核算的准确性和一致性，有必要正确认识资本转移和经常转移之间的以下几点重要区别：（1）两种转移的目的不同。资本转移的目的是投资，而经常转移的目的是增加转入方的收入。（2）两种转移的资金数额存在差异。资本转移的金额往往巨大，经常转移的金额通常较小。（3）两种转移的时间间隔存在不同。资本转移一般不经常发生且无规律，经常转移通常是经常发生。（4）两种转移涉及的双方所有权不同。资本转移属于资产所有权的转移，涉及交易的一方或双方对资产的处置或获得，经常转移涉及双方收入所有权的转移。（5）两种转移的结果不同。资本转移会减少转出方的资产存量，增加转入方的资产存量，经常转移会减少转出方的收入和消费的可能性，增加转入方的收入和消费的可能性。此外，从另一方面分析，在其他相同的情况下，经常转移增加接受方的储蓄额，减少捐助方的储蓄额，而资本转移不影响任何一方的储蓄额。

在现实生活中，常常可能会遇到很难根据可获得的依据来判断一笔现金转移是经常转移或是资本转移的情况。如果出现这种情况，按照国民经济核算体系的有关规定，将这项转移列为经常转移。

资本转移包括资本税、投资补助和其他资本转移等。

二、资本税的核算

资本税是指对机构单位所拥有的资产的价值或净值，或对机构单位之间作为遗产、生者之间的赠予或其他转移物所转移的资产价值，不定期或间隔相当长时间而征收的税。它们包括：（1）资本税。对机构单位所拥有的资产或净值的价值不定期和间隔相当长时间而征收的税。（2）资本转移税。对机构单位之间转移的资产的价值所征收的税，主要指遗产税和赠予税。

三、投资补助的核算

投资补助是政府向常住机构单位或非常住机构单位提供的，全部或部分用作获得固定资产的资金。如果补助的是现金，接受方必须将所收到的现金全部用于固定资本形成。实物投资补助是由政府向常住机构单位或非常住机构单位转移的运输设备、机器和其他设备，或直接提供房屋或其他建筑物。

四、其他资本转移的核算

其他资本转移是指除资本税和投资补助以外的所有资本转移。其中，债权人和债务人之间经共同协商对债务的取消，作为债权人对债务人的资本转移处理，其价值等于债务取消时尚未偿清的债务价值。但注销债务不是资本转移，故它既不在资本账户，也不在金融账户中记录。如果债权人认可这种债务注销或债务人不履行债务的行为，则应在债权人和债务人的资产物量其他变化账户中反映。

第五节 资本账户

一、单个单位、部门或经济总体资本账户

资本账户是记录各机构单位或部门或经济总体由经济交易而获得或处置的非金融资产价值以及与此有关的储蓄、资本转移活动的账户。它是有关机构单位或部门或经济总体持有资产价值变化的四个账户中的第一个账户，即积累账户中的第一个账户。单个单位、部门或经济总体资本账户的基本结构如表 7－1 所示。

表 7－1　　资本账户

资产变化	负债和资产净值变化
资本形成总额	净储蓄
资本形成净额	应收资本转移
固定资本形成总额	应付资本转移（－）
固定资本消耗（－）	
固定资本形成净额	
存货变化	
贵重物品获得减处置	
非生产非金融资产获得减处置	
净贷出（＋）/净借入（－）	储蓄和资本转移引起的资产净值变化

资本账户右方记录资本积累的资金来源，它由从收入使用账户结转过来的平衡项净储蓄和资本转移组成。其中，资本转移分为应收资本转移和应付资本转移。此外，该方还包

含了储蓄和资本转移引起的资产净值变化项目。该项目不是账户的平衡项，只是账户右方各项目的合计数，用以表示一个单位或部门在没有增加负债的前提下能够购买多大金额的非金融资产和金融资产。这一数额既可能是正数，也可能是负数或零。

资本账户的左方记录核算期经济交易中各种非金融资产的变化量和平衡项，包括资本形成总额、资本形成净额、固定资本消耗、非生产资产获得减处置以及平衡项——净贷出/净借入。

二、资本账户平衡项的计算和含义

如前所述，资本账户中的平衡项是净借出或净借入。该项指标可以用剩余法求得，即：

$$\begin{array}{c}\text{净借出}(+)\\ \text{或}\\ \text{净借入}(-)\end{array}=\text{净储蓄}+\left(\begin{array}{c}\text{应收}\\ \text{资本转移}\end{array}-\begin{array}{c}\text{应付}\\ \text{资本转移}\end{array}\right)-\left(\begin{array}{c}\text{资本}\\ \text{形成净额}\end{array}+\begin{array}{c}\text{非生产资产}\\ \text{获得减处置}\end{array}\right)$$

其中，净储蓄和应收资本转移与应付资本转移三项构成储蓄和资本转移引起的净值变化，资本形成净额和非生产资产获得减处置构成非金融资产净获得。由此可知，净贷出（+）或净借入（-）是储蓄和资本转移引起的净值变化与非金融资产净获得之间的差额，它反映了机构单位或部门或经济总体的资金余缺情况。如果某机构单位或部门或经济总体的该项差额为正数，表示该机构单位或部门或经济总体结余下来可供出借的资金数额；如果该项差额为负数，说明经济主体在核算期为保证经济的平衡运行需要借入的资金数量。

资本账户的平衡项和后面金融账户的平衡项的数值是等同的。这既是国民经济核算体系整套账户的一个重要特点，它又为检验整套账户的数值一致性提供了依据。资本账户和金融账户的两个平衡项所以相等，从理论上说，它体现了经济运行中实物运动和价值运动的统一。从国民经济核算的原则看，是由于货币交易要求在两个有关单位的金融账户中同时登录，以及相应地记入它们的经常账户和资本账户中所决定的。

三、多个单位、多个部门资本综合账户

如果将多个单位的资本账户加以合并，即可形成在部门层面上的多个单位资本综合账户。同样，如果从经济总体层面看，将多个部门的资本账户加以综合，即可得到多个部门资本综合账户。表 7 - 2 就是一张从经济总体层面反映多个部门非金融资产交易情况的资本综合账户。

表 7－2　　机构部门资本综合账户

资产变化　　　　　　　　　　负债和资产净值变化

国外	经济总体	NPISH	住户	一般政府	金融公司	非金融公司	交易和平衡项	非金融公司	金融公司	一般政府	住户	NPISH	经济总体	国外
							净储蓄	71	2	-62	192	2	205	-13
							对外经常差额							
	414	5	55	38	8	308	资本形成总额							
	192	2	32	11	-4	151	资本形成净额							
	376	5	48	35	8	280	固定资本形成总额							
	-222	-3	-23	-27	-12	-157	固定资本消耗（-）							
	154	2	25	8	-4	123	固定资本形成净额							
	28	0	2	0	0	26	存货变化							
	10	0	5	3	0	2	贵重物品获得减处置							
	0	1	4	2	0	-7	非生产资产获得减处置							
							应收资本转移	33	0	6	23	0	62	4
							应付资本转移	-16	-7	-34	-5	-3	-65	-1
							储蓄和资本转移引起净值变化	88	-5	-90	210	-1	202	-10
-10	10	-4	174	-103	-1	-56	净借出（+）/净借入（-）							

表 7－2 表明，从经济总体看，核算期经过各种经济交易后，结余下来可供净贷出的资金为 10。资金的来源渠道可以从经济活动的客体和经济活动的主体两个方面分析。

从经济活动的客体角度看，净贷出的 10 是由净储蓄 205 加上应收资本转移 62，减去应付资本转移 65 和资本形成净额 192 后得到的。即：

$$\text{净借出}(+) = \text{净储蓄} + \text{应收资本转移} - \text{应付资本转移} - \text{资本形成净额}$$

$$10 = 205 + 62 - 65 - 192$$

或

$$\text{净借出}(+) = \text{储蓄和资本转移引起的净值变化} - \text{资本形成净额}$$

$$10 = 202 - 192$$

上式中，

$$\text{资本形成净额} = \text{资本形成总额} - \text{固定资本消耗}$$

$$192 = 414 - 222$$

从经济活动主体看，净借出的10是由五个机构部门的净借出或净借入构成的。即：

$$净借出(+) = \sum 机构部门净借出(+)/净借入(-)$$

$$10 = (-56) + (-1) + (-103) + 174 + (-4)$$

从机构部门角度看，各机构部门的净借出或净借入的计算公式为：

$$\begin{matrix}某机构部门\\净借出(+)/净借入(-)\end{matrix} = \begin{matrix}该部门储蓄和资本\\引起的净值变化\end{matrix} - \begin{matrix}资本形成\\净额\end{matrix} - \begin{matrix}非生产资产\\获得减处置\end{matrix}$$

例如，非金融公司部门的净借入为：

$$-56 = 88 - 151 - (-7)$$

从各机构部门净借出或净借入的数值不难看出，除住户部门外其余部门均为资金净借入部门。其中，非金融公司部门通过储蓄和资本转移筹集到可用于资本形成的资金只有88，而该部门用于资本形成净额却为151，同时又处置了7个单位的非生产资产，致使该部门需要从本部门以外（包括国内常住机构单位和国外非常住机构单位）净借入资金为56。政府部门在收入使用账户中超支62，在资本账户的资本转移项目下，应付资本转移多出应收资本转移28（6－34），造成用于资本形成的资金来源短缺90；而该部门用于资本形成净额的资金为11，并且净获得了2个单位的非生产资产，最终使政府部门净借入资金为103。

除了非金融公司部门和政府部门外，金融公司部门和为住户服务的非营利机构的净借入数额分别为1和4。只有住户部门是唯一的资金剩余部门，其净借出的金额为174。该部门的资金主要来源于净储蓄和应收资本转移，两者分别为192和23，而用于资本形成净额、非生产资产获得减处置和应付的资本转移只分别为32、4和5。正是由于住户部门大量的资金盈余抵消了其余部门的资金短缺，才终使该经济总体资本账户的平衡项表现为净借出10。

第六节 资本形成核算资料的分析与应用

一、非金融投资率分析

非金融投资率分析是指通过计算某个经济主体的非金融投资数额在其投资资金最大限额中所占的比重，以对非金融投资水平进行分析与评价的一种活动。投资资金的最大限额是指某个经济主体由可支配收入[①]和资本转移所形成的，可用于投资（包括非金融投资和金融投资）的全部金额。

非金融投资通常是指机构单位、机构部门或经济总体在一定时期内通过各种交易所获取的非金融资产的价值，由 SNA 中资本形成和非生产资产获得减处置两项内容构成。由于非生产资产的获得与处置交易只能在国内常住机构单位之间进行，一个机构单位的获得必然是另一个机构单位的处置，因此，从经济总体看，所有该项交易活动的总和为零，而只有在不同机构单位或机构部门之间有所差异。这就使得非金融投资这一概念在经济总体层面其数额与资本形成数额完全相同，不同的只是在机构单位或机构部门的层面上。

从非金融投资的用途看，它主要是经济主体今后实现扩大再生产的重要物质条件。因此，利用国民经济核算资料开展对不同经济主体的投资水平和投资率评价分析就十分必要。

值得注意的是，经济学理论在阐述投资理论时，通常只是在储蓄、投资、国内产值和国民可支配收入等几个指标之间进行对比分析，而这种对比分析是不全面的。从我们前面的阐述中可以发现，无论是机构单位、机构部门或是经济总体，其投资的资金来源不仅仅是可支配收入，还包括由资本转移收支所形成的净额。两者相加就形成了非金融投资资金来源的最大限额。因此，非金融投资率的正确计算方法应当是经济主体的非金融投资额与可支配收入和资本转移净额之和相比。即：

$$\text{非金融投资率}(\%)=\frac{\text{非金融投资额}}{\text{可支配收入}+\text{资本转移净额}}\times 100\%$$

而不应当是用投资额与增加值（经济总体为 GDP）或可支配收入中的任何一个单个指标相比。

由于资本转移收支净额既可以是正数也可以是零或负数，由此导致经济主体投资资金来源的最大限额既可能大于，也可能等于或小于可支配收入。

非金融投资率分析既可以以经济总体为对象，计算整个国民经济的非金融投资率，也可以以机构单位或机构部门为对象，计算机构单位或机构部门的非金融投资率。

由于 SNA 所提供的核算资料既有包含固定资本消耗的总额指标，也有扣除固定资本消耗的净额指标，所以，非金融投资率既可以计算非金融总投资率，也可以计算非金融净投资率。

（一）经济总体非金融投资率分析

从经济总体考察，非金融投资率的计算公式为：

---

① 当某个经济主体的最终消费为 0 时，其可支配收入就有可能全部用于非金融投资。

$$\text{经济总体非金融总(净)投资率(\%)} = \frac{\text{经济总体非金融总(净)投资额}}{\text{国民可支配总(净)收入} + \text{从国外资本转移净额}} \times 100\%$$

由于非金融投资主要是对储蓄的进一步使用，对一个经济总体而言，在国民可支配收入一定的情况下，储蓄率的高低要取决于最终消费率是多少。同时，国与国之间的资本转移状况也决定着投资资金来源的数额。因此，决定经济总体非金融投资率高低主要包括以下四个要素：（1）国民可支配收入的多少；（2）国内最终消费率（或储蓄率）的高低；（3）从国外资本转移状况；（4）国内对非金融投资的需求。例如，从表 7－2 机构部门资本综合账户提供的资料看，该经济总体的国民可支配净收入为 1604，净储蓄为 205，净储蓄率为 12.78%；应收资本转移（62）和应付资本转移（65）相减后的净额为（－3）。在假设最终消费为 0 的情况下，由国民可支配净收入和资本转移净额构成的非金融净投资最高数量界限为 1601。国内非金融净投资额为 192。则该经济总体的非金融净投资率为 11.99%。

如果按经济学计算非金融投资率的公式计算，即用非金融投资与国内生产净值相比所得的净投资率是 11.76%（192/1632）。在此用 SNA 公式所计算的非金融净投资率所以高于按经济学传统计算公式，是因为国内生产净值经过收入初次分配和再分配后，通过国内与国外之间的要素分配（收入初次分配阶段，国内从国外获得的净要素收入为 10）和经常转移（收入再分配阶段，国内从国外获得的经常转移净额为－38），使国民可支配净收入比国内生产净值减少了 28。这个数额国内是无法用于最终消费或投资的。同时，由于从国外获得的资本转移又比支付给国外的资本转移少了 3 个单位，从而又使国内可用于投资的资金比可支配收入少。因此，我们认为按 SNA 公式计算的非金融投资率才是一个能够准确、真实反映实际非金融投资状况的指标。

此外，通过净储蓄率 12.78% 与非金融净投资率 11.99% 的对比可以发现，后者低于前者是由两个方面的原因造成的。一方面，由于净储蓄中有 3 个单位通过资本转移的途径流向国外，从而使国内可用于投资的资金减少；另一方面，由于国内可用于投资方面的资金没有全部用于非金融投资，还有 10 个单位用于金融投资，从而也促成非金融净投资率低于净储蓄率。由此可见，经济学所阐述的储蓄等于投资的基本原理，只有在国内外资本转移收支平衡和投资既包括非金融投资也包括金融投资的情况下才成立。

（二）机构单位或机构部门非金融投资率分析

机构单位或机构部门非金融投资率是机构单位或机构部门的非金融投资额与其可用于投资的最大限额之比，反映机构单位或机构部门一定时期投资水平高低的统计指标。即：

$$\text{机构单位(部门)非金融投资率(\%)} = \frac{\text{机构单位(部门)非金融投资额}}{\text{机构单位(部门)[可支配净收入} + \text{资本转移净额]}} \times 100\%$$

机构单位或机构部门非金融投资率与经济总体非金融投资率的区别在于，前者的分子既包括资本形成也包括非生产资产获得减处置，后者只为资本形成；前者分母的资本转移既包括国内各机构单位（部门）之间的资本转移，也包括与国外的资本转移，后者分母只为经济总体与国外的资本转移。

由于各类机构单位或机构部门的特点及在经济中所起的作用不同，它们之间的非金融投资额、投资率水平也存在很大差异。就一般情况而言，非金融公司、金融公司和政府的非金融投资率要高于住户的非金融投资率，而且在各自内部，其非金融投资率要高于储蓄率，而住户的非金融投资率要低于储蓄率。例如，表 7－3 就是一张根据表 6－5 和表 7－2 整理计算的各机构部门非金融投资率和储蓄率分析表。

表 7－3　　非金融投资率和储蓄率对照分析表

项目＼部门	非金融公司部门	金融公司部门	政府部门	住户部门	NPISH 部门	经济总体
可支配收入净额（养老金净权益变化）	71	2	290	1207	34	1604
净储蓄	71	2	－62	192	2	205
净储蓄率（%）	100.00	100.00	－21.38	15.91	5.88	12.78
非金融净投资	144	－4	13	36	3	192
非金融投资最大限额	88	－5	262	1225①	31	1601
非金融净投资率（%）	163.64	80.00	4.96	2.94	9.68	11.99

注：①住户部门最大投资限额按可支配净收入加资本转移净额计算的数值为 1214，但按照 SNA 之规定，住户部门的养老金净权益变化调整属于其可支配收入的一部分，因此，加上这部分收入（11）使住户部门的投资最大限额变为 1225。

从表 7－3 可以明显看出，最典型的两个部门分别是非金融公司部门和住户部门。前者尽管筹集到可用于非金融投资的资金为 88，但实际投资却高达 144，比筹集到的资金多出 56，非金融净投资率高达 163.64%。与非金融公司部门恰好相反的住户部门，尽管筹集到可用于非金融投资的资金最高限额多达 1225，但实际用于非金融投资的金额却只有 36，非金融净投资率仅为 2.94%。其余资金除掉最终消费支出后，剩余部分通过金融市场投入到金融资产方面。与此同时，非金融公司部门也通过金融市场借贷到非金融投资所短缺的资金，以满足非金融投资对资金的需要。

另外，从表 7－3 的经济总体一列中可以看到，整个经济总体可用于非金融净投资的最大限额为 1601，比国民可支配净收入减少了 3，这是由于经济总体从国外部门获得的资本转移（62）比支付给国外的资本转移（65）少 3 个单位所致。

二、非金融投资结构分析

非金融投资结构是指经济总体非金融投资总量中，各类投资之间的内在联系及其数量比例关系。投资结构本身是一个复杂而有机的整体，但是，利用国民经济核算的有关资料可以对其从不同角度、不同层次、不同侧面等进行定量分析。例如，我们可以对非金融投资进行投资主体结构、投资内容结构、投资产品方向结构、投资区域结构和投资项目结构等内容进行分析。在此仅对前三种投资结构予以分析研究。

（一）非金融投资主体结构分析

非金融投资主体结构，在微观上是各机构单位的非金融投资在本部门非金融投资总额中所占的比重。从宏观层次考察，它是指各机构部门用于非金融投资的金额占经济总体非金融投资数额的比重。通过这种结构分析，可以发现在以投资方式拉动经济增长的过程中，不同机构部门各自所起的作用。表 7－4 是根据表 7－3 的资料整理计算的各机构部门非金融投资分别占经济总体非金融投资数额比重的情况。

表 7－4　　各机构部门非金融投资结构表

	非金融公司	金融公司	政府	住户	NPISH	经济总体
非金融净投资	144	－4	13	36	3	192
比重（%）	75.00	－2.08	6.77	18.75	1.56	100.00

表 7－4 清楚地表明，经济总体 192 的非金融净投资总额中，有 75.0% 的投资是由非金融公司部门完成的。由此可以看出该部门在社会扩大再生产中所起的重要作用。其次是住户部门，尽管其用于非金融净投资的资金只占其全部资金的很小一部分，但对于整个社会而言，它却占到了 18.75%，也是一个通过投资拉动经济增长的重要部门。金融公司由于其自身特点，在非金融净投资方面不仅没有投资，相反还出现了负的投资现象。通过表 7－2 可以发现，产生这种现象的原因在于，该部门核算期的固定资本消耗为 12，大于固定资本形成总额 8，从而使资本形成净额出现了负的状况。

（二）非金融投资用途结构分析

非金融投资用途结构也称投资内容结构，是指各经济主体在固定资本形成、存货变化和贵重物品获得减处置，以及非生产非金融资产的获得减处置等方面的投资占其非金融投资总额的比重。对这一投资结构展开分析，对于研究一定时期的投资规模、扩大再生产能力，以及未来产业结构的变化等都会有所帮助。正常情况下，固定资本形成在非金融投资总额中总是占有相当大的比重，它也是今后扩大再生产的主要源泉。相反，如果一定时期存货变化所占比重过大，说明核算期的产品积压严重、供给过剩，生产出现不正常现象，将会导致未来产业结构出现不合理状况。表 7 - 5 是根据表 7 - 2 相关资料计算的各机构部门和经济总体的非金融净投资用途结构状况。

表 7 - 5　非金融投资用途结构表

	非金融公司	金融公司	政府	住户	NPISH	经济总体
固定资本形成净额	123	-4	8	25	2	154
比重（%）	85.41	100.00	61.54	69.44	66.67	80.21
存货变化	26	0	0	2	0	28
比重（%）	18.06	0	0	5.56	0	14.58
贵重物品获得减处置	2	0	3	5	0	10
比重（%）	1.39	0	23.08	13.89	0	5.21
非生产资产获得减处置	-7	0	2	4	1	0
比重（%）	-4.86	0	15.38	11.11	33.33	0
非金融投资总额	144	-4	13	36	3	192
比重（%）	100.00	100.00	100.00	100.00	100.00	100.00

从表 7 - 5 可以发现，该经济总体的所有机构部门都将 60% 以上的非金融投资资金用于固定资本形成，尤其是非金融公司部门用于固定资本形成的净额占本部门非金融净投资总额的比重高达 85.41%，致使该经济总体的固定资本形成占全部非金融净投资的比重超过 80%。这对今后整个国民经济的发展是十分有益的。非金融公司部门作为市场货物和服务的主要生产者和提供者，其核算期的存货变化为 26，占本部门非金融净投资总额的 18.06%，住户部门此项的比重为 5.56%，致使整个经济总体的该项比重低于 15%。表明核算期的货物尽管有一定积压，如果采取必要措施及时调整产业机构，整个经济还会保持良好的运行状态。

（三）非金融投资产品投向结构分析

一定的非金融投资金额总是要有相应的货物作保证。非金融投资消耗掉哪些货物既构成对核算期这些货物的需求，也为今后产品结构的调整指出了方向。因此，利用国民经济核算资料分析研究非金融投资在产品使用方面的结构具有非常重要的意义。

表 7 - 6 是根据表 4 - 9 整理计算得出的一张非金融投资产品结构分析表。

表 7－6　　　　非金融投资产品结构分析表

产品分类	代码	固定资本形成总额	存货变化	贵重物品获得减处置	资本形成总额
1. 农、林、渔业产品	0	2	1	0	3
比重（%）		0.53	3.57	0	0.73
2. 矿物和矿石、电、气、水	1	0	－1	0	－1
比重（%）		0	－3.57	0	－0.24
3. 制造业产品	2～4	161	5	10	176
比重（%）		42.82	17.86	100.00	42.51
4. 建筑产品	5	190	23	0	213
比重（%）		50.53	82.14	0	51.45
5. 房地产服务、租赁服务	72～73	22	0	0	22
比重（%）		5.85	0	0	5.31
6. 商务和生产服务	8	1	0	0	1
比重（%）		0.27	0	0	0.24
合计	—	376	28	10	414
比重（%）	—	100.00	100.00	100.00	100.00

由表 7－6 可以发现，整个经济总体的资本形成在使用产品方面具有以下两个重要特点：（1）资本形成只使用了 6 种产品（见表 7－6 第一列所示），说明资本形成在产品的使用方面非常集中。（2）具体在每种产品使用的数量方面存在着巨大差异。在固定资本形成总额中，使用最多的两种产品分别是建筑业产品和制造业产品，二者分别占固定资本形成投资总额的 50.53% 和 42.82%。两种产品的使用合计共占该项总投资的 93.35%。可见，这两种产品在固定资本形成总额中所起的举足轻重作用。如果将这两种产品再做进一步细分，还可更加详细地了解到投资对具体货物的使用。在 28 个存货中，有 23 个集中在建筑业产品上，占该项全部投资 82.14%，由此断定有可能是在建产品或存量房屋所致。贵重物品则全部集中在制造业的产品上。

从经济总体看，建筑业产品和制造业产品依旧是资本形成总额的绝对主要部分，二者合计所占比重为 93.96%。其他四项产品的资本形成总额占全部资本形成总额仅为 6.04%。

第八章　金融交易核算

【学习目标与要求】

1. 掌握金融资产的概念和分类；
2. 掌握金融交易核算的规则和金融交易的分类标准；
3. 掌握各种金融交易项目的核算内容和方法；
4. 掌握金融账户的基本结构，学会编制金融账户；
5. 掌握资金流量表的概念、基本理论、基本结构；
6. 学会利用金融交易核算资料对金融领域的有关问题进行分析。

第一节　金融交易核算的基本问题

一、金融资产的概念和种类

金融交易核算是关于金融资产和负债交易活动的核算。为此，首先必须正确认识金融资产和负债的概念和分类。

（一）金融资产和负债的概念

金融资产是由所有金融债权、公司股票或公司其他权益、以及被货币当局持有用作储备资产的黄金所组成的资产。

经济活动中，大部分金融资产都是金融债权。**金融债权**是指债权人应得的由债务人根据债务条款进行的支付或系列支付。金融债权不仅包括以现金和存款的形式对金融中介机构的债权，还包括贷款、预付款以及诸如票据和债券等其他信用和证券。

负债是指一单位（债务人）承担的在特定条件下对另一单位（债权人）进行支付或系列支付的义务。

SNA 不承认非金融负债，因此凡是 SNA 中所提到的负债必然是指金融负债。

负债通常有根据合约无条件付款的负债和推定负债两种类型。其中，最常见的负债是根据合约无条件付款的负债。这种负债是在债权人和债务人双方签订了具有法律约束力的合约后产生的。推定负债不是来自于合约，而是来自于得到长期广泛认同的惯例（通常不容易否认）。例如，政府对个人的某些支付就属于这一类。

所有金融债权和负债都是无条件的。

（二）金融资产和负债的种类

由于金融债权与负债具有对称性，因此 SNA 对将金融资产和负债都做了同样的分类。

SNA 在对金融资产和负债进行分类时采用了“工具”一词，该词特指资产负债表中各个资产或负债的项目。

SNA2008 较 SNA1993 在金融资产和负债的分类方面做了很大变动与调整。表 8－1 列出了 SNA 两个版本分别对金融资产和负债的分类，从中可以领略出一些区别。

表 8－1　　SNA1993 和 SNA2008 关于金融资产和负债的分类

SNA1993	SNA2008
（1）货币黄金和特别提款权	（1）货币黄金和特别提款权
（2）通货和存款	（2）通货和存款
（3）股票以外证券	（3）债务性证券
（4）贷款	（4）贷款
（5）股票和其他权益	（5）股票和投资基金份额
（6）保险专门准备金	（6）保险、养老金和标准化担保计划
（7）其他应收/应付款	（7）金融衍生工具和雇员股票期权
	（8）其他应收/应付账款

SNA2008 有关上述金融资产分类中，有两类金融资产并不是对其他特定机构单位的确定债权，但也包括在金融工具的类别里。第一类是由货币当局和受其有效控制的其他机构（作为金融资产和外汇储备的组成部分）所拥有的货币黄金。货币黄金没有对应的负债。第二类是股票、其他公司权益证券和融资参股。与其他金融资产不同，该类资产没有固定

的清偿价值，仅代表股东对公司净值的索取权。

二、金融交易及其核算规则

（一）金融交易的概念

金融交易有广义的金融交易和狭义的金融交易。**广义的金融交易**是指机构单位之间和常住机构单位与国外之间所有引起金融资产发生的交易活动，包括交易双方都是金融性的交易和一方是金融性而另一方是非金融性的交易。**狭义的金融交易**是单指交易双方均为金融性的交易。SNA 所阐述的金融交易指的是狭义金融交易。

鉴别一笔交易是否属于金融交易，需要做好以下几项工作。

1. 应当把金融资产与非金融资产区分开

金融资产的最大特点是，除货币黄金外，其余所有金融资产都有相应的负债。而非金融资产不存在对应的负债。

2. 应当把金融交易和影响金融资产的存在、物量和价值的其他变化区别开

货币黄金的产生或消失不属于金融交易。这种变动需要在物量其他变化账户反映。此外，价格变化或汇率变化造成的金融资产价值变化记入重估价账户。当所有权发生变化或按某一价格获得的资产又按另一价格转让时，交易按各自的价值记入金融账户。

3. 把金融资产交易与涉及或有金融资产而非实际金融资产运作区分开

或有资产是指机构单位之间的契约性金融协议。这些协议本身不具有可转让的经济价值，它们不是现期金融资产，所以不作为金融交易记录。或有资产的主要特点是，必须在一个或更多条件实现后金融交易才发生。例如，第三者的支付担保书即为一种或有资产，因为只有主要债务人不偿还债务时，才要求第三者支付。

（二）金融交易核算规则

记录和核算金融交易必须遵循如下规则。

1. 估价规则

金融资产交易估价的总原则是，应当按照获得或转让金融资产时的价值记录。具体来说，可以分为以下四种情况处理：（1）获得或转让金融资产的价格只是资产本身的价格，不包括手续费、佣金、对交易当中所提供服务的付款和金融交易税等；（2）当金融交易涉及新发生的负债时，债权人和债务人均应当按照新发生的负债额来记录交易，不包括任何手续费、佣金、服务费和税金等；（3）当证券折价发行时，记入金融账户的是发行者出售证券的收入，而不是票面的价值，发行价格与票面价值之间的差额作为该证券有效期内发行的利息处理；（4）当证券由发行人通过证券承包商或其他中介机构以高出证券票面价值的价格出售给最终投资者时，应当按照最终投资者支付的价值记录，投资者支付的数额与发行人收取的数额之间的差额作为发行人对证券承销商的服务付款处理。

2. 记录时间

记录金融交易时间总的原则是，按要求交易双方在同一时点记录交易。具体来说：（1）如果金融账户某笔登录的对应登录是非金融性的，记录金融债权的时间要与本体系其他账户记录引起该金融债权的交易时间保持一致；（2）当与交易有关的所有登录只属于金融账户时，如果是金融资产，应当在资产所有权发生转移时记录；如果是负债，在负债的发生或偿还时记录。

3. 记录的基础

金融交易的记录基础是取净额和合并。

取净额是指将同一交易项目和同一机构单位账户两方的登录相互抵消的过程。SNA 主张在通常情况下尽可能避免取净额，但是，这种主张在现实中并非总是可行的。金融资产和负债交易在多大程度上取净额，主要取决于各种不同分析的需要。一般情况下，取净额可以分为以下五种程度。（1）不取净额或完全按总额报告。这种情况就是将资产的购买和出售、负债的发生和偿还都分开记录，不对资产交易或负债交易做任何相互抵消。（2）在某一特定资产内部取净额。例如，用获得的债券减去出售的债券，或用按新债券形式发生的负债减去赎回的债券等。（3）在某类资产中取净额。例如，用获得的所有债务性证券减去处置的所有债务性证券。（4）对负债交易与相同组别的资产交易取净额。这种程度的取净额涉及到金融账户的双方，是一种程度较高的取净额。（5）对一组负债交易与相同组别中的资产交易取净额。这是一种程度最高的取净额。

SNA 的金融交易是按照资产的净获得和负债的净发生记录的，即上述第三种程度的取净额。同时它不主张采取比第三种程度更高级别的取净额，因为那样将会丢失更多的交易信息，不利于对金融交易的更详尽的分析。

合并是指把金融账户中的某一组机构单位的资产交易与同一组机构单位的负债交易相互抵消的过程。合并能够在经济总体、机构部门和子部门的层次上进行。不同层次的合并将会满足不同类型分析的需要。

三、金融交易的分类标准

金融交易的分类即金融资产的分类。国民经济核算体系为方便对机构单位的金融交易进行分析，依据以下两种标准将金融资产划分为八种类型。这两个标准分别为：（1）金融资产可流动性标准，包括可流通性、可转让性、适销性和可兑换性等；（2）措述债权人与债务人基本关系形式的法律特征。这些特征在确定类别方面起着重要作用。

国民经济核算体系在金融交易分类方面没有采用货币的概念或货币度量，原因是在不同国家，界定货币的各种各样方法阻碍了为货币下一个简单的定义，甚至对狭义货币的度量范围也难以界定，而各国有关广义货币的总量构成差异则更大。然而，国民经济核算体系鼓励各国围绕某一具体货币概念进行金融分类，认为这样对国民经济核算与货币分析的结合是十分有益的。

作为基本分类标准的期限，国民经济核算体系在划分金融交易类别时，也有意识地淡化其重要性。因为金融市场创新和资产与负债管理方面一些更激进的做法，如将到期后短期手段进行转期，将可提前偿还的负债转变成长时间偿还等，已经使短期与长期的简单界限不那么有用了。另外，当期限分析对经济政策的决定有意义时，如分析利率和资本收益等，可以根据分析的需要按各种期限进行分类。如果将期限作为分类标准，按各国惯例，短期界定为一年或不超过一年，最多二年。一年以上或两年以上则为长期。

第二节　金融交易项目核算

一、货币黄金和特别提款权（SDR）的核算

（一）货币黄金交易的核算

货币黄金是由货币当局（或受货币当局有效控制的其他机构）所拥有的，并作为储备资产而持有的黄金。它包括金块（包括在分配黄金账户里持有的黄金）和由非常住单位授予的黄金交割要求权的非分配黄金账户。金块通常采取含金量至少为99.5%的硬币、金块和金条的形式。

所有货币黄金都是储备资产，或由国际金融组织持有。只有作为金融资产和外汇储备组成部分而持有的黄金才是货币黄金。因此，黄金只能是中央银行或中央政府的金融资产。而且，作为储备资产的金块是唯一没有对应负债的金融资产。

货币黄金交易是货币当局之间对黄金的买卖。货币黄金的购买记录在国内货币当局金融账户的增加方，对应项目记录在国外的资产减少方。货币黄金的出售应做相反的记录。

货币黄金交易，应注意解决好如下两个问题。

第一，关于其他黄金的交易，包括货币当局持有的非储备资产的黄金和除中央银行以外的金融机构持有的所有黄金的交易不是金融交易。如果这种交易的唯一目的是储藏财富，则作为贵重物品获得减处置核算；在其他情况下，或作为最终消费、中间消耗、存货变动、出口或进口处理。

第二，关于黄金的货币化与非货币化问题。**黄金货币化**，是指货币当局为了增加持有的货币黄金，通过新采掘或从私人市场上购得的现存黄金的行为。**黄金非货币化**是货币当局为了非货币性目的，将持有的货币黄金出售给私人持有者或用户的行为。无论是黄金的货币化或非货币化都不在金融账户上登录。当货币当局获得黄金时，在资本账户的贵重物品获得减处置或存货变化下登录，对应登录记入提供黄金的机构单位的账户或国外账户。资产负债表上的存量变化，由资产物量其他变化账户，把存货黄金或作为贵重物品的黄金重新分类划为货币黄金来说明。对黄金的非货币化则做对称记录。

（二）特别提款权（SDR）的核算

特别提款权（SDR）是由国际货币基金组织（IMF）创立并分配给其成员以补充现有储备资产的国际储备资产。持有 SRD 代表了每一持有者能够从 IMF 其他会员那里获得其他储备资产（特别是外汇）的有保证的、无条件的权利。

特别提款权交易就是 SRD 的分配和取消的过程。这些交易按总额分别记入货币当局和国外的金融账户。特别提款权通常是中央银行所专有，它在参与国际货币基金组织特别提款权部门的成员和该组织指定的其他持有者之间是可以转让的。特别提款权的价值由一篮子货币确定。货币篮子和权数经常修改。

SRD 是有对应负债的资产。负债的承担者是 IMF 参加国的全体，而不是 IMF 本身。

二、通货和存款交易的核算

通货和存款交易包括通货的增加或处置、存款的设立或增加或提取。其中，存款分为可转让存款和其他存款。

（一）通货的核算

通货是指那些由中央银行或中央政府发行或授权的，具有固定面值的纸币和硬币。只有实际流通的作为支付手段的货币才是通货。那些未实际流通的纪念币，以及未发行或停止使用的通货不包括在通货的范围内。

在核算通货时，要区分本币和外币。本币通货是中央银行、其他银行和中央政府等常住单位的负债；外币通货是国外中央银行、其他银行和政府等非常住单位的负债。

所有机构部门都持有作为资产的通货，但只有中央银行和政府才可以发行通货。

通货作为发行者的负债和持有者的资产分别记入各自的金融账户。负债的数额为纸币和硬币的全部面值。

生产纸币和硬币的成本应当记录为政府支出，不能从发行通货的收入中抵扣。

（二）存款的核算

1. 可转让存款核算

可转让存款包括：（1）没有违约金或限制，按面值即期兑现的存款；（2）以支票、汇票、直接转账单、直接借/贷或其他直接支付方式等直接支付的存款。

可转让存款是金融公司的负债和持有者的资产。它可按如下公式计算：

$$\begin{matrix}\text{核算期}\\\text{可转让存款}\end{matrix}=\begin{matrix}\text{该期不受限制的按}\\\text{面值即期兑现存款}\end{matrix}+\begin{matrix}\text{以支票或直接转让单}\\\text{方式自由转让存款}\end{matrix}+\begin{matrix}\text{其他一般用于}\\\text{支付的存款}\end{matrix}$$

2. 其他存款的核算

其他存款包括除可转让存款以外的，由存款证明所代表的所有债权。其他存款核算的内容包括：（1）不可转让储蓄存款；（2）定期存款；（3）以外币标价的不可转让存款；（4）由储蓄和贷款协会、房屋互助协会、信用合作社和类似机构发行的股票或类似的存款单，这些股票或存款单的特点是能在法律上或实际上即期或较短的预先通知时间内赎回；（5）作为国际储备组成部分、不以贷款为凭证的对国际货币基金组织的债权；（6）与期权或远期合同有关的保证金付款等。

其他存款通常是持有者的资产和中央银行与政府的负债。

在核算可转让存款和其他存款时，应分别区分其中哪些是以本币标价的存款，哪些是以外币标价的存款；哪些是常住机构单位的负债，哪些是国外的负债。

三、债务性证券的核算

债务性证券是作为债务证明的可转让工具。

（一）债务性证券的分类

债务性证券可以根据不同的分类标准做如下三种分类。

1. 根据债务性证券内容和性质不同的分类

按照这种分类标准，债务性证券包括：（1）票据；（2）债券和债权证；（3）资产支持证券和抵押债务凭证；（4）银行承兑汇票；（5）拆分证券；（6）与指数挂钩的证券等六种证券。

2. 根据债务性证券到期日长短不同的分类

按此分类标准，债务性证券包括：（1）短期债务性证券，包括原始到期日为一年或少于一年的那些证券；（2）长期债务性证券，包括原始到期日超过一年的那些证券。

3. 根据债务性证券是否上市的分类

按照此种分类标准，债务性证券包括：（1）上市流通的债务性证券；（2）未上市流通的债务性证券。

此外，根据不同的分析需要，还可以将上述分类进行交叉分类。

（二）债务性证券的核算

各种债务性证券是持有者的资产，获得这种证券或处置这种证券记录在金融账户的资产变化方；同时，债务性证券是发行、开具部门的负债。当它们发行、开具或还本付息时，在金融账户负债及资产净值变化方登录。

1. 票据

票据是赋予持有者在约定日期收取预先声明的固定金额的无条件权利的证券。

票据按一定的贴现率在有组织的市场上发行和交易。贴现率依据利率的高低和期限的长短而定。

2. 债券和债权证

债券和债权证是赋予持有者收取固定付款或合约规定的可变付款的无条件权利的证券。这种证券的利息收益不取决于债务人的收益。此外，债券和债权证还赋予持有者在约定日期收取固定金额作为本金偿还的无条件权利。

如果一笔贷款能够从一个持有者手中转让到另一持有者手中，在核算时，就应当将它进行重新分类，由贷款类划入债务性证券类。

3. 资产支持证券和抵押债务凭证

资产支持证券和抵押债务凭证是利息和本金的支付要以特定资产支付或收入流为支撑的一种安排。这种安排过程也称为**证券化**。

资产支持证券可以由某一特殊持有单位或载体发行，发行证券所募集的资金用于支付给标的资产的原始所有人。由于证券发行人有进行支付的要求，并且持有者对标的资产没有剩余索取权，所以资产支持证券被归入债务性证券类。

用来支撑资产支持证券的可以是抵押贷款和信用卡贷款等金融资产，也可以是非金融资产或未来收入流，如音乐家的未来收入、政府的未来财政收入等。

4. 银行承兑汇票

银行承兑汇票是由金融公司对汇票进行承兑，并在约定日期支付约定数额的一种无条件承诺。

银行承兑汇票是一种可交易的债务性证券。它是持有者的无条件债权和承兑汇票公司的无条件负债。金融公司对应的资产是对其客户的债权。这种资产应当从提示承兑开始记录，而不管其具体在什么时间兑现。

5. 拆分证券

拆分证券是将本金和息票付款分割为一系列零息债券的一种证券。这些零息债券的到期日依据息票付款日和本金偿还日的不同而不同。

6. 与指数挂钩的证券

与指数挂钩的证券是息票付款（利息）或本金，或二者同时与价格指数或商品价格挂钩的一种工具。

设定这种证券的目的在于，保证持有者在通货膨胀时期除了赚得利息收入外，还保护其购买力或财富。

如果息票付款与指数挂钩，则将其全部当作利息记录；如果本金价值与一个通货膨胀的广义测度指标挂钩，将证券的发行价格作为本金记录，同时将定期和到期支付的指数化付款作为利息处理。

四、贷款的核算

贷款从大的方面看，包括以下所有金融资产：（1）债权人直接将资金借给债务人时产生的金融资产；（2）以不可流通票据作为凭证的金融资产。具体包括透支、分期付款贷款、分期付款购物信用和商业信用贷款、对 IMF 的贷款形式的债权或债务、来自可转让存款账户透支便利的透支、证券回购协议、黄金掉期、融资租赁等。

贷款根据期限不同，可分为短期贷款和长期贷款。其中，**短期贷款**包括正常情况下原始期限不超过一年的贷款；**长期贷款**则是正常情况下原始期限超过一年的贷款。

贷款作为贷出机构单位的资产记录在金融账户的资产变化方。同时，接受贷款的单位作为负债在金融账户的负债和资产净值变化方做同一笔登录。

五、股权和投资基金份额的核算

股权和投资基金份额的显著特征为，持有者对发行单位的资产有剩余索取权。某个机构单位的股权代表着该机构单位中持有股权者的资产。与债券不同的是，股权持有者通常没有获得预定金额或按固定公式计算的金额的权利。

（一）股权核算

股权代表机构单位中持有者的资产。它包括证明对清偿了债权人全部债权后的公司或准法人公司的剩余价值有索取权的所有票据和记录。股权是发行机构单位的负债。

股权可以进一步细分为上市股票、非上市股票和其他股权三种类型。其中，上市股票、非上市股票均可以转让，因此它们都是权益性证券。其他股权包括在准法人机构（如分支机构、信托公司等）、非法人基金、房地产所有权的名义单位和其他自然资源上的权益。

SNA 主要记录以下三种不同类型的股权交易：（1）在交易所买卖的股票价值；（2）所有者注资或所有者退股；（3）外商直接投资企业收益再投资的权益增加或退出。

（二）投资基金份额或基金单位核算

由于投资基金份额在金融中介里具有特殊作用，因此 SNA 将其单列为金融资产的一个子类。

1. 投资基金的概念

投资基金是将投资者的资金集中起来投资于金融或非金融资产的集体投资。由于募集投资基金的公司可以将募集到的基金投资于所有金融或非金融资产，因而，购买基金份额的机构单位就可以将投资风险分散到基金的所有工具上。

2. 共同基金和单位信托基金

投资基金包括共同基金和单位信托基金。

共同基金是指将社会公众零散的小额资金筹集成大额资金，并将其交由专业人员或专业机构管理以获取利润的一种集资式投资工具。**投资基金份额**是指共同基金发行的份额，而不是共同基金持有的份额。当投资基金采用公司结构时，基金公司发行基金份额。

单位信托基金是指投资于在基金生命期内固定的资产组合的资金集合形式。基金发起人为了形成一种单位信托基金，通常通过购买那些已存入信托的证券组合，然后再以基金单位方式卖给社会公众。当投资基金采用信托结构时发行基金单位。

3. 货币市场基金和其他投资基金

SNA 在核算投资基金份额或基金单位时，又进一步将投资区分为货币市场投资基金和非货币市场投资基金两种类型。

货币市场基金是指仅投资或主要投资于国库券、存款证明和商业票据等短期货币市场证券的投资基金。**货币市场基金份额或基金单位**代表的是对既定货币市场基金价值的一定比例的债权。

非货币市场基金是指投资于货币市场基金领域以外的投资基金。**其他投资基金份额或基金单位**（非货币市场基金份额或基金单位）代表的是货币市场基金以外的其他既定投资基金价值的一定比例的债权。

两种投资基金的本质差别在于，货币市场基金通常投资于不到一年就会到期的货币市场工具。它通常是可转让的，并且通常被视为最接近存款的替代品；而非货币市场投资基金通常投资于长期金融资产以及房地产等。它们是不可转让的，并且通常不被视为存款的替代品。

六、保险、养老金和标准化担保计划的核算

保险、养老金和标准化担保计划是金融机构进行财富调节或收入再分配的一种形式。这种再分配可能发生在同一时期各种不同机构单位之间，或同一机构单位不同时期之间，或者两种情况的结合。

这种再分配的过程为，参与保险、养老金和标准化担保计划的机构单位向有关计划单位缴款，并在同期或以后时期领取保险金（或得到赔付）。参与者持有资金，而保险公司代表它们用这些资金进行投资。保险公司将投资收入作为财产收入分配给参与者，并将其中一部分作为额外缴款予以返回。

SNA 记录在金融账户上的是，参加者向这些计划支付的缴款净额或保费净额与这些计划支付的保险金和赔付之间的差额。其中，

$$\begin{matrix}\text{缴款净额或}\\\text{保费净额}\end{matrix}=\begin{matrix}\text{实际缴款}\\\text{或保费}\end{matrix}+\begin{matrix}\text{分配的}\\\text{财产收入}\end{matrix}-\begin{matrix}\text{金融机构}\\\text{服务费用}\end{matrix}$$

保险、养老金和标准化担保计划适用的准备金包括以下五种：（1）非寿险专门准备金；（2）寿险和年金权益；（3）养老金权益；（4）养老金经理人的养老基金债权；（5）标准化担保代偿准备金。

（一）非寿险专门准备金核算

非寿险专门准备金包括预付的用于非寿险未决索赔的保费和准备金净额。其中，未满

期保费（未到期但已支付的保费）、应付但未付的保费和未决索赔（金额存在争议或导致索赔的事实尚未汇报的情况）等均包括在该项核算范围内。

记入金融账户非寿险专门准备金交易的内容则为对其应计的调整。

（二）寿险和年金权益核算

寿险和年金权益是指投保人对提供寿险或年金的单位所拥有的金融债权。

记入金融账户寿险和年金权益交易的内容为应收保费净额与应付索赔之间的差额。

（三）养老金权益核算

养老金权益是指现有和未来领取养老金的雇员对其雇主或雇主指定的养老基金所拥有的金融债权。它是雇主与雇员之间所签订的雇员报酬协议的一部分。

核算养老金权益交易时，应当将应缴款净额与应付保险金之间的差额记入金融账户。金融账户中所显示的养老金权益增加，等于在收入使用账户中登录的养老金权益变化加上以前养老金发起人的权益转移。

（四）养老金经理人的养老基金债权核算

养老金经理人是指那些在与第三方签订合约情况下，一直对养老金计划的条款有决定权，并负责基金的亏损，保留基金盈余的雇主。在养老金经理人指导下进行工作的单位称为**养老金代管人**。

如果雇主与第三方的协议是雇主将基金的风险与亏损责任，以及享有基金盈余的权利全部交给第三方，此时的第三方既是养老金经理人又是养老金代管人。

当养老金经理人与养老金代管人不是同一单位时，亏损责任与盈余权利都属于养老金经理人。养老金经理人的养老基金债权就在此项进行记录。

（五）标准化担保代偿准备金核算

标准化担保代偿准备金包括预付的用于标准化担保未付代偿的费用和准备金净额。

此项交易的记录与非寿险准备金类似，包括预收费用和未结算的代偿。

七、金融衍生工具和雇员股票期权核算

（一）金融衍生工具核算

金融衍生工具是与某种特定金融工具，或特定指标，或特定商品挂钩的金融工具。通

过金融衍生工具，特定的金融风险本身就可以在金融市场上交易。

金融衍生工具的价值取决于标的项目的价格，即参考价格。参考价格有可能涉及商品、金融资产、利率、汇率、其他衍生工具，以及两个价格的差价等。

如何确定标的项目可观测的市场价格或指数，是正确计算金融衍生工具价值的关键。只有金融衍生工具能够从其挂钩的标的项目中独立出来进行单独估价，才能将其视为金融资产。相反，如果金融衍生工具因标的项目缺乏现行市场价格或指数而无法估价，则就不应该将其视为金融资产。

使用金融衍生工具的目的是风险管理、套期保值、在市场间套利和投机等。金融衍生工具通常是一方通过将特定金融风险（如利率风险、通货、股票和商品价格风险、信用风险等）卖给更愿意或更适合承担或管理这些风险的其他实体来进行交易的，而不进行原始资产或商品的交易。

金融衍生工具交易通常有独立于标的项目和与标的项目相联系两种。前者一般在商品期货等场内交易合约到期之前，就以净现金支付的方式进行结算。后者则以资产的现行价格记录，现行价格与实际支付价格之差（乘以资产数量）即为金融衍生工具交易的数额。

（二）雇员股票期权（ESO）核算

雇员股票期权是一种雇主与雇员之间在某日（授权日）签订的，在未来约定时间（含权日）或紧接着的一段时间（行权期）内，雇员能以约定价格（执行价格）购买约定数量的雇主股票的协议。

雇员股票期权交易按股票期权的价值记入金融账户。该核算项目的对应方则为雇员报酬。

八、其他应收/应付账款的核算

其他应收/应付账款包括：(1) 商业信用和预付款；(2) 其他。

（一）商业信用和预付款核算

商业信用和预付款包括：(1) 直接提供给公司、政府、为住户服务的非营利机构、住户和国外的货物和服务的商业信用；(2) 对在建工程或拟建工程的预付款。

在核算商业信用和预付款时，应当将其进一步区分为短期商业信用和预付款与长期商业信用和预付款。

（二）其他（应收/应付账款）核算

其他包括除上述类别以外，与税、红利、证券买卖、租金、工资和薪金、社会缴款等有关的应收和应付款。

提供信用、预付款和持有应收账款的机构单位应当将相关金额记录在金融账户的资产方；享受信用、预收款和持有应付账款的机构单位则在负债和资产净值变化方记录这些有关金额。

第三节 金融账户

一、金融账户的含义和基本表式

（一）金融账户的含义

金融账户是记录所有发生在机构单位之间以及常住机构单位与国外之间由金融交易引起的金融资产和负债变动的账户。它是处理积累活动的第二个账户，也是记录机构单位之间交易的最后一个账户。

（二）金融账户基本表式

金融账户与前面阐述的其他账户不同，它没有可以结转到另一个账户的平衡项，只解释经济主体的净借出（+）或净借入（-）如何受其所持有的金融资产或负债变化的影响。该账户的净借出（+）/净借入（-）与资本账户的平衡项数值相等，但要放在与资本账户平衡项相反的一方。单个单位、部门或经济总体金融账户的基本表式如表 8-2 所示。

表 8-2　金融账户

资产变化	负债和资产净值变化
	净借出（+）/净借入（-）
金融资产净获得	负债净发生
货币黄金和特别提款权	货币黄金和特别提款权
通货和存款	通货和存款
债务性证券	债务性证券
贷款	贷款
股权和投资基金份额	股权和投资基金份额
保险、养老金和标准化担保计划	保险、养老金和标准化担保计划
金融衍生工具和雇员股票期权	金融衍生工具和雇员股票期权
其他应收款	其他应付款

从上述金融账户的基本表式可以看出，该账户的右方记录负债和资产净值变化，包括从资本账户结转过来的净借出（+）/净借入（-）和各种金融负债的变化。值得注意的是，尽管货币黄金没有对应的负债，但由于货币黄金和特别提款权属于同一类资产，所以该项目仍在账户的负债和资产净值变化方（右方）出现。账户的左方记录金融资产获得减处置后的净获得。金融资产净获得与负债净放生的差额若为正数表示当期净借出（+），也就是最终流出的资金量；差额若为负数，则表示当期的净借入（-），即最终流入的资金量。

（三）金融账户的主要平衡关系

金融账户中各项指标之间存在着以下两种主要平衡关系。

1. 机构内部平衡关系

金融资产净获得 = 负债净发生 + 净借出(+)/净借入(-)

上述恒等式右边的净借出（+)/净借入（-）是一个调整项。资产净获得与负债净发生之间的对比关系，决定了是加上净借入（-）还是加上净借出（+）。如果资产净获得减负债净发生为正，为保持等式两边的平衡关系，负债净发生需加上净借出（+）；反之，则需加上净借入（-）。

2. 各类金融资产自身平衡关系

资产净获得 = 负债净发生

二、多个单位、多个部门金融综合账户

尽管金融账户可以在经济总体、机构部门和子部门等不同层次上进行合并，但为了进行更详尽的金融分析和满足更广泛的需要，SNA 应当提供多个单位和多个部门金融综合账户。经济总体层面上多个机构部门金融综合账户如表 8-3 所示。

表 8-3　　机构部门金融综合账户

资产变化								负债和资产净值变化						
国外	经济总体	NPISH	住户	一般政府	金融公司	非金融公司	交易和平衡项	非金融公司	金融公司	一般政府	住户	NPISH	经济总体	国外
							净借出（+）/净借入（-）	-56	-1	-103	174	-4	10	-10
47	436	2	189	-10	172	83	金融资产净获得/负债净发生	139	173	93	15	6	426	57

续表

国外	经济总体	NPISH	住户	一般政府	金融公司	非金融公司	交易和平衡项	非金融公司	金融公司	一般政府	住户	NPISH	经济总体	国外
1	-1				-1		货币黄金和特别提款权							
11	89	2	64	-26	10	39	通货和存款		65	37			102	-2
9	86	-1	10	4	66	7	债务性证券	6	30	38	0	0	74	21
4	78	0	3	3	53	19	贷款	21	0	9	11	6	47	35
12	107	0	66	3	28	10	股权和投资资金份额	83	22				105	14
0	48	0	39	1	7	1	保险、养老金和标准化担保计划		48	0			48	0
0	14	0	3	0	8	3	金融衍生工具和雇员投票期权	3	8	0	0	0	11	3
10	15	1	4	5	1	4	其他应收/应付款	26	0	9	4		39	-14

第四节　资金流量表

资金流量表作为资金流量核算的有效手段，是专门用于核算和分析资金流动状况的数表。

资金流量核算（也称资金循环核算）系统、详细地反映了社会资金的来源、使用结构和余缺情况，是国民经济核算体系的重要组成部分。[①]

一、资金流量核算的基本问题

（一）资金流量核算的产生与发展

资金流量核算的产生与发展是与商品经济及金融市场的发展密切相关的。20 世纪 30

① 联合国等国际组织编的《国民经济核算体系 1993》将“详细的资金流量账户”作为“第十一章　金融账户”重要的独立一节加以阐述，而《国民账户体系 2008》则将其从体系的核心框架中移出，作为核心框架的附属部分，在“第 27 章　与货币和资金流量的联系”一章中第四节的一项内容阐述，并且将原有的表式加以简化。

年代的那场经济大危机，使整个资本主义经济秩序陷入严重紊乱状态。资本主义国家为了摆脱经济危机的阴影，放弃了自由放任的经济政策，转而执行国家通过宏观调控（主要是通过财政政策）对经济进行干预的政策。然而，随着财政政策在执行过程中遇到的问题（如通货膨胀、失业率增高等）和金融市场作用的日益增强，人们越来越认识到，经济中的问题单靠财政政策是无法彻底解决的。于是开始转向对货币政策的研究，进而产生了对资金流量核算的需求。

资金流量核算在20世纪40年代取得了突破性的进展。美国康乃尔大学教授柯普兰是研究资金流量核算的先驱。1944年他应美国经济研究局之邀对美国经济中的货币情况进行统计描述。1947年美国另一名经济学家米切尔发表了《支付流量、概念和数据的初步调查》论文。他在该文中首次提出了资金流量的概念和从总体上考察资金动态的观点。同年1月，柯普兰教授在美国经济学年会上发表了《通过美国经济跟踪货币流通》论文，紧接着于1952年出版了他的专著《美国货币流量研究》。他在该书中接受了米切尔从总体上考察资金动态的观点，提出了比较完整的资金流量模型，并用估算的数据，对美国1936—1942年的经济进行了分析。此外，该书还阐述了资金流量核算与国民收入和产值账户的关系，以及资金流量核算在国民经济核算中的地位和作用等。柯普兰教授这一专著的出版，标志着资金流量核算作为一门独立的学科的产生，并为后来资金流量核算的发展奠定了基础。

理论研究从实践中产生，反过来又指导实践。开展资金流量核算工作最早的机构是美国联邦储备委员会。该委员会出于制定货币政策和调节经济活动的需要，从1948年就开始了对资金流量核算的研究，并于1955年出版了《美国资金流量，1939—1953》。1959年8月又在《联合储备公报》上发表了题为《资金流量、储蓄和投资按季的编制》研究报告。该报告对资金流量核算的重要贡献体现在以下两个方面：第一，提出了按季编制资金流量表的方法，并滞后四个月按季公布资金流量表，使资金流量核算更具有实用性和有效性；第二，将储蓄统计与资金流量核算结合起来研究，使储蓄与投资关系的描述成为资金流量表的重要组成部分，这既丰富了资金流量核算的内容，又扩展了资金流量表的应用功能。

随着美国资金流量核算研究工作的开展和在实际工作中的应用，资金流量核算迅速在日本、英国、加拿大等市场经济国家开始实行。目前，绝大多数国家都开展了资金流量核算工作。

由于资金流量核算为政府干预经济提供了重要依据，并在宏观经济分析和政策制定中有着广泛的作用，1968年联合国在对SNA进行修订时，通过设置资本筹集账户把资金流量核算纳入其中。SNA1993又对资金流量核算做了进一步充实和完善，把它置于更重要的位置。

（二）资金流量核算的范围

资金流量核算是以资金运动为对象的核算，它从资金运动方面描述国民经济运行过程。资金流量核算能否在国民经济核算和管理中起到应有的作用，准确界定其核算范围至关重要。

资金流量核算的范围因各国国民经济核算体系的完善程度、国民经济运行机制和管理方式以及金融市场发育程度的不同而不同。目前，世界组织和各国资金流量核算的范围大致有以下三种。

1. 只包括金融交易的资金流量核算

一般情况是，统计组织和管理系统较为松散的国家大多采用这种方式。核算范围只包括金融交易的资金流量表，其优点在于统计资料完整，编表时间短，实用性强。但与其他核算的协调有一定的问题，而且未与收入分配部分的核算资料联系起来，不能发挥其应有的作用。联合国 SNA2008，以及法国、日本等国的资金流量核算采用的都是这种核算方式。

2. 除包括金融交易外，还包括总储蓄和实物投资的资金流量核算

将资金流量核算范围扩展至包括总储蓄和实物投资，较好地消除了无法与其他核算相互协调的问题，直接反映了非金融投资与金融投资的关系。美国编制的资金流量表属于这一类型。

3. 以国内生产总值为初始流量，包括收入分配与使用和金融交易的资金流量核算

这种核算范围能够更多地反映收入分配和使用与资金融通的联系，扩大资金流量核算的作用。但此种核算方式的时效性差。目前我国的资金流量核算范围属于此种类型。

（三）资金流量核算的内容

资金流量核算范围决定了其核算的内容。资金流量核算的范围不同，其内容也不同。现以《中国国民经济核算体系（2016）》为例，说明资金流量核算的内容。

《中国国民经济核算体系（2016）》的资金流量核算是以收入分配和社会资金运动为对象的核算。生产活动形成的结果是资金流量核算的起点，经过对生产成果的初次分配形成初次分配收入，然后通过对初次分配收入的再分配形成可支配收入。可支配收入扣除最终消费后形成储蓄，各部门储蓄和资本转移净收入之和构成了本部门可用于非金融投资的资金来源。这些资金来源与非金融投资（资金的运用）之间会有一定的差额。这个差额需要通过金融交易进行调剂。资金流量核算就是通过资金流量表完整地反映上述资金运动全过程的一种核算方法。

1. 收入形成环节资金流量的核算

收入形成是直接与生产相联系的收入分配过程。分配的起点是增加值，反映了劳动者、政府和企业在生产过程中形成的最初分配关系。因此，收入形成环节资金流量核算的交易项目包括增加值、劳动者报酬、生产税净额、固定资产折旧和营业盈余。但资金流量表中只包括前三个交易项目，即增加值、劳动者报酬和生产税净额。

2. 收入初次分配环节资金流量的核算

收入初次分配是在收入形成基础上，经过财产收入的获得与支付所形成的收入分配新格局。这个环节资金流量的载体是财产收入和初次分配总收入。其中，财产收入是一个过程指标，初次分配总收入是一个结果指标。

3. 收入再分配环节资金流量的核算

收入再分配是在收入初次分配基础上，通过经常转移收支过程所形成的收入分配最终格局。这个环节资金流量的载体是经常转移和可支配收入。前者为过程指标，后者为结果指标。

4. 可支配收入使用的核算

可支配收入使用包括最终消费和储蓄。政府、住户和为住户服务的非营利机构这三个具有最终消费功能的机构单位或部门，将一部分可支配收入用于最终消费，剩余的部分形成储蓄。非金融企业和金融机构由于不具有最终消费功能，它们的可支配收入直接转入储蓄。这一环节资金流量核算的过程指标为最终消费，结果指标为储蓄。

5. 资本筹集与非金融投资的核算

各机构单位或部门为了扩大再生产，首先会将储蓄用于非金融投资（包括资本形成和非生产非金融资产获得减处置）。非金融投资的资金来源除了储蓄外，还可以通过资本转移净额获得。储蓄与资本转移净额构成了各机构单位或部门的资本筹集。各机构单位或部门将筹集到的资金用于资本形成（包括固定资本形成、存货变动和贵重物品获得减处置）和非生产非金融资产的获得减处置，从而形成本单位或部门的非金融投资总规模。最终，各机构单位或部门资本筹集数额与非金融投资之间的差额形成本单位或部门资金的余缺，反映这一指标的名称为净金融投资（净借出或净借入）。

这一环节资金流量的过程指标分别是储蓄、资本转移、资本形成总额、非生产非金融资产获得减处置等，结果指标为净金融投资。

上述五项核算属于资金流量非金融交易部分核算内容，它们描述了资金在经济交易主体之间和实体经济交易之间是如何运动的。

6. 金融交易部分资金流量的核算

金融交易是为进行非金融投资而对资金余缺所做的调剂活动。金融交易的资金流量核算内容包括：（1）净金融投资；（2）通货；（3）存款；（4）贷款；（5）股权和投资基金份额；（6）债务性证券；（7）保险准备金和社会保险基金权益；（8）金融衍生品和雇员股票期权；（9）国际储备；（10）其他。其中，（2）~（10）为《中国国民经济核算体系（2016）》对金融资产的分类。

（四）资金流量核算原则

资金流量核算作为国民经济核算体系的组成部分，从总体上应该遵循国民经济核算体系的一般原则，这些原则包括机构部门分类原则、交易项目分类原则、整体性原则、系统性原则、平衡原则和市场原则等。此外，它还应该遵循自身的一些特殊原则，如“权责发生制”和“收付实现制”相结合原则和资金流量的计价原则等。其中，最为重要的是“权责发生制”和“收付实现制”相结合原则。我国资金流量表是由两张表构成的，即一张是非金融交易，另一张是金融交易。非金融交易的资金流量表采用的是“权责发生制”原则，而金融交易部分的资金流量表尽管理论上应按“权责发生制”原则核算，但实际操作起来有一定困难。因此，它按“收付实现制”原则核算。这就需要将两个原则有机地结合起来。

（五）资金流量核算的作用

首先，资金流量核算描述了当期生产成果在价值上的分配过程，揭示了各部门收入形成过程及其特点，为分析各环节上的收入分配格局及各种分配方式的作用提供了依据，是制定收入分配政策和进行宏观经济理论研究不可缺少的工具。

其次，资金流量核算反映了各部门可支配收入的使用去向，可据此分析研究各部门及经济总体的最终消费与储蓄比例，以及资本形成与储蓄的平衡关系。

再次，资金流量核算描述了金融交易中各部门资金余缺的调剂过程以及各类金融资产的交易数额，有利于分析和研究金融部门在资金运动中的中介作用和各类金融资产对金融交易的贡献份额。

最后，从总体上看，资金流量核算是中国国民经济核算体系的五大核算之一，在国民经济核算体系中具有重要的地位。

二、联合国等国际组织 SNA1993 详细的资金流量表①

联合国等国际组织 SNA1993 认为，金融账户尽管对弄清净借入部门为其资金短

① 尽管联合国等国际组织编的《国民账户体系（2008）》已不包括这部分中表 8－5 和表 8－6 两张表的内容，但鉴于此两张表的科学性和适用性，作者仍将其保留在本教材中。

缺融资所用的金融资产和净借出部门为配置其富余资金所用的资产提供了非常有价值的信息，但是它却不能回答谁为谁提供了资金，或谁向谁借入了资金的问题。为了全面认识资金流量及其在经济中的作用，就有必要了解更详细的部门之间的金融联系，以及这种联系据以发生的金融资产。为实现上述目的，联合国 SNA1993 按资金流量核算范围的第三种类型，设计了如表 8－4 和表 8－5 所展示的两张详细的资金流量表。

表 8－4　　联合国等国际组织 SNA1993 详细的资金流量表（金融资产）

以下机构的金融资产

国外	住户	NPISH	一般政府	非金融公司	金融公司							债权类型与债务人
					中央银行	其他存款机构		其他金融中介机构	金融辅助机构	保险公司养恤基金	合计	
						存款货币机构	其他存款接受机构					
(12)	(11)	(10)	(9)	(8)	(7)	(6)	(5)	(4)	(3)	(2)	(1)	
												1. 货币黄金和特别提款权
												2. 通货和存款
												（1）通货
												①本币
												常住者
												非常住者
												②外币
												常住者
												（2）可转让存款
												①本币
												常住者
												非常住者
												②外币
												常住者
												非常住者
												（3）其他存款
												①本币
												常住者
												非常住者
												②外币
												常住者
												非常住者

续表

国外	住户	NPISH	一般政府	非金融公司	金融公司							债权类型与债务人
					中央银行	其他存款机构		其他金融中介机构	金融辅助机构	保险公司养恤基金	合计	
						存款货币机构	其他存款接受机构					
(12)	(11)	(10)	(9)	(8)	(7)	(6)	(5)	(4)	(3)	(2)	(1)	
												3. 股票以外的证券 （1） 短期 ①非金融公司 ②金融公司 ③中央政府 ④州和地方政府 ⑤其他常住部门 ⑥国外 （2） 长期 ①非金融公司 ②金融公司 ③中央政府 ④州和地方政府 ⑤其他常住部门 ⑥国外
												4. 贷款 （1） 短期 ①非金融公司 ②金融公司 ③中央政府 ④州和地方政府 ⑤其他常住部门 ⑥国外 （2） 长期 ①非金融公司 ②金融公司 ③中央政府 ④州和地方政府 ⑤其他常住部门 ⑥国外

续表

国外	住户	NPISH	一般政府	非金融公司	金融公司							债权类型与债务人
					中央银行	其他存款机构		其他金融中介机构	金融辅助机构	保险公司养恤基金	合计	
						存款货币机构	其他存款接受机构					
(12)	(11)	(10)	(9)	(8)	(7)	(6)	(5)	(4)	(3)	(2)	(1)	
												5. 股票和其他权益 (1) 常住公司 ①上市 ②未上市 (2) 非常住公司 ①上市 ②未上市
												6. 保险专门准备金 6.1 住户对人寿保险准备金和养恤基金的净权益 6.2 保险预付款和未决索赔准备金
												7. 其他应收/应付款 7.1 商业信用和预付款 (1) 非金融公司 (2) 住户 (3) 中央政府 (4) 州和地方政府 (5) 其他常住部门 (6) 国外 7.2 其他 (1) 常住部门 (2) 国外 备忘项目 直接投资 权益 贷款 其他

表 8-4 是一张记录了按资产类型和债务人部门交叉分类的三维金融资产交易资金流量表。该表将进行金融资产交易的部门横向列在表的顶部，而按债务人分解的金融资产类型则垂直排列。该表中的各个项目如此安置，可以清楚地表明各机构部门所拥有的金融资产是如何构成其他部门金融负债的，同时回答了由谁向谁提供了哪些金融资产的问题。

表 8－5　　　联合国等国际组织 SNA1993 详细的资金流量表（金融负债）

以下机构的负债

国外	住户	NPISH	一般政府	非金融公司	金融公司							债务类型与债权人
					中央银行	其他存款机构		其他金融中介机构	金融辅助机构	保险公司养恤基金	合计	
						存款货币机构	其他存款接受机构					
(12)	(11)	(10)	(9)	(8)	(7)	(6)	(5)	(4)	(3)	(2)	(1)	
												1. 货币黄金和特别提款权
												2. 通货和存款
												（1）通货
												①本币
												常住者
												非常住者
												②外币
												常住者
												（2）可转让存款
												①本币
												常住者
												非常住者
												②外币
												常住者
												非常住者
												（3）其他存款
												①本币
												常住者
												非常住者
												②外币
												常住者
												非常住者
												3. 股票以外的证券
												（1）短期
												①非金融公司
												②金融公司
												③中央政府
												④州和地方政府
												⑤其他常住部门
												⑥国外
												（2）长期
												①非金融公司
												②金融公司
												③中央政府
												④州和地方政府
												⑤其他常住部门
												⑥国外

续表

国外	住户	NPISH	一般政府	非金融公司	金融公司							债务类型与债权人
					中央银行	其他存款机构		其他金融中介机构	金融辅助机构	保险公司养恤基金	合计	
						存款货币机构	其他存款接受机构					
(12)	(11)	(10)	(9)	(8)	(7)	(6)	(5)	(4)	(3)	(2)	(1)	
												4. 贷款
												（1） 短期
												①非金融公司
												②金融公司
												③中央政府
												④州和地方政府
												⑤其他常住部门
												⑥国外
												（2） 长期
												①非金融公司
												②金融公司
												③中央政府
												④州和地方政府
												⑤其他常住部门
												⑥国外
												5. 股票和其他权益
												（1） 常住公司
												①上市
												②未上市
												（2） 非常住公司
												①上市
												②未上市
												6. 保险专门准备金
												6.1 住户对人寿保险准备金和养恤基金的净权益
												6.2 保险预付款和未决索赔准备金
												7. 其他应收/应付款
												7.1 商业信用和预付款
												（1） 非金融公司
												（2） 住户
												（3） 中央政府
												（4） 州和地方政府
												（5） 其他常住部门
												（6） 国外

续表

国外	住户	NPISH	一般政府	非金融公司	金融公司							债务类型与债权人
					中央银行	其他存款机构		其他金融中介机构	金融辅助机构	保险公司养恤基金	合计	
						存款货币机构	其他存款接受机构					
(12)	(11)	(10)	(9)	(8)	(7)	(6)	(5)	(4)	(3)	(2)	(1)	
												7.2 其他
												(1) 常住部门
												(2) 国外
												备忘项目
												直接投资
												权益
												贷款
												其他

表 8 –5 是一张记录了按负债类型和债权人部门交叉分类的三维负债交易资金流量表。本表将进行负债交易的部门横向列在表的顶部，将按债权人分解的资产类型垂直排列。从该表可以看出负债部门所借入的资金是分别从哪些部门得到的哪些类资产。

研究和阅读表 8 –4 和表 8 –5，需要明确以下三个问题。

（一）有关为何将资金流量表设计成两张表的问题

如前所述，由于除货币黄金以外的所有金融资产都有资产和负债的对称性，所以从理论上说，有可能只通过一张资金流量表，就可以描述出所有债权人与债务人的联系。但如此将要求这张表有许多的格子，而且其中的许多格子将是空格，不便于对资金流量进行分析。

（二）关于机构部门划分问题

资金流量表作为 SNA 的有机组成部分，在机构部门的划分上完全遵循中心框架的分类原则。具体来说，也把所有部门分为住户部门、为住户服务的非营利机构部门、一般政府部门、非金融公司部门和金融公司部门。值得注意的是，SNA 为突出金融公司的子部门在金融交易中所起的特殊作用，特别将金融公司进一步划分为保险公司和养恤基金、金融辅助机构、其他金融中介机构、其他存款机构（包括其他存款接受机构和存款货币机构）和中央银行等子部门。

（三）关于资金流量表的作用

较为详尽的资金流量表可以在以下几个方面起着重要作用。（1）资金流量表中的各项数据能够用来分析和描述当前的经济活动及其发展趋势；（2）资金流量表能够为编制经济计划做辅助预测，或用来评估当前经济政策或其变化对未来经济发展的影响；（3）资金流量表还可以用于有关课题研究，如研究经济行为、构造经济模型、帮助制定经济政策等；（4）通过将资本账户与资金流量表结合起来，追踪储蓄经过各种金融机构和各种资产形式流入最终借入者的渠道，为研究储蓄——投资过程提供了方便。

三、联合国等国际组织 SNA2008 详细的资金流量表

联合国等国际组织 SNA2008 将详细的资金流量表从原先的核算中心框架移至“第 27 章　与货币统计和资金流量的联系”中。如此处理资金流量表，一方面使金融账户中的内容更为简练，另一方面也使与金融账户有关的货币统计、金融统计和资金流量核算等合成一体，共同与金融账户建立起密切的联系。

联合国等国际组织 SNA2008 有关资金流量表的另一个显著变化是，将详细的资金流量表设计成一张较为简单的表式，并建议为实行详细资金流量核算的国家或地区提供参考。有关表式见表 8－6 所示。

表 8－6　　联合国等国际组织 SNA2008 详细的资金流量表

第 1 部分：资产和债权人 第 2 部分：负债和债务人	部门和子部门
货币黄金和 SDR	
货币黄金	
SDR	
通货和存款	
通货	
本币	
常住者	
非常住者	
外币	
可转让存款	
银行间头寸	
其他可转让存款	
本币	
常住者	
非常住者	

续表

第1部分：资产和债权人 第2部分：负债和债务人	部门和子部门
其他存款	
本币	
常住者	
非常住者	
外币	
常住者	
非常住者	
债务性证券	
短期	
{部门}	
长期	
{部门}	
贷款	
⋮	
其他应收/应付款	
{部门}	

四、我国资金流量表

《中国国民经济核算体系（2016）》的资金流量表是由两部分组成。一部分是反映实物交易的非金融交易资金流量表，另一部分是反映资金流转状况的金融交易资金流量表。两部分的具体表式及核算内容分别如下。

（一）资金流量表——非金融交易部分

我国历年的《中国统计年鉴》在第三部分“国民经济核算”中都包括资金流量表的非金融交易部分和金融交易部分。现结合《中国统计年鉴（2021）》表3－15提供的我国2019年实际数据（如表8－7所示），简述资金流量表（非金融交易）中的逻辑平衡关系。这些逻辑平衡关系可以分别从交易项目（主栏）和机构部门之间（宾栏）考察与分析。下面以表8－7中实际数据为例，对这些逻辑平衡关系加以说明。

表8－7将交易项目安置在表的主栏，共包括16个交易项目。进行交易的主体则被置于表的宾栏，共有4个国内机构部门和1个国外部门。每个机构部门下又分设来源和运用两个栏目，以反映该部门在非金融交易中资金的来源与使用情况。

1. 各交易项目的逻辑平衡关系

资金流量表中各交易项目的逻辑平衡关系通过每个交易环节的结果指标起平衡作用。

表 8－7　　**资金流量表（非金融交易，2019）**

单位：亿元

交易项目＼机构部门	非金融企业部门		金融机构部门		广义政府部门		住户部门		国内合计		国外		合计	
	运用	来源	运用	来源	运用	来源	运用	来源	运用	来源	运用	来源	运用	来源
1. 净出口												－9173.5		－9173.5
2. 增加值		612165.0		76250.6		100788.0		197311.5		986515.2				986515.2
3. 劳动者报酬	266647.3		20824.0		89252.9		136534.1	513472.1	513258.3	513472.1	982.9	769.2	514241.2	514241.2
4. 生产税净额	88545.5		7593.5		300.2	97932.4	1493.2		97932.4	97932.4			97932.4	97932.4
5. 财产收入	67270.1	30341.9	82159.7	69160.0	12026.9	27491.7	12944.6	44429.9	174401.2	171423.5	17845.6	20823.3	192246.8	192246.8
6. 初次分配总收入		220044.0		34833.4		124632.1		604241.6		983751.2				983751.2
7. 经常转移	33720.1	2342.9	15377.5	7250.5	69978.9	120718.6	86691.4	76162.5	205767.9	206474.3	1786.6	1080.1	207554.5	207554.5
8. 可支配总收入		188666.8		26706.4		175371.8		593712.7		984457.7				984457.7
9. 实物社会转移					58469.6			58469.6	58469.6		58469.6		58469.6	58469.6
10. 调整后可支配总收入		188666.8		26706.4		116902.2		652182.3		984457.7				984457.7
11. 实际最终消费					106974.1		445657.7		552631.7				552631.7	
12. 总储蓄		188666.8		26706.4				206524.6		431825.9		－7116.0		424710.0
13. 资本转移		12889.7			12927.4	15.0			12927.4	12904.7	15.0	37.7	12942.4	12942.4
14. 资本形成总额	263867.2		2160.9		43901.1		116749.5		426678.7				426678.7	
（1）固定资本形成总额	259055.6		2160.9		43890.8		117344.0		422451.3				422451.3	
（2）存货变动	4811.6				10.3		－594.5		4227.4				4227.4	
15. 其他非金融资产获得减处置	59255.4				－23941.8		－35313.6							
16. 净金融投资	－121566.2		24545.5		－22943.6		125088.8		5124.5		－7093.3		－1968.8	

资料来源：中华人民共和国国家统计局．中国统计年鉴（2021）［M］．北京：中国统计出版社，2021．

注：本表为一张简表。表中多数项目没有包括原表中的子项目，如财产收入项目下的利息、红利、地租和其他等四个子项目。只有资本形成总额包括了子项目。

每个结果指标既是该交易环节的平衡项，又是下一个交易环节的起始项。

第一，交易项目 1 是净出口，反映了国内常住单位与国外非常住单位之间的经济联系。该指标的数据记录在国外部门的来源方或使用方。国外部门的逆差是我国的顺差。例如，2019 年表中净出口的数值在国外部门的来源方为 -9173.5 亿元，表明该年度我国的进出口顺差为 9173.5 亿元。

第二，交易项目 2 是增加值，它作为该表的起始项给出了后面核算的最初内容，也是收入初次分配的对象。我国 2019 年国内增加值的合计数（即 GDP）为 986515.2 亿元，既表明该年度生产的最终成果，也表明该年度可供国内和国外初次分配的对象为 986515.2 亿元。非金融企业部门的增加值为 612165.0 亿元，这是该部门进行下一步分配的数额。

第三，交易项目 3~10 描述了完整的收入分配过程。其中，3~6 项反映的是收入初次分配交易状况。

对于经济总体而言，初次分配总收入即国民总收入的计算公式为：

$$\begin{matrix}\text{国民}\\\text{总收入}\end{matrix}=\begin{matrix}\text{国内生产}\\\text{总值}\end{matrix}+\left(\begin{matrix}\text{来自国外的}\\\text{劳动者报酬}\end{matrix}-\begin{matrix}\text{付给国外的}\\\text{劳动者报酬}\end{matrix}\right)+\left(\begin{matrix}\text{来自国外的}\\\text{财产收入}\end{matrix}-\begin{matrix}\text{付给国外的}\\\text{财产收入}\end{matrix}\right)$$

$$=\text{国内生产总值}+\text{来自国外的净要素收入}$$

例如，我国 2019 年初次分配的总收入为 983751.2 亿元。这一数值是由国内生产总值 986515.2 亿元分别加上来自国外的劳动者报酬 982.9 亿元，减去付给国外的劳动者报酬 769.2 亿元，再加上从国外获得的财产收入 17845.6 亿元，减去支付给国外的财产收入 20823.3 亿元后形成的。即

$$\begin{aligned}983751.2&=986515.2+(982.9-769.2)+(17845.6-20823.3)\\&=473104.0+(-2764.0)\ (\text{亿元})\end{aligned}$$

可见，通过收入初次分配，我国从国外获得的要素收入少于付给国外的要素收入，从而使来自国外的净要素收入为 -2764.0 亿元，最终导致国民总收入比国内生产总值减少 2764.0 亿元。

对于机构部门而言，由于不同机构部门初次分配收入项和支出项各不相同，因此，各自有不同的计算公式。例如，非金融企业部门和住户部门初次分配总收入的计算分别公式为：

$$\begin{matrix}\text{非金融企业部门}\\\text{初次分配总收入}\end{matrix}=\text{增加值}-\begin{matrix}\text{劳动者}\\\text{报酬}\end{matrix}-\begin{matrix}\text{生产税}\\\text{净额}\end{matrix}+\begin{matrix}\text{财产}\\\text{收入}\end{matrix}-\begin{matrix}\text{财产收入}\\\text{支出}\end{matrix}$$

例如，2019 年我国非金融企业部门初次分配总收入为：

$$220044.0=612165.0-266647.3-88545.5+30341.9-67270.1\ (\text{亿元})$$

住户部门初次分配总收入 = 增加值 +（劳动者报酬收入 − 劳动者报酬支出）− 生产税净额 +（应收财产收入 − 应付财产收入）

例如，2019 年我国住户部门初次分配总收入为：

604241.6 = 197311.5 +（513472.1 − 136534.1）− 1993.2 +（44429.9 − 12944.6）（亿元）

交易项目 7 ~ 10 揭示的是收入再分配的交易情况。

对于经济总体而言，国民可支配总收入的计算公式为：

国民可支配总收入 = 国民总收入 + 从国外获得的经常转移 − 付给国外的经常转移

例如，我国 2019 年的国民可支配总收入为 984457.7 亿元。这一数值是由当年国民总收入 983751.2 亿元，加上从国外获得的经常转移 1786.6 亿元，再减去付给国外的经常转移 1080.1 亿元形成的。即

984457.7 = 983751.2 +（1786.6 − 1080.1）（亿元）

由此可见，由于我国通过收入再分配环节从国外获得的经常转移比付给国外的经常转移多出 706.5 亿元，从而使国民可支配总收入较国民总收入多出 706.5 亿元。

对于机构部门而言，可支配总收入的计算公式为：

可支配总收入 = 初次分配总收入 + 经常转移收入 − 经常转移支出

例如，金融机构部门 2019 年的可支配总收入为：

26706.4 = 34833.4 + 7250.5 − 15377.5（亿元）

《中国国民经济核算体系（2016）》为了进一步体现政府部门在收入再分配中的作用，以及住户部门通过收入再分配渠道，以实物社会转移方式从政府部门获得了多少收入，资金流量表（非金融交易）进一步与 SNA2008 接轨，在收入分配部分增加了实物社会转移和调整后可支配总收入。由于实物社会转移仅仅发生在国内政府部门和住户部门之间，因此，对于经济总体、非金融企业部门和金融机构部门，它们的调整后可支配总收入与可支配总收入数额相等，而政府部门和住户部门的调整后可支配总收入分别为：

广义政府部门调整后可支配总收入 = 可支配总收入 − 实物社会转移

116902.2 = 175371.8 − 58469.6（亿元）

住户部门调整后可支配总收入 = 可支配总收入 + 实物社会转移

652182.3 = 593712.7 + 58469.6（亿元）

此外，从生产到收入分配过程结束，我国形成的国民可支配总收入较国内生产总值减

少了 2057.5（986515.2 − 984457.7）亿元，是由于在初次分配阶段从国外获得的要素收入比支付给国外的要素收入少 2764.0 亿元，以及在收入再分配阶段从国外获得的经常转移比付给国外的多 706.5 亿元共同作用的结果。在收入分配过程中减少的收入相当于 GDP 的 0.2%。

第四，交易项目 11 和 12 反映了收入使用交易状况，包括最终消费和储蓄。经过收入分配后，对于具有最终消费功能的机构部门（主要是政府部门和住户部门），它们首先将调整后可支配总收入用于最终消费，剩余的部分再用于储蓄。而对于不具有最终消费功能的机构部门（主要是非金融企业部门和金融机构部门），它们则将可支配总收入全部用于储蓄。各机构部门各自对收入使用的结果形成了经济总体的最终消费和总储蓄。

对于经济总体、广义政府部门和住户部门，它们的总储蓄计算公式都为：

$$总储蓄 = 调整后可支配总收入 - 实际最终消费$$

例如，我国经济总体、广义政府部门和住户部门 2019 年的总储蓄分别为：

经济总体总储蓄：431825.9 = 984457.7 − 552631.7[①]（亿元）

广义政府部门总储蓄：9928.2 = 116902.2 − 106974.1（亿元）

住户部门总储蓄：206524.6 = 652182.3 − 445657.7（亿元）

对于非金融企业部门和金融机构部门，由于这两个机构部门不具有最终消费的功能，因此，它们的总储蓄就是各自的可支配总收入。例如，2019 年它们的可支配总收入和总储蓄分别均为 188666.8 亿元和 26706.4 亿元。

第五，交易项目 13 ~ 15 反映的是非金融投资交易状况。各机构部门或经济总体的总储蓄加上由应收资本转移减去应付资本转移所形成的资本转移净值后，就构成了各部门或经济总体的非金融投资来源。各经济主体将这些资金用于资本形成和其他非金融资产的获得减处置便构成了非金融投资。

首先，我们探讨各经济主体非金融投资的资金来源。

对于经济总体，非金融投资的资金来源计算公式为：

$$\begin{matrix}非金融投资\\资金来源\end{matrix} = 总储蓄 + \left(\begin{matrix}从国外应收\\资本转移\end{matrix} - \begin{matrix}应付给国外\\资本转移\end{matrix}\right)$$

例如，我国 2019 年可以用于非金融投资的资金为 431803.2 亿元，它由总储蓄 431825.9 亿元加上从国外获得的资本转移 15.0 亿元，再减去付给国外的资本转移 37.7 亿

① 由于四舍五入的原因，经济总体和广义政府部门的总储蓄不是恰好等于各自调整后可支配总收入与实际最终消费之差。后面有些项目之间的平衡关系也存在类似情况。

元构成，即

$$431803.2 = 431825.9 + (15.0 - 37.7)\text{（亿元）}$$

对于各机构部门，非金融投资的资金来源计算公式为：

非金融投资资金来源 = 总储蓄 +（应收资本转移 - 应付资本转移）

例如，2019 年非金融企业部门的非金融投资资金来源为：

$$201556.5 = 188666.8 + (12889.7 - 0.0)\text{（亿元）}$$

其次，我们再来探讨各经济主体的资本形成总额。

对于资本形成总额，无论是机构部门还是经济总体都按以下相同公式计算：

资本形成总额 = 固定资本形成总额 + 存货变动

例如，我国 2019 年资本形成总额为：

$$426678.7 = 422451.3 + 4227.4\text{（亿元）}$$

非金融企业部门 2019 年的资本形成总额为：

$$263867.2 = 259055.6 + 4811.6\text{（亿元）}$$

再次，我们来探讨其他非金融资产获得减处置情况。

由于其他非金融资产（主要是土地、矿山等自然资源）的交易只能在国内各机构部门之间进行，一个机构部门一笔其他非金融资产的获得必然带来其他机构部门同一笔金额其他非金融资产的处置，最终使国内合计为 0。从表 8－7 可以看出，2019 年非金融企业部门用于获得其他非金融资产的金额为 59255.4 亿元。与此同时，广义政府部门和住户部门分别处置了 23941.8 亿元和 35313.6 亿元的其他非金融资产。这两个机构部门所处置的其他非金融资产合计金额正好是非金融企业部门所获得的其他非金融资产金额。

最后，我们再来探讨各经济主体的非金融投资状况。

在经济总体层面上，由于国内各机构部门其他非金融资产获得减处置相互抵消结果为零，所以非金融投资和资本形成的数额相等。例如，我国 2019 年的资本形成总额为 426678.7 亿元，这一数值也是我国整体的非金融投资数额。

对于各机构部门，非金融投资数额的计算公式为：

非金融投资数额 = 资本形成总额 + 其他非金融资产的获得减处置

例如，2019 年非金融企业部门和住户部门的非金融投资分别为：

$$323122.6 = 263867.2 + 59255.4\text{（亿元）}$$

$$81435.9 = 116749.5 + (-35313.6)\text{（亿元）}$$

第六，交易项目 16 反映的是各经济主体经过非金融投资后所形成的净金融投资金额，从中可以发现各类经济主体的资金短缺状况。

经济总体的净金融投资计算公式为：

净金融投资 = 非金融投资资金来源 - 资本形成总额

例如，我国 2019 年净金融投资的数额为：

5124.5 = 431803.2 - 426678.7（亿元）

各机构部门的净金融投资计算公式为：

净金融投资 = 非金融投资资金来源 - 非金融投资

例如，2019 年非金融企业部门和住户部门的净金融投资分别为：

非金融企业部门　-121566.2 = 201556.4 - 323122.6（亿元）

住户部门　125088.8 = 206524.6 - 81435.8（亿元）

由此可见，非金融企业部门是一个资金短缺部门，它需要通过金融交易从资本市场上筹措到非金融投资所短缺的资金。而住户部门则是一个资金盈余部门，它可以通过金融交易将资金投放到资本市场上。

2. 各机构部门之间的逻辑平衡关系

通过资金流量表的横行可以反映各个机构部门之间在同一交易项目上的外部平衡关系。具体表现为：

1）各机构部门来源合计数等于国内来源合计数

例如，2019 年我国各机构部门的增加值之和就等于全国增加值的合计数（GDP）。

612165.0 + 76250.6 + 100788.0 + 197311.5 = 986515.1（亿元）

2）各机构部门运用合计数等于国内运用合计数

例如，2019 年我国各机构部门的劳动者报酬运用之和就等于全国劳动者报酬运用的合计数。

266647.3 + 20824.0 + 89252.9 + 136534.1 = 513258.3（亿元）

3）某个交易项目来源合计数等于运用合计数

例如，我国 2019 年经常转移来源合计数与运用合计数的平衡关系为：

207554.5 = 207554.5（亿元）

（二）资金流量表——金融交易部分

我国资金流量表（金融交易）的基本表式如表 8 - 8 所示。

表 8 - 8 是一张记录我国 2019 年金融交易的资金流量表。该表将金融交易项目放置在表的主语栏，共包括净金融投资、资金运用合计、资金来源合计等三大类一级指标。其中，资金运用合计和资金来源合计又分别包括通货、存款、证券公司客户保证金、贷款、未贴现的银行承兑汇票、保险准备金、金融机构往来、存款准备金、债券、股票、证券投

表 8－8　　**资金流量表（金融交易，2019 年）**　　单位：亿元

交易项目 \ 机构部门	非金融企业部门		金融机构部门		广义政府部门		住户部门		国内合计		国外		合计	
	运用	来源	运用	来源	运用	来源	运用	来源	运用	来源	运用	来源	运用	来源
净金融投资	-55099		35147		-54651		86856		12254		-12254		0	
资金运用合计	39036		228475		9649		167908		445067		1558		446625	
资金来源合计		94134		193328		64300		81051		432813		13812		446625
通货	358			3981	80		3537		3975	3981	6		3981	3981
存款	33079		-2204	139960	8456		102916		142246	139960	3166	5452	145412	145412
证券公司客户保证金	2231		873	5191	243		1550		4898	5191	293		5191	5191
贷款		67631	157962	2331		7356		79539	157962	156858	-402	702	157560	157560
未贴现的银行承兑汇票	-4757	-4757	-4757	-4757					-9513	-9513			-9513	-9513
保险准备金	1448			15994		7549	22095		23543	23543			23543	23543
金融机构往来			-8430	-11058					-8430	-11058	-4386	-1758	-12816	-12816
存款准备金			-8457	-8838					-8457	-8838	-290		-8838	-8838
债券	662	28384	117247	42387	-103	47205	293		118100	117976	3221	3345	121321	121321
股票	5292	6046	964	3729	332		2113		8701	9776	3098	2023	11799	11799
证券投资基金份额	3426		1341	7971	374		2380		7521	7971	450		7971	7971
库存现金			-276	-276					-276	-276		-9	-276	-276
中央银行贷款			-4930	-4930					-4930	-4930			-4930	-4930
其他（净）	-6899	3655	-20629	341	267	254	33023	1512	5762	5762			5762	5762
直接投资	6740	10749							6740	10749	10749	6740	17489	17489
其他对外债权债务	-2545	-1488	1192	1291		1936			-1353	1739	1739	-1353	386	386
国际储备资产			-1331						-1331			-1331	-1331	-1331
国际收支错误与遗漏		-16086							25057	-16086	-16086		-16086	-16086

资料来源：中华人民共和国国家统计局．中国统计年鉴（2021）［M］．北京：中国统计出版社，2021.

注：本表是一张简表，部分交易项目没有包括其子项目，如债券，没有包括子项目的政府债券、金融债券、中央银行债券和企业债券等项目。

资基金份额、库存现金、中央银行贷款、其他（净）、直接投资、其他对外债权债务、国际储备资产、国际收支错误与遗漏等 18 项中类指标。在 18 项中类指标中，有些指标又进一步划分为若干个小类指标，如存款就进一步区分为活期存款、定期存款、财政存款、外汇存款和其他存款等。

四个国内机构部门和一个国外部门依然分别被列在表的宾栏。每个部门下的来源方记录该部门的负债流量，运用方记录该部门的金融资产流量。

以非金融企业部门和经济总体为例，结合表 8－8 中的具体数据简要阐释《资金流量表》金融交易部分各项交易项目之间的基本逻辑平衡关系。

与非金融交易部分的资金流量表相同，金融交易部分资金流量表的逻辑平衡关系也可以分别从表的主语栏各交易项目之间的平衡关系和宾语栏各机构部门之间平衡关系两个角度分析。

1. 各交易项目之间的逻辑平衡关系

从各交易项目资金来源和资金运用之间的平衡关系看，各部门资金来源与资金运用的关系表现为：

$$某部门资金来源合计=该部门资金运用合计-该部门净金融投资$$

或

$$某部门净金融投资=该部门资金运用合计-该部门资金来源合计$$

例如，非金融企业部门 2019 年各项交易的资金来源与资金运用的具体数量关系为：

$$94134=39035-(-55099)\ （亿元）$$

或

$$-55099=39035-94134\ （亿元）$$

经济总体 2019 年各项交易的资金来源与资金运用的具体数量关系为：

$$432813=445067-12254\ （亿元）$$

或

$$12254=445067-432813\ （亿元）$$

经济总体 2019 年的净金融投资为 12254 亿元，表明我国在该年度的资金净剩余为 12254 亿元。而非金融企业部门的资金短缺 55099 亿元，这部分短缺资金通过资本市场的筹集得到了满足。

2. 各部门之间的逻辑平衡关系

通过资金流量表的横行可以反映各部门之间的外部平衡关系。如同非金融交易一样，对于每一个金融交易项目，其来源合计必然等于运用合计。因为对于任何一个部门的一笔交易收入或获得，必定有另一个部门同一笔相同数额的支出或处置相对应。因此，某一交易项目各机构部门资金来源与资金运用之间的平衡关系如下：

某交易项目资金来源合计 = 该交易项目资金运用合计

例如，从表 8 – 8 的存款交易项目看，资金来源合计与资金运用合计均为 145412 亿元。其中，资金来源的合计由国内合计 139960 亿元加上国外的来源 5452 亿元构成，资金运用的合计由国内运用合计 142246 亿元加上国外运用 3166 亿元构成。即：

139960 + 5452 = 142246 + 3166

145412 = 145412 （亿元）

第五节 金融交易核算资料的分析与应用

通过金融账户和资金流量表所表现的金融交易及资金流量核算结果，对揭示金融交易和资金流动中所发生的各种情况有着重要而广泛的作用。宏观经济管理部门和金融机构部门在制定相应的货币政策和决策时，完全可以从金融账户和资金流量表所提供的信息中获得支持。现以表 8 – 3 机构部门金融综合账户各项指标数值为例，对金融交易核算资料的应用做些研究。

一、各机构部门有关金融资源融通情况的分析

如前所述，在实际经济活动中，由于各机构部门的资金余缺情况不同，一些机构部门是资金的净借出者，而另一些机构部门是资金的净借入者。当机构部门相互开展金融交易时，从债权的角度看，持有富余资金的机构部门就会通过有关部门（一般是金融中介机构）和某种方式（金融交易类型）将富余的资金转借给资金短缺部门使用。从债务角度看，资金短缺部门也会通过金融中介机构和某种金融交易手段，从别的部门借入本部门所需资金。机构部门金融综合账户通过登录各部门之间的金融交易，表明资金短缺部门或净借入部门如何通过发生负债或减少资产而获得必需的金融资源；资金净借出部门如何通过获得金融资产而配置其富余的资金资源。表 8 – 9 是根据表 8 – 3 中有关数据计算整理得到的各机构部门金融资源融通情况分析表。

表 8－9　　各机构部门金融资源融通情况分析表

部门	非金融公司		金融公司		政府		住户		NPISH		经济总体		国外	
净借出（＋）/净借入（－）	－56		－1		－103		174		－4		10		－10	
资产净获得/负债净发生	h	f	h	f	h	f	h	f	h	f	h	f	h	f
	83	139	172	173	－10	93	189	15	2	6	436	420	47	57
货币黄金和SDR			－1								－1		1	
通货和存款	39		10	65	－26	37	64		2		89	102	11	－2
债务性证券	7	6	66	30	4	38	10	0	－1	0	86	74	9	21
贷款	19	21	53	0	3	9	3	11	0	6	78	47	4	35
股权和投资基金份额	10	83	28	22	3		66		0		107	105	12	14
保险、养老金和标准化担保计划	1		7	48	1	0	39		0		48	48	0	0
金融衍生工具和ESO	3	3	8	8	0	0	3	0	0	0	14	11	0	3
其他应收/应付款	4	26	1	0	5	9	4	4	1		15	39	10	－14

注：每栏中的 h 表示金融资产的净获得；f 表示负债的净发生。

从表 8－9 第一行净借出（＋）或净借入（－）可以看出，经济总体的五个机构部门中除了住户部门外，其余四个部门都有对资金净借入需求。其中，非金融公司部门所需要净借入的资金 56，是通过负债净发生 139 和金融资产净获得 83 而得到满足；政府部门所需要净借入的 103，是通过净发生负债 93 和处置金融资产 10 达到了平衡。其余两个资金短缺部门也是通过类似的交易实现各自部门内部的资金平衡。其中，金融公司部门由于在其他借入者和借出者之间起着中介作用，所以尽管它所净发生的金融负债和净获得的金融资产数额都比较大，分别为 173 和 172，但本身的净借入（－）数额却非常小，仅为 1 个单位资金。住户部门有 174 的净借出需求。该部门通过净获得金融资产 189 和净发生负债 15 而最终形成这一结果。

从整个经济总体看，共有 10 个单位可供净借出的资金，是通过与国外进行金融交易净发生了 57 的负债和净获得了 47 的资产形成的。

二、各类金融资产对金融交易相对贡献的分析

从表 8－9 每个机构部门和经济总体 f 方的合计数分别可以看出，整个经济总体核算期所净发生的 426 负债中，股权和投资基金份额所占的比重最大。该项目为 105，占净发生负债总额的 24.65%。而且这类负债只发生在非金融公司和金融公司两个部门。其次是通货和存款为 102，占负债总额的 23.94%。

从表 8 - 9h 方的资产变化看，由于一项金融交易活动需要同时在负债和资产双方做对应登录，因此，在金融资产发生额中仍是股权和投资基金份额的贡献份额最大，经济总体的数额为 107，占资产净获得总额 436 的 24.54%。其中，住户部门持有的股权在五个机构部门中最多，绝对数为 66，占比为 61.68%。对金融资产发生额做出第二大贡献的是通货和存款为 89，占资产净获得总额的 20.41%。

三、对经济主体为发生负债和获得资产而使用的金融资产类型分析

第一，从非金融公司部门看，该部门所发生的 139 负债主要是由股权引起的。公司发行的股票为 83，占负债净发生的 59.71%；其次是其他应付款和贷款，分别为 26 和 21，二者合计为 47，占负债净发生的 33.81%；非金融公司部门所净获得的金融资产较负债则有些分散，最多的资产为通货和存款也只有 39，占资产净获得的 46.99%。

第二，金融公司部门的负债净发生为 173，主要是由发行通货和吸收存款交易引起的。该类交易额为 65，占负债净发生的 37.57%；其次是保险、养老金和标准化担保计划为 48，占负债净发生的 27.75%。金融公司部门金融资产的净获得为 172。其中，主要资产是债务性证券和贷款，二者分别为 66 和 53，分别占金融资产净获得的 38.37% 和 30.81%。

第三，政府部门有 93 的净负债额，主要是由通货 37 和债务性证券 38 构成。而该部门净获得的金融资产为 -10，表明其核算期处置的金融资产超过了获得的金融资产。其中，仅通货和存款一项就减少了 26。

第四，住户部门核算期发生的负债净额仅为 15，主要发生在贷款 11 和其他应付款 4 这两项上。而该部门所净获得的 189 金融资产，主要分别通过持有通货和存款 64，股权 66 和保险、养老金和标准化担保计划 39 获得，三项合计为 169，占金融资产净获得的比重高达 89.42%。

第五，为住户服务的非营利机构的负债净额 6 主要是贷款引起，而其净获得的金融资产 2 主要是通货和存款。

四、对金融中介机构作用的分析

金融中介机构在经济活动中的基本作用就是在金融市场上，通过吸收存款和发行证券对资金富余者（净借出者）负债，并将筹集到的金融资源通过贷款提供给资金短缺者（净借入者），从而把借出者和借入者间接地联系起来。在发达的市场经济条件下，净借入

者尽管能够通过直接融资得到所需要的资金，但大多数情况下，金融中介机构在开展间接融资方面仍然起着重要作用。这从表 8－9 金融公司部门尽管负债净发生和资产净获得的数额都较大，净借出却较少的事实可以清楚看出。例如，金融公司部门通过各类金融交易净获得的金融资产为 172，占经济总体金融资产净获得 436 的 39.45%。而该部门通过各类金融交易发生的负债净值也高达 173，占经济总体负债净发生 426 的 40.61%。整个国民经济正是通过金融机构这一筹集资金（吸收存款和发行各种债券等）和运用资金（贷款等）活动，实现了资金在整个经济总体内部，以及经济总体和国外之间的融通。但就金融公司部门本身看，金融资产净获得与负债净发生相互抵消，最终出现－1 的结果。这一数值在经济总体的净借出（＋）或净借入（－）中所占的份额相当小。

第九章　资产其他变化核算

【学习目标与要求】

1. 掌握资产其他变化的概念和分类；

2. 掌握资产物量其他变化核算内容和方法；

3. 掌握持有收益核算内容和方法；

4. 掌握资产物量其他变化账户和重估价账户的基本结构，学会编制这两个账户。

第一节　资产其他变化核算的基本问题

一、资产其他变化的含义

资产其他变化是指由非交易活动所引起的资产、负债和资产净值价值量的变化。

各种经济主体的资产、负债和资产净值价值量在核算期（从期初到期末）的变动，通常是由交易流量和非交易流量引起的。由资本形成和非生产非金融资产的获得减处置，以及金融交易所形成的资产、负债和资产净值变化量称为交易流量，由其他事件（非交易活动）所形成的资产、负债和资产净值的变化量通常称为非交易流量或其他流量。

由交易流量和非交易流量引起的资产、负债和资产净值的变化共同构成了 SNA 中积累活动的内容。其中，由于交易流量引起的资产变化已分别在前面的第七章资本形成核算和第八章金融交易核算阐述，本章就资产其他变化核算的有关问题进行阐述。

二、资产其他变化的种类和核算内容

由非交易活动引起的核算期间资产、负债和资产净值价值量的变化通常可以区分为两大类。一类是由于如地下资源的发现或耗减、战争或其他政治事件的破坏或自然灾害的破坏等因素引起的变化。这种类型的变化实际上改变了资产的物量，在 SNA 中由资产物量其他变化账户反映。另一类是由于价格的水平和结构变化引起的资产、负债和资产净值的变化。这类变化实际上反映了持有损益，在 SNA 中由重估价账户反映。

从上述可以看出，资产其他变化核算包括两方面内容，即一种是对资产物量其他变化的核算，另一种是对持有损益的核算。

第二节　资产物量其他变化核算

一、资产物量其他变化核算的功能

资产物量其他变化是指由于机构单位无法控制的外生变量或意外事件而引起的资产、负债和资产净值的变化。

资产物量其他变化核算具有以下重要功能：（1）记录某些允许不通过交易进入和退出 SNA 的资产数量变化情况。SNA 将不通过交易而进入资产负债表的行为称为**经济出现**（简称“出现”），将不通过交易而退出资产负债表的行为称为**经济消失**（简称“消失”）。（2）记录那些由外部事件影响给得之于资产（和相应的负债）的经济利益所带来的后果。这些外部事件属于意外的、不可预测的事件。（3）记录因机构单位和资产分类变化以及结构变化而引起的资产变化。

二、资产物量其他变化核算内容

（一）非交易资产出现和消失的核算

非交易资产出现和消失核算包含以下五个方面内容。

1. 与生产资产识别有关的项目

生产资产识别有关的项目是指公共纪念物和贵重物品的首次被认可。其中，**公共纪念物**是指那些具有重大价值或特殊价值的物品、构筑物或者场所。贵重物品是指为价值储藏而持有的物品。

当一座尚未记录在资产负债表中的构筑物或者场所，一旦其所具有的特殊的考古学、历史或文化意义被首次认定，他就被作为经济出现处理，记录在资产物量其他变化账户中。

对于那些核算期前曾被作为普通货物，尚未记录在资产负债表中的物品，一旦首次被认定具有很高的价值或艺术重要性，就应当归类为经济出现，通过记录在资产物量其他变化账户予以核算。

2. 与自然资源进入和退出资产范围有关的项目

该项目包括自然资源进入资产范围和自然资源退出资产范围两部分内容。

自然资源进入资产范围的核算项目包括以下四项内容。

1）地下资源的发现和重估价上调

SNA 将**地下资源**定义为，那些已经探明、在现有技术和相对价格条件下具有经济开采可行性的地下资源，如煤炭、石油和天然气，金属矿物和非金属矿物等。

可能造成地下资源增加的原因包括：一是发现新的可开采的矿藏，二是原先已经发现但不具有经济开采可行性，现在由于技术进步或相对价格变化变得经济的矿藏。这些都作为经济出现包括在其他物量变化核算项目中。

2）非培育性生物资源的自然增长

非培育生物资源，诸如自然森林、国际海域的鱼类等，尽管是经济资产，但它们的生长不在一个机构单位的直接控制、负责和管理之下。因此不作为生产核算的内容。SNA 将这些资产的递增视为一种经济出现，而且通过资产物量其他变化账户登录和核算。

3）其他自然资源向经济活动的转移

这项核算内容主要包括土地、原始森林和地下水等。

SNA 未将列入一国地理表面区域内的所有土地都包括在资产范围内，如处于荒废状态的土地就不属于经济资产。一旦土地从荒芜状态转变为可以确定所有权和可用于经济目的状态，SNA就将其作为经济出现处理。此外，还有另外一种与土地有关的内容也被纳入资产物量其他变化核算范围内，即由于土地附近的活动而获得的价值，如土地附近由于确定了一个新的开发项目或者修建了一条道路引起土地价值的增加。

对于原始森林而言，只从中采集薪柴不属于商业开发，因而不记入资产物量其他变化核算范围。但是，如果为得到木材而进行大规模的采伐，这种商业开发活动就会使得原始森林进入资产的范围，从而使其成为资产物量其他变化核算的内容。

同样，对于地下水，如果只从天然泉眼取水并不会使地下蓄水层划入SNA的资产范围。相反，如果大量地采集地下水，则要将这些地下水资源纳入资产范围。此外，对于定期从地表水体取水并进行收费的水资源也纳入资产范围，构成资产物量其他变化核算的内容。

4）经济用途变化引起的自然资源质量变化

一般地，国民经济核算体系将质量差别作为物量差别来处理。这里记录的质量变化，同时也作为经济用途变化而显示在资产物量其他变化账户的分类变化的对应方。属于这类核算内容的，比如像将耕地划归为建筑用地所引起的价值变化等。

自然资源退出资产范围的核算项目包括以下四项内容。

1）地下资源的开采和价值下调

属于这类核算的内容是由于技术或相对价格的变化而对可开采资源重新评估所造成的，对可开采资源储量总增加的抵消量。此外，还包括自然资源的耗减，即由于资产自然的消失或消耗造成地下资产储量价值的减少。

2）非培育性生物资源的收获

此类核算内容包括由于超出可持续开采水平的收获、森林砍伐或其他使用所引起的非培育性生物资源的减少，如天然林、公海鱼类的减少等。

3）其他自然资源从经济活动的退出

在经济活动中，有时由于技术变化或者对某项产品需求的减少，或者由于立法的原因等，可能会停止对一些自然资源的有效使用，从而造成这些自然资源从经济活动中退出。例如，多国政府都规定的休渔期以确保鱼类的生存就属于此类。

4）经济用途变化引起的自然资源质量变化

这里记录的质量变化，与因分类变化引起的物量上调变化是对等的。由经济活动引起的土地、水资源和其他自然资源的所有退化都包含在此项核算内容中。

3. 与合约、租约和许可证有关的项目

SNA建议，只有当合约、资源租约、许可或服务合同被出售时才将其记录为资产。其账户处理方法是，首先将其记录在资产物量其他变化账户中，随后作为一项或一系列交易记录在资本账户中。

作为一项资产的合约、资源租约或许可，其价值等于市场上通行的价格超出合同价格部分的净现值。由于通行价格变化造成这类资产价值的变化，应当在重估价账户中记录；在有效期内由资产所带来的利益则在资产物量其他变化账户中记录。

4. 商誉和营销资产价值的变化

当一个企业被出售时，购买者所支付的价格可能不等于该企业所有资产减去其负债后的净值。购买者所支付的价格与企业资产净值之间的差额就是该企业的外购商誉和营销资产。通常情况下，这个差额可能是正数，也可能是负数。

外购商誉和营销资产的价值应当在企业被出售时记录。账户处理的方法是，卖出方在资产物量其他变化账户记录，购买方首先在资本账户记录所支付的全部价格，然后在资产物量其他变化账户的其他变化项下，按商业会计标准减记一定的比率。

SNA 只将被出售的商誉和营销资产视为资产，而且将其价值记录在资产物量其他变化账户中。

5. 金融资产与负债的出现和消失

这类核算项目主要包括以下三部分内容：一是当黄金作为储备资产时，要将其作为资产物量其他变化账户中的重新分类项目，从贵重物品划入货币黄金记录在资产负债表的金融资产部分；二是对在设定金融债权条款时未预料事件结果的记录；三是记录债权人认可的债务注销。

（二）外部事件对资产价值的影响

有三类主要原因会造成资产的减值或完全消失。这些原因所带来的对资产价值的影响是资产物量其他变化核算的重要内容。

1. 巨灾损失

巨灾损失是指可能毁灭所有类型资产的大规模的、离散的和可识别的事件给资产所造成的损失。这类事件包括大地震、火山爆发、海啸、特大飓风、干旱和其他自然灾害；战争行为、暴乱和其他政治事件；以及大量有毒物质溢漏或放射性颗粒释放到空气中等技术事故。此外，巨灾所造成的损失还包括异常洪灾或风灾导致土地质量的恶化；旱灾或流行性疾病造成培育性资产的毁坏；因森林火灾或地震造成对房屋等建筑物、机器设备或贵重物品的毁坏等。

2. 无偿没收

政府或其他机构单位的罚、没款不作为资本转移记录在资本账户，而是作为没收单位资产的增加和被没收单位资产的减少记录在资产物量其他变化账户。

3. 未另分类的资产物量其他变化

这项核算包括未另分类非金融资产物量的其他变化和未另分类金融资产的其他变化两

部分内容。

未另分类的非金融资产物量其他变化的内容包括：(1) 对计算固定资本消耗时假定补偿金和实际损失之间差额的调整，包括正常预期损坏数额低于或高于实际损坏数额的差额、意外损坏差额和固定资产退化方面的差额；(2) 存货的异常损失，如火灾、偷盗、储粮的虫害造成的损失等。

未另分类金融资产的其他变化包括：(1) 人寿保险和年金权益，即在保费和给付之间关系被确定后，由于发生变化对年金提供者对受益者负债所产生的影响；(2) 养老金权益；(3) 标准化担保计划下的代偿准备金。

(三) 分类变化

该项核算包括以下两个方面内容：(1) 部门分类和结构的变化，即一个机构单位从一个部门重新归类到另一个部门时所引起的资产物量的变化；(2) 资产和负债分类的变化。

三、资产物量其他变化账户

(一) 单个机构单位、机构部门或经济总体资产物量其他变化账户

资产物量其他变化账户的基本结构如表 9－1 所示。

表 9－1　资产物量其他变化账户（简表）

资产变化	负债和资产净值变化
资产的经济出现	灾害损失
非金融非生产资产的经济消失	无偿没收
巨灾损失	未另分类物量其他变化
无偿没收	分类变化
未另分类的物量其他变化	
分类变化	
物量其他变化总计	
非金融生产资产	
非金融非生产资产	
金融资产	
	资产物量其他变化引起的资产净值的变化

表 9－1 表明，资产物量其他变化账户的左方登录资产的变化，内容可以分为三个方面：(1) 有关资产物量其他变化的六项一级指标和每项一级指标下面的详细分类[①]；

① 表 9－1 作为一张简表，在账户左、右两方的每项一级分类指标下没有再列示二级分类。详细账户内容可参阅 SNA2008。

（2）物量其他变化总计；（3）物量其他变化合计项下按资产性质的三种分类。账户的右方记录负债变化和由于资产物量其他变化引起的资产净值的变化。其中，负债变化也列出资产物量其他变化核算的有关内容。

（二）多个机构单位、机构部门资产物量其他变化综合账户

国民经济核算体系将各机构单位资产物量其他变化账户予以汇总，便可得到机构部门层面的综合账户。在此基础上，再将各机构部门的账户加以汇总，即可编织成经济总体层面多个机构部门资产物量其他变化综合账户。表 9-2 即为一个经济总体层面机构部门资产物量其他变化综合账户。

表 9-2　　机构部门资产物量其他变化综合账户（简表）

资产变化								负债和资产净值变化						
国外	经济总体	NPISH	住户	一般政府	金融公司	非金融公司	其他流量	非金融公司	金融公司	一般政府	住户	NPISH	经济总体	国外
	33	0	0	7	0	26	资产经济出现							
	-11	0	0	-2	0	-9	非生产性非金融资产经济消失							
	-11	0	0	-6	0	-5	巨灾损失							
	0	0	0	5	0	-5	无偿没收							
	2	0	0	0	1	1	未另分类的物量其他变化	0	0	0	1	0	1	
	0	0	0	-4	-2	6	分类变化	0	0	2	0	0	2	
	13	0	0	0	-1	14	物量其他变化合计	0	0	2	1	0	3	
	-7	0	0	-3	-2	-2	生产性非金融资产							
	17	0	0	3	0	14	非生产性非金融资产							
	3	0	0	0	1	2	金融资产							
							由资产物量其他变化引起的资产净值变化	14	-1	-2	-1	0	10	

从表 9-2 可以看出，该经济总体核算期由于资产物量其他变化引起的资产净值增加了 10。其中，资产的变化使资产总量增加 13，而同期由于负债增加了 3，最终导致资产净值增加额为 10。

在资产方增加的 13 中，从资产物量其他变化类型看，资产经济出现增加了 33 个单位

的资产，非生产性非金融资产经济消失和巨灾损失分别造成11个单位的资产减少，而未另分类的物量其他变化使资产增加了2，最终使经济总体物量其他变化共计增加了13个单位的资产。从资产的性质看，13个单位资产的增加分别由生产性非金融资产减少了7，非生产性非金融资产增加了17，以及金融资产增加了3所致。在非生产性非金融资产所增加的17当中，主要靠非金融公司部门增加14。

在核算期所增加的3个单位负债中，分别是由未分类物量其他变化1和分类变化2所引起的。

第三节　持有收益核算

持有收益是指由于价格的变化引起的资产、负债和资产净值变化的价值。持有收益根据界定的标准不同可分为名义持有收益、中性持有收益和实际持有收益。

一、持有收益核算的一般问题

（一）名义持有收益核算的一般问题

一笔特定数量资产的**名义持有收益**是指该笔资产的货币价值随着时间的推移而发生变化为其所有者带来利益的价值。国民经济核算体系规定，持有收益一词在上下文没有明确说明的情况下，持有损益双方都适用。即持有收益可以为正数，表示由于资产价格的变化而带来的收益；持有收益也可以为负数，说明由于资产价格的变化而造成的损失，通常称为持有损失。

非金融资产的名义持有收益，是指因资产价格随时间发生变化而对资产所有者产生的收益价值。

金融资产的名义持有收益，是指该项资产在交易和资产物量其他变化之外发生的价值增加。

负债的名义持有收益，是指该项负债在交易和资产物量其他变化之外发生的价值减少。

名义持有收益可以分解为中性持有收益和实际持有收益。

名义持有收益取决于一段时间内（通常为一年）资产和负债的价格，或更确切地说取决于其货币价值的变化。因为不是所有的资产和负债都具有普通意义上“价格”的市场价格。具体来说，纯粹以货币标价的资产和负债，例如现金和存款并没有可与价格相联系的实际单位，它们每个单位的价格总是一致的，不可能随着时间的推移而改变。因此，它们的名义持有收益始终是0。另外，对于像票据、债券和股票等类型的资产，其有关数量单位就是证券本身，它们的市场价格可以随着时间的推移而改变。因此，必须在广义上使用“价格”一词以包括如现金、存款、贷款等资产和相应负债的单位价格以及常规的市场价格。

核算名义持有收益需要注意以下四个问题。

1. 关于名义持有收益与某些实物资产物质和经济转变引起价值变化关系问题

名义持有收益的测算是根据假定核算期间资产和负债在质量和数量上保持不变的情况下进行的。因此，如生产者持有的，可归因于一段时间内发生某些物质和经济转变的建筑物、设备或存货等实物资产价值的变化不算作持有收益。

2. 关于由于生产受季节影响货物价值提高的问题

某些货物的生产由于受季节变动影响，会使这些货物的价值在一段时间内有所提高。SNA 认为，这种价值提高不应算作持有收益。因为为减少季节影响而储存货物实际上是生产过程的延伸。

3. 关于已实现的名义持有收益和未实现的名义持有收益区分问题

SNA 认为，为充分发挥名义持有收益核算的作用，有必要对核算期已实现的名义持有收益和未实现的名义持有收益做出区分。当有关资产在核算期被出售、赎回、使用或其他方式处置，或者负债被偿还时，持有收益就实现了；反之，如果核算期结束时仍拥有资产或仍没有偿还的负债所产生的收益则为未实现的收益。

4. 关于名义持有收益在不同情况下的估价问题

在核算名义持有收益时，应当根据以下产生名义持有收益的四种不同情况对其进行估价。

1）在整个核算期内都持有的资产的估价

$$\begin{matrix}\text{核算期内应计的}\\\text{名义持有收益}\end{matrix}=\begin{matrix}\text{期末资产负债表}\\\text{中的价值}\end{matrix}-\begin{matrix}\text{期初资产负债表}\\\text{中的价值}\end{matrix}$$

这些资产的价值按在编制资产负债表时要获得它们的价值估价。它们的名义持有收益没有得到实现。

2）在核算期初持有，核算期间被出售的资产的估价

$$\begin{matrix}\text{核算期内应计的}\\\text{名义持有收益}\end{matrix}=\begin{matrix}\text{核算期内实际或估计的}\\\text{处置价值}\end{matrix}-\begin{matrix}\text{期初资产负债表}\\\text{中的价值}\end{matrix}$$

这些资产由于在核算期已经被出售，因此，在期末编制资产负债表时它们的名义持有收益已经实现了。

3）在核算期内获得，并且一直持有到核算期末的资产的估价

$$\text{核算期内应计的名义持有收益} = \text{期末资产负债表中的价值} - \text{实际或估计的获得资产的价值}$$

这些资产由于在核算期末没有被出售，所以它们的名义持有收益没有得到实现。

4）在核算期内获得并处置的同一笔资产的估价

$$\text{核算期内应计的名义持有收益} = \text{资产的实际或估计处置价值} - \text{资产的实际或估计获得价值}$$

这些资产由于在核算期内已经被出售，所以它们的名义持有收益已经实现。

（二）中性持有收益核算的一般问题

中性持有收益是指在不发生交易和资产物量其他变化的情况下，一笔资产为保持其能够交换到与期初相同数量的货物或服务而增加（减少）的价值。它是当一笔资产的价格随着时间的推移，其价值变动幅度与一般物价水平变动幅度相同所形成的持有收益。

如果一笔特定数量的资产，其价格按与其他平均物价相同的幅度变化，不管总的通货膨胀率如何，它的实际价值，即它能换取的其他货物和服务的数量既不增加也不减少。换句话说，中性持有收益是需要始终保持资产的实际价值不变的名义持有收益。

为了计算一笔资产的中性持有收益，最好应该选用一种能覆盖尽可能多的货物、服务和资产的综合物价指数。从理论上讲，最终支出物价指数可以满足这一需要。但由于这种综合指数的取得受到时间的限制，不能很好满足计算一些只持有很短时间的资产所形成的持有收益的需要。因此，SNA 建议可以通过利用消费价格指数（CPI）进行内推或外延，形成一个范围更广的价格指数变动，以便计算中性持有收益。

（三）实际持有收益核算的基本问题

实际持有收益是指一段时期内，在不发生交易和资产物量其他变化的情况下，一笔资产价值增加（降低）超过中性持有收益的数额。

一笔特定数量资产的实际持有收益是该笔资产的名义持有收益和中性持有收益之间的差额。实际持有收益的大小取决于其价格在核算期内相对于用一般物价指数度量的其他平均价格的变动。一笔资产相对价格的提高，会导致一个正值的实际持有收益；反之，一笔资产相对价格的下降，则导致一个负值的实际持有收益。

由于一些资产所有者因实际持有收益而获益，而另一些资产所有者会因实际持有收益遭受损失，因此，实际持有收益会导致实际资产净值在机构单位之间、机构部门之间，甚至国家之间的重大再分配。同时，由于实际持有收益会提高或降低资产所有者的购买力，因此，这种收益也会影响到资产所有者的经济行为。

二、持有收益的计算

（一）名义持有收益的计算

对于名义持有收益的计算，可以根据不同情况分别采用直接法和间接法进行。

1. 直接法

对核算期名义持有收益的计算，不仅要计算由整个核算期持有的资产所产生的名义持有收益，还应包括核算期内由于获得或处置资产而产生的名义持有收益。计算名义持有收益的直接法，就是采用将上述两种名义持有收益直接相加在一起，从而得到核算期内全部名义持有收益的方法。具体公式为：

$$G = (p_n - p_0)q_0 + \sum (p_n - p_t)d_t$$

上式中，G 表示名义持有收益总额，p_n 表示核算期末资产的单位价格，p_0 表示核算期初资产的单位价格，q_0 表示核算期初资产的数量，$(p_n - p_0)q_0$ 表示由核算期持有的期初资产存量产生的名义持有收益，p_t 表示 t 日末资产的单位价格（$t = 0, 1, 2, \cdots, n$），$d_t = q_t - q_{t-1}$，其中，q_t 表示 t 日末持有资产的数量，q_{t-1} 表示 t 日前一日末持有资产的数量，$\sum (p_n - p_t)d_t$ 表示核算期内由获得或处置资产产生的名义持有收益。

2. 间接法

上述直接法公式提供了一定时期内资产名义持有收益总价值的直接定义，也就是名义持有收益是由核算期持有资产产生的名义持有收益和由持有资产数量发生变化而产生的名义持有收益二者之和。由此可见，为了直接计算名义持有收益，保留全部资产获得或处置的时间和价格是十分必要的。但实践中，完整收集这类资料对于大多数机构单位具有一定的困难。

另外，由于交易或物量其他变化与持有收益之间的两重性，可以通过资产负债表中的数据与交易和其他物量变化价值之间的关系，求出名义持有收益。这种计算名义持有收益的方法就是间接法。具体公式为：

$$G = (p_n q_n - p_0 q_0) - \sum p_t d_t$$

上式中，p_nq_n 表示核算期末资产负债表中资产存量的价值，p_0q_0表示核算期初资产负债表中资产存量的价值，$\sum p_td_t$ 表示核算期内发生的交易和物量其他变化价值的总额。

间接法的含义可以表述为，核算期名义持有收益总额必须等于期末资产负债表中资产存量的价值与期初资产负债表中资产存量价值的差额，减去核算期内发生的资产全部交易和物量其他变化的总价值。

在国民经济核算实际操作中，这种间接计算名义持有收益的方法是可行的。当然，为了使恒等式成立，必须严格遵守国民经济核算体系总的估价规则。具体来说，就是资产的所有交易或物量其他变化必须按交易和物量其他变化发生时的通行价格记录；而记录在资产负债表上的资产必须按与这些表相关日期的通行价格估价。

（二）中性持有收益的计算

1. 定义公式

中性持有收益的计算方法是用一期初为基期的综合物价指数乘以资产期初的价格作为价格调整因子，再通过将这一价格调整因子与不同时期实物资产存量相乘后得到不同的资产价值量，然后经过从核算期末资产价值存量中减去期初资产价值量与核算期内发生的交易和物量其他变化的价值后，得到核算期的中性持有收益。这种公式可以称之为中性持有收益的定义计算公式。其计算公式为：

$$NG = (r_np_0q_n - p_0q_0) - \sum r_tp_0d_t$$

式中，NG 表示中性持有收益，r_t表示以 0 日为基期选择的 t 日综合物价指数（$r_0=1$），$r_np_0q_n$表示当资产价格变动与 r_t 变动成比例时，核算期末即 n 日持有资产存量的价值，$\sum r_tp_0d_t$ 表示核算期内发生的交易和物量其他变化的价值。

2. 调整公式

利用上述定义公式计算中性持有收益，需要明确的问题是，尽管 $r_np_0q_n$可以算出，但很难确切算出 $\sum r_tp_0d_t$ 的数据。因为要估价核算期每一时点持有资产的数量，或者每天交易价值的数据是十分困难的。

因此，实践中较为可行的方法是通过调整已知的 $\sum p_td_t$ 价值来估算 $\sum r_tp_0d_t$ 的价值。采用这种方法计算中性持有收益需要用到调整公式。具体做法是，利用综合物价指数的变化率来改变整个核算期内资产价格的变化。即设综合物价指数的变化率为 K

$$K=\frac{\frac{r_n}{r_0}}{\frac{p_n}{p_0}}=\frac{r_n p_0}{p_n}$$

K 作为衡量整个核算期内资产相对价格变化的尺度，必须是一个已知数。期中的相应比率可估算为 $K^{\frac{1}{2}}$，而且这一项可用来乘以 $\sum P_t d_t$，以便使当资产价格在整个核算期内以与综合物价指数相同的比例提高时，求出交易和物量其他变化总价值的估计数。由此，中性持有收益的调整公式为：

$$NG=(KP_n q_n-p_0 q_0)-K^{\frac{1}{2}}p_t d_t$$

计算中性持有收益的调整公式与定义公式的区别在于，用 $K^{\frac{1}{2}}\sum p_t d_t$ 取代了 $\sum r_t p_0 d_t$，用 $Kp_n q_n$ 取代了 $r_n p_0 q_n$，使计算中性持有收益只需掌握与计算名义持有收益相同的信息，再加上整个核算期内资产相对价格变化的信息就可以实现。

（三）实际持有收益的计算

实际持有收益是通过从名义持有收益中减去中性持有收益的价值得到的。若用 RG 表示实际持有收益，则有

$$RG=G-NG$$

三、重估价账户

重估价账户是记录资产所有者所持有的金融和非金融资产在核算期内发生的正值或负值持有收益的账户。账户的基本结构如表 9－3 所示。

表 9－3　　重估价账户

资产持有收益	负债持有收益和资产净值变化
名义持有收益	名义持有收益
非金融资产	
生产性非金融资产	
非生产性非金融资产	
金融资产	负债
	由名义持有收益引起的资产净值变化
中性持有收益	中性持有收益
非金融资产	
生产性非金融资产	
非生产性非金融资产	
金融资产	负债
	由中性持有收益引起的资产净值变化

续表

资产持有收益	负债持有收益和资产净值变化
实际持有收益	实际持有收益
非金融资产	
生产性非金融资产	
非生产非金融资产	
金融资产	负债
	由实际持有收益引起的资产净值变化

重估价账户的记账规则是，资产持有收益无论是正或是负都记录在账户的左方，而负债的持有收益和由持有收益引起的资产净值变化则记录在账户的右方。

重估价账户显示的是产生于资产和负债的名义持有收益。通常的做法是将这些收益分解为中性持有收益和实际持有收益，分别用两个子账户列示。也可以将两个子账户与重估价账户结合在一起，统称为重估价账户。

如同前述的其他账户一样，从经济总体层面考察，将所有机构部门的重估价账户加以综合，即可得到多个机构部门重估价综合账户，具体例子如表 9－4～表 9－6 所示。

表 9－4　　机构部门重估价综合账户

资产变化								负债和资产净值变化						
国外	经济总体	NPISH	住户	一般政府	金融公司	非金融公司	其他流量	非金融公司	金融公司	一般政府	住户	NPISH	经济总体	国外
	280	8	80	44	4	144	非金融资产							
	126	5	35	21	2	63	生产性非金融资产							
	111	5	28	18	2	58	固定资产							
	7		2	1		4	存货							
	8		5	2		1	贵重物品							
	154	3	45	23	2	81	非生产性非金融资产							
	152	3	45	23	1	80	自然资源							
	2				1	1	合约、租约和许可							
							商誉和营销资产							
7	84	2	16	1	57	8	金融资产/负债	18	51	7	0	0	76	15

续表

国外	经济总体	NPISH	住户	一般政府	金融公司	非金融公司	其他流量	非金融公司	金融公司	一般政府	住户	NPISH	经济总体	国外
	12			1	11		货币黄金和特别提款权							12
	0						通货和存款							
4	40	1	6		30	3	债务性证券	1	34	7			42	2
	0						贷款							
3	32	1	10		16	5	股权和投资基金份额/单位	17	17				34	1
	0						保险、养老金和标准化担保计划							
	0						金融衍生产品和雇员股票期权							
	0						其他应收/应付款							
							由名义持有损益引起的资产净值变化	134	10	38	96	10	288	-8

表9-4中有关数据表明，该经济总体由资产价格变化产生的名义持有收益为364，由负债价格变化产生的名义持有损失为76，名义持有收益引起的资产净值变化为288。

在由资产价格变化产生的名义持有收益中，从资产类型看，主要是非金融资产价格变化引起的名义持有收益为280，占全部名义持有收益364的76.9%；从部门结构看，资产价格变化产生的名义持有收益主要由非金融公司部门和住户部门持有资产的价格变化引起的。前者为152，后者为96，分别占名义持有收益的41.8%和26.4%。

在由负债价值变化引起的名义持有损失的76中，主要是由金融公司部门负债价值变化引起的。该部门的名义持有损失为51，占全部名义持有损失76的67.1%。

从部门结构角度分析名义持有收益引起的资产净值变化，由于非金融公司部门的名义持有损失占全部名义持有损失的比重要比其名义持有收益占全部名义持有收益的比重小，住户部门又没有产生名义持有损失，最终使这两个部门的资产净值变化占全部资产净值变化的79.9%（(134+96)/288）。

多个机构部门重估价综合账户可以分解为多个机构部门中性持有收益综合账户和多个机构部门实际持有收益综合账户，分别如表9-5和表9-6所示。

表 9－5　　　　　　　　机构部门中性持有收益综合账户

资产变化　　　　　　　　　　　　　　　　　负债和资产净值变化

国外	经济总体	NPISH	住户	一般政府	金融公司	非金融公司	其他流量	非金融公司	金融公司	一般政府	住户	NPISH	经济总体	国外
	198	6	56	32	3	101	非金融资产							
	121	5	34	20	2	60	生产性非金融资产							
	111	5	28	18	2	58	固定资产							
	4		2	1		1	存货							
	6		4	1		1	贵重物品							
	77	1	22	12	1	41	非生产性非金融资产							
	76		22	12	1	40	自然资源							
	1					1	合约、租约和许可							
							商誉和营销资产							
12	136	3	36	8	71	18	金融资产/负债	37	68	13	5	3	126	22
	16			2	14		货币黄金和特别提款权							16
2	30	2	17	3		8	通货和存款	1	26	2		1	30	2
3	25	1	4		18	2	债务性证券	1	21	4			26	2
1	28			3	24	1	贷款	18		7	3	1	29	
2	26		9		14	3	股权和投资基金份额/单位	14	14				28	
1	7		5		1	1	保险、养老金和标准化担保计划		7				7	1
	0						金融衍生产品和雇员股票期权							
3	4		1			3	其他应收/应付款	3			2	1	6	1
							由中性持有损益引起的资产净值变化	82	6	27	87	6	208	－10

表 9-6　　机构部门实际持有收益综合账户

资产变化								负债和资产净值变化						
国外	经济总体	NPISH	住户	一般政府	金融公司	非金融公司	其他流量	非金融公司	金融公司	一般政府	住户	NPISH	经济总体	国外
	82	2	24	12	1	43	非金融资产							
	5	0	1	1	0	3	生产性非金融资产							
		0	0	0	0	0	固定资产							
	3	0	0	0	0	3	存货							
	2	0	1	1	0	0	贵重物品							
	77	2	23	11	1	40	非生产性非金融资产							
	76	2	23	11	0	40	自然资源							
	1	0	0	0	1	0	合约、租约和许可							
							商誉和营销资产							
-5	-52	-1	-20	-7	-14	-10	金融资产/负债	-19	-17	-6	-5	-3	-50	-7
0	-4	0	0	-1	-3	0	货币黄金和特别提款权	0	0	0	0	0	0	-4
-2	-30	-2	-17	-3	0	-8	通货和存款	-1	-26	-2	0	-1	-30	-2
1	15	0	2	0	12	1	债务性证券	0	13	3	0	0	16	0
-1	-28	0	0	-3	-24	-1	贷款	-18	0	-7	-3	-1	-29	0
1	6	1	1	0	2	2	股权和投资基金份额/单位	3	3	0	0	0	6	1
1	-7	0	-5	0	-1	-1	保险、养老金和标准化担保计划	0	-7	0	0	0	-7	-1
	0	0	0	0	0	0	金融衍生产品和雇员股票期权	0	0	0	0	0	0	0
-3	-4	0	-1	0	0	-3	其他应收/应付款	-3	0	0	-2	-1	-6	-1
							由实际持有损益引起的资产净值变化	52	4	11	9	4	80	2

第十章　资产负债存量核算

【学习目标与要求】

1. 了解国民资产负债的有关概念、分类和核算原则；

2. 掌握资产负债存量核算的内容和方法；

3. 了解资产负债表和资产账户的结构；

4. 掌握在资产负债表中登录每种资产和负债项目的方法；

5. 学会利用国民资产存量核算资料对国民财富、国民财产等有关问题进行分析。

第一节　国民资产负债核算理论

一、资产的定义及其分类

尽管在前面不同章节对资产的定义和分类已经做过阐述，但本章作为资产负债存量核算，在此重新回顾资产的定义，以及用简单的图示方式展示其分类还是十分必要的。

正如前面所述，**资产**是一种价值储备，代表经济所有者在一定时期内通过持有或使用某实体所产生的一次性或连续性经济利益。它是价值从一个核算期向另一个核算期结转的载体。SNA 中所有的资产均为**经济资产**。

依据 SNA 为资产所给出的定义，以及对资产的分类，在此我们可以用图 10－1 展示资产的分类。

- 资产
  - 经济资产
    - 非金融资产
      - 生产资产
        - 固定资产
        - 存货
        - 贵重物品
      - 非生产资产
        - 自然资源
          - 土地
          - 矿藏和能源储备
          - 非培育性生物资源
          - 水资源及其他自然资源
        - 合约、租约和许可
        - 商誉和营销资产
    - 金融资产
      - 货币黄金和特别提款权
      - 通货和存款
      - 债务性证券
      - 贷款
      - 股权和投资基金份额/单位
      - 保险、养老金和标准化担保计划
      - 金融衍生工具和雇员股票期权
      - 其他应收/应付款
  - 非经济资产

图 10－1　资产分类图

二、国民资产负债存量核算的历史沿革

如同其他核算内容一样，要准确地核算国民资产负债存量，首先需要对国民资产负债核算的理论及其核算的历史发展有所了解。

国民资产负债存量核算自产生之日起发展至今，经历了近 400 年的发展演进过程。

国民资产负债存量核算的起源最早可以追溯到 17 世纪英国对国民财富所进行的估算。17 世纪初，英国海关总监曾在《大不列颠商人》上发表了关于 1600 年英国国民财富估算结果。此后，W. 配第和 G. 金于 17 世纪中叶也对英国的国民财富进行了估算。从 17 世纪初到 19 世纪末，国民财富的估算一直受到多国政府的重视，例如，英国在此期间就该国的国民财富进行过 20 次的估算，法国更是多达 38 次。再如，美国普查局从 19 世纪中叶就开始了每隔 10 年一次的国民财富普查，此项工作一直持续到 1922 年。

西方各国对国民财富的估算不仅为各自政府提供了国家所拥有财富的信息，也为国民资产负债存量核算的产生奠定了基础。

1936 年，美国学者迪金森和伊金在其共同发表的《国民经济资产负债表》一文中，首次提出把企业资产负债表的技术应用于国民经济的构想。此后，美国耶鲁大学教授

R. W. 戈德史密斯在 1956 年出版的三卷本《美国储蓄研究》一书中，分别采用现行价格和 1923 年不变价格估算了美国 1896—1949 年的国民财富，并编制了国民资产负债表。1962 年，戈德史密斯又出版了《战后时期的美国国民财富》一书，又将对美国国民财富的估算扩展到 1958 年，并详尽分析和说明了其估算的结果。1964 年在 J. W. 肯德里克教授主持下，美国经济研究局财富存量专题小组发表了《国民财富计量》的研究报告，系统阐述了国民财富计量的理论和方法。

上述有关国民资产负债存量估算理论和实践的发展，都为其纳入国民经济核算体系创造了条件。

1953 年，当联合国颁布《国民经济核算及其辅助表》，即 SNA1953 时，就提出将分部门资产负债表纳入到完整的国民经济核算体系的设想。经过十几年的研究，当联合国于 1968 年修订 SNA 时，便正式将国民资产负债存量核算纳入整个国民经济核算体系。1993 年，联合国进一步修订和颁布了新的《国民经济核算体系》，即 SNA1993，又将核算资产负债变动的内容纳入到国民经济核算体系中来，并为此设立了资产其他变化账户。自此，SNA 就成为一个既包括经济流量核算，又包括经济存量核算的完整核算体系，为把经济流量与经济存量结合起来进行各种经济分析，决策部门制定各种经济政策提供了更加广泛的和现实的数据基础。SNA2008 有关资产负债核算仍保持了 SNA1993 的核算框架，除个别核算内容做了调整外，整体核算内容与结构没有进行大的变动。

三、国民资产负债存量核算在 SNA 中的地位

国民财富是指一个国家或地区在一定时点上所拥有的自然资源、人力资源、社会资源①和国民资产负债的总合。

从上述国民财富的概念可知，国民资产负债存量状况是国民财富的重要组成部分。从理论上讲，国民经济核算体系应当将国民财富的全部内容纳入其中，但在实践上，由于对自然资源和人力资源存在着估价等方面的困难，目前的 SNA 只能单独将国民资产负债核算纳入到核算体系中，而将其余两项内容作为核算中心框架以外的附属核算处理。

SNA 引入资产负债存量核算内容既是经济发展的必然，也是构成完整国民经济核算体系所必需的。

首先，从内容上看，将经济交易流量核算和存量核算结合起来，可以使核算体系既反

① 联合国等国际组织的《国民账户体系（2008）》尽管在有关国民财富所包括的内容中提到了“社会资源”，但并未对其进行更详细的阐述。

映经济运行过程，也反映经济运行结果，使核算体系得以完整。

其次，从核算方法看，国民资产负债存量核算与生产核算、收入分配和使用核算、积累核算、国外核算等在资料上相互衔接和联系，可以相互利用、补充和验证。

因此，国民资产负债存量核算在 SNA 中占有十分重要的地位，是国民经济核算体系不可或缺的重要组成部分。

第二节　资产负债存量核算

资产负债存量核算是指对经济主体在一定时点上（通常为期初或期末）所拥有的资产和负债价值的核算。

一、资产负债存量核算的地位和作用

资产负债存量核算是国民经济核算体系的重要组成部分。一个完整的国民经济核算体系不仅要有流量核算，还要包括存量核算。换言之，如果一个国民经济核算体系缺少了资产负债存量核算的话，就不能认为是完整的。这主要是因为，任何一个经济体的经济循环过程，都可划分为运行的起点、运行过程和运行结果三个部分。运行起点和运行结果的资产数量表现分别为初始资产存量和期末资产存量。运行过程则表现为各种货物、服务和资产流量。初始资产存量是本期经济运行的基本条件，期末资产存量既是前期和本期经济运行的结果，又是下一个经济循环的条件。由此形成如图 10－2 所示的经济运行条件、过程和结果三者之间的关系。

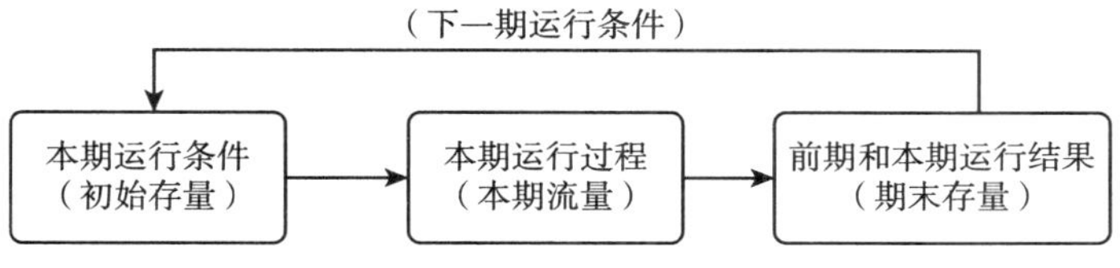

图 10－2　经济运行条件、过程和结果关系图

显然，资产负债存量核算是对一个完整经济循环过程两端的核算，它在国民经济核算体系的地位可见一斑。

资产负债存量核算的作用主要体现在以下几个方面。

第一，就机构单位或机构部门而言，资产负债存量核算为其提供了经济状况指标，即用资产净值概括反映了供其可支配的非金融资源和金融资源。就整个经济总体而言，资产负债存量反映了一国的国民财产——非金融资产和对外净债权之和。

第二，期末资产负债存量核算使整个核算过程得以终结。核算指标显示了生产、收入分配和使用以及积累等所有核算的最终结果。就每一种资产而言，下述核算的恒等式把期初资产负债核算和期末资产负债核算联结在一起。

$$\text{期初资产负债存量价值}+\left(\text{核算期间获得的资产价值总值}-\text{核算期间处置的资产价值总值}\right)+\text{核算期间持有资产其他物量变化的资产净值}+\text{核算期间名义持有收益资产净值}=\text{期末资产负债存量价值}$$

第三，将资产负债存量核算结果与流量核算结果结合在一起，可以为分析人员在监测和评价经济、金融条件和行为时提供更多的信息。例如，在研究决定住户行为的因素时，消费和储蓄函数常常已包括财富变量，以反映耐用品磨损、淘汰等一类因素对住户购买模式的影响。

二、资产负债存量核算的估价原则和方法

估价资产负债存量价值的总原则是，按编制资产负债表时的现行市场价格估价资产、负债和资产净值，而且交易双方按同一价格估价。

通常可采用如下方法获取现行市场价格：（1）最理想的是能够得到与所核算的同类资产和负债的可观察的市场价格。一般来说，这种价格是生产者、投资者、消费者或其他经济机构决策的基础；（2）当所要核算的资产负债因近期市场上未有同类资产交易而无法得到可观察的市场价格时，可以设法通过计算该类资产市场交易的平均价格来估算。

除上述两种方法外，在某些情况下还可以采取以下两种方法得到近似的现期价格：一种方法是通过对所核算的资产有效期内累加和重估价该资产的获得减处置，这种方法适用于那些价值下降的资产，如购买的商誉等无形资产和固定资产等；另一种方法是根据给定资产的预计的未来经济利益的贴现价值来获得该类资产近似的市场价格，此种方法适用于那些延迟资产如林木或在长期内分布的资产，如地下矿产资源等。

三、资产负债表和资产账户

（一）资产负债表的概念和种类

资产负债表是在特定时点编制的，记录一个机构单位或一组机构单位所拥有的资产价

值和承担的负债价值的报表。

资产负债表如果按编表的主体范围不同，可以分为机构单位资产负债表、机构部门资产负债表和经济总体资产负债表。

资产负债表如果按编表的时间不同，可以分为期初资产负债表、资产负债变化表和期末资产负债表。

就一个机构单位或机构部门或经济总体而言，其资产负债表是由期初资产负债表、资产负债变化表和期末资产负债表等一系列资产负债表所组成。

（二）资产负债表的基本结构

无论哪种资产负债表，其基本结构如表 10－1 所示。

表 10－1　　资产负债表

资　产	负债和资产净值
非金融资产	
非金融生产资产	
固定资产	
存货	
贵重物品	
非金融非生产资产	
自然资源	
合约、租约和许可	
商誉和营销资产	
金融资产	负债
货币黄金和特别提款权	货币黄金和特别提款权
通货和存款	通货和存款
债务性证券	债务性证券
贷款	贷款
股权和投资基金份额/单位	股权和投资基金份额/单位
保险、养老金和标准化担保计划	保险、养老金和标准化担保计划
金融衍生工具和雇员股票期权	金融衍生工具和雇员股票期权
其他应收账款	其他应付账款
	资产净值

从表 10－1 的表现形式可以看出，资产负债表采用了与积累账户相同的结构，左方记录资产，右方记录负债和资产净值。其中，资产净值作为资产负债表的平衡项，被界定为机构单位或机构部门或经济总体拥有的所有非金融资产和金融资产的价值减其所有未偿还负债价值的余额。

（三）包含资产变化的期初、期末资产负债表

SNA 在单一资产负债表基础上，设计了一种包含资产变化在内的期初和期末资产负债

表。这种表分为以下三个部分：首先从记录期初资产负债表（与上一个核算期末资产负债表一致）开始，中间为反映核算期内生产账户、收入分配和使用账户以及积累账户中资产和负债变化结果的资产负债表，最后为期末资产负债表。三部分的关系为，期初资产负债表中各项指标数值加上资产和负债变化表中各相应指标数值，等于期末资产负债表中各相应指标数值。

从经济总体层面看，将多个部门的期初资产负债表、资产负债变化表和期末资产负债表加以汇总，便形成了分别如表 10－2～表 10－4 所示的机构部门资产负债综合表。

表 10－2　　机构部门期初资产负债综合表

资产								负债和资产净值						
国外	经济总体	NPISH	住户	一般政府	金融公司	非金融公司	其他流量	非金融公司	金融公司	一般政府	住户	NPISH	经济总体	国外
	4621	159	1429	789	93	2151	非金融资产							
	2818	124	856	497	67	1274	非金融生产资产							
	2579	121	713	467	52	1226	固定资产							
	114	1	48	22		43	存货							
	125	2	95	8	15	5	贵重物品							
	1803	35	573	292	26	877	非金融非生产资产							
	1781	35	573	286	23	864	自然资源							
	22			6	3	13	合约、租约和许可							
							商誉和营销资产							
805	8231	172	3260	396	3421	982	金融资产/负债	3221	3544	687	189	121	7762	1274
	770			80	690		货币黄金和特别提款权						0	770
105	1482	110	840	150		382	通货和存款	40	1281	102	10	38	1471	116
125	1263	25	198		950	90	债务性证券	44	1053	212	2		1311	77
70	1384	8	24	115	1187	50	贷款	897		328	169	43	1437	17
345	2614	22	1749	12	551	280	股权和投资基金份额/单位	1987	765	4			2765	203
26	470	4	391	20	30	25	保险、养老金和标准化担保计划	12	435	19		5	471	25
0	21	0	3	0	13	5	金融衍生产品和雇员股票期权	4	10				14	7
134	227	3	55	19		150	其他应收/应付款	237		22	8	35	302	59
							资产净值	－88	－30	498	4500	210	5090	－469

表 10－2 机构部门期初资产负债综合表的国内资产净值部门结构表明，住户部门是拥有国民财产最多的部门，该部门的资产净值为 4500，占资产净值总额 5090 的 88.41%；其次是政府部门为 498，占资产净值总额的 9.78%；而非金融公司部门和金融公司部门的资产净值均为负值，表明它们在上一个核算期都是在负债经营。国外部门的资产净值为－469，表明国内在核算期初对国外拥有 469 的净金融债权。

表 10－3　　机构部门资产负债变动综合表

资产变化								负债和资产净值变化						
国外	经济总体	NPISH	住户	一般政府	金融公司	非金融公司	其他流量	非金融公司	金融公司	一般政府	住户	NPISH	经济总体	国外
	482	11	116	57	－2	300	非金融资产							
	294	7	67	29	－4	195	生产性非金融资产							
	246	7	53	23	－2	165	固定资产							
	32	0	4	1	0	27	存货							
	16	0	10	5	－2	3	贵重物品							
	188	4	49	28	2	105	非生产性非金融资产							
	180	4	48	26	1	101	自然资源							
	8	0	1	2	1	4	合约、租约和许可							
	0	0	0	0	0	0	商誉和营销资产							
54	523	4	205	－9	230	93	金融资产/负债	157	224	102	16	6	505	72
1	11	0	0	1	10	0	货币黄金和特别提款权							12
11	89	2	64	－26	10	39	通货和存款	0	65	37	0	0	102	－2
13	126	0	16	4	96	10	债务性证券	7	64	45	0	0	116	23
4	78	0	3	3	53	19	贷款	21	0	9	11	6	47	35
15	141	1	76	3	44	17	股权和投资基金份额/单位	100	39	2	0	0	141	15
0	49	0	39	1	8	1	保险、养老金和标准化担保计划	0	48	0	1	0	49	0
0	14	0	3	0	8	3	金融衍生产品和雇员股票期权	3	8	0	0	0	11	3
10	15	1	4	5	1	4	其他应收/应付款	26	0	9	4	0	39	－14

续表

国外	经济总体	NPISH	住户	一般政府	金融公司	非金融公司	其他流量	非金融公司	金融公司	一般政府	住户	NPISH	经济总体	国外
							资产净值的变化	236	4	-54	305	9	500	-18
							储蓄和资本转移	88	-5	-90	210	-1	202	-10
							资产物量其他变化	14	-1	-2	-1	0	10	
							名义持有损益	134	10	38	96	10	288	-8
							中性持有损益	82	6	27	87	6	208	-10
							实际持有损益	52	4	11	9	4	80	2

表10－3机构部门资产负债变化综合表反映的是各机构部门及经济总体本期经济活动的资产流量和形成的积累成果。从资产方看，本期一个完整的经济循环下来，整个经济体共发生的资产变化结果为1059，其中，非金融资产为482，金融资产为577。从负债方看，本期发生的负债也为577。资产变化合计与负债变化合计相抵后的资产净值为482，再加上对国外部门拥有的18净金融债权，国内经济总体资产变化最终的结果为500。这一结果是在期初资产净值5090的基础上，经过本期经济运行后所积累下来的。

从资产净值的构成项目可以发现，本期500的资产净值主要由储蓄和资本转移、资产物量其他变化，以及名义持有收益三个因素引起的。储蓄和资本转移引起的资产净值变化数额为202，对资产净值变化总额的贡献率为40.40%；由资产物量其他变化引起的资产净值变化数额为10，对资产净值变化总额的贡献率为2.00%；名义持有收益引起的资产净值变化为288，对资产净值变化总额的贡献率为57.60%。在名义持有收益引起资产净值变化的288中，有208是由中性持有收益引起的，占名义持有收益引起资产净值变化的72.22%，说明核算期各类资产价格上涨的普遍程度。

表10－4　　机构部门期末资产负债综合表

资产　　　　负债和资产净值

国外	经济总体	NPISH	住户	一般政府	金融公司	非金融公司	其他流量	非金融公司	金融公司	一般政府	住户	NPISH	经济总体	国外
	5103	170	1545	846	91	2451	非金融资产							
	3112	131	923	526	63	1469	生产性非金融资产							
	2825	128	766	490	50	1391	固定资产							
	146	1	52	23	0	70	存货							

续表

国外	经济总体	NPISH	住户	一般政府	金融公司	非金融公司	其他流量	非金融公司	金融公司	一般政府	住户	NPISH	经济总体	国外
	141	2	105	13	13	8	贵重物品							
	1991	39	622	320	28	982	非生产性非金融资产							
	1961	39	621	312	24	965	自然资源							
	30	0	1	8	4	17	合约、租约和许可							
	0	0	0	0	0	0	商誉和营销资产							
859	8754	176	3465	387	3651	1075	金融资产/负债	3378	3768	789	205	127	8267	1346
1	781	0	0	81	700	0	货币黄金和特别提款权							782
116	1571	112	904	124	10	421	通货和存款	40	1346	139	10	38	1573	114
138	1389	25	214	4	1046	100	债务性证券	51	1117	257	2	0	1427	100
74	1462	8	27	118	1240	69	贷款	918	0	337	180	49	1484	52
360	2755	23	1825	15	595	297	股权和投资基金份额/单位	2087	804	6	0	0	2897	218
26	519	4	430	21	38	26	保险、养老金和标准化担保计划	12	483	19	1	5	520	25
0	35	0	6	0	21	8	金融衍生产品和雇员股票期权	7	18	0	0	0	25	10
144	242	4	59	24	1	154	其他应收/应付款	263	0	31	12	35	341	45
							资产净值	148	-26	444	4805	219	5590	-487

表10-4机构部门的期末资产负债综合表，揭示了各部门及经济总体前期和本期经济运行的最终结果。从资产存量看，非金融资产由期初的4621和经过本期积累482，期末达到5103，比期初增长了10.43%；金融资产由期初的8231和经过本期积累523，期末达到8754，比期初增长了6.35%。可见，金融资产的增长幅度慢于非金融资产。资产净值由期初的5090，加上本期积累的500，最终达到期末的5590。核算期末资产净值比核算期初资产净值多出9.82%，表明国民财产增长的幅度。

（四）资产账户

SNA2008除了编制资产负债表外，还设计了一个资产账户，用以反映经济中所有机构单位、机构部门或经济总体所持有的同类资产和负债的价值。

经济总体资产账户的结构如表 10－5 所示。

表 10－5　　经济总体的资产账户

	期初资产负债表	资本和金融账户	资产物量其他变化账户	重估价账户			期末资产负债表
				名义持有收益	中性持有收益	实际持有收益	
非金融资产	4621	192	10	280	198	82	5103
生产资产	2818	175	－7	126	121	5	3112
固定资产	2579	137	－2	111	111	0	2825
住宅							
其他建筑和构筑物							
机器和设备							
武器系统							
培育性生物资源							
知识产权产品							
存货	114	28	－3	7	4	3	146
贵重物品	125	10	－2	8	6	2	141
非生产资产	1803	17	17	154	77	77	1991
自然资源	1781	17	11	152	76	76	1961
土地							
矿产和能源储量							
非培育性生物资源							
水资源							
其他自然资源							
合约、租约和许可	22	0	6	2	1	1	30
商誉和营销资产	0	0	0	0	0	0	0
金融资产	8231	436	3	84	136	－52	8754
货币黄金和 SDR_S	770	－1	0	12	16	－4	781
通货和存款	1482	89	0	0	30	－30	1571
债务性证券	1263	86	0	40	25	15	1389
贷款	1384	78	0	0	28	－28	1462
股票和投资基金份额/单位	2614	107	2	32	26	6	2755
保险、养老金和标准化担保计划	470	48	1	0	7	－7	519
金融衍生工具和雇员股票期权	21	14	0	0	0	0	35

续表

	期初资产负债表	资本和金融账户	资产物量其他变化账户	重估价账户			期末资产负债表
				名义持有收益	中性持有收益	实际持有收益	
其他应收/应付款	227	15	0	0	4	-4	242
金融负债	7762	426	3	76	126	-50	8267
货币黄金和 SDR_S	0	0	0	0	0	0	0
通货和存款	1471	102	0	0	30	-30	1573
债务性证券	1311	74	0	42	26	16	1427
贷款	1437	47	0	0	29	-29	1484
股票和投资基金份额/单位	2756	105	2	34	28	6	2897
保险、养老金和标准化担保计划	471	48	1	0	7	-7	520
金融衍生工具和雇员股票期权	14	11	0	0	0	0	25
其他应收/应付款	302	39	0	0	6	-6	341
资产净值	5090	202	10	288	208	80	5590

表 10-5 给出了一套资产账户的数列。其中，同类资产的期初和期末存量数据分别与表 10-2 和表 10-4 相同，但比资产负债表采用了更详细的分类。此外，在列标题中还增加了资本和金融账户、资产物量其他变化账户和重估价账户等列，以登录相应账户中各类资产的变化情况。

资产账户与资产负债表另一个不同的方面是，由于资产账户着重考察常住单位所持有的特定资产和负债的状况，因而没有包括对国外持有资产的记录。如果想了解国外部门所持有的特定资产和负债情况，可以通过比较相同金融工具下的金融资产和负债数据，就可以推算出它们的差额。例如，在资产账户的期初资产负债数据中，对应通货和存款的金融资产是 1482，负债为 1471，由此即可推出国外对该经济体有 11 的净负债。这个数值可以通过资产负债表中国外的资产头寸是 105，负债的头寸是 116 得以验证。

在资产账户中，某类资产的期初资产负债和期末资产负债之间，可以通过以下恒等式连接起来：

$$\begin{matrix}\text{期初某类资产}\\\text{存量价值}\end{matrix}+\left(\begin{matrix}\text{核算期通过交易获得}\\\text{同类资产全部价值}\end{matrix}-\begin{matrix}\text{处置同类资产}\\\text{全部价值}\end{matrix}\right)$$

$$+\text{持有这些资产的物量其他变化价值}$$

$$+\text{这些资产因价格变化而产生的名义持有收益价值}$$

$$=\text{期末同类资产存量价值}$$

资产账户相对于资产负债表，具有其一定的特殊用途。例如，在环境核算中，资产账户可以专门反映某类资产的使用是否可持续。再如，在金融统计中，就要描述针对某种单一金融资产所进行的评估等。

四、资产负债表中的登录

（一）生产资产的登录

1. 固定资产的登录

登录固定资产的一般原则是，应当按照相同技术规格和年龄的资产在市场中的通行价格进行估价。在实际中，如果无法获得所登录固定资产的详细信息，必须求助于其他方法进行估价。最通行的估价方法如下：

某项固定资产期末价值 = 资产负债表期初（或获得新资产的时间）价值 + 核算期内资产的重估价因素 − 核算期内估算的（固定资本消耗 + 任何其他物量变化和处置价值）

具体到以下各项重点核算内容，应当分别按以下方法估价或登录。

1）固定资本消耗价值的计算

在计算固定资本消耗价值时，即使得不到完全的市场信息，也要对该资产价格的下降进行假设，并应当用部分信息检查该假设是否与此相一致。

在估算固定资本消耗时，还必须将与这些资产有关的所有权转移的购买者成本的价值下降包括在内。

2）住宅和其他建筑物、构筑物的估价

对于住宅的估价，需要用从新住宅销售和现有房屋销售中所获得的信息来进行。但是，由于房屋价格在相当大程度上与该时期内所出售房屋的位置和地形有关，因而所获得的信息可能无法充分覆盖所有区域。在此情况下，就需要利用永续盘存法的测算技术进行估算。

SNA 建议，对于许多其他结构较为特殊的建筑物和构筑物的测算，也要采用永续盘存法的测算技术。

3）土地改良价值的估算

对于土地改良的价值，应当按最初实施改良的价值记录，并要对其进行适当的重估价。土地改良的价值永远等于土地在未改良或天然状态时的价值与改良后价值的差。

4）现有汽车、飞机及其他运输工具价值的估算

对现有汽车、飞机及其他运输工具的价值，可以根据从市场上搜集有足够的代表性的

价格对这些存量进行估价。

5）生产中被连续使用的牲畜和培育树木的估价

对于那些在生产中年复一年被连续使用的牲畜，应当以某一年度该动物的购买者现价为基础进行估价。

对于那些培育的树木（包括灌木）等资产的价值，并不适合用购买者现价进行估价，而应当以累积资本形成的经过减记后的现行价值进行记录。

6）研发支出的估价

对于研发支出的估价，可以分为两种情况：如果是根据合同实施的研发支出，则以合同价格进行估价；如果是自行开展的研发，就要按照累计成本进行估价。无论是哪种估价都需要考虑因价格变化而增加，或因资产随着寿命而产生的固定资本消耗而减少。

7）矿藏勘探和评估的估价

对于矿藏勘探和评估的估价，也要分为两种情况：对于根据合同所进行的藏勘探和评估，要以合同支付给其他机构单位的总额为基础进行估价；如果是自己进行的勘探，就以所发生的费用为基础进行估价。这些费用应当包括勘探活动中所使用固定资本的回报。对于在过去勘探中发生的、还未全部核销的那部分费用，应以现期价格和费用进行重估价。

8）知识产权产品的估价

对于知识产权产品的原作，如计算机软件和娱乐、文学或艺术原创等，应当基于其最初成本的经减记的价值，以现期价格进行重估价。由于这些原作通常是作者自己创作的，它们的最初成本可以用发生费用之和来估算。其中包括生产中使用的固定资产的资本回报。如果不能采用这一方法，可以通过原作之未来收益的净现值进行估算。

2. 存货的登录

对资产负债表中存货价值的登录，通常是用资产负债表编表日期的价格，而不是用产品进入存货时的价格进行估价。具体分为以下几种情况：（1）材料和用品存货按购买者价格估价；（2）制成品和在制品存货按基本价格估价；（3）批发商和零售商准备转销，不再加工的货物存货按购买它们的价格，剔除批发商和零售商的运输费用后进行估价；（4）人类活动培育的，正在生长的一次性庄稼（包括林木）和为屠宰而饲养的牲畜也视为在制品存货。估价正在生长的林木的方法是在扣除把林木培育成熟、伐木等的费用后，把未来销售林木的收益折算成现期价值。其他庄稼和牲畜可以参考此类产品的市场价格估价。

3. 贵重物品的登录

对于诸如艺术品、古董、宝石等珍贵物品在资产负债表中的登录，应按资产负债表有关日期的实际购买价格，包括代理人的手续费或佣金来估价。

（二）非生产资产的登录

1. 自然资源的登录

1）土地价值的登录

根据土地的定义，土地的价值原则上不包括土地改良的价值和建在土地之上的建筑物的价值。

对于土地价值的登录，应按与资产负债表时间有关的土地新所有者支付的价格估价。按照惯例，这种价格不包括所有权转移费用。

2）矿产和能源储备的登录

地下矿产和能源储备的价值通常由该资产的商业性开发的预计净收益的当前价值来决定。但由于地下资产的所有权很少通过市场交易经常改变，因此，通常情况下要获得适合的市场价格存在一定困难。为此，实践中可以使用资产所有者在自己会计核算中使用的价格进行估价。

3）非培育性生物资源、水资源及其他自然资源的登录

对于那些被认为有经济价值而包含在资产负债表中的非培育性生物资源、水资源及其他自然资源（不含与其相应的土地）的价值，由于无法获得可观测到的价格，通常是通过预期未来收益的现值进行估价。

2. 合约、租约和许可的登录

对于合约、租约和许可等这类资产，SNA 建议只在资产价值较大且可以认定、并有必要的合适市场价格时才进行记录。一旦超出合同协议时间，该资产便不复存在，因此，其价值应该随着合同剩余期限的缩短而下降。

3. 商誉和营销资产的登录

对商誉和营销资产，记录在资产负债表的是企业被接收或营销资产被出售时出现在金融账户上的摊销后价值，并且对这些记录不进行重估价。

（三）金融资产和负债的登录

对于金融资产和负债，一旦它们在有组织的金融市场上进行经常性交易，在资产负债表上登录时就按其现期的市场价格来估价，不在有组织的金融市场上交易的金融债权，应当按债务人为清偿债务必须向债权人支付的金额估价。无论是登录债权还是登录债务，它们的价格都不包括交易时对服务所支付的服务收费、酬金、委托金和其他类似

费用等。

1. 货币黄金和特别提款权的登录

货币黄金按在有组织的市场上形成的价格或中央银行之间双边协议确立的价格进行估价和登录。

特别提款权的价值根据国际货币基金组织货币篮子每日决定的情况估价，并且通过从外汇市场价格中获得的对本币的汇率进行登录。

2. 通货和存款的登录

对于通货，应当按其名义价值或面值进行估价。对于存款，则按债权人和债务人资产负债表中记录的价值登录。

3. 债务性证券的登录

无论是短期证券，还是长期证券或是指数化债务证券，都应按照其当期的市场价值进行估价。

对于那些以某种外币为参照而被指数化的债务工具的本金和息票，应当将该项债券视同是由该外币表示的，并按资产负债表编制日的中间点汇率将外币兑换为本币处理。

4. 贷款的登录

登录在资产负债表中的贷款价值，既包括未偿付的本金数额，也包括已产生但未付的利息，以及间接测算的由该项债务所承担的已产生但未付的服务费用的数额（银行利息与SNA 利息的差）等。

5. 股权和投资基金的登录

1）股权的登录

对于上市股票，在资产负债表中应当以现期价格进行登录。

对于未上市股票，在无法获得其市场价值时，可以根据不同情况从下述方法中选择一种适宜的方法进行估算。这些方法包括近期交易价格法、净资产价值法、现值/市盈率法、统计人员根据宏观信息调整企业账面价值法、自有资金账面价值法和摊销全球价值法等[①]。

对于其他股权，应当用资产的价值减去负债后的净值进行估价。

2）投资基金份额/单位的登录

对于上市基金份额，应当采用基金份额的市场价格估价。未上市基金份额则可从上述未上市股权估价方法中选择某一种方法进行估价。

① 这些方法的具体含义可以参阅《国民账户体系2008》第13章，第13.71小节。

6. 保险、年金、养老金、以及标准化担保计划的登录

1）非寿险专门准备金的登录

登录在资产负债表中的非寿险准备金数额，包括编制资产负债表当日未满期保费和为弥补未决赔款而留出的数额。后者是处理索赔所预备支付的数额，包括有争议的索赔，以及意外索赔金额等，它假定这些会发生只是尚未报告。

2）寿险和年金权益的登录

作为存量价值登录在资产负债表中的寿险和年金权益的数额与非寿险专门准备金类似，都表示有足够多的准备金以弥补所有未来的索赔。然而，对于寿险，准备金数额则相当大，它代表了所有预期索赔的现期价值。

3）养老金权益的登录

在登录养老金权益时，应当根据养老金权益所包括的不同内容采用不同的方法。具体说，对于养老金数额是事先商定的，应当采用养老金提供者负债的精算估计值登录；对于养老金数额由从未来养老金缴款中获得金融资产的投资绩效决定的，应当按未来收益人的养老金持有金融资产的市场价值登录。

4）标准化担保下代偿准备金的登录

记录在资产负债表中的标准化担保下代偿准备金，应当按现有担保索赔的预期水平减去任何预期收回后所得的数额估价。

7. 金融衍生工具和雇员股票期权的登录

在资产负债表中所登录的金融衍生工具的价值，原则上按其市场价值进行估价。当无法得到市场价值时，可以采用诸如期权模型或现值等方法估价。

1）期权的登录

在资产负债表中，期权如果能得到现期价值，就应当以期权的现期价值估价，或以应付权利金的数额估价。负债应记入期权卖方所在的部门，表示收购持有者期权的现期成本或持有收益的增加。

2）远期合约的登录

远期合约以市场价值记录。当支付实现后，资产及相应负债的价值被分期清偿，并随后反映在资产负债表编表日期的价值中。

3）雇员股票期权的登录

雇员股票期权（ESO_s）应根据所授予的权益工具的公允价值进行估价。对于权益工具的公允价值，应利用在授予日已交易的期权同等的市场价值（如果可以得到的话）进行测算，或利用一个期权定价模型（二项式模型或 Black - Scholes 模型）进行测算。

8. 其他应收/应付款的登录

对于其他应收或应付项目（如税、红利、地租、工资和薪金、社会缴款），无论是债权人还是债务人，都应按债务清偿时债务人有合同义务向债权人支付的本金额估价。除了产生于债券上的利息因作为该项资产的价值增长记录外，产生于其他应收/应付款上的利息应包括在其他应收/应付款内。

（四）资产净值的登录

资产负债表中所登录的资产净值，就是编制资产负债表当日所有金融资产和非金融资产与所有负债的差额。为了准确计算净值，SNA 强调必须分开确定和估价每一资产和每一负债的价值。

五、我国资产负债表

（一）资产负债表的基本结构

《中国国民经济核算体系（2016）》的资产负债表是由期初资产负债表、资产负债交易变化表、资产负债其他变化表和期末资产负债表等一组共包括四张表组成的体系。每张资产负债表的基本结构与资金流量表的结构相似，也是采用资产和负债项目 × 机构部门的二维矩阵平衡表的形式。具体的结构为，表的主栏分别列出资产、负债及其相关项目；表的宾栏包括机构部门、经济总体、国外和合计。我国期初（末）资产负债表和两张资产负债变化表的具体表式结构分别如表 10－6 至表 10－8 所示。

表 10－6　　　　我国期初（末）资产负债表

	非金融企业部门	金融机构部门	广义政府部门	NPISH部门	住户部门	经济总体	国外	合计
1. 资产								
非金融资产								
生产资产								
固定资产								
住宅								
其他建筑构筑物								
机器和设备								
培育性生物资源								

续表

	非金融企业部门	金融机构部门	广义政府部门	NPISH部门	住户部门	经济总体	国外	合计
知识产权产品								
存货								
贵重物品								
非生产资产								
金融资产								
通货								
存款								
贷款								
股权和投资基金份额								
债务性证券								
保险准备金和社会保险基金权益								
金融衍生品和雇员股票期权								
国际储备								
其他								
2. 负债								
通货								
存款								
贷款								
股权和投资基金份额								
债务性证券								
保险准备金和社会保险基金权益								
金融衍生品和雇员股票期权								
国际储备								
其他								
3. 资产净值								

注：本表摘自：中华人民共和国国家统计局．中国国民经济核算体系（2016）[M]．北京：中国统计出版社，2017.

表 10－7　　我国资产负债交易变化表

	非金融企业部门	金融机构部门	广义政府部门	NPISH部门	住户部门	经济总体	国外	合计
1. 资产								
非金融资产								
生产资产								

续表

	非金融企业部门	金融机构部门	广义政府部门	NPISH部门	住户部门	经济总体	国外	合计
固定资产								
住宅								
其他建筑构筑物								
机器和设备								
培育性生物资源								
知识产权产品								
存货								
贵重物品								
非生产资产								
金融资产								
通货								
存款								
贷款								
股权和投资基金份额								
债务性证券								
保险准备金和社会保险基金权益								
金融衍生品和雇员股票期权								
国际储备								
其他								
2. 负债								
通货								
存款								
贷款								
股权和投资基金份额								
债务性证券								
保险准备金和社会保险基金权益								
金融衍生品和雇员股票期权								
国际储备								
其他								
3. 资产净值								

注：本表摘自：中华人民共和国国家统计局．中国国民经济核算体系（2016）[M]．北京：中国统计出版社，2017．

表 10－8　　　　　　　　　　我国资产负债其他变化表

	非金融企业部门	金融机构部门	广义政府部门	NPISH部门	住户部门	经济总体	国外	合计
1. 资产								
非金融资产								
生产资产								
固定资产								
住宅								
其他建筑构筑物								
机器和设备								
培育性生物资源								
知识产权产品								
存货								
贵重物品								
非生产资产								
金融资产								
通货								
存款								
贷款								
股权和投资基金份额								
债务性证券								
保险准备金和社会保险基金权益								
金融衍生品和雇员股票期权								
国际储备								
其他								
2. 负债								
通货								
存款								
贷款								
股权和投资基金份额								
债务性证券								
保险准备金和社会保险基金权益								
金融衍生品和雇员股票期权								
国际储备								
其他								
3. 资产净值								

注：本表摘自：中华人民共和国国家统计局．中国国民经济核算体系（2016）［M］．北京：中国统计出版社，2017.

（二）资产负债表中的主要平衡关系

1. 四张资产负债表之间的关系

$$\text{期末资产(负债)存量} = \text{期初资产(负债)存量} + \text{资产(负债)交易变化价值} + \text{资产(负债)其他变化价值}$$

2. 一个机构单位、机构部门或经济总体内部某类金融资产和负债

$$\text{资产净值} = \text{资产} - \text{负债}$$

3. 国内各机构部门与国外之间，期初或期末某类金融资产和负债

$$\sum \text{国内各机构部门金融资产} + \text{国外持有的中国金融资产}$$
$$= \sum \text{国内各机构部门负债} + \text{国外对中国的负债}$$

4. 经济总体内部，期初或期末

$$\text{资产} = \sum \text{国内各机构部门资产}$$

$$\text{负债} = \sum \text{国内各机构部门负债}$$

$$\text{资产净值} = \sum \text{国内各机构部门资产净值}$$
$$= \text{非金融资产} + \text{对国外金融资产} - \text{对国外负债}$$

第三节　资产负债核算资料的分析与应用

对资产负债核算有关资料进行分析，可以更好地发挥国民经济核算体系在研究一个经济主体的经济实力、资产结构以及资产利用效率等方面的作用。

一、经济主体资产负债总规模的时间分析

资产负债总规模是指某个经济主体在一定时点上所拥有的资产负债存量的总量。这里的经济主体既可以是一个机构单位，也可以是一个机构部门或经济总体。国民经济核算体系更多的是注重一个国家或地区的资产负债存量总规模的分析研究。

从时间角度分析资产负债总规模，就是将同一个经济主体在不同时点上的资产负债存量进行对比分析，从中探求其发展或增长的速度及其变化的趋势。例如，将表 10－2 机构

部门期初资产负债综合表和表 10－4 机构部门期末资产负债综合表中经济总体的总量指标进行整理，即可得到表 10－9 的有关数据，并从中可以发现该经济总体资产负债总量在期初和期末的变动情况。

表 10－9　　经济总体资产负债总量时间分析表

	非金融资产	金融资产	资产总值	负债	资产净值
期初	4621	8231	12852	7762	5090
期末	5103	8754	13857	8267	5590
增长（%）	10.4	6.4	7.8	6.5	9.8

从上表可以看出，该经济总体期末的非金融资产比期初增长了 10.4%，而金融资产的增长速度为 6.4%，非金融资产的增长速度比金融资产高出 4.0 个百分点。两种资产合计的结果最终使资产总值期末比期初增加了 7.8%。同时可以发现，资产总值的增加主要靠非金融资产的拉动。负债增长的幅度略高于金融资产的增长速度，这主要与国外所发生的金融资产负债关系有关。资产净值是资产总值减负债的结果，它由非金融资产和对国外净金融债权构成，是一个国家的国民财产。该经济总体期末的国民财产比期初增加了 9.8%，其增长幅度是相当大的。

实际应用中，可以将同一个经济主体在多个不同时点上的资产负债存量进行排列，从而形成一个时间序列。通过对该数列进行分析研究，发现其中发展变化的规律性，将会更大地发挥资产负债时间分析的作用。

二、经济总体资产负债的部门结构分析

对于经济总体而言，分析同一时点上各机构部门的资产、负债和资产净值的存量分别占总体的比重，可以从中考察不同经济主体之间的经济实力差别，以及国民财产主要掌握在哪些机构部门中。现将表 10－4 中各机构部门的期末资产负债状况做一对比，即可发现该经济总体如表 10－10 所示的基本特征。

表 10－10　　经济总体期末资产负债部门结构分析表

	非金融公司部门	金融公司部门	政府部门	住户部门	NPISH	经济总体
非金融资产	2451	91	846	1545	170	5103
比重（%）	48.0	1.8	16.6	30.3	3.3	100.0
金融资产	1075	3651	387	3465	176	8754
比重（%）	12.3	41.7	4.4	39.6	2.0	100.0

续表

	非金融公司部门	金融公司部门	政府部门	住户部门	NPISH	经济总体
资产总值	3526	3742	1233	5010	346	13857
比重（%）	25.4	27.0	8.9	36.2	2.5	100.00
负债	3378	3768	789	205	127	8267
比重（%）	40.9	45.6	9.5	2.5	1.5	100.0
资产净值	148	-26	444	4805	219	5590
比重（%）	2.7	-0.5	7.9	86.0	3.9	100.0

从表 10－10 可以明显看出，经济总体中的非金融资产主要掌握在非金融公司部门和住户部门，这两个部门所拥有的非金融资产占整个经济总体的 78.3%。而全社会的金融资产则主要掌握在金融公司部门和住户部门，这两个部门所拥有的金融资产占到整个经济总体的 80% 以上。由于住户部门无论是所拥有的非金融资产还是金融资产都占有很大比重，最终使其所拥有的全部资产总量在经济总体中占有最高比重，达到 36.2%，而非金融公司部门和金融公司部门所拥有资产总量的比重大体相当，分别为 25.4% 和 27.0%。相对于前三个部门，政府部门和为住户服务的非营利机构则掌握着很少的资产。这表明，按照国际惯例，社会财富应当更多地被住户和企业所拥有。

观察表 10－10 的负债构成可以发现，全社会的负债超过 86% 由企业部门承担，其中，非金融公司和金融公司所承担的负债分别占经济总体的 40.9% 和 45.6%。为住户服务非营利机构承担的负债最少，仅占经济总体的 1.5%。住户部门所承担的债务比重也相当低，仅占经济总体的 2.5%。

由于住户部门拥有了全社会的大部分资产，却承担了很少的负债，最终结果使该部门在核算期末拥有了全社会 86.0% 的国民财产。与此相反，金融公司部门由于所承担的负债多于其所拥有的资产，致使该部门净值为负数，从而也影响了经济总体的财产拥有量。除了住户部门外，政府部门是拥有国民财产第二多的部门，但就整体而言，其比重也只有 7.9%，远远低于住户部门。

三、不同资产负债项目之间的结构分析

研究不同资产负债项目之间的结构关系，既可以从经济总体层次上分析，也可以在各机构部门或机构单位内部做研究。尤其对一个具体机构单位而言，掌握自身所所拥有的资产或负债都是由哪些项目构成，对于制定相应的财务政策具有重要的意义。

现以表 10－4 中非金融公司部门所拥有的各项资产以及所承担的各项债务为例，说明该部门各项资产与负债等的结构关系，如表 10－11 所示。

表 10－11　　非金融公司部门资产负债项目结构分析表

<table>
<tr><th colspan="7">非金融资产</th><th colspan="7">金融资产/负债</th><th>资产总值</th><th>资产净值</th></tr>
<tr><td colspan="3">数值　2451</td><td colspan="4">占资产总值比重（%）69.5</td><td colspan="2">数值 1075/3378</td><td colspan="5">金融资产占资产总值比重（%）30.5</td><td>3526</td><td>148</td></tr>
<tr><td></td><td colspan="3">生产资产</td><td colspan="3">非生产资产</td><td rowspan="3">通货和存款</td><td rowspan="3">债务性证券</td><td rowspan="3">贷款</td><td rowspan="3">股权和投资基金份额/单位</td><td rowspan="3">保险、养老金和标准化担保计划</td><td rowspan="3">金融衍生工具和雇员股票期权</td><td rowspan="3">其他应收/付款</td><td rowspan="4"></td><td rowspan="4"></td></tr>
<tr><td>数值
比重（%）</td><td colspan="3">1469
59.9</td><td colspan="3">982
40.1</td></tr>
<tr><td></td><td>固定资产</td><td>存货</td><td>贵重物品</td><td>自然资源</td><td>合约、租约和许可</td><td>商誉和营销资产</td></tr>
<tr><td>数值
比重（%）</td><td>1391
94.7</td><td>70
4.8</td><td>8
0.5</td><td>965
98.3</td><td>17
1.7</td><td>0
0.0</td><td>421/40
39.2/1.2</td><td>100/51
9.3/1.5</td><td>69/918
6.4/27.2</td><td>297/2087
27.6/61.8</td><td>26/12
2.4/0.3</td><td>8/7
0.7/0.2</td><td>154/263
14.4/7.8</td></tr>
</table>

表 10－11 清楚地显示出，在非金融公司部门 3526 的总资产中，非金融资产为 2451，占了全部资产的 69.5%，说明该部门的主要资产是由非金融资产构成的。在 2451 的非金融资产中，生产资产约占 60%，而非生产资产占 40%。由此可见，该部门所拥有的非生产资产占有相当大的比重。

非金融公司部门所拥有的 1075 金融资产，主要是通货和存款，该项资产占全部金融资产的 39.2%。其次为股权和投资基金份额/单位占 27.6%。再次是其他应收账款占 14.4%，表明该部门被别的部门拖欠账款较为严重。尤其是与本部门应付账款比，几乎是其两倍。

该部门负债的两个主要项目分别是股权与投资基金份额/单位和贷款，二者合计占了全部负债的 89.0%。其中，股权和投资基金份额/单位为 61.8%，这说明该部门日常经济活动中的主要筹资渠道是通过发行股票，其次才是通过银行贷款。

四、有关资产负债效益指标分析

一个国家或地区一定时期（或时点）所拥有的资产总量，既是该经济主体经济实力的表现，又是前期经济运行的结果和下一个时期经济运行的条件。对核算期内资产运行的效果如何做出评价，并对下一核算期的经济运行状况做出适当的预测，既是实际经济运行所必需，也是国民经济核算工作应该做的一项重要工作。现就宏观经济层面的资产运行效果分析和评价问题，介绍以下几个指标。

（一）单位国民财产产值率

单位国民财产产值率，就是用核算期内的全部国内生产总值与核算期国民财产的平均值相比所得对比率，用来反映资产的利用效率。其计算公式为：

$$单位国民财产产值率=\frac{核算期国内生产总值}{年均国民财产}\times 100\%$$

该指标说明核算期每单位国民财产所带来的国内生产总值。其中，年均国民财产为年初国民财产与年末国民财产的简单平均数，即：

$$年均国民财产=\frac{年初国民财产+年末国民财产}{2}$$

例如，在生产账户中，经济总体核算期的国内生产总值为 1854，在机构部门期初和期末资产负债综合表中，经济总体的国民财产分别为 5090 和 5590。核算期国民财产的均值为 $(5090+5590)/2=5340$，则：

$$经济总体单位国民财产产值率=\frac{1854}{5340}\times 100\%=35.0\%$$

经济总体单位国民财产产值率35.0%说明该经济总体核算期每单位国民财产能带来0.35个单位的国内生产总值。

此外，在实际应用中，分母还可以分别用不同的指标替换，如全部资产、非金融资产、金融资产或固定资产等，以分别反映不同意义的单位资产的产值率。

（二）国民资产负债率

国民资产负债率是指国民负债总额与国民资产总额之比，用以反映一个国家或地区用债权人提供的金融资产进行各项国民经济活动的能力，以及该国家或地区对债权人权益的保证程度和其偿债的能力。其计算公式为：

$$国民资产负债率=\frac{经济总体负债总额}{经济总体资产总额}\times 100\%$$

该指标既可以用来计算某个经济总体在一定时点上的资产负债率，也可以用来计算该经济总体在某一核算期的平均资产负债率。从而从不同角度反映经济总体的资产负债情况。例如，我们将经济总体有关资产负债率指标计算结果列示为如表10－12所示。

表10－12　　经济总体资产负债率计算表

	期初	期末	核算期平均
资产负债率（%）	60.4	59.7	60.0

计算结果显示出，该经济总体期初的资产负债率为60.4%，期末为59.7%。期末比期初略降低了0.7个百分点。整个核算期平均资产负债率为60.0%，说明该经济总体在整个核算期平均每百个单位的资产承担着60.0个单位的负债。

结合观察表10－2～表10－4有关数值可以发现，该经济总体期末的资产负债率之所以比期初低，主要是因为资产的增长速度快于负债的增长速度所致。该经济总体核算期末的资产总额比期初增加了1005，增长速度为7.8%。而期末负债比期初增加了505，增长速度为6.5%。显然，期末的资产负债率要低于期初资产负债率。

（三）人均国民财产

一个国家或地区一定时点上所拥有的国民财产尽管能从总量上反映该国或地区的总体经济实力和富裕程度，但分析这些国民财产具体到每个人平均能够摊多少也是十分重要的指标。因为国民财产要发挥其作用，毕竟要受到人口这一重要因素的影响。一定时点上人均国民财产的计算公式如下：

$$人均国民财产 = \frac{期末(期初)全部国民财产}{年平均人口数}$$

式中，年平均人口数为（年初人口数 + 年末人口数)/2。

从实际意义上讲，人均国民财产较国民财产总值更能准确地反映一个国家或地区的经济实力。结合国内生产总值、人均国内生产总值、国民财产、人均国民财产和平均人口数等几项指标，从动态角度看，只有人均国内生产总值的增长速度高于平均人口的增长速度，才表明该国的生产有所发展。而只有一国的人均国民财产增长速度高于人均国内生产总值的增长速度和平均人口增长速度，才表明该国的经济实力有所增强。

（四）国民财产存货率

国民财产存货率是指某个时点上一个国家或地区所持有的存货价值与全部国民财产之比。即：

$$国民财产存货率 = \frac{存货的价值}{国民财产的价值} \times 100\%$$

该指标数值的高低反映了一个国家或地区核算期内存货与全部财产之间的关系。指标的数值越大，说明由存货这项资产所占用的资金就越多，全社会货物积压严重，经济循环不够顺畅。这种状况对国民经济的健康发展十分不利，管理部门应设法减少库存以提高国民财产的利用效率。反之，则说明整个经济充满活力，全社会需求旺盛，国民财产的利用效率高有利于推动经济的发展。由此可见，国民财产存货率是评价财产利用效益和经济景气状况的一个很重要指标，国民经济核算体系应加强这方面的研究与应用。例如，根据表 10 - 2 和表 10 - 4 所显示，经济总体核算期初和期末的存货分别为 114 和 146，期初和期末的国民财产分别为 5090 和 5590。经过对比该经济总体期初与期末的国民财产存货率分别为 2.2% 和 2.6%。该项指标在两个时点大致保持在同一水平上，说明该经济总体核算期内没有因为存货的变动使国民财产利用效率得以提高或降低。

五、金融依存度分析

金融依存度是指一个经济主体的金融资产与其非金融资产之比所得的比率，表明该经济主体的金融资产与实体资产之间的依存关系。其计算公式为：

$$金融依存度 = \frac{金融资产}{非金融资产} \times 100\%$$

就一个国家而言，此项指标越高，说明该国的金融事业越发达。例如，根据表 10 - 4 的有关数值计算，该经济总体核算期末的金融依存度为：

$$经济总体金融依存度 = \frac{金融资产}{非金融资产} \times 100\% = \frac{8754}{5103} \times 100\% = 171.5\%$$

计算结果表明，该经济总体核算期末每100个单位的非金融资产有171.5个单位的金融资产与之相对应。如果将此结果与另一个经济总体或多个经济总体相比较，就可以从空间角度对比分析各经济总体在同一时间的金融事业发展情况。倘若将同一个经济总体在不同时间上对这一指标进行对比，就可以从时间的角度研究该经济总体的金融事业发展状况。

尽管金融业的发展会对整个经济的发展有着积极的推动作用，但是，如果金融业（虚拟经济）的发展过于脱离非金融经济（实体经济）的发展，也会带来负面的影响。两者之间究竟应当保持一种怎样的比率关系，即金融依存度的数量界限应当是多少，这是国民经济核算理论应当认真研究的一个重要问题。

第十一章　对外交易和资产负债核算

【学习目标与要求】

1. 了解对外经济的基本理论和核算方法；
2. 掌握对外交易的内容及其账户；
3. 掌握国际收支平衡表的结构、内容和编制方法；
4. 学会利用对外交易核算资料对国际交往的有关问题进行分析。

第一节　对外交易核算的基本问题

一、国外和对外交易的含义

在国民经济核算体系中，常住机构单位或部门的账户系列，描述了国内经济活动的各个方面，即货物和服务的生产、收入的形成、收入分配和再分配以及收入使用和积累等。但是，在一个开放的经济体中，一个常住机构单位不仅要与国内其他常住单位发生交易，通常还要与非常住单位发生经济往来。为此，国民经济核算体系还设立了国外账户，专门用来描述经济体中各常住机构单位与非常住单位之间发生的交易。与此类似，资产负债表不仅记录常住机构单位或部门之间的资产负债存量，而且还记录了常住机构单位或部门与国外之间的资产和负债存量。

国民经济核算体系在阐述常住机构单位与非常住机构单位之间的交易和资产负债状况时，常用到“国外”这一概念。**国外**，是指一国经济领土之外，所有那些在本国没有经济利益中心的交易主体的统称，即全部非常住机构单位。

对外交易是指一国与其经济领土之外全部非常住机构单位之间发生的货物与服务、收入与经常转移、资本转移和金融交易等全部经济往来。

在国民经济核算体系中，交易者及资产和负债的持有者都是某一特定经济体中的常住机构单位。在开放经济条件下，一个经济体中的机构单位总是要与国外非常住单位发生交往。为了使整个国民经济核算体系趋于完整，必须提供一个环节来反映不是两个常住机构单位之间的，而是一个常住机构单位与国外之间经济往来的那些流量，从而就必须进行对外交易的核算。

对外交易核算又称**国际收支核算**，是从国外的角度反映常住单位与所有非常住单位之间一切经济交往的核算，它是国民经济核算体系的重要组成部分。对外交易核算除个别变化外，基本上遵循国民经济核算的一般原则，并且用一套近乎完整的账户系列来反映整个经济与国外之间发生的全部交易。

由于国外账户是从国外角度反映各种交易活动和资产负债变化及存量，因此，国外的资源恰是常住单位的使用；反之，国外的使用则是常住单位的资源。如果平衡项是正值，则表示国外部门的盈余和常住单位的赤字；如果平衡项是负值，则意味着常住单位的盈余和国外的赤字。

二、对外交易核算的原则

对外交易核算的原则包括估价原则、记录时间原则、记录单位原则和本外币换算原则等。

（一）估价原则

在对外交易核算中，关于货物和服务、收入分配和再分配、金融资产和负债的交易，以及关于资产和负债的存量等都以市场价格作为估价的基础。具体说，各种交易均按照交易者之间所协商的实际价格估价，而资产和负债的存量则按照与资产负债表有关时间的现价估价。具体在进行估价时，可以根据不同的估价内容分别采用不同的方法进行。

1. 关于对外交易核算中货物和服务流量的估价

货物的出口和进口应在同一估价的地点按市场价格记录。也就是说，货物在进行货物出口的经济体边境按离岸价格估价。**离岸价格**，是指货物在出口国边境，为货物支付了任何出口税或获得任何退税后，货物被装载到进口者自己的运载工具或其他运载工具后由进口者为收取货物所支付的购买者价格。其计算公式为：

$$\text{出口货物离岸价格} = \text{货物价值} + \text{从生产地到出口边境所有销售服务价值}$$

从生产地到出口边境的销售服务价值中，很大一部分是运输费用。国民经济核算体系规定，不管出口货物的这段运输是由生产者（制造者）承担，还是由进口者承担，或是其他非常住单位承担，其运输费用都必须加到生产者得到的价格上，从而包括在出口货物的价值中。原则上，将这种运输费用作中间消耗处理。如果出口货物是由进口者负责从生产地运往出口边境，而且在这个活动中不发生任何交易，则需要通过虚拟一笔出口者对其运输服务的购买，并相应增加出口者实际得到的价格，来承认这种运输费用。

国民经济核算体系强调，货物的进口也应按在出口边境的离岸价格估价。对出口和进口按同样原则和方法估价有利于保证在国际范围内贸易流量记录的一致性，从而使货物的贸易差额得到正确反映。使用离岸价格计算进口就意味着，进口货物离开出口国边境后，如果进口货物是由进口国以外的机构单位提供运送服务，则运输费用必须处理为服务的进口；若货物离开边境后由进口国自己承运，则不存在任何服务的进口。

关于进出口货物的估价，需要注意以下三个问题。

首先，实际核算中，国际货物贸易的组织存在多种不同方式，进口国不一定必须在出口边境接受货物的交付。他们可能在自己的国家、出口国或甚至第三国接受货物的交付。而且，货物的运输费用、仓储费用、装载费用、保险费用、移动费用等，最初可能由出口者全部承担，也可能由进口者全部或部分承担，或由第三方承担。为使对外交易核算符合国民经济核算体系要求，有时需要对常住单位与非常住单位之间实际发生的某些交易进行重新调整和安排。

其次，估价进出口货物还需要注意，对于货物的出口而言，出口国有可能从边境提交的海关统计或其他行政机关提交的记录价格或价值的单据中得到准确的离岸价格。但是，对于进口国而言，它们的海关数据或其他行政机构记录的都是到岸价格，而不是离岸价格。**到岸价格**是指在边境支付任何进口关税或其他税之前，由进口者在其边境为接受货物交付应支付的购买者价格。显然，到岸价格和离岸价格之间的差额反映的是在出口国与进口国之间发生的运输费用和保险费用。这个差额依据出口品的原产国而异。当出口国与进口国之间的距离很近时，这个差额就很小；反之，则很大。实际核算中，尽管很难将某种具体货物由到岸价格转换成离岸价格，但对于进口货物总额按离岸价格估价还是容易得多。国民经济核算体系为了实现按离岸价格估算货物的目的，要求只要按离岸价格记录进口总额以及列入服务项下的有关运输费用就可以了。

最后，对于货物的易货贸易、附属企业之间的交易或在某种融资租赁协议下所转移的货物的估价，应该利用市场价格的近似价格来估价。

有关服务的进出口应按实际协议的价格估价。

2. 关于初始收入和转移的估价

对外交易中初始收入的收支都按有关市场的现行价格估价。其中，对于包括在雇员报酬中的任何实物收入，如果所涉及的货物和服务是由雇主购买的，就按购买者价格估价；如果是雇主生产的就按基本价格估价。

对于一个经济体的政府、为住户服务的非营利机构或个人向非常住单位无偿转移的资源的估价，应按提供者所指定的价值作为记录的基础。提供者和接受者双方都按相同的标准估价。

3. 关于对外交易核算中金融项目的估价

对外交易中有关金融资产的变化按其获得或处置的价格估价。在对对外金融交易中金融项目估价时，要区别以下两种不同情况分别进行：（1）对于在有组织的市场中进行交易的金融项目，按通过代理人进行交易时所确定的价格估价；（2）对于不在有组织市场上进行交易的金融项目，如通货和即期可按票面价值兑现的可转让存款等现金项目，以及各种形式的贷款等非市场销售金融项目，前者按被指定用于任何目的的唯一价值作为实际市场价格，后者将它们的名义价值作为实际市场价格。

在对外交易核算中，金融项目的估价不包括任何服务费、手续费、佣金或收入等，这些都被包括在货物和服务的对外账户中。

4. 关于资产和负债存量的估价

原则上，任何构成一国对外的资产和负债存量，都应按有关日期的现期市场价格度量，即参照核算期初的市场价格度量，或是参照核算期末的市场价格度量。显然，这种估价方法是假定在对这种存量定期按现行价格重估价的条件下进行的。

（二）记录时间原则

如同国内交易的记录时间应当遵循权责发生制原则一样，对外交易核算的记录时间也要遵循权责发生制这个一般原则。即在经济价值所有权的产生、转换、交换、转移或消失时进行记录。

SNA2008 与 SNA1993 的不同在于，后者在阐述货物进出口的记录时间时，除了强调要遵循权责发生制的基本原则外，还强调了应当注重所有权变更原则的四种例外情况。[①]而SNA2008则强调，在进出口记录时间方面“将经济所有权变更作为记录依据，在这一点上不存在任何例外”[②]。只是在阐述对专卖活动的记录时间方面特别强调指出，当所有者购买并转售某货物，在该货物并不通过所有者所在领土的情况下，获得货物被确认为所有权变更，并将其记录为货物的负出口，而当货物被处置时则记录为正出口。SNA2008较SNA1993发生的另一个变化是，将对货物的转卖作为货物交易而不是服务交易来处理。具体到对外交易核算，如果发生在某个核算期获得货物，但直至核算期末尚未将该货物处置的情况，则将该货物记录在批发零售商的存货变化中。

（三）取净值原则

SNA2008强调，在对外经济交往的核算中，除了金融资产和负债的交易记录之外，其他交易一般不主张取净值。并且，只有当同类资产的获得和处置，或同类负债的发生和偿还才可以取净值。而在资产和负债之间则不取净值。

（四）记账单位原则[③]

在进行对外交易核算时，对于采用不同货币或其他价值标准表示的价值，都要折算成标准记账单位，即编制国外账户的国家所采用的货币。将一种交易货币单位折算成另一种记账单位的适当汇率是交易日期的通行汇率。如果没有此项汇率，则采用最短时期的平均汇率。这种平均汇率应使用买入和卖出汇率的中间价，并且不包括任何介于中间值和买入买出汇率之间的服务费。

第二节 对外交易核算的内容和账户[④]

一、国外账户的功能和特点

国外账户是从国外的角度反映一个经济体与国外所有非常住单位之间经济关系的账户

① SNA1993有关货物进出口所有权变更原则四种例外情况的具体内容可参阅本书第一版或SNA1993相关章节。

② 联合国等. 国民账户体系（2008）［M］. 中国国家统计局国民经济核算司，等，译. 北京：中国统计出版社，2012.

③ 记账单位原则是SNA1993所阐述的内容，SNA2008没有包括这一原则。

④ SNA2008较SNA1993更加弱化了这部分内容，更多强调国外账户与国际收支平衡表中国际账户的比较。笔者认为，单从SNA角度考察，这部分内容仍很重要，所以保留了SNA1993有关这部分内容的阐述。

体系。

国外账户具有以下三个特点：(1) 从国外的角度编制账户，即一个经济体的国外资源恰是该经济体的使用；反之，该经济体国外的使用则构成它的资源。对于一个经济体国外账户的平衡项，正值表示国外部门的盈余和该经济体的赤字；负值则表示国外部门的赤字和该经济体的盈余。(2) 采用通用的核算结构，包括除了生产账户、收入形成账户和收入使用账户以外所有类别的账户。(3) 国外账户与经济体内各机构单位或机构部门之间有着对应关系。

二、对外经常交易核算和账户

常住单位与国外的经常交易包括货物和服务的进出口交易、对外收入初次分配交易、对外收入二次分配交易等。因此，上述的对外交易内容便构成了国民经济核算体系对外经常交易核算的内容。

(一) 对外货物和服务的核算与账户

货物和服务的出口由常住单位向非常住单位进行货物和服务的销售、易货贸易或赠予所组成。货物和服务的进口则由常住单位从非常住单位进行货物和服务的购买、易货贸易或赠予的接受所组成。

1. 货物进出口核算

核算进出口货物，除了按前述的基本原则操作外，需要注意处理好以下几个问题。

1) 与货物实物运动有关的记录时间问题

在某一核算期内，由于各种原因进出某国的货物流量与需要在账户中记录的进口和出口并不相同。这主要是由两种原因造成的：一是货物所有权被认为发生变更的时间往往不同于货物从一国运往另一国的时间。为避免或降低这种差异，在记录进出口货物时，应以对生产者的直接调查为基础。二是货物的进口者和出口者可能并不认为所有权变更发生在同一时间。例如，如果进出口双方有一个可靠的销售合同，出口者可能直到签署并接受有关进口文件时（进口者占有货物时）才承认所有权的变更。这种差异尽管不会影响有关国家的国内账户，但将会在全球范围内的国际贸易流量记录中引起不对称。出现这种情况时，应当以销售合同规定的时间为准，调整进出口双方在记录时间方面的差异。

2) 货物进出口与跨越边境货物流量所包括范围不一致的问题

关于这一问题主要存在以下两种情况：一是尚未穿越国界就作为出口销售或进口购买的货物。包括：(1) 运输设备或其他不固定于某一特定地点的流动设备，这些设备因由常住单位卖给或买自非常住单位，因此都不一定要跨越出口国或进口国的边境；(2) 由在国际水域作业的常住单位所生产的货物，如石油、天然气、水产品等，这些货物在国外直接卖给非常住单位；(3) 在国外从非常住单位那里购买的，并在国际水域或空域作业的常住单位拥有的近海设施、船只或飞机内消费的货物；(4) 在所有权变更后，跨越进出口国国界之前丢失或毁坏的货物。对于上述情况，应当在货物进出口核算时予以记录。二是，可能跨越边境，但不包括在出口或进口中的货物。具体包括：(1) 通过一国的过境货物；(2) 离开或进入一国且所有权无任何变更的运输设备或其他流动性设备，如用于国外安装或建筑目的的建筑设备；(3) 送往国外进行少量加工、保养、检修或修理的设备或其他货物；(4) 暂时离开或进入一国，一般按原来状态返回而不发生所有权变更的其他货物，如送往国外仅供展览的货物、出国演出的交响乐队、舞台表演所用的设备等；(5) 进出一国本身的大使馆、军事基地或其他地理上位于他国国界以内的飞地的货物；(6) 在跨越边境以后，但在所有权发生变更之前丢失或毁坏的寄售货物。对于上述情况，在核算进出口货物时不应当予以记录。

3) 有些实物项目被视为金融项目而不包括在货物中的问题

这些实物项目包括：(1) 金融债权的凭证，尽管它们具有实物形态并且可以流动，但仍视为金融项目，如目前流通的纸币或硬币；(2) 货币黄金视为金融资产，所以在不同国家当局之间的货币黄金的转移在金融账户中反映；(3) 属于企业的非金融资产，包括土地、建筑物、设备和存货，如果所有者并不是企业经营活动所在地经济体的常住单位，则视为该企业所有者的金融资产。因此，因获得现有企业而产生的上述资产所有权的变更被视为金融交易，而不包括在货物的进出口核算中。

2. 服务进出口核算

服务的进出口在生产实际发生时需要在常住单位和非常住单位之间有某种联系，而且必须是来自生产过程中的生产产出。

以下的几种主要的服务类型在核算服务进出口时应予以特别注意。

1) 建筑服务进出口的核算

假设 A 国的一个建筑公司在 B 国得到一个如建筑桥梁、发电站、大坝等大型建筑合同，记录从 A 国到 B 国的出口只是包含在最终建筑物内的由 A 国提供的货物和服务。

2) 安装工程服务的进出口核算

对于安装工程服务项目，可以按如同下面运输费用一样的方法进行核算。

3) 运输服务进出口的核算

运输服务包括由一个经济体常住单位为另一个经济体常住单位完成的所有海、陆、空运输方式，包括陆地、国内水道、空间运输、管道等，这些涉及货物的流动或旅客的载送，以及相关的辅助和附属性服务。

对于货物运输，分为出口国境内和境外两种运输核算。货物直到出口国关境的运输费用应记入货物在该地点的离岸价格。如果运输服务是由出口者或出口国的其他常住单位提供，运输服务就不应该同时记录为服务的出口；如果是进口者或进口国的其他常住单位负责将货物从国外生产者工厂运输到出口国边境，则该运输费用就必须加到外国生产者得到的价格上，以形成离岸价格。同时，作为一种抵消的虚拟，由此认为货物出口者从进口者或进口国其他常住单位那里购买运输服务。出口国关境以外的运输，无论是进口国境内，还是进口国境外的运输，只要运输是由非进口国常住单位承运人提供，都记录为服务的进口。

对于旅客运输核算，出口服务包括由常住承运人承担非常住单位的国际运输，而不包括其在本国境内对非常住单位提供的服务，该项在供给与使用表中的“非常住单位在国内市场的直接购买”和“常住单位在国外的直接购买”项目下列示；进口服务包括由非常住承运人承担常住单位的国际运输和其在常住国内承担常住单位的运输。旅客运输中包括食物、饮料或其他货物（如果旅费中包括这些项目费用，提供时不需要另外付费）和向旅客提供的任何附加服务，如超重行李、车辆或其他属于旅客需要的随其同一车辆、船只、飞机等物品的运输等。

4）旅游进出口的核算

旅游进出口包括为商务或私人目的在国外旅行时所购买的各种货物和服务。为准确核算商务旅行支出和私人旅行支出，有必要对旅游支出和旅客服务做进一步细分。因为商业旅行者的支出是生产者中间消耗的一部分；而私人旅行者的支出是住户最终消费支出的一部分。

5）保险服务进出口的核算

保险服务的出口包括常住保险企业向非常住者提供的保险。而保险服务的进口则包括非常住保险企业向常住者提供的保险。对正在进口货物的保险费的处理原则是，来自出口者的工厂、仓库的国际贸易货物直至出口边境的保险记入出口货物的离岸价格中。如果这种保险由进口者利用一个常住在进口国的企业支付，那么就认为是出口者购买了这一保险，同时从账户中记录的离岸价格中收回其费用。货物在跨越出口国边境后的保险服务，如果由进口国的非常住者提供，则被进口者认为保险服务的进口；如果由进口国的常住单位提供，则不应记录在货物和服务的对外账户中。国际保险的计算或估价是通过含在所获取的保险费总额中的服务费用来进行的，而不是通过保险费总额本身来进行。

6）许可费服务的核算

许可费包括常住单位和非常住单位之间与授权使用无形非生产非金融资产和所有权有关的收入（出口）和支付（进口），这些无形非生产非金融资产和所有权包括专利权、版权、商标、工业工艺、特许权等，以及通过许可协议使用生产的原件或原型，如手稿、胶片等。[①]

7）金融服务进出口的核算

金融服务的进出口是在常住单位与非常住单位之间实行的金融中介和附属服务。金融服务费包括直接计算的金融中介机构收取的服务费和间接计算的金融中介服务费。直接计算和收取的佣金和服务费包括：（1）金融中介服务费，如有关信用证、银行承兑、信贷限额、金融租赁、外汇交易等服务的费用；（2）与证券交易有关的佣金和其他费用，如经纪、证券发行、包销、回购、互惠安排以及期权和其他套期保值手段的费用；（3）商品期货交易者的佣金；（4）与资产管理、股票管理和其他金融市场交易有关的服务费等；（5）有关国际货币基金组织资源的购买服务费；（6）与依照国际货币基金组织的备用协议或展期协议的未提取余额有关的费用。间接计算的金融中介服务费需要通过金融中介机构从所借资金的投资中得到的财产收入与它们本身对这种资金的利息支付之间的差额进行估计。

3. 对外货物和服务账户

表 11－1 是经济总体的对外货物和服务账户。该账户是从国外角度反映货物和服务的对外交易状况。

表 11－1　　经济总体对外货物和服务账户

使　用		资　源	
货物和服务出口	540	货物和服务进口	499
货物出口	462	货物进口	392
服务出口	78	服务进口	107
货物和服务的对外差额	－41		

将对外货物和服务账户与经济总体货物和服务账户加以对照（见表 4－7）不难发现，两个账户的资源和使用的坐落恰好相反，说明经济总体的进口恰是国外的出口；而经济总体的出口恰是国外的进口。两者相减所得的对外货物和服务差额作为平衡项，说明经济总体在与国外的经济交往中的盈亏情况。该例中此项指标的数值为－41，说明经济总体的对外交易盈余为 41，而国外赤字为 41。

（二）对外收入初次分配核算及账户[②]

对外收入初次分配核算包括对以下应收应付内容的核算：（1）雇员报酬；（2）生产、

① SNA2008 有关资产的分类，在生产资产和非生产资产之下不再区分为有形资产和无形资产。这里的许可被划分到非生产资产下三个类型之一的合约、租约和许可一组。

② SNA1993 将对外初始收入核算与对外经常转移核算合在一起，SNA2008 则将两者分别列出。

进口税减生产、进口补贴；（3）财产收入。

1. 对外雇员报酬的核算

关于对外收入初次分配账户中的雇员报酬，包括常住者从非常住者那儿获得的以下四个方面报酬：（1）常住单位个人在非常住单位工作所获得的现金或实物工资、薪金和其他报酬；（2）由非常住单位的雇主为保障雇员的福利以常住雇员的名义向社会保障计划或私人保险或养恤基金的缴款；（3）国外大使馆或领事馆付给当地工作人员的报酬；（4）国际组织为当地工作人员支付的报酬。

常住单位从非常住单位获得的雇员报酬记录在对外收入初次分配账户的使用方；与此相反，常住单位支付给非常住单位的雇员报酬记录在该账户的来源方。

2. 对外生产、进口税减生产、进口补贴的核算

常住单位对另一个政府的所有应付的生产、进口税以及应得的补贴都记录在对外收入初次分配账户的来源方；相反，非常住单位对本国政府所有应付的生产、进口税以及应得的补贴都记录在对外收入初次分配账户的使用方。

3. 对外财产收入的核算

关于对外应收应付财产收入，主要指包括由常住单位拥有的国外金融债权所得到的财产收入，以及常住单位对外所承担的负债而应付的财产收入。这种收入最常见的类型为利息和红利。利息包括在贷款和债券上的收入以及由利率互惠所产生的净利息流量收入。红利是有关股票和其他形式的公营和私营企业的参与股本所得收入的分配。此外，其他类型的财产收入中还有分支机构和其他非法人外国直接投资企业的收益、法人性质的外国直接投资企业未正式分配的收益中直接投资的部分等。还有一类财产收入则是属于投保人的财产收入。

常住单位从非常住单位获得的财产收入记录在对外收入初次分配账户的使用方；常住单位支付给非常住单位的财产收入记录在对外收入初次分配账户的来源方。

4. 对外收入初次分配账户

表 11－2 是一个经济总体的对外收入初次分配账户，该账户从经济总体层面描述了所有常住单位与国外在收入初次分配领域所发生的经济往来。

表 11－2　　经济总体对外收入初次分配账户

使　用		来　源	
雇员报酬	6	雇员报酬	2
生产税和进口税	0	生产税和进口税	0
生产补贴（－）	0	生产补贴（－）	0
财产收入	44	财产收入	38
对外初始收入差额	－10		

由对外收入初次分配账户可以看出，常住单位从国外获得的雇员报酬和财产收入分别为6和44，同时支付给国外的雇员报酬和财产收入分别为2和38，收支相抵，最终使经济总体在对外收入初次分配阶段形成了10个单位的初始收入。由雇员报酬和财产收入所构成的对外初始收入差额就是我们前面所说的对外净要素收入。

（三）对外收入二次分配核算和账户

对外收入二次分配核算的内容只包括对外经常转移。与国内核算相同，对外经常转移具体包括（1）所得税、财产税等经常税；（2）社会缴款和社会福利；（3）其他经常转移等。

关于对外经常转移的核算需要注意以下三个问题：（1）所得税、财产税等经常税所包括的许多税是在每个征税期定期支付的税金，而其他税则是对有关外汇买卖、旅游等国际交易所征收的税；（2）社会缴款和福利包括在政府单位（社会保障计划）组织的或由公共或私营雇主组织的社会保障计划下，以捐赠形式做出的经常转移，以及以福利形式（如养老金）所做出的经常转移；（3）其他经常转移中很重要的两项内容分别是，那些常住经济体已经发生了变化的个人寄回母国的汇款；一般政府和外国政府组织之间的各类其他经常转移。

常住单位对外获得的经常转移收入记录在国外账户的使用方；常住单位对外支付的经常转移记录在国外账户的来源方。

表11－3是一个经济总体的对外收入二次分配账户。该账户揭示了经济总体与国外之间在收入二次分配阶段所发生的经济往来。

表11－3　　经济总体对外收入二次分配账户

使　用		来　源	
经常转移	17	经常转移	55
所得税、财产税等经常税	1	所得税、财产税等经常税	
社会缴款		社会缴款	
社会福利		社会福利	
其他经常转移	16	其他经常转移	55
对外收入二次分配差额	38		

（四）对外经常交易账户

将常住单位对非常住单位之间所发生的货物与服务交易、收入初次分配交易和收入二次分配交易的有关内容汇总在一个账户内，即形成常住单位的对外经常交易账户。

现以经济总体对外经常交易账户为例，如果剔除各交易项目的具体内容，仅将一些总量指标列入其中，便有如表11－4所示的经济总体对外经常交易账户。

表 11－4　经济总体对外经常交易账户

使用		来源	
货物和服务账户			
货物和服务出口	540	货物和服务进口	499
对外货物和服务差额	－41		
收入初次分配账户			
要素收入	50	要素收入	40
初始收入	－10		
对外货物、服务和初始收入差额	－51		
收入二次分配账户		经常转移	55
经常转移	17		
对外收入二次分配差额	38		
养老金权益变化调整			
对外经常交易差额	－13		

从表 11－4 不难看出，经济总体在对外贸易中由于出口多于进口，进而产生 41 个单位的顺差。在对外收入初次分配阶段，由于来自国外的净要素收入为 10，从而使经济总体对外货物、服务和初始收入的差额增加到 51。但是，由于在对外收入二次分配阶段，来自国外的经常转移收入远远少于支付给国外的经常转移（两者分别为 17 和 55），最终使得对外经常交易差额为 13。这个数字也意味着国外部门对经济总体的经常交易差额为－13。

三、对外积累核算和账户

SNA 在核算对外积累时，有两组对外积累账户。即一组是资本和金融账户，反映由于对外交易而引起的积累结果的变化；另一组是资产其他变化账户，反映由于非交易所引起的对外积累的变化。

（一）对外资本形成核算和资本账户

对外资本形成核算主要包括对外应收应付资本转移的核算和非生产非金融资产获得减处置的核算。其中，对外应收应付资本转移包括对外资本税、投资补助和其他资本转移。关于对外非生产非金融资产的获得减处置的核算需要注意，该项内容不包括特定经济领土内的土地，但包括由外国使馆购买和出卖土地而引起的常住者与非常住者之间进行的土地交易。

表 11－5 是一个经济总体对外资本账户。该账户显示，在账户的负债和资产净值变化方（右方），记录的是从对外经常账户结转过来的对外经常差额、经济总体应收应付的资本转移（国外部门应付应收的资本转移），以及由对外储蓄和资本转移引起的资产净值变

化。账户的资产变化方（左方）记录的是经济总体和国外之间发生的非生产非金融资产的获得减处置，以及账户的平衡项——净借出（+)/净借入（-)。

表 11-5 经济总体对外资本账户

资产变化		负债和资产净值变化	
非生产非金融资产获得减处置	0	对外经常交易差额	-13
		应收资本转移	4
		资本税	
		投资补助	4
		其他资本转移	
		应付资本转移	-1
		资本税	
		投资补助	
		其他资本转移	-1
净借出（+)/净借入（-)	-10	储蓄和资本转移引起的资产净值变化	-10

从表 11-5 的有关数值可以看出，由于经济总体在经常交易阶段盈余 13（国外部门亏损 13）和应收的资本转移较应付的资本转移少了 3（国外部门多了 3)，最终使该经济总体核算期在对外交往中的净借出资金为 10，即国外部门的净借入资金为 10。这个数据既是国外资本账户的平衡项，也与经济总体的资本账户和金融账户相衔接。在对外金融账户中，净借出（+）和净借入（-）的数据与对外资本账户完全相同，只是位置相反。

（二）对外金融交易核算和金融账户

对外金融交易核算主要是针对常住单位与非常住单位之间所进行的各种金融资产的获得和负债发生交易的核算。其中，由于货币黄金的交易只能在货币当局之间进行，特别提款权的分配和取消（此过程被视为交易）也只是在货币当局和国际货币基金组织参加国（视为国外）之间进行，所以，货币黄金和特别提款权的对外交易核算只涉及常住单位中的货币当局和国外。其余金融资产和负债的对外交易核算则与所有常住单位和国外有关。

对外金融账户是对外积累账户序列的第二个账户。该账户的资产变化方记录了非常住单位对来自常住单位的金融资产的获得减处置；负债和资产净值变化方记录了非常住单位对常住单位负债的发生减偿付。对外金融账户的平衡项是净借出（+)/净借入（-)，即对外金融资产的净获得减负债的净发生后所形成的差额。它被记录在账户的负债和资产净值变化方（右方），其金额与对外资本账户的平衡项相等。

表 11-6 是一个经济总体的对外金融账户。该账户描述了经济总体与国外所发生的金融债权债务关系及其结果。

表 11－6　　经济总体对外金融账户

资产变化		负债和资产净值变化	
		净借出（＋）/净借入（－）	－10
金融资产净获得	47	负债净发生	57
货币黄金和特别提款权	1	货币黄金和特别提款权	
通货和存款	11	通货和存款	－2
债务性证券	9	债务性证券	21
贷款	4	贷款	35
股权和投资基金份额/单位	12	股权和投资基金份额/单位	14
保险、养老金和标准化担保计划	0	保险、养老金和标准化担保计划	0
金融衍生工具和雇员股票期权	0	金融衍生工具和雇员股票期权	3
其他应收款	10	其他应付款	－14

（三）对外资产其他变化账户

对外资产其他变化账户记录的是常住单位从编制期初资产负债表到编制期末资产负债表期间与国外所发生的资产、负债和资产净值的两类变化数值。其中，一类变化数值反映在对外资产物量其他变化账户中，包括由于改变常住单位在国外持有资产物量的因素所引起的变化，例如无偿没收、债权人承认对非常住单位的一笔贷款无法收回等。另一类变化数值反映在对外重估价账户中，包括由于价格和汇率的变化所引起的有关国外金融资产的持有损益。

1. 对外资产物量其他变化账户

表 11－7 是一个经济总体的对外资产物量其他变化账户。该账户所记录的内容只是涉及常住单位与非常住单位之间有可能发生的那些交易以外引起资产物量变化的价值量，其表式结构与国内资产物量其他变化账户基本相同。

表 11－7　　经济总体对外资产物量其他变化账户

资产变化		负债和资产净值变化	
资产	0	负债	0
资产的经济出现	0	无偿没收	0
非金融非生产资产	0	非金融非生产资产	0
非金融非生产资产经济消失	0	金融资产	0
无偿没收	0	分类变化	0
非金融非生产资产	0	非金融非生产资产	0
金融资产	0	金融资产	0
分类变化	0		
非金融非生产资产	0		
金融资产	0		
		对外资产物量其他变化引起的资产净值变化	0

从上述账户可以看出，账户的左方记录对外资产的变化，包括非金融资产有关项目和金融资产有关项目。右方记录负债和资产净值的变化，包括无偿没收、分类变化等。由账户左右两方所列资产和负债的变动产生的平衡项，被称为**对外资产物量其他变化引起的资产净值变化**。该账户所反映的内容在核算期没有发生任何变化，故账户中的所有数值均为零。

2. 对外重估价账户

对外重估价账户是由一组三个账户构成的。首先是对外名义持有收益账户，其次又将其分解为两个子账户——对外中性持有收益账户和对外实际持有收益账户。经济总体对外重估价账户的基本结构和有关数据分别如表 11－8 至表 11－10 所示。

表 11－8　　经济总体对外名义持有收益账户

资产变化		负债和资产净值变化	
金融资产	7	负债	15
货币黄金和特别提款权	0	货币黄金和特别提款权	12
通货和存款	0	通货和存款	0
债务性证券	4	债务性证券	2
贷款	0	贷款	0
股权和投资基金份额/单位	3	股权和投资基金份额/单位	1
保险、养老金和标准化担保计划	0	保险、养老金和标准化担保计划	0
金融衍生工具和雇员股票期权	0	金融衍生工具和雇员股票期权	0
其他应收款	0	其他应付款	0
		对外名义持有收益引起的资产净值变化	－8

对外名义持有收益反映的是从核算期初至期末常住单位所持有的对非常住单位的债权和所承担的债务，在所持有期间由于资产或负债货币价值的变化所增加（减少）的价值量。该资产货币价值的变化可以反映经济体本国货币价格的变化和相关汇率的变化。上述经济总体对外重估价账户对外名义持有收益引起的资产净值变化为－8，主要是非常住单位持有的债务性证券及股权和投资基金份额/单位增加（两者分别为 4 和 3）使金融资产增加 7。同时由于负债增加了 15，最终使对外名义持有损益引起的资产净值变化为－8。说明非常住单位持有的金融资产由于价格的变化而损失了 8。与此同时，经济总体由于金融资产价格的变化，使其收益了 8。

由于名义持有收益等于中性持有收益加实际持有收益，所以对外名义持有收益账户可以分解为对外中性持有收益账户和对外实际持有收益账户。表 11－9 是一个经济总体的对外中性持有收益账户。

表 11－9　　经济总体对外中性持有收益账户

资产变化		负债和资产净值变化	
金融资产	12	负债	22
货币黄金和特别提款权	0	货币黄金和特别提款权	16
通货和存款	2	通货和存款	2
债务性证券	3	债务性证券	2
贷款	1	贷款	0
股权和投资基金份额/单位	2	股权和投资基金份额/单位	0
保险、养老金和标准化担保计划	1	保险、养老金和标准化担保计划	1
金融衍生工具和雇员股票期权	0	金融衍生工具和雇员股票期权	0
其他应收款	3	其他应付款	1
		对外中性持有收益引起的资产净值变化	－10

对外中性持有收益账户所反映的是常住单位对外所持有的债权在核算期内，以本国货币表示的资产购买力的变动与外汇变动幅度保持一致所产生的持有收益变化的价值。即为跟上国际一般物价水平的总变化所需要的持有收益。上述经济总体对外中性持有收益账户中，由于对外中性持有收益引起的资产净值变化为－10，说明由于外汇平均变动幅度给非常住单位带来的10个单位的损失，即经济总体由于中性持有收益而带来的收益为10。从表11－9可以看出，非常出单位的负债主要是由货币黄金和特别提款权项目引起的，说明非常住单位与常住单位之间的金融交易主要发生在不同的货币当局之间。

对外实际持有收益账户反映的是常住单位对外所持有的债权在核算期内，以本国货币表示的资产购买力的变动超过外汇变动幅度所产生的持有收益的价值。表11－10是一个经济总体对外实际持有收益账户。

表 11－10　　经济总体对外实际持有收益账户

资产变化		负债和资产净值变化	
金融资产	－5	负债	－7
货币黄金和特别提款权	0	货币黄金和特别提款权	－4
通货和存款	－2	通货和存款	－2
债务性证券	1	债务性证券	0
贷款	－1	贷款	0
股权和投资基金份额/单	1	股权和投资基金份额/单位	1
保险、养老金和标准化担保计划	－1	保险、养老金和标准化担保计划	－1
金融衍生工具和雇员股票期权	0	金融衍生工具和雇员股票期权	0
其他应收款	－3	其他应付款	－1
		对外实际持有收益引起的资产净值变化	2

对外实际持有收益账户记录的是以本国货币表示的，由对外名义持有损益和对外中性持有损益之间差额所产生的资产价值。上述经济总体对外实际持有收益账户中，由实际持有收益引起的资产净值变化为2，说明非常住者在此项目上盈余2，而经济总体则损失了2

个单位的资产价值。

(四) 对外积累账户

如果将对外资本账户、对外金融账户和对外资产其他变化账户等三组账户组合在一起，即可完整地反映常住单位和非常住单位之间所发生的积累过程和结果。仍以经济总体的对外积累账户为例，将上述三组账户中的主要流量和平衡项汇总在一个账户内，即可得到一个如表 11－11 所示的经济总体对外积累账户。

表 11－11　　经济总体对外积累账户

资产变化		负债和资产净值变化	
资本账户		对外经常差额	－13
		应收的资本转移	4
		应付的资本转移	－1
净借出（＋）/净借入（－）	－10		
金融账户			
		净借出（＋）/净借入（－）	－10
金融资产净获得	47	负债净发生	57
对外资产其他变化账户			
对外资产物量其他变化账户			
		对外资产物量其他变化引起的资产净值变化	0
对外重估价账户			
金融资产	7	负债	15
		对外名义持有损益引起的资产净值变化	－8
		对外积累资产净值变化总额	－18

从经济总体对外积累账户中数值可以看到，经济总体在整个核算期通过对外积累活动，最终达到的结果是经济总体增加了 18 个单位的对外资产净值，即国外部门的资产净值减少了 18 个单位。这些对外资产净值连同国内各部门的积累一起，最终导致经济总体和国外部门的资产负债从期初到期末所发生的一切变化。

四、对外资产负债核算

(一) 对外资产负债核算

对外资产负债核算使整个对外核算序列和国民经济核算体系得以更加完备。对外资产负债核算揭示了常住单位或常住机构部门或经济总体在对外经济交往中，包括期初对外资产和负债的存量核算、对外交易和积累所带来的对外金融资产、负债和资产净值变化核算，以及期末对外资产负债存量的核算等内容。这些核算内容完全由金融资产和负债构成。

对所有对外金融资产和负债的估价，原则上都按与资产负债表编表有关时间的现期市场价格进行估价。在某些情况下，市场价格可能必须是估计值或近似值。例如，对于直接投资分支机构的准公司来说，业主净权益的市场价值近似地等于企业资产的市场价值减去对第三方的任何负债的市场价值和股东的非权益负债的价值。

需要注意的是，对以外币标价的对外资产负债的估价必须按编制对外资产负债表日期通告的市场汇率折算成本国货币，即使用买进卖出即期汇率的中间值进行折算。

（二）对外资产负债表

对外资产负债核算是通过登录对外资产负债表来实现的。对外资产负债表是由期初对外资产负债表、对外资产负债变化表和期末对外资产负债表等一组资产负债表所构成。经济总体的这些资产负债表的基本结构和相关数据分别如表 11－12 至表 11－14 所示。

表 11－12　　经济总体期初对外资产负债表

资　　产		负债和资产净值	
金融资产	805	负债	1274
货币黄金和特别提款权		货币黄金和特别提款权	770
通货和存款	105	通货和存款	116
债务性证券	125	债务性证券	77
贷款	70	贷款	17
股票和投资基金份额/单位	345	股票和投资基金份额/单位	203
保险、养老金和标准化担保计划	26	保险、养老金和标准化担保计划	25
金融衍生工具和雇员股票期权	0	金融衍生工具和雇员股票期权	7
其他应收款	134	其他应付款	59
		资产净值	－469

表 11－13　　经济总体对外资产负债变化表

资产变化		负债和资产净值变化	
金融资产净获得	54	负债净发生	72
货币黄金和特别提款权	1	货币黄金和特别提款权	12
通货和存款	11	通货和存款	－2
债务性证券	13	债务性证券	23
贷款	4	贷款	35
股票和投资基金份额/单位	15	股票和投资基金份额/单位	15
保险、养老金和标准化担保计划	0	保险、养老金和标准化担保计划	0
金融衍生工具和雇员股票期权	0	金融衍生工具和雇员股票期权	3
其他应收款	10	其他应付款	－14
		资产净值变化	－18
		储蓄和资本转移引起的变化	－10
		资产物量其他变化引起的变化	0
		名义持有收益引起的变化	－8
		中性持有收益引起的变化	－10
		实际持有收益引起的变化	2

表 11－14　　　　　　　　**经济总体期末对外资产负债表**

资　　产		负债和资产净值	
金融资产	859	负债	1346
货币黄金和特别提款权	1	货币黄金和特别提款权	782
通货和存款	116	通货和存款	114
债务性证券	138	债务性证券	100
贷款	74	贷款	52
股票和投资基金份额/单位	360	股票和投资基金份额/单位	218
保险、养老金和标准化担保计划	26	保险、养老金和标准化担保计划	25
金融衍生工具和雇员股票期权	0	金融衍生工具和雇员股票期权	10
其他应收款	144	其他应付款	45
		资产净值	－487

表 11－12 的有关数值显示出，核算期初国外部门对该经济总体的资产净值为－469，说明核算期初经济总体对外拥有的净金融债权为 469。这主要是由于对外金融资产（国外负债）1274 大于对外负债（国外金融资产）805 产生的。在此基础上，通过核算期的对外积累，使经济总体期末对外拥有的净金融债权又增加了 18，成为 487（见表 11－14）。整个增加金融债权的项目构成显示在表 11－13 的对外资产负债变化表的资产净值变化中，分别为由对外储蓄和资本转移引起资产净值变化的数值为 10，由对外名义持有收益引起资产净值变化的数值为 8。

经济学基本原理表明，一个经济体对外的净金融债权与该经济体的非金融资产存量合计构成了经济总体的净财产。即

$$\begin{matrix}\text{某国的国民}\\\text{净财产}\end{matrix}=\begin{matrix}\text{该国的非金融}\\\text{资产存量}\end{matrix}+\begin{matrix}\text{对外}\\\text{净金融债权}\end{matrix}$$

从表 10－4 和上述核算的结果可以看出，该经济体核算期末的非金融资产存量为 5103，加上对外净金融债权为 487，最终形成该经济体核算期末的国民净财产为 5590。这一数值也是经济总体期末的资产减负债后的资产净值。

第三节　国际收支平衡表和国际账户

一、国际收支的概念及其演变

国际收支有狭义和广义之分。**狭义的国际收支**是指一个国家对外的外汇资金的收支。

广义的国际收支是指一个国家与世界其他国家（或地区）之间由于进行各种经济往来而发生的收入和支付。它既包括涉及外汇收支的国际经济往来，也包括不涉及外汇收支的国际经济往来。

国际收支的概念最早可以追溯到公元17世纪。受重商主义者的影响，当17世纪初国际收支概念刚刚出现时，它仅被解释为一个国家的对外贸易差额。之后，随着资本主义生产方式向全球扩展，国际交往的内容日益丰富，尤其是到了第一次世界大战之后，由于战争赔款和国际信贷的出现，原有的国际收支概念已不再适用，逐渐演化为包括贸易、非贸易、资本转移、单方面赠予等各种国际经济往来而产生的外汇收支。也就是只要国际经济往来涉及外汇收支，均属国际收支范畴。如上所述，人们通常将外汇收支称为狭义的国际收支。

第二次世界大战以后，随着国际分工的扩大和国际经济关系的发展，国际经济交往的形式日趋多样化，出现了诸如易货贸易、租赁制、加工装配、大规模的援助以及各种形式的信贷等。为适应国际交往这一形势发展的需要，国际收支概念也随之有了新的扩展，即人们普遍采用了一种广义的国际收支概念。

国际收支概念的演变，必然引起国际收支核算范围的变化。目前各国通用的是广义国际收支的概念，其核算范围也是包括所有对外经济往来的收支活动。

二、国际收支核算的地位和作用

国际收支核算是采用复式记账原理，并通过国际收支平衡表，对一定时期一国与其他国家（或地区）之间发生的贸易、非贸易和资金往来以及该国储备资产的增减变化所做的系统记录。对于国际收支核算概念需要注意的是，根据国民经济核算体系的权责发生制原则，国际收支核算只反映常住单位和非常住单位之间所有权发生改变的那些经济往来。凡是在常住单位与非常住单位之间所有权没有发生改变的那些经济往来都不包括在国际收支核算范围内。

国际收支核算也是《中国国民经济核算体系（2016）》一个重要组成部分。在开放的市场经济条件下，完整的国民经济核算体系是不能没有国际收支核算的。因此，它作为专门以对外经济往来为对象的一种独立核算，构成国民经济核算体系一个重要组成部分。同时它又与其他核算密切联系，相互依存，相互补充，从而使整个国民经济核算成为一个有机的整体。

国际收支核算把所有的对外经济往来集中在一起进行全面、系统的核算，综合反映一国的国际收支规模和结构以及平衡状况，为分析对外经济往来的种类、与国内经济发展的联系、国际收支平衡状况以及制定对外经济政策等提供依据。

三、BPM6的国际收支平衡表

国际收支平衡表是指一个国家通过对一定时期内国际收支内容进行整理记录和编排，采用复式薄记表式记账的统计表。

（一）BPM6国际收支平衡表的基本结构及其内容

国际货币基金组织为了掌握和比较各会员国的国际收支情况，根据其对国际收支概念的规定，设计了各会员国必须统一编制的国际收支平衡表的标准项目，并提交给该组织，供其发布和研究各会员国的国际收支情况时应用。最新版本的国际收支平衡表是国际货币基金组织的统计部和国际收支统计委员会协同世界多国编制人员和和其他有关各方经过数年努力而编制出版的《国际收支和国际投资头寸手册（第六版)》（BPM6）。BPM6较之1993年出版的《国际收支手册（第五版)》，不仅纳入了自1993年以来在细化、澄清、改进和方法更新方面的更多内容，而且还与经济合作与发展组织《外国直接投资标准定义》和《国民经济核算体系》等手册之间更加保持一致性。与此同时，BPM6在国际收支平衡表概览中也采取了账户形式，将其定义为**国际账户**。国际账户与SNA中的国民账户无论在账户的形式、账户序列、科目设置、记账规则等方面完全相同，与SNA国外账户的最大区别在于，国际账户是站在常住单位（BPM6称为居民单位）的角度编制的，而国外账户则是站在非常住单位角度编制的。

BPM6国际收支平衡表①的基本结构如表11－15所示。该平衡表中的所有数值都是来自SNA2008中有关经济总体与非常住单位之间经济交往的数据。

表11－15　　国际收支平衡表概览

国际收支	贷方	借方	差额
经常账户			
货物和服务账户			
货物	462	392	70
服务	78	107	－29
货物和服务	540	499	41

① BPM6中文翻译为国际账户概览，SNA2008中文翻译为国际收支平衡表概览。国际账户概览和国际收支平衡表概览除了基本框架和包括的主要内容一致外，两者之间在详细程度和个别项目上略有差别。本书采用的是SNA2008的表式。

续表

国际收支	贷方	借方	差额
初次收入账户			
雇员报酬	6	2	4
利息	13	21	-8
已分配的公司收入	17	17	0
再投资收益	14	0	14
初始收入	50	40	10
货物、服务和初始收入	590	539	51
二次收入账户			
收入、财产等经常税	1	0	1
非寿险保费净额	2	11	-9
非寿险债权	12	3	9
经常性国际转移	1	31	-30
其他经常转移	1	10	-9
二次收入	17	55	-38
经常账户平衡差额			13
资本账户			
非生产资产的获得或处置	0	0	0
资本转移	1	4	-3
资本账户平衡差额			-3
净借出（+）/净借入（-）			10
金融账户（按功能分类）			
直接投资	8	11	-3
证券投资	18	14	4
金融衍生品（除储备外）和 ESO_s	3	0	3
其他投资	20	22	-2
储备资产	8		8
资产/负债总变化	57	47	10
净借出（+）/净借入（-）			10
净误差和遗漏			0

（二）国际账户中的功能分类

从表 11-15 中可以看出，国际收支平衡表中的金融资产没有像 SNA2008 那样按照金融工具的类别分成货币黄金和特别提款权、通货和存款等 9 大类别，而是按照金融资产的功能区分为直接投资、证券投资等 5 种类型，这主要是用来满足归集每笔投资收入等需要。

1. 直接投资

直接投资是跨境投资的一种，通过直接投资，一个经济体的常住者会对作为另一个经济体常住者的企业拥有控制权，或者对其管理具有显著程度的影响。其中，如果直接投资者拥有直接投资企业50%以上的投票权，即可认定存在控制，这样的企业称为**子公司**；如果直接投资者拥有直接投资企业10%～50%的投票权，即可认定存在显著程度的影响，这样的企业称为**联营公司**。

直接投资除了包括直接的直接投资外，还包括间接的直接投资关系。产生这种关系主要是由于存在着所有权链条的原因。

直接投资不仅包括权益投资，还包括被称为公司间拆借的参与方之间的债务。但相关金融机构间的债务头寸不包括在此项范围内。

2. 证券投资

国际账户中的证券投资，是指那些不包括属于直接投资或储备资产跨境交易和头寸的，涉及债务或权益证券的跨境交易和头寸。这里的证券包括股票、债券、票据和货币市场工具等。

3. 金融衍生品（除储备外）和雇员股票期权

从功能类别方面所定义的金融衍生品（除储备外）和雇员股票期权，在很大程度上第八章和第十章所阐述的金融资产类别是一致的。两者的区别在于，与储备资产管理有关的金融衍生品不包括在此类别中，而是包括在储备资产中。

4. 其他投资

其他投资是一个剩余类别，包括所有没有纳入直接投资、证券投资、金融衍生品（除储备外）和雇员股票期权，以及储备资产内的那些头寸和交易。主要有：(1) 其他权益；(2) 通货和存款；(3) 贷款；(4) 非寿险专门准备金、寿险和年金权益、养老金权益以及标准化担保代偿准备金；(5) 贸易信贷及其预付款；(6) 其他应收/应付款；(7) 特别提款权分配等。

5. 储备资产

储备资产是货币当局为了满足平衡国际收支资金的需要，干预外汇市场以影响汇率，以及实现其他目的而随时可以利用并控制的对外资产。储备资产必须以外币计量和结算。支撑储备资产这一概念的两个要点分别是“控制”和“使用的可得性”。

通常情况下，只有货币当局实际拥有的外部债权才归为储备资产。当然，所有权不是掌握控制权的唯一条件，如果经济体中除货币当局以外的机构单位对外部资产持有法律权利，并且只有在满足货币当局所规定的条件或得到其明确同意的情况下才能行使权利，则这种资产也是一种储备资产。

储备资产必须是那些能够在完全无条件方式下很容易获得的资产。由于储备资产可以在最短的时间，以最低的成本购买、出售和清算为外币（现金），所以它具有很高的流动性。同时，货币当局为了能够很容易地运用储备资产，必须保证其所控制的储备资产是高质量的资产。

（三）BPM6 的国际账户与 SNA 账户系列的比较

BPM6 较以前版本的很大改进是引进了一套与 SNA 系列账户非常相似的，被统称为国际账户的新账户。这些账户的内容如表 11－15 所示，包括货物和服务账户、初次收入账户和二次收入账户等三个经常账户，资本账户和金融账户等积累账户，以及资产负债表。

由于 BPM6 的国际账户不具有描述生产和最终消费等功能，所以该账户没有与 SNA 相对应的生产账户、收入形成账户和收入使用账户。

国际账户的初次收入账户与 SNA 的初次收入分配账户相对应，国际账户的二次收入账户对应的是 SNA 的收入再分配账户。两个收入账户所记录的内容，除了个别分类存在一定差异外，其他方面大致相同。值得注意的是，由于 BPM6 的收入账户不显示一方对另一方的分配和再分配，而只是单从一方的角度列示收入，因此不在账户的标题中使用“分配”和“再分配”这样的词。

由于国际账户中没有与 SNA 收入使用账户对应的账户，所以，国际账户将涉及国际间的养老金权益变化调整作为一个单独的项目置于二次收入账户之后。

国际账户中的资本账户所记录的内容主要包括非生产非金融资产的获得和处置以及资本转移，没有像 SNA 资本账户那样还记录生产资产的资本形成。这是因为国际账户仅限于用来刻画国际交易。

有关经常账户和资本账户之和的平衡项，国际账户采用了与 SNA 相同的概念，即净借出或净借入。同样，这也是国际账户中金融账户的平衡项。

BPM6 与 SNA 之间一种较大的区别在于，两者有关金融账户中金融资产的分类有所不同。SNA 按金融工具标准，将金融资产（负债）区分为货币黄金和特别提款权、通货和存款等八种一级类别；BPM6 则是按功能标准，将金融资产区分为直接投资、证券投资等五种一级类别。两种分类之间互有交叉和联系。

国际账户中包含的资产负债表部分被称为**国际投资头寸表**（IIP）。通过这一术语，可以突出表明它只包括具有跨境性质的金融资产和负债。

国际账户与 SNA 账户除了上述这些联系与区别外，其与国外账户的一个重要区别是如前所述的那样，国际账户是立足于国内角度编制，而国外账户则立足于国外的角度编制。

（四）国际投资头寸表

BPM6 的综合国际投资头寸表的结构与内容如表 11－16 所示。该国际投资头寸表中的所有数值都是来自 SNA2008 中有关经济总体与非常住单位之间期初资产负债表、资产负债变化表和期末资产负债表。

表 11－16 综合国际投资头寸表

	期初头寸	交易（金融账户）	资产其他物量变化	重估价	期末头寸
资产（按功能分）					
直接投资	78	8	0	1	87
证券投资	190	18	0	2	210
金融衍生品（除储备资产外）和 ESO_s	7	3	0	0	10
其他投资	166	20	0	0	186
储备资产	833	8	0	12	853
合计	1274	57	0	15	1346
负债（按功能分类）					
直接投资	210	11	0	2	223
证券投资	300	14	0	5	319
金融衍生品（除储备资产外）和 ESO_s	0	0	0	0	0
其他投资	295	22	0	0	317
合计	805	47	0	7	859
净国际投资头寸	469	10	0	8	487

对照表 11－16 综合国际投资头寸表与表 11－12 至表 11－14 等三张经济总体对外资产负债表可以发现，前者除了在资产（负债）的分类方面不同于后者，且将资产负债表中的资产净值称为净 IIP 以外，实质上是将 SNA 三张对外资产负债表合并为一张表，而且在数值方面也是用 SNA 的数据作为案例。由此可见，BPM6 与 SNA 沟通起来较以前更顺畅、方便。

四、我国 SNA 中的国际收支平衡表和国际投资头寸表

（一）国际收支平衡表的基本结构

正如第一章所述，《中国国民经济核算体系（2016）》将国际收支核算作为基本核算重要内容之一，也包括一张国际收支平衡表，其基本表式结构和 2020 年的具体数值如表 11－17 所示。

表 11－17 **我国国际收支平衡表** 单位：万美元

项　　目	交易金额
1. 经常账户	**27398040**
贷方	301165301
借方	－273767261
1. A　货物和服务	**36967280**
贷方	273236508
借方	－236269228
1. A. a　货物	**51500021**
贷方	249715605
借方	－198215583
1. A. b　服务	**－14532741**
贷方	23520904
借方	－38053645
1. B. 初次收入	**－10517264**
贷方	24168087
借方	－34685351
1. B. 1　雇员报酬	**37637**
贷方	1473590
借方	－1435953
1. B. 2　投资收益	**－10711480**
贷方	22439297
借方	－33150778
1. B. 3　其他初次收入	**156579**
贷方	255199
借方	－98620
1. C　二次收入	**948024**
贷方	3760706
借方	－2812682
2. 资本和金融账户	**－10584214**
2. 1　资本账户	**－7682**
贷方	16615
借方	－24297
2. 2　金融账户	**－10576532**
资产	－62632854
负债	52056321
2. 2. 1　非储备性质的金融账户	**－7775945**
资产	－59832266
负债	52056321
2. 2. 1. 1　直接投资	10255389
资产	－10992181
负债	21247570
2. 2. 1. 2　证券投资	8732908
资产	－16733322
负债	25466229
2. 2. 1. 3　金融衍生工具	－1140884
资产	－690123
负债	－450761

续表

项　目	交易金额
2.2.1.4　其他投资	-25623357
资产	-31416640
负债	5793283
2.2.2　储备资产	**-2800588**
2.2.2.1　货币黄金	
2.2.2.2　特别提款权	8791
2.2.2.3　在国际货币基金组织的储备头寸	-190706
2.2.2.4　外汇储备	-2618673
2.2.2.5　其他储备资产	
3. 净误差与遗漏	**-16813825**

注：1. 本表根据国际货币基金组织《国际收支和国际投资头寸手册》（第六版）编制，资本和金融账户中包含储备资产。资料来源：国家统计局．中国统计年鉴（2021）[M]．北京：中国统计出版社，2021.

2. "贷方"按正值列示，"借方"按负值列示，差额等于"贷方"加上"借方"。本表除标注"贷方"和"借方"的项目外，其他项目均指差额。

3. 金融账户下，对外金融资产的净增加用负值列示，净减少用正值列示。对外负债的净增加用正值列示，净减少用负值列示。

从表 11-17 不难看出，国际收支平衡表采用了会计借贷记账的基本原理。表的主栏（横行标题）列示了国际收支核算的主要项目（内容），并且在每个项目下分别列出"贷方"和"借方"；宾栏（纵列标题）则列示了"贷方"和"借方"交易金额。由"贷方"和"借方"相加的差额则记录在每个相应的项目名称下。

（二）国际收支平衡表主要内容

国际收支平衡表一般由经常账户、资本和金融账户、净误差与遗漏等三个部分组成。

1. 经常账户

经常账户是国际收支平衡表中最重要的账户，它是对涉及货物、服务、初次收入和二次收入等非金融性对外交易所产生的经济价值的记录，反映了一国与它国之间实际资源的流动情况。经常账户之下通常设有货物和服务、初次收入和二次收入等三个二级项目。货物和服务项目下又分设货物和服务两个三级项目。服务项目下再设置以下十二个四级项目：（1）加工服务；（2）维护和维修服务；（3）运输；（4）旅行；（5）建设；（6）保险和养老金服务；（7）金融服务；（8）知识产权使用费；（9）电信、计算机和信息服务；（10）其他商业服务；（11）个人、文化和娱乐服务；（12）别处未提及的政府服务。

2. 资本和金融账户

该账户从资本和金融角度记录包括储备资产在内的所有对外资本和金融资产与负债的交易和存量，反映了资本和金融资产在一国与它国之间的流动情况和国内储备资产水平。

我国新版国际收支平衡表与旧版国际收支平衡表的一个很重要的区别是，前者将储备资产包括在资本和金融账户中，后者则是将储备资产单独作为与资本和金融并列的一级项目处理。

1）资本账户

《中国国民经济核算体系（2016）》的“国际收支平衡表”中，资本账户下尽管只列示了“贷方”和“借方”两个项目，而没有具体列示更加详细的交易项目，如资本转移等。但实际上，该账户记录的内容包括我国常住单位与非常住单位之间的资本转移，以及两者之间的非生产非金融资产的获得和处置。

2）金融账户

金融账户下包括非储备性质的金融账户和储备资产两个子类。每个子类下面又做了进一步细分。其中，非储备性质金融账户记录的交易项目包括直接投资、证券投资、金融衍生工具和其他投资等。

直接投资是指投资者在国外经营企业，并在管理上实施控制或重要影响而进行的投资。

证券投资是指投资者在国外所进行的证券资产和证券负债的投资。相关投资工具可划分为股权和债券。

金融衍生工具是指以货币、债券、股票等传统金融产品为基础，以杠杆性信用交易为特征的金融产品。通常与某种特定金融产品、特定指标或特定商品挂钩，对特定的金融风险本身进行交易①。

其他投资指除直接投资、证券投资、金融衍生工具和储备资产以外的所有对外金融资产与负债的交易项目，包括外国提供给我国和我国提供给外国的其他股权、货币和存款、贷款、保险和养老金、贸易信贷和其他。

3. 储备资产

储备资产是指一国货币当局所持有的可直接用于国际支付的国际货币存量，主要作用是弥补经常账户、资本和金融账户中交易项目出现的收支差额，保证国际收支的平衡。储备资产包括货币黄金、特别提款权、在基金组织的储备头寸、外汇储备和其他储备资产。

4. 净误差与遗漏

净误差与遗漏是指编制国际收支平衡表时，因资料不完整、统计时间和计价标准不一致，以及货币换算等因素所造成的差错和遗漏。它等于国际收支负债（借方）总额与资产

---

① 《中国国民经济核算体系（2016）》遵循联合国等国际组织的《国民账户体系 2008》有关金融资产分类原则，将“金融衍生品和雇员股票期权”作为同类金融资产置于《国际收支平衡表（概览表）》中。

（贷方）总额的差额。

从理论上讲，一国的国际收支总是可以平衡的。因为不管哪个项目出现不平衡，都可以通过变动储备项目使其达到平衡。但实践中，当一个经济循环结束后，一国的储备资产往往是一个确定的量，而且其往往不是国际收支平衡的结果。国际收支核算为保持平衡，就在平衡表中设计了净误差和遗漏这一平衡项。当收入数字大于支出数字时，就将差额列入“净误差与遗漏”的借方；反之，当支出数字大于收入数字时，就将差额列入“净误差与遗漏”的贷方，以此达到收支平衡。

（三）国际收支平衡表的登录规则

国际收支平衡表的登录规则包括记账原则、登录时间的确定和估价等三方面内容。

1. 国际收支平衡表的记账原则

国际收支平衡表在记录一笔交易时必须遵循以下两条准则。

（1）凡是引起本国外汇增加的交易，其数值都记录在贷方；凡是引起本国外汇减少的交易，其数值都记入借方。

（2）凡是引起外汇供给的交易都记入贷方；凡是引起外汇需求的交易都记录在借方。

2. 国际收支平衡表的交易登记时间

国际货币基金组织对此项原则的规定与国民经济核算原则相一致，遵循的是权责发生制原则，即将货物或服务的所有权发生变更的时间作为登记一笔交易的标准时间。我国国际收支平衡表的登记时间也遵循权责发生制的原则。

3. 国际收支平衡表中有关项目的估价

通常情况下，各国对于一笔进出口交易，出口国通常以离岸价格来计算，而进口国则以到岸价格来计算。为了统一估价口径，避免全世界范围内核算的不一致，国际货币基金组织建议进出口国均按离岸价格计算。保险费和运输费用列为劳务收支。

（四）国际收支差额

如前所述，由于国际收支平衡表采用的是会计上的复式记账法，每一项交易都同时记入两个及两个以上对应项目，并使一个项目的借方和另一项目的贷方形成对应关系。例如，进口货物若用借款支付，则一方面在货物的借方登记实际资源的增加（资金的支出），另一方面，同时在资本和金融项目的贷方记录负债的增加，使平衡表中的借贷双方保持对应关系。倘若进口商品不是用借款支付，而是动用了外汇储备，则在借方登记进口货物的同时，在储备资产的贷方记录同笔数额表示金融资产的减少。如此同样使借贷双方保持对应关系。因此，从国际收支平衡表账面上看，借方总额必定等于贷方总额，其净额必定等于零。

观察和分析一国的国际收支状况，可以根据不同的需要计算各种国际收支差额。具体做法是，对国际收支平衡表中纵向排列的各项目进行划线归类，区分为线上项目和线下项目。然后，就线上项目计算借贷平衡差额，以此来观察和分析一国在不同层次上的国际收支平衡状况。下列所示的是各层次上的局部收支差额与国际收支总差额。

对外货物和服务差额 + 初次收支差额 + 二次收支差额

= 经常账户差额

+ 资本和金融账户差额

= 国际收支总差额(或称国际收支综合差额)

+ (-)净误差与遗漏

= 零(0)

现以表 11 - 17 中我国 2020 年国际收支状况为例，说明上述各种收支差额的具体情况及其相互关系。

对外货物和服务差额	**36967280**
+ 初次收支差额	- 10517264
+ 二次收支差额	948024
= 经常账户差额	**27398040**
+ 资本和金融账户差额	- 10584214
= 国际收支总差额	**16813826**
+ 净误差与遗漏	- 16813825
= 零（0）	0（万美元）

注：由于国际收支平衡表采取四舍五入原则，致使“国际收支总差额”与“净误差与遗漏”之和等于 1，而非为 0。

通过计算国际收支差额，既可以为分析和判断一国国际收支状况提供基本依据，也可以据此找出不平衡的原因。上述各种收支差额中最常用的是国际收支总差额，可以由多种局部差额所引起。一般而言，如果一国的国际收支总差额是由经常账户逆差引起的，则意味着该国的国际收支状况是致命恶化的。因为经常账户反映的是一个国家真实资源的对外交往情况，而且由该账户引起的差额往往也是比较持久的。相反，如果一国的经常账户存在巨大顺差，只是由于大量的长期资本流入而导致国际收支总差额出现逆差，仍可认为该国的国际收支状况是健康的。因为此种情况表明该国在国际上拥有牢固的金融地位和强大的对外投资实力。

从上述我国 2020 年几个国际收支差额看，在经常账户中，对外货物和服务保持着

3696.73 亿美元的顺差，但由于初次收支差额出现了 1051.73 亿美元的逆差和二次收支保持 94.80 亿美元的顺差，最终使得经常账户取得了 2739.80 亿美元的顺差。这在全球普遍遭受新冠肺炎疫情严重影响、经济状况极为不景气的情况下，我国对外经济取得了较为值得称赞的业绩，充分表明我国的国际收支总体情况还是非常健康的。

在资本和金融项账户中，净增加了 1058.42 亿美元的金融资产。这一金额主要分别由资本账户净增加 0.77 亿美元和金融账户净增加 1057.65 亿美元形成。其中，金融账户中，各类非储备性质的金融资产共净增加了 777.59 亿美元，储备资产净增加了 280.06 亿美元。

由于上述各种分账户差额的相互影响，最终使我国 2020 年国际收支的总差额为 1681.38 亿美元。

（五）国际投资头寸表

《中国国民经济核算体系（2016）》国际投资头寸表的基本结构如表 11－18 所示。

表 11－18　　国际投资头寸表（简表）

项目	行次	期初头寸	交易	其他变化	期末头寸
1. 国际投资头寸净额					
2. 对外金融资产					
直接投资					
证券投资					
金融衍生工具和雇员股票期权					
其他投资					
国际储备					
3. 对外金融负债					
直接投资					
证券投资					
金融衍生工具和雇员股票期权					
其他投资					

注：1. 表中对外金融资产和金融负债的每个项目下都按照金融资产的分类进行细分。
2. 由于目前《中国统计年鉴》尚未对外发布国际投资头寸数据，故表 11－18 只为空白例表。

五、国外账户与国际收支平衡表之间的联系与区别

（一）国外账户与国际收支平衡表之间的联系

国民经济核算体系中的国外账户与国际收支平衡表之间存在着密切的联系。这些联系

主要表现在以下几个方面。

1. 国际收支平衡表是编制国外账户的基础

由于国外账户与国际收支平衡表的有机结合，使几乎所有的国家都先编制国际收支平衡表，然后将其纳入国民经济核算账户，使国际收支平衡表成为编制国外账户的基础。

2. 两者在有关概念、核算范围、估价、记录时间与核算原则等方面保持一致

国际收支平衡表与国外账户在有关常住性的界定、估价和交易的记录时间、货币的折算方法、国际货物交易的范围以及关于服务、初始收入、经常转移、资本转移的范围、外国金融资产和负债交易的范围等方面都是一致的。国际收支平衡表所描述的国际收支概念与国外账户也保持完全一致。

3. 国际收支平衡表包含了国外账户中相应账户的内容

国际收支平衡表中的经常账户包括了国民经济核算体系中的货物和服务对外账户、收入初始分配对外账户和收入再分配对外账户中所反映的主要流量。国际收支平衡表中的资本账户包括了对外资本账户的主要流量。金融账户包含了国外金融账户的基本流量，只是在金融项目的分类上有所不同，即国民经济核算体系是以金融工具作为金融资产的主要分类基础，将金融资产分为八大类，而国际收支平衡表以金融功能为主要分类基础，将金融资产分为直接投资、证券投资、其他投资和储备资产等四大类，在上述主要功能范围内，再下一级是按金融手段进行的分类。

（二）国外账户与国际收支平衡表之间的区别

国外账户与国际收支平衡表除了上述三点联系外，两者之间还存在着明显的区别，主要表现在以下两个方面。

1. 两者核算的角度不同

国外账户是立足国外编制的，而国际收支平衡表是立足经济总体（本国）编制的。

2. 两者在核算的流量和存量方面不同

国际收支平衡表只核算了当期的对外交易流量，并不反映对外经济存量的金额，对外的存量则是通过国际投资头寸表展现的。而国外账户不仅反映对外交易的流量，还包括对外关系的存量。

国外账户与国际收支平衡表之间的联系与区别，进一步表明了它们各自具有不同的特点和用途。例如，由于国际收支平衡表只提供有关当期的对外经济往来流量，它不能为分析对外资产负债存量提供依据，这只能用国外账户来弥补；另外，由于国外账户没有设置储备资产项目，就无法根据它所提供的核算资料来分析一国政府和货币当局是如何通过此项指标来达到国际收支的平衡。由此可见，将国外账户与国际收支平衡表二者结合起来运用是十分重要的。

第四节　对外经济核算资料的分析与应用

正如前面几种核算都具有特定的目的一样，对外经济核算的目的就是要通过对一国或地区在核算期内所发生的对外经济往来的核算，为进行对外经济分析和制定对外经济政策服务。对外经济核算资料主要可以用于以下几方面的分析领域。

一、对外经济往来的规模和结构分析

对外经济往来规模是指一个国家或地区一定时期内以货币表示的对外经济交往的总量。根据国际贸易理论的比较利益学说，在开放经济条件下，一个国家或地区的对外交往规模越大，说明该国或地区从对外交往中所获取的利益就越多。若用一个国家或地区的对外交易总额同全世界范围内的对外交易总额进行对比，可以发现该国或地区在世界经济交往中所占的份额，以及它在国际市场中的地位和作用。如果用该项指标在同一个经济主体范围内不同时期作比较，可以研究该经济主体对外经济交往的发展变化情况。

研究和分析对外经济交往状况，不仅要追求一定的发展速度、规模和收支平衡，更重要的是要注意结构的不断优化。以对外贸易为例，当一国或地区的经济处于初级发展阶段时，对外出口总是以原材料或初级加工的产品为主，而进口则总是以高精尖的产品或技术为主。这种出口体现资源优势，进口体现技术劣势的对外交往结构将随着经济的发展不断由低级阶段向高级阶段的演进而得到优化。尤其在全球都强调可持续发展的今天，注重对外经济往来结构的研究与分析更为重要。

对外经济结构可以从流量和存量两个角度去分析。从流量角度考察，可以从一定时期各种不同的交易内容在对外交易总量中所占的比重，研究各种收支活动对结构的影响。例如，以经济总体对外货物和服务账户（见表 11－1）所显示的资料为例，通过整理可以得到表 11－19。

表 11－19　　　　　　经济总体对外货物和服务结构表

项目	数额	比重（%）
货物和服务出口	540	100.0
货物出口	462	85.6
服务出口	78	14.4
货物和服务进口	499	100.0
货物进口	392	78.6
服务进口	107	21.4
货物和服务净出口	41	100.0
货物净出口	70	170.7
服务净出口	－29	－70.7

从表 11－19 可以看出，该经济总体在对外贸易中，出口货物的比重多于进口货物的比重 7 个百分点，而进口服务的比重比出口服务的比重高 7 个百分点，最终导致货物的净出口为货物和服务净出口总量的 170.7%，而服务净出口为货物和服务净出口总量的－70.7%。说明该经济总体不仅通过用货物的出口平衡了由于服务的进口大于出口而造成的 29 个单位的逆差，而且还最终盈利 41。

有关对外初始收入中各项目占对外初始收入总额的比重、对外二次收入中各项目占对外二次收入总额的比重、资本和金融项目中的各种收支活动占资本和金融项目总额的比重，以及上述各大项目在对外交易总量中的构成等都可以用分析对外货物和服务结构的方法进行。

从流量角度考察对外交往结构，还可以按部门分组来计算各部门在对外交易中所占的份额，以便分析不同部门对经济总体在对外交往中作出的贡献。

从存量角度考察和分析对外经济结构，既可以将标准时点定在初期，也可以定在期末，还可以将期初与期末结合起来分析，研究各种结构关系的变化情况。

二、国际收支平衡状况分析

一个国家或地区对外经济结构状况只是实现国际收支平衡的基础。对于大多数国家或地区而言，它们更注重和关心的是国际收支的平衡状况。

国际收支平衡，从理论上讲应该是自发性对外交易的收支平衡。**自发性交易**，是指交易者为了营利或其他目的，如政治的、道义的等方面而自主进行的交易。与自主性交易相对应的是**调节性交易**，是指为了调节和弥补其他交易所造成的缺口而进行的交易。在实际核算的分析应用中，通常把经常项目与资本和金融项目视为自主性交易项目。通过计算由这些项目产生的国际收支基本差额，以及将其与储备资产增减数额的对应关系作比较，判断国际收支的平衡状况。如果国际收支总差额为负，则对应的储备资产必然减少；反之，如果国际收支总差额为正，则必然对应的是储备资产的增加。

在各国的核算实践中，人们还习惯于将国际收支项目按货物和服务对外差额、经常项目差额、国际收支基本差额和国际收支总差额做递进性分析。其中，经常收支差额是促进国际收支平衡的基础；国际收支基本差额对经常转移收支差额有调节弥补作用；储备资产增减额是最终调节性项目。一般认为，由于经常项目反映一个国家真实资源的对外交换情况，所以经常收支差额也是平衡国际收支状况最重要的指标。如果该项指标呈现逆差，则意味着由此引起的国际收支总差额往往是致命的和持久的。这对维持国际收支平衡十分不利。相反，如果一国的经常项目呈现巨大的顺差，即使国际收支总差额为逆差，仍可将该国的国际收支状况视为健康的，因为这表明该国拥有强大的金融地位作保证。

三、对外经济依存度分析

对外经济依存度是指一个国家或地区一定时期内（通常为一年）的对外交易有关指标占国内（或地区）相关经济总量指标的比重，说明该国或地区经济的对外依存状况。

在开放经济条件下，对外经济活动既是国民经济活动的有机组成部分，又是促进本国经济发展的有利条件。通常情况下，一国的经济水平越发达，开放的程度就越高，对外经济的依存度就越高。对外经济依存度分析，就是通过计算有关反映经济依存情况的指标，来观察分析对外经济对一国或地区经济发展的影响。

（一）对外贸易依存度分析

对外贸易依存度是指一个国家或地区在一定时期内的货物和服务进出口总额与该国家或地区同期国内生产总（净）值的比值，说明对外贸易与国内生产之间的相互依存程度。

$$对外贸易依存度=\frac{进出口总额}{国内生产总(净)值}\times 100\%$$

该指标数值越大，说明国内生产与进出口的关系越密切，经济对外开放的程度越高。反之，则说明国内生产对进出口的依存度较弱，经济对外开放的程度越低。

例如，通过表 11－17 可见，我国 2020 年货物和服务的进出口总额为 509505736 万美元，按照当年人民币汇率（年平均价）100 美元兑换 689.76 元人民币[①]计算，可折合 351436.7 亿元人民币。2020 年我国国内生产总值为 1008782.5 亿元人民币[②]。则 2020 年我国的对外贸易依存度为：

$$对外贸易依存度=\frac{进出口总额}{国内生产总(净)值}\times 100\%=\frac{351436.7}{1008782.5}\times 100\%=34.8\%$$

对外贸易依存度根据不同需要还可以进一步区分为进口依存度和出口依存度两个分项指标。即：

$$进口依存度=\frac{进口总额}{国内生产总(净)值}\times 100\%$$

$$出口依存度=\frac{出口总额}{国内生产总(净)值}\times 100\%$$

进口依存度指标反映了一个国家或地区在核算期内国内生产、投资和最终消费等对国外货物和服务的需求情况。该项指标越高，说明国内生产、投资和最终消费对国外货物和服务的依赖性越强，该国经济受国际市场制约就越厉害。

例如，通过表 11－17 可见，我国 2020 年货物和服务的进口总额为 236269228 万美元，按照当年人民币汇率（年平均价）100 美元兑换 689.76 元人民币计算，可折合 162969.1 亿元人民币。则 2020 年我国的进口依存度为：

$$进口依存度=\frac{进口总额}{国内生产总(净)值}\times 100\%=\frac{162969.1}{1008782.5}\times 100\%=16.1\%$$

出口依存度则说明国内总需求对出口的依赖程度。该项指标越高，说明该国生产的货物与服务用于出口的就越多，可以换取更多的外汇以满足进口的需要。

我国 2020 年货物和服务的出口总额为 273236508 万美元，按照当年人民币汇率（年平均价）100 美元兑换 689.76 元人民币计算，可折合 188467.6 亿元人民币。则 2020 年我国的出口依存度为：

$$出口依存度=\frac{出口总额}{国内生产总(净)值}\times 100\%=\frac{188467.6}{1008782.5}\times 100\%=18.7\%$$

通过以上我国 2020 年对外贸易依存度、进口依存度和出口依存度三个指标数值可以看出，尽管这些年我国的对外贸易依存度有所降低（如 2012 年为 51.9%，见本教材第二版），但仍高达 34.8%，意味着在我国的经济总量中仍有超过三分之一的份额与国际贸易存在着联系。其中，进口依存度和出口依存度分别为 16.1% 和 18.7%，进出口基本达到

① 2020 年人民币汇率参见：中华人民共和国国家统计局．中国统计年鉴（2021 年）[M]．北京：中国统计出版社，2021.

② 资料来源同上。

了平衡的状态。

（二）对外资金依存度分析

对外资金依存度是指一个国家（或地区）一定时期内对外资金的流动量与同期国内总储蓄的比值，说明资金在国际间的流动与储蓄的密切程度。对外资金依存度可以分别从流出资金依存度、流入资金依存度和资金净流出（净流入）依存度三个方面进行分析。

流出资金依存度是指一个国家或地区一定时期内流往国（地区）外的资金占同期国（地区）内储蓄的比重。即：

$$\text{流出资金依存度}=\frac{\text{核算期流出资金额}}{\text{同期国内总(净)储蓄}}\times 100\%$$

由于从理论上讲，流出的资金是国内储蓄的一部分，该指标越高说明当期国内储蓄用于国外投资以创造收入的资金就越多，从而使当期国内从国外获得的金融资产就越多。例如，根据表 7 - 2 和表 8 - 3 分别显示，经济总体在核算期的净储蓄为 205，从国外净获得的金融资产为 57（表中显示为国外负债净发生），说明该经济总体当期流出的资金数量为 57，占净储蓄 205 的 27.8%。

流入资金依存度是指一个国家或地区一定时期内流入国（地区）内的资金相当于同期国（地区）内储蓄的百分比。即：

$$\text{流入资金依存度}=\frac{\text{核算期流入资金额}}{\text{同期国内总(净)储蓄}}\times 100\%$$

该指标说明当期国（地区）内资金需求对国外资金的依赖程度。产生对国外资金需求的原因或是国内储蓄本身就满足不了投资的需求，或是由于国内大量资金流往国外，需要用借入的资金弥补这一亏空。例如，同样根据表 8 - 3 中显示，经济总体在核算期流入的资金为 47（表中显示为国外金融资产净获得），相当于净储蓄 205 的 22.9%。

值得注意的是，由于从国外流入的资金不属于国内储蓄的构成成分，因此，尽管流出资金依存度和流入资金依存度从计算形式上没有任何区别，但从两个指标的性质看，完全属于两个不同类型的相对指标。资金流出依存度属于结构相对指标，即部分占总体的比重；而资金流入依存度属于强度相对指标，即两个性质不同但相互有联系指标的对比。前者反映的是部分与总体的关系，所以对该指标的解释需要用“占”，后者反映的是两个指标之间的依存关系，因此对该指标的解释应当用“相当于”。

资金净流出（净流入）依存度是指一个国家或地区一定时期内净流出或净流入的资金占国内储蓄的比重，它等于净流出（或净流入）资金除以储蓄，或流出资金依存度减去资金流入依存度。即：

$$资金净流出(净流入)依存度=\frac{核算期资金净流出(净流入)额}{同期国内总(净)储蓄}\times 100\%$$

$$=资金流出依存度-资金流入依存度$$

例如，根据上述有关资金流出和流入计算结果，经济总体的资金净流出额为10，资金净流出依存度为4.9%，说明该经济总体经过资金的流出流入相互抵消后，净储蓄中有4.9%的资金用于获得国外的金融资产。该4.9%的数值也可以通过利用资金流出依存度减去资金流入依存度得到，即27.8% -22.9% =4.9%。

第十二章　物量和价格核算

【学习目标与要求】

1. 了解物量和价格核算、价格和物量国际比较的基本问题；
2. 掌握物量指数和物价指数的编制方法；
3. 掌握生产法 GDP 和支出法 GDP 的物量测度方法；
4. 掌握经济总体实际收入的测度方法。

第一节　物量和价格核算的基本问题

一、物量和价格的含义

国民经济核算体系主要核算各种经济流量和存量的价值。其中，货物服务流量的价值变化可以直接分解为反映相关货物服务的物量变化和价格变化两个组成部分。为全面、准确地核算主要经济总量物量和价格的变化，进一步明确有关数量、价格、价值、物量这些基本概念是十分必要的。

（一）单一货物或服务的数量、价格和价值

从单一货物或服务角度考察，**数量**这一概念只有对单一的同质产品才有意义。因为只

有这种同质产品才可以相加，不同产品的数量是不能同度量的，也是不能相加的。即使采用同种实物计量单位，如10吨水泥加20吨钢材，在经济上也是没有意义的。甚至对于具有相同使用价值的产品，由于其型号不同，如10台22马力的拖拉机加上15台54马力的拖拉机也是没有经济意义的。

单一货物或服务的**价格**是该货物或服务的单位价值。它的特点表现在：(1) 价格的变化与选定计量单位的大小有直接关系，例如，对于农民生产的粮食，选择吨而不是公斤作为计量单位，就使价格发生了人为的变化，一吨粮食的价格是一公斤粮食的1000倍；(2) 对不同货物或服务的价格是不能相加的；(3) 不同货物或服务的价格平均值不具有经济意义，因而不能用来计量随时间推移使价格发生的变化。

单一同质货物或服务的**价值**（V）是每单位的价格（p）与数量个数（q）的乘积，即：

$$V = pq$$

价值与价格相比，它不受数量单位选择的影响，并且在不同产品中是可以同度量和相加的。

（二）多种货物或服务的物量和价格

多种货物或服务的物量和价格是若干种货物或服务的综合。但这种综合不是单一产品数量或价格的简单代数和，而是在前者剔除了价格变动因素，后者剔除了数量变动因素以后的可比概念。因为无论是单一货物或服务的数量也好，还是其价格都是不能简单相加的。由此可见，无论是物量或是物价的概念都带有一种假定性，它们分别在假定赖以相加的同度量因素不变时或固定时价值量的表现。这也说明，从多种货物或服务角度考察，物量和物价的概念只有在用作不同时期比较时才有意义。这就是我们后面所要讨论的物量指数和物价指数。

值得注意的是，国民经济核算体系对于货物或服务量的研究，对单一同质货物或服务强调用“数量”一词，而对多种货物或服务使用的是“物量”一词。

二、物量和价格核算的目的和作用

国民经济核算体系为编制一整套概念上一致和对分析有用的物量值和价格提供了一个框架，其目的主要在于：一是建立一个国民经济动态核算体系，全面描述主要总量的价格变化和物量变化；二是汇集一套相互依存的价格和物量值，以便对通货膨胀和经济增长与波动做出系统、详细的分析。

国民经济核算体系通过物量和价格核算，至少在以下三个方面发挥着重要作用：(1) 可以从整体上检验物量值和价格在数值方面的一致性和可靠性。(2) 可以推导出某些重要平衡项的价格和物量值，尤其是可以用“双紧缩法”，即从不变价格的产出中减去按不变价格计算的中间消耗，得出不变价格的总增加值。这对研究经济的增长与波动十分有用。(3) 可以用来比较不同国家或地区在同一时期内的价格和物量水平，以便能够比较不同国家或地区的生活水平、经济发展水平或生产率水平，以及通过汇率换算后不同国家的价格水平。

第二节 物量指数和价格指数

一、物量指数

物量指数是一组特定的货物或服务的数量在两个时期之间均匀变化的平均值。按照统计惯例，通常将两个时期中用作对比的标准时期（参照点）定义为**基期**（通常用时期0表示），而把对比研究的时期定义为**报告期**或**研究期**（通常用时期 t 表示）。一种特定产品在时期 t 的数量与同一种产品在时期0的数量的比率，即 q_t/q_0 称为**量比**。大多数物量指数都是这些量比的加权平均值，各种物量指数的差别只是在于给各单项量比所赋的权数和采用平均数的特定形式——算术平均数、调和平均数和几何平均数等不同而已。

物量指数最常用的两种指数是拉斯派雷斯（拉氏）指数和帕舍（帕氏）指数。这两种指数都是量比的加权平均数，只是权数所选的时期不同。

(一) 拉氏物量指数

现令时期 j 的第 i 种产品的价值为

$$v_i^j = p_i^j q_i^j$$

式中，v_i^j 表示 j 时期的第 i 种产品的价值；p_i^j 表示时期 j 的第 i 种产品的价格（$j=0$ 或 t）；q_i^j 表示时期 j 的第 i 种产品的数量（$i=1,2,\cdots,n$）。

又令时期 j 的第 i 种产品的价值占该时期全部产品价值的份额为

$$s_i^j = \frac{v_i^j}{\sum v_i^j}$$

拉氏物量指数（L_q）定义为以时期 0 的价值份额作为权数的量比加权算数平均数，即：

$$L_q = \sum\left(\frac{q_i^t}{q_i^0}\right)s_i^0 = \frac{\sum q_i^t p_i^0}{\sum q_i^0 p_i^0}$$

式中，L_q 表示拉氏物量指数；t 表示报告期。

由此可见，拉氏物量指数实质上是一组货物或服务报告期的数量（q_i^t）与其基期价格（p_i^0）相乘后的虚拟价值之和与同一组货物或服务基期实际价值之和（$\sum q_i^0 p_i^0$）的比值。它消除了由于单一货物或服务价格变化对物量值的影响，单纯反映货物和服务的物量值在两个时期之间的变化。

（二）帕氏物量指数

帕氏物量指数（P_q）是利用 t 时期（报告期）的价值作为权数，并采用量比的调和平均数的指数。其定义如下：

$$P_q = \left[\sum\left(\frac{q_i^t}{q_i^0}\right)^{-1} s_i^t\right]^{-1} = \frac{\sum q_i^t p_i^t}{\sum q_i^0 p_i^t}$$

式中，P_q 表示帕氏物量指数。

用帕氏物量指数反映一组特定产品在两个时期之间的物量变化，尽管也将权数固定在同一时期（报告期），但其中包含了一部分价格因素对物量变化的影响。

二、价格指数

价格指数是一组特定货物和服务的价格在两个时期之间均匀变化的平均值。

对于一种特定产品，其在时期 t 的价格与该种产品在时期 0 的价格的比率被称为**价比**。如同物量指数，大多数价格指数都是这些价比的加权平均值。而最常用的两种价格指数是拉斯派雷斯（拉式）价格指数和帕舍（帕氏）价格指数。

（一）拉氏价格指数

拉氏价格指数（L_p）定义为以时期 0 的价值份额作为权数的价比加权算术平均数。即：

$$L_p = \sum\left(\frac{p_i^t}{p_i^0}\right)s_i^0 = \frac{\sum\left(\frac{p_i^t}{p_i^0}\right)p_i^0 q_i^0}{\sum p_i^0 q_i^0} = \frac{\sum p_i^t q_i^0}{p_i^0 q_i^0}$$

式中，L_p 表示拉氏价格指数。

从上述公式可以明显看出，拉氏价格指数实质是一组特定产品按 t 时期的价格和 0 时期数量计算的假定价值与该组产品 0 时期实际价值之比。从指数理论上讲，该价格指数最能准确地描述产品在两个时期之间的价格变化程度。但从经济意义角度分析，该指数又有些脱离实际。因为用该价格指数无法测算出由于价格变化为某一具体部门或单位经济利益所带来的现实影响。

（二）帕氏价格指数

帕氏价格指数（P_p）是利用时期 t 的价值作为权数的价比调和平均数。

$$P_p = \left[\sum \left(\frac{p_i^t}{p_i^0} \right)^{-1} s_i^t \right]^{-1} = \frac{\sum p_i^t q_i^t}{\sum p_i^0 q_i^t}$$

式中，P_p 表示帕氏价格指数。

利用帕氏价格指数描述一组特定产品在两个时期之间的变化，尽管隐含了部分数量因素的影响，但从经济意义上讲，它可以揭示由于价格变化对一个具体部门或单位所带来的经济利益。因为该价格指数实质是一种产品 t 时期的实际价值与该组产品 t 时期的数量按 0 时期价格计算的假定价值之比。

三、拉氏指数与帕氏指数之间的关系

通过上述对拉氏指数和帕氏指数的探讨，可以从以下两方面认识两种指数之间的关系。

（一）两种指数之间存在着对称性

由于帕氏指数和拉氏指数之间互为倒数，所以它们之间存在着重要的对称性。具体表现为，一个拉氏物量（或价格）指数和对应的帕氏价格（或物量）指数的乘积等于所涉及的货物或服务流量总价值指数。即：

$$L_q \cdot P_p = \frac{\sum q_i^t p_i^0}{\sum q_i^0 p_i^0} \times \frac{\sum p_i^t q_i^t}{\sum p_i^0 q_i^t} = \frac{\sum V_t}{\sum V_0}$$

和

$$L_p \cdot P_q = \frac{\sum p_i^t q_i^0}{\sum p_i^0 q_i^0} \times \frac{\sum q_i^t p_i^t}{\sum q_i^0 p_i^t} = \frac{\sum V_t}{\sum V_0}$$

上述两个指数公式中的 $\frac{\sum V_t}{\sum V_0}$ 反映了从基期到报告期之间价格和物量变化的混合效应，通常称为**货币价值变化指数**，用 I_v 表示。即：

$$I_v = \frac{\sum V_t}{\sum V_0}$$

上述两个货币价值变化指数分别由拉氏和帕氏指数相乘而得到，这种由两个或两个以上在经济上相互联系，在运算上可以相互换算的指数所构成的体系称为**指数体系**。指数体系的作用在于，一旦知道一组货物或服务分别在两个时期的总价值和拉氏或帕氏这对互补指数中的一个指数，就可推导出另一个对应的指数来。例如，从上面的第一个指数体系来看，假如已知 I_v 和 L_q（或 P_p），则有：

$$P_p = \frac{I_v}{L_q}$$

或

$$L_q = \frac{I_v}{P_p}$$

国民经济核算理论将上述用帕氏价格指数去除货币价值变化指数来间接求出的拉氏物量指数的方法称为**价格缩减法**。

由于直接计算价格指数通常比直接计算物量指数更为容易，代价也较小，因此，在国民经济核算和一般经济统计中，最常见的做法是间接地求得物量序列。

物量序列是国民经济核算理论中的一个很重要概念，它是指按不变价格计算的货物服务货币价值时间数列。例如，假如有一个拉氏物量指数的时间序列为：

$$\frac{\sum q_i^1 p_i^0}{\sum q_i^0 p_i^0}, \frac{\sum q_i^2 p_i^0}{\sum q_i^0 p_i^0}, \cdots, \frac{\sum q_i^t p_i^0}{\sum q_i^0 p_i^0}$$

用共同的分母 $\sum q_i^0 p_i^0$ 分别乘上面时间序列中的每个物量指数，便可得到如下的物量序列：

$$\sum q_i^0 p_i^0, \sum q_i^1 p_i^0, \cdots, \sum q_i^t p_i^0$$

（二）拉氏指数记录的增长幅度大于帕氏指数

一般情况下，一个拉氏指数记录的随时间推移的增长幅度往往大于帕氏指数。即：

$$L_p > P_p$$

$$L_q > P_q$$

上述两种指数关系是建立在价比和量比（按价值加权）存在负相关关系基础上的。由于指数所涉及的绝大多数情况都是价比和量比呈负相关关系，因此，上述关系式具有较普遍的实用性。而且两种指数之间增量的差距随着时间的推移而扩大。

四、其他指数公式

从前面所讨论的拉氏指数和帕氏指数可以清楚地看到，这两个指数都采用了一个价格或数量固定的篮子。两者的区别在于拉氏指数采用的是基期固定篮子，而帕氏指数采用的是报告期固定篮子。如果研究的目的只是度量两个独立时期数量或价格的变化，那么就没有理由认为其中采用哪个时期固定篮子会更好。但是，两种指数公式的计算结果却不相同。

在国民经济核算和日常经济统计中，除了拉氏指数和帕氏指数被经常用到外，还有两种对拉氏指数和帕氏指数采用折中方案，被称为**超越指数**的指数。一种是**费希尔理想指数（*F*）**，另一种是**唐克维斯特指数（*T*）**。

$$F_q = (L_q \cdot P_q)^{\frac{1}{2}}$$

$$F_p = (L_p \cdot P_p)^{\frac{1}{2}}$$

上述公式中的 F_q 和 F_p 分别代表费希尔物量指数和费希尔价格指数。由此可见，费希尔理想指数就是拉氏指数和帕氏指数的几何平均值。一般认为，理论上费希尔指数要好于拉氏指数和帕氏指数，因此在经济统计中也被广泛应用。但由于该指数存在着不易被理解、计算数据要求齐全而增加费用等缺陷，有时经常用拉氏指数或帕氏指数取代之。

$$T_q = \prod\left(\frac{q_i^t}{q_i^0}\right)^{\frac{(s_i^0+s_i^t)}{2}}$$

$$T_p = \prod\left(\frac{p_i^t}{p_i^0}\right)^{\frac{(s_i^0+s_i^t)}{2}}$$

上述指数公式中的 T_q 和 T_p 分别代表唐氏物量指数和唐氏价格指数。唐氏指数是两个量比（或价比）的加权几何平均数。该指数所用的权数是两个时期价值份额的平均值。唐氏物量指数通常用于衡量物量变化，以便进行生产率的测定。

五、链式指数

在国民经济核算中，随着时间的推移，基期相对价格模式与报告期经济环境的相关性会越来越差。因此，现实中不宜继续使用这样的基期相对价格作为权重，而应当通过不断更新权重，并通过编制链式指数来测度物量变化。权重更新越频繁，所得到的物量或价格序列就越有代表性。通常情况下，每年均采用更新的权重连续编制两年间的年度指数，并将这些指数连乘从而得到一个物量或价格序列**链式指数**。这种链式指数较之定基指数具有很大优势。

年度链式拉氏指数和链式帕氏指数公式分别如下：

$$L_q = \frac{\sum q_i^1 p_i^0}{\sum q_i^0 p_i^0} \times \frac{\sum q_i^2 p_i^1}{\sum q_i^1 p_i^1} \times \cdots \times \frac{\sum q_i^t p_i^{t-1}}{\sum q_i^{t-1} p_i^{t-1}}$$

$$L_p = \frac{\sum p_i^1 q_i^0}{\sum p_i^0 q_i^0} \times \frac{\sum p_i^2 q_i^1}{\sum p_i^1 q_i^1} \times \cdots \times \frac{\sum p_i^t q_i^{t-1}}{\sum p_i^{t-1} q_i^{t-1}}$$

$$P_q = \frac{\sum q_i^1 p_i^1}{\sum q_i^0 p_i^1} \times \frac{\sum q_i^2 p_i^2}{\sum q_i^1 p_i^2} \times \cdots \times \frac{\sum q_i^t p_i^t}{\sum q_i^{t-1} p_i^t}$$

$$P_p = \frac{\sum p_i^1 q_i^1}{\sum p_i^0 q_i^1} \times \frac{\sum p_i^2 q_i^2}{\sum p_i^1 q_i^2} \times \cdots \times \frac{\sum p_i^t q_i^t}{\sum p_i^{t-1} q_i^t}$$

第三节　国民经济核算中的物量测度

在国民经济核算中，物量测度和价格指标都非常重要，但使用者更关注的是物量的增长率，而并非价格的变化。因此，国民经济核算体系首先编制的是实际物量国民经济账户和现价的国民经济账户。价格总量则是通过现价值与相应的物量值相除而推算出来的。

通常情况下，要得到比较恰当的反映与新产品和消失产品有关的物量变化，可以通过采用价格指数缩减当期价值的方法获得。在国民经济核算中，可以用来推导物量值的价格指数主要有消费者价格指数（CPI）、生产者价格指数（PPI）、出口价格指数（XPI）和进口价格指数（MPI）等四种。其中，CPI 按购买者价格测算，PPI 按基本价格测算，XPI 按离岸价格（FOB）测算，MPI 按离岸价格（FOB）或到岸价格（CIF）测算。

一、生产法 GDP 物量值的测度

（一）总产出的测度

1. 市场总产出的测度

对于市场总产出，原则上可以对所有市场总产出通过编制 PPI 来缩减当期价值，以获

得不变价的估计值。

在现实中对于有些难以获得生产者价格指数的总产出，应当采用专门措施来获得相应的物量值。例如，就那些加价服务行业来说，它们的总产出通常是通过用毛利率乘以交易价值得到的。为测度其物量值，就需要有基期的毛利率和经过适当缩减使其保持在基期价格水平上的交易价值两项数据。然后，通过将这两项数据相乘得到一个不变价的服务物量估计值。

对于有些不具备用于缩减核算期价值因子的行业，可以采用适当的指标外推基期现价值来得到物量值。

2. 非市场总产出的测度

对于由政府和NPISH生产的非市场货物和服务的总产出，可以通过以下三种方法测度它们的物量估计值。

1）虚拟总产出价格指数法

实践中有许多种方法可以计算虚拟总产出价格指数。例如，可以以相似产品的总产出价格指数为基础计算虚拟总产出价格指数的增长等。

2）总产出物量法

这种方法使用各种能够充分反映数量和质量变化的非市场货物服务总产出指标，以总产出物量测度计算为基础，通过适当加权获得总产出的物量估计值。总产出物量法特别适用于对如保健和教育等行业的个人服务总产出物量的测度。

3）投入法

投入法是通过所有投入物量值加权和的变化来测度投入的变化。投入物量值通常采用相应的同质价格指数缩减各种投入费用得到。这种方法特别适用于如国防等那些很难用总产出物量法的领域。

3. 为自身最终使用总产出的测度

对于许多为自身最终使用的总产出，可以采用虚拟总产出价格指数的方法测度其物量值。在实践中，对于所采用的价格指数应当不包括实际上没有发生的任何利润和税收。

（二）中间消耗的测度

测度中间消耗的物量值可以在不变价的供给使用表框架内进行。其中的物量增长率和价格信息都可以用来估计中间消耗的物量值。

在测度中间消耗的物量值时，如果已经编制了投入的PPI，可以直接将其用于缩减中间消耗。如果没有编制投入的PPI，则可以用总产出PPI代替。但是，由于中间消耗是用购买者价格估价，总产出是按基本价格估价，两者之间会产生一定的价差。这种价差主要来源于运输费用、可能的保险费用、批发和零售加价，以及产品税减产品补贴等。

（三）总增加值和国内生产总值的测度

国民经济核算体系认为，对于一个基层单位、机构单位、产业部门或机构部门应采用双重紧缩法计算它们的总增加值，否则，就无法实现使用和来源的平衡。所谓**“双重紧缩法”**，是指先按不变价格计算出总产出，再按不变价格计算出中间消耗，然后用不变价的总产出减去中间消耗，由此得出不变价总增加值。其计算公式为：

$$VA_c = \sum Q^t P^0 - \sum q^t p^0$$

式中，VA_c 表示不变价总增加值；Q^t 表示时期 t 的总产出数量；P^0 表示时期 0 的基本价格；q^t 表示时期 t 的中间消耗数量；p^0 表示时期 0 的购买者价格。

国民经济核算体系认为，从理论上讲，双紧缩法是测度不变价总增加值的较好方法。但是，其测度结果会受到来自总产出物量（$\sum Q^t$）和中间消耗物量（$\sum q^t$）两方面所产生误差的影响，尤其在将总产出 PPI 用于投入时，这种影响就更加突出。

为避免利用双紧缩法测度总增加值时可能会出现的一些问题，对于某些行业，国民经济核算体系还推荐使用一种被称为“单指标”法的测度方法。

“单指标”法，就是直接使用某一个时间序列来估计增加值物量增长的做法。常见的做法就是在总产出相应水平上按物量变化的比例外推出增加值。例如，假设某个基层单位核算期所生产的甲种产品，按 PPI 缩减测度的不变价市场总产出为 2.0 亿元，经过长时间统计观察，该基层单位总增加值占总产出的比重平均大约在 30%，则根据“单指标”法，可以估计出该基层单位核算期所生产的甲种产品不变价总增加值大约为 0.6 亿元。

在具体核算的实践中，究竟采用“单指标”法还是双紧缩法，必须经过判断才能做出选择。而且对于所有产业来说，没有必要都采用同一种方法。

将所有产业经过双缩减法或“单指标”法测度的不变价总增加值加以汇总，即可得到生产法 GDP 的物量值。

二、支出法 GDP 物量值的测度

经济总体国内生产总值的物量变化还可以从支出方面，根据最终支出、资本形成和进出口数据来计算。

（一）最终消费支出的物量测度

1. 住户最终消费支出的物量测度

住户最终消费支出的物量值应当在尽可能细分水平上，利用 CPI 进行缩减，并确保所使用的 CPI 范围与缩减的消费支出类别相匹配。为此，国民经济核算体系建议按供给使用表的产品类别分别进行缩减，以得到住户最终消费支出的物量估计值。

对于有些找不到对应的 CPI 的成分，其中一个最主要的成分——自有住房租赁服务来说，SNA 建议采用等价租金公式测度业主可以为其住宅支付多少租金的方法，估计住户在这一最终消费项目上的物量值。

2. 政府和 NPISH 最终消费支出的物量测度

$$\text{政府和 NPISH 最终消费支出} = \text{非市场总产出} - \text{所有杂项销售收入} + \text{从市场生产者购买的货物服务价值}$$

对于政府和 NPISH 最终消费支出的物量测度，每个项目都要以物量的形式单独计算。对提供给住户的货物和服务来说，所使用的价格指数应当是针对为货物服务支付款项减去住户支付后的部分。

（二）资本形成总额的物量测度

1. 固定资本形成总额的物量测度

在利用价格指数对固定资本形成总额进行缩减时，应当依据不同的资产类别分别进行。

对于新住宅和新建筑物，通常分别用适合前者的 CPI 和适合后者的 PPI，可以用这两种价格指数通过分别对各要素成分、法律费用、运输和安装成本等进行缩减，以得到新住宅和新房屋新建筑物的物量估计值。

对于有些用作资本形成的标准产品，可以通过所得到的 PPI 进行缩减；对于大多数拥有特定购买者的资本形成，需要通过利用所得到的最好资料所计算的适当价格指数进行缩减。

对于知识产权产品，由于多数是为自身使用而生产的，而且具有很大的异质性，因此，通常所得到的价格指数不太适合用于对它们进行缩减。为克服这些困难，国际货币基金组织等所编制的《特征指数、质量调整和 PPI 手册》（国际货币基金组织、OECD、联合国、欧洲经济委员会、世界银行，2004），专门针对异质性产品组和规格迅速变化的产品，给出了编制价格指数的方法。国民经济核算体系可以依据这些方法，通过编制知识产权产品的价格指数，用来估计它们的物量值。

2. 存货变化的物量测度

由于存货变化可以为正、为负或为零，因此在测度存货变化的物量值时，不能直接得到一个链式指数，需要先获得期初存货和期末存货的连锁物量估计值，然后通过计算它们的差，以得到存货变化的连锁物量估计值。

缩减存货存量要针对产品，而不是持有存货的产业进行。所采用的指数包括 PPI、MPI、CPI 和劳工成本指数等。

3. 贵重物品获得减处置的物量测度

为对贵重物品的物量值进行测度，在没有编制贵重物品价格指数的情况下，应当使用可得到的最适当的价格指数对其主要成分进行缩减。

（三）出口和进口的物量测度

为了测度货物、服务出口和进口的物量值，需要在细分的水平下编制 XPI 和 MPI。

编制 XPI 和 MPI 一般有以下三种方法，其本质在很大程度上取决于所使用的原始数据。

1. 单位价值指数法

这是一种在编制 XPI 和 MPI 中最重要、占主导地位的方法。这种指数是根据由海关报关单所提供的详细的进口和出口商品贸易数据编制的。由于单位价值指数的变化中既包括价格的变化也包括各成分的数量变化，所以它不是一种纯粹的价格指数。但现实中，可以用单位价值指数代替价格指数。

2. 调查代表项目价格指数法

顾名思义，调查代表项目价格指数法就是使用来自基层单位所调查的代表项目出口和进口价格数据来编制价格指数的方法。所调查的价格针对那些按照详细规格定义的项目，以便测度随时间推移相同规格项目的价格变化。

3. 混合价格指数法

这种方法是对某些产品组采用调查代表项目价格指数法，而对其他产品组则采用单位价值指数法。

支出法 GDP 的物量值就是通过对上述最终消费支出、资本形成总额和进出口分别进行缩减后，将所得到的各种成分物量值相加后所得到的物量值的总和。

第四节　经济总体实际收入的测度

一、实际收入的概念

国民经济核算体系中的任何收入流量，包括如储蓄一类的平衡项，都可以用某一价格指数来缩减，以便衡量有关项目对一组充当定值标准的货物和服务的购买力。国民经济核算理论将经过这种方法缩减的收入称为**“实际收入”**。

将某年通过缩减的实际收入与基年的实际收入相比，便可计算出实际购买力增减了多少。

在解释实际收入时，必须明确以下两点：一是实际收入是参照某一选作参照年的价格水平衡量的，实际价值不可能孤立存在，它们依照参照年的选择而改变；二是由于实际收入衡量购买力的变化是相对某一选定的定值标准的，因此它们也取决于定值标准的选择。

从经济总体层面考察，**实际国内总收入**（实际 GDI）就是用以衡量国内生产所形成的总收入的购买力。

二、贸易条件变化引起的贸易损益核算

在一个封闭经济中，经济总体的不变价国内生产总值与实际国内总收入是一致的。然而在一个开放型的经济体中，经济总体的不变价国内生产总值与实际国内总收入之间始终存在一定差别。这种差别主要是由对外贸易的损益决定的。

经济总体的不变价国内生产总值可以采用双紧缩法计算，即从按上一年度或固定基年的购买者价格估价的最终支出总额中减去按以上一年度或某一固定基年价格计算的进口额得到。这说明按不变价计算的国内生产总值会受到进口额的影响。

常住者从国内生产中得到的实际收入总额也取决于对外贸易条件。**对外贸易条件**，是指出口价格与进口价格的比率。如果一国的出口货物价格比其进口货物价格上升得更快（或下降得更慢），即如果该国的对外贸易条件改善，就只需用较少的出口来支付一定量的进口。因此，在一定的国内生产水平上，有可能将原先供出口的货物和服务重新分配给国内消费或资本形成。换句话说，对外贸易条件的改善使得常住者在一定国内生产水平上所形成的收入购买货物和服务的物量有可能增加。由此可见，按不变价计算的国内生产总值的变动与实际国内总收入的变动之间的差异，是随着对外贸易条件的变化而变化的。两者之间的差别被称为**贸易收益（或损失）**，简称**贸易损益**。其计算公式为：

$$T=\frac{X-M}{P}-\left\{\frac{X}{P_x}-\frac{M}{P_m}\right\}$$

式中，T 表示贸易损益；X 表示按现价计算的出口额；M 表示按现价计算的进口额；P 表示以某一选定定值标准为对比基础的价格指数；P_x 表示出口价格指数；P_m 表示进口价格指数。

P_x、P_m 和 P 在基年都等于 1。贸易损益计算公式表明，贸易损益是由按定值标准价格指数缩减的现期实际贸易差额减去按参照年的出口价格指数和进口价格指数缩减计算的贸易差额（括号内的项目）得到的。两者的符号有可能完全相反。

通常情况下，人们普遍认同在核算贸易损益时 P 的选择会对贸易损益结果产生实质性的影响，因此，如何正确选择 P 十分关键。尽管目前人们对于选择哪种 P 尚未取得一致意

见，但以下三种类型的 P 可供实际计算时选择。

第一，用出口价格指数 P_x 或进口价格指数 P_m 缩减现期出口和进口的差额（$X-M$）。实际工作中，究竟选择 P_x 还是 P_m，应依据经常贸易差额是顺差还是逆差而定。

第二，用 P_x 和 P_m 的平均数缩减现期经常贸易差额（$X-M$）。但对具体使用哪种平均数也有不同建议——简单算术平均数，或调和平均数，或更为复杂的贸易加权平均数。

第三，用一些与外贸无关的一般物价指数，如国内最终支出总额的价格指数或消费者价格指数等缩减现期经常贸易差额（$X-M$）。

三、GDP 物量值与实际收入总量的关系

假定可以得到贸易损益值，那么，经济总体各种实际收入总量就可以通过下列各种公式得出。

$$\begin{aligned}
\begin{matrix}\text{国内生产}\\\text{总值物量}\end{matrix}+\begin{matrix}\text{贸易}\\\text{损益}\end{matrix} &= \begin{matrix}\text{实际国内}\\\text{总收入}\end{matrix}+\begin{matrix}\text{从国外得到的}\\\text{实际初始收入}\end{matrix}-\begin{matrix}\text{支付给国外的}\\\text{实际初始收入}\end{matrix}\\
&= \begin{matrix}\text{实际国民}\\\text{总收入}\end{matrix}+\begin{matrix}\text{从国外得到的}\\\text{实际经常转移}\end{matrix}-\begin{matrix}\text{支付给国外的}\\\text{实际经常转移}\end{matrix}\\
&= \begin{matrix}\text{实际国民}\\\text{可支配总收入}\end{matrix}-\begin{matrix}\text{不变价固定}\\\text{资本消耗}\end{matrix}\\
&= \begin{matrix}\text{实际国民}\\\text{可支配净收入}\end{matrix}
\end{aligned}$$

上述关系式中的国内生产总值物量是以基年价格估价的当年国内生产总值。该指标通过用国内生产总值物量指数外推（乘）基年的国内生产总值得到。有关初始收入和经常转移等项目，都应当用国内最终支出的价格指数缩减。当然，这个价格指数的定义应与国内生产总值的物量和价格指数相一致。至于不变价固定资本消耗，如果没有令人满意的估计数，也可以通过用国内最终支出总额的价格指数缩减固定资本消耗总额得到。

第五节 价格和物量的国际比较

一、价格和物量国际比较的基本问题

价格和物量指数除了用于一国国内不同时期 GDP 及其构成部分的比较外，还可以用

于某一时期对国与国之间 GDP 及其构成部分的国际比较。进行这种国际比较的一个通用方法就是，通过用汇率调整国民经济账户的价值，使其能够用共同的货币表示。如果用户只需要了解某一国家在国际上的相对支付能力排名，采用这种方法足以达到目的。但是，如果用户还要在国际间进行生产率和生活水平的比较，仅用汇率来调整国民经济账户的价值就不够了。因为它没有对国家之间价格水平的差别进行调整，不能度量各国生产货物服务物量的相对规模。

如果要对不同国家之间的 GDP 及其支出成分进行比较，就需要将购买力平价作为缩减因子，测度出用于比较的各国 GDP 及其支出成分的物量值。

购买力平价（PPP），是指 1 个 A 国货币单位在 A 国购买的某种货物或服务，在 B 国购买相同货物或服务所需要 B 国的货币单位数。一国的 PPP 通常用基国的货币表示，目前通常使用的是美元。PPP 是不同国家间可比较项目相对价格（按照本国货币计）的加权平均数。

在选择用于计算 PPP 的定价产品时，应当严格遵循“代表性”和“可比性”这两个关键标准。

代表性产品是指居民住户经常购买，并可以在一个国家内广泛得到的那些产品。代表性是国际比较项目（ICP）① 的一个重要标准。因为非代表性产品的价格比代表性产品的价格普遍较高，如果一国的代表性产品与另一个非代表性产品同时出现在同一个支出类别中，那么各国之间的价格比较就会被扭曲。

可比性产品是指那些在物理特征（如大小和质量）和经济特征（如蜡烛主要用作照明还是主要用作装饰）等方面都相同的产品。如果一组产品符合上述标准，就认为它们具有可比性。

实践中，购买力平价指数主要用来推导出国际物量指数。而国际物量指数主要用来比较不同国家的生产率或生活水平。

在进行国际间物量和价格比较时，不能简单地只用“国家”替换国内比较时的“时期”，因为当两个国家经济规模相差很大时，简单进行两国间的比较是没有意义的。此时，应当对它们加以处理。

二、两国间的比较

（一）两国间价格指数

在两国间进行一组特定货物或服务的价格比较，可采用以 A 国为基础的 B 国的拉氏价

① 国际比较项目（ICP）成立于 1968 年。按照地区划分，每隔三到五年，ICP 都会提供一套国际可比的经济总量物量、PPP 和价格水平指数（PLI）。目前，全世界已有 150 个国家加入 ICP。

格指数和帕氏价格指数。

拉氏价格指数定义为：

$$L_p = \sum \left(\frac{p_i^B}{p_i^A}\right) s_i^A = \frac{\sum p_i^B q_i^A}{\sum p_i^A q_i^A}$$

帕氏价格指数的定义为：

$$P_p = \left[\sum \left(\frac{p_i^A}{p_i^B}\right)^{-1} s_i^B\right]^{-1} = \frac{\sum p_i^B q_i^B}{\sum p_i^A q_i^B}$$

上述两个公式中的权重 s_i^A 和 s_i^B 分别是 A 国和 B 国以当期价值表示的组成部分占 GDP 的比重。

上述帕氏价格指数通常被称为**帕氏型购买力平价指数**①，其中每个国家的价格都以其自己的货币单位来表示。其单项价比$\frac{p_i^B}{p_i^A}$被称为**对特定货物或服务的两种货币之间的购买力平价**。其意义可以解释为在 B 国购买一个与 A 国货币单位在 A 国同样数量的某种货物或服务所需的 B 国货币单位数。

购买力平价指数在国际比较中主要有以下两个方面的作用。（1）可以用购买力平价指数推导出国际物量指数。具体办法是用它们缩减以本国货币表示的价值比率。（2）将购买力平价指数除以相应的汇率，可以得出一个类似时期价格指数的价格指数，用以表示 B 国货物和服务的价格按现行汇率转换成 A 国货币时，高于或低于 A 国同样货物和服务的价格平均百分比。

在进行两国间比较时，统计中所发现的一个有规律的趋向需要特别注意，这就是国内价格水平与人均国内生产总值的物量成正相关。由于各国的价格水平可能差异很大，所以用汇率生成的共同货币表示的人均国内生产总值对比不只是表示物量差异，还包含了国内价格水平的差异。因此，以汇率为基础的人均国内生产总值的差异往往超过人均国内生产总值物量的差异。

（二）两国间物量指数

两国间物量的比较，以 A 国为基础求出 B 国的拉氏物量指数，或以 A 国为基础求出 B 国的帕氏物量指数都适用。

根据拉氏价格指数和物量指数与帕氏价格指数和物量指数相互间的互补关系，可以用

① SNA1993 认为将上述帕氏价格指数称为帕氏型购买力平价指数比帕氏价格指数更妥。SNA2008 没有提到这一点。

帕氏价格指数缩减各自以本国货币表示的B国和A国的价值比率，求出以A国为基础的B国拉氏物量指数；用拉氏价格指数缩减B国和A国的价值比率，求出以A国为基础的B国帕氏物量指数。

以A国为基础的B国拉氏物量指数为：

$$L_q = \frac{I_v}{P_p}$$

以A国为基础的B国帕氏物量指数为：

$$P_q = \frac{I_v}{L_p}$$

上述两个公式中的 $I_v = \frac{\sum q_i^B p_i^B}{\sum q_i^A p_i^A}$。

公式中A和B两个国家的价格，可以用不同的货币单位来表示，无须将其通过汇率换算为同一种货币单位。

对于任何货物和服务的流量，都可以进行两国间的比较。但实践中主要是对两国之间国内最终支出及其组成部分——住户最终消费支出、政府最终消费支出和固定资本形成总额进行比较。

三、多国间的比较

在世界经济趋于一体化的背景下，仅有两国间的比较是远远不够的，更多的是需要进行多边国际比较。例如，当一个国际组织需要知道其所有成员国国内生产总值的相对规模时，多边比较就显得十分必要了。

（一）开展多边比较的条件

开展多边比较的条件是，在被比较的每一对国与国之间其物量指数必须具有传递性。例如，考察一组 n 个国家（$j=1,2,\cdots,n$），由于在任何一对国家之间都可以做物量和价格比较，所以可能进行双边比较的总数为$\frac{n(n-1)}{2}$。假定将以x国为基础的y国价格或物量指数写成${}_xI_y$，将y国为基础的z国价格或物量指数写成${}_yI_z$，那么，这组指数所具有的传递性用公式表示则为：

$${}_xI_y \times {}_yI_z = {}_xI_z$$

这一公式的意义在于，以x国为基础的z国直接（双边）指数等于以x国为基础的y

国直接（双边）指数乘上以 y 国为基础的 z 国直接（双边）指数得出的间接指数。事实上，这个间接指数是用 y 国作为连接国家将 z 和 x 连接起来的环比指数。然而，在实际多边比较中所常用的标准指数，无论是拉氏指数、帕氏指数或是费希尔指数，都不具有传递性。这就要求在进行多边比较时寻找一种多边方法，以便生成一组可传递的价格和物量值。

在进行多边比较时，很重要的一项工作是找到一种适用的多边方法。SNA2008 提出了四种可以使用但差别很大的方法：（1）集团法；（2）双边法；（3）回归法；（4）多边链接法。下面我们仅介绍前两种方法。①

（二）集团法

集团法是用集团内部的平均价格来计算多边物量指数，以获得传递性的方法。相对于 A 国的 B 国 GK 物量指数的定义为：

$$GK_q = \frac{\sum \bar{p}_i q_i^B}{\sum \bar{p}_i q_i^A} = \frac{\sum \bar{p}_i q_i^c}{\sum \bar{p}_i q_i^A} \times \frac{\sum \bar{p}_i q_i^B}{\sum \bar{p}_i q_i^c}$$

式中，$\bar{p}_i$ 是集团内各国每一种货物或服务的平均价格。它等于以某种共同货币（如美元）计算的该集团的总值除以总数量，即：

$$\bar{p}_i = \frac{\sum c^j p_i^j q_i^j}{\sum q_i^j}$$

式中，总和 $\sum$ 是集团内 $n(j=1,2,\cdots,n)$ 个不同国家的加总。集团的最大限度是由世界上所有的国家组成。

$$\sum q_i^j = \sum \frac{v_i^j}{p_i^j}$$

c^j是一个货币转换因子，它可以是一个市场汇率，也可以是一个 PPP，用来将每个国家用各自货币计算的在项目 i 上的支出 $v_i = q_i p_i$ 转换成用共同货币计算的价值。

在进行多边比较时，最常用的集团法是吉尔里—哈密斯（GK）法。在该方法中，货币转换因子采用隐含的 PPP。

利用 GK 集团法进行多边比较，至少具有以下几方面优越性。（1）此法将国家集团本

① SNA1993 只推荐使用集团法和双边法两种方法，并根据这两种方法各自的优缺点和适用范围，建议编制并公布两套数据，即一套是采用 EKS 法为国内生产总值的主要支出总量——住户最终消费支出、政府最终消费支出和资本形成总额编制指数，用于单独比较单项总量，如国内生产总值或住户消费总额等；另一套是采用 GK 法，按某种通用货币（如美元）表示的平均价格计算的价值，以满足那些关心总量与其分量之间内在联系的使用者需要。SNA2008 没有对使用上述哪种方法做出推荐和说明。

身视为一个实体，它有自己的相对价格向量，并用于计算集团内的物量；(2) 使用单一的价格向量，确保了所求出的物量值和有关的隐含购买力平价都具有传递性；(3) 用此法计算的物量值具有可加一致性；(4) 由于所有国家都用相同的价格向量，可以比较不同国家用于不同支出部分的相对数额，例如，国内生产总值中用于固定资本形成总额的份额、用于保健、教育或研究与发展支出的份额等。

(三) 双边法

双边法是从所有可能的$\frac{n\ (n-1)}{2}$对国家的双边比较研究开始，利用费希尔指数，按最小平方标准从一组 ($n-1$) 个可传递指数中导出使原费希尔指数与所求可传递指数之间偏差最小的一种方法。该方法由埃尔特茨 (Elteto)、科维克斯 (Koves) 和斯卡尔茨 (Szulc) 三人共同提出，因此该指数称为 **EKS 指数**。

x 国和 z 国之间的 EKS 指数，是 x 国和 z 国之间的直接指数和联接该两国的各个可能间接指数的几何平均数。假定以${}_xF_y$表示 x 国和 y 国之间的费希尔直接物量指数，${}_xF_z$为 x 国和 z 国之间的费希尔直接物量指数，${}_xF_y \cdot {}_yF_z$为 x 国和 z 国之间的费希尔间接物量指数，则 x 国和 z 国之间的 EKS 指数为：

$${}_xEKS_z = ({}_xF_z{}^2\Pi({}_xF_y \cdot {}_yF_z))^{\frac{1}{n}}$$

其中，直接指数的权数比每一个间接指数的权数多一倍。当每一个国家的 EKS 指数都涉及集团中的所有其他国家时，就得到了传递性。

EKS 指数具有以下特征：(1) 可以为一对国家间的单一总量提供最好的传递性计算值，其方式与一个环比费希尔指数所提供的单一总量在一段时间内变动的最佳计算值很相似；(2) 对相比较的两个国家赋予相等的权重；(3) 该指数不受国家相对规模的影响；(4) EKS 指数不具有可加一致性，因此，不可能将一个总量和其分量的 EKS 物量指数转化成一组用共同货币表示的价值，并使分量价值相加等于总量价值。

第十三章　人口与劳动投入核算

【学习目标与要求】

1. 了解人口和劳动力的有关概念及其分类；
2. 掌握人口核算的内容和方法；
3. 掌握劳动投入核算的内容和方法；
4. 学会利用人口和劳动投入核算资料对我国人口和劳动力的有关问题进行分析。

第一节　人口核算

一、人口的概念

SNA 将**一个国家的人口**定义为该国所有常住居民。该定义所使用的“常住性”与第一章关于国民经济核算范围中界定的常住性是一致的，即**一个国家的常住居民**是与该国联系最为密切从而在该国具有主要经济利益中心的人群。

判断一个人在某个国家是否具有主要经济利益中心，通常的标准是要求这个人在该国居住时间应该在一年以上，并且要拥有一套永久性的住所。

对比居民的常住性和经济核算中的常住性，除了没有要求必须从事具有显著规模的经济活动或交易外，有关场所和时间方面的要求是相同的。

二、人口核算的目的和意义

（一）人口核算的目的

SNA 将人口核算纳入其中，其目的是通过人口核算，可以将人口与整个账户系列中的一些关键指标联系起来，以更好地揭示人们通过从事经济活动从中获得了多少利益。例如，通过人均 GDP 可以显示每个普通居民通过生产而获得了多少生产成果；通过人均国民可支配总收入可以反映每个人通过收入分配最终得到的可供自己支配使用的收入是多少等。

（二）人口核算的意义

国民经济核算体系作为一种主要由经济学概念、定义、分类、核算经济流量和存量的规则与方法等构成的庞大体系，由于某些缘故目前还尚未将人口核算纳入到核算的中心框架。但由于经济行为的本质是人类的一种行为，因此，将人口核算作为 SNA 扩展核算的一部分重要内容，具有以下三点十分重要的意义。

首先，做好人口核算有利于将人口指标与 SNA 中许多与人口有联系的指标结合起来，以便于真实反映人们通过各种经济行为而在生产、收入分配、收入使用和财产方面达到的水平。

其次，将人口指标与相关经济指标联系起来，通过人均指标使得相关经济总量得以"标准化"。由此既可以将"人均某项指标"用于不同国家或地区之间的比较，也可以用于同一国家或地区不同时期发展变化结果的比较。

最后，搞好人口核算可以更全面地了解和掌握一个国家或地区的综合实力。通常情况下，一个国家或地区的综合实力从资源构成维度看，包括自然资源、经济资源、社会资源和人口资源。在前三种资源既定的情况下，人口的总量、构成、发展态势等状况对该国或地区的综合实力都会产生重要影响。因此，搞好人口核算对于全面核算一个国家或地区的综合实力十分必要。

三、人口规模核算

人口规模通常用人口数和人口密度两个指标来表达。其中，人口总数是一个绝对指标，人口密度则为强度相对指标。

（一）人口数核算

人口数是指在特定时点上，一个国家或地区所有有生命的个人总数。

要了解一个国家或地区人口的总体特征，首先需要核算（统计）出该国或地区的人口数。其次才能够在此基础上核算出各种人口构成数据。

为了使人口数核算能够更好更多地满足各种有关经济分析的需要，通常需要核算以下几种人口数。

1. 常住人口数与现有人口数

常住人口数就是按SNA所定义的人口，即长期（通常为一年以上）居留在一个国家或地区的人口数量。很多与经济或社会相联系的“人均指标”都是按常住人口计算的。例如人均GDP，人均住房面积等。

现有人口数是指在特定核算时点上，实际居留在一个国家或地区的人口数量。有些人均指标相较于利用常住人口计算，倒没有利用现有人口更有实际意义。例如，测度一个城市的交通设施及道路拥堵情况，衡量一个特大型城市的医疗水平等。

常住人口数与现有人口数通常是有差异的。导致两者之间差异的原因是人口在不同地域间的短期流动。常住人口数与现有人口数之间的关系可用如下公式表示。

$$\begin{matrix}\text{现有}\\\text{人口数}\end{matrix}=\begin{matrix}\text{常住}\\\text{人口数}\end{matrix}+\left(\begin{matrix}\text{临时寄居的}\\\text{人口数}\end{matrix}-\begin{matrix}\text{临时外出的}\\\text{人口数}\end{matrix}\right)$$

值得注意的是，在我国历史上，由于曾经长期实行严格的户籍管理制度，从而使得常住人口与户籍人口保持高度的一致性，无论是官方或是民间常常将户籍人口视同常住人口。例如，在历年《中国统计年鉴》中，1981年及以前的数据均为户籍人口数，1982年及以后的数据则为常住人口数。

2. 时点人口数和平均人口数

与经济与社会联系较为密切的另一组有关人口数的指标就是时点人口数和平均人口数。

时点人口数是指一定时点，一定区域范围内有生命的个人总和。从时间维度考察，由于人口数属于一种时点指标，所以，无论是常住人口数或是现有人口数，都是反映一定时点上人口的绝对规模。时点人口数是我们认识一个国家或地区人口资源和计算其他人口派生指标的基础性指标。

平均人口数是指一个国家或地区一定时期内人口规模的一般水平。它是反映一个国家或地区一定时期内人口的平均规模指标，其作用在于代表核算期内任一时点的人口数。在计算一些与人口有关的经济和社会指标时，例如人均 GDP、人均 GNI、人均 GNDI 和人均住房面积等，都需要使用平均人口数而不是时点人口数。

核算期的平均人口数通常是用该时期不同时点人口数相加平均得到的。如果只掌握核算期初和核算期末两个时点人口数，则可以用简单算数平均数的方法计算平均人口数。即：

$$\bar{p}=\frac{p_0+p_1}{2}$$

式中，$\bar{p}$ 代表核算期平均人口；p_0代表核算期初时点人口数；p_n代表核算期末时点人口数。

如果掌握的是核算期多个时点人口数，则可以采用首尾折半法的简单算数平均数公式计算平均人口。即：

$$\bar{p}=\frac{\frac{p_0}{2}+p_1+p_2+\cdots+p_{n-1}+\frac{p_n}{2}}{n-1}$$

式中，n 代表时点的个数。

（二）人口密度核算

在衡量一个国家或地区人口规模的大小时，除了要看该国家或地区人口的绝对规模（时点人口数）外，还需要看该国家或地区人口的相对规模，即人口密度。

人口密度是一个国家或地区某一时点平均每单位面积上的人口数。人口密度是一个强度相对数，它反映了一个国家或地区人口和土地面积两个不同性质指标之间的相互依存关系和人口的稠密程度。其计算公式为：

$$人口密度=\frac{某国家或地区某时点的人口数}{该国家或地区同时点的土地面积}$$

式中，土地面积通常用平方公里作为计量单位。

在衡量一个国家或地区人口规模的大小时之所以需要看人口密度，是因为人口规模的大小与土地面积之间存在着密切联系。通常情况下，一个国家或地区的土地面积越大，它所能够容纳的人口数量就越多。人口密度指标消除了土地面积对人口数量的影响，使得不同国家或地区之间的人口规模具有一定的可比性。

三、人口构成核算

对一个国家或地区进行人口核算，除了核算其人口规模外，还需要对各种人口构成进行核算。因为在某种程度上，用各种不同人口构成与经济和社会指标联系起来对相关问题进行分析研究，比起总量指标方面的分析更重要。例如，将总人口中的劳动力投入与生产成果指标相结合可以估算出劳动生产率；将总人口中的老年人口和儿童人口加总与全部人口相比，可以测算出劳动人口负担系数等。

以下几种人口构成是经济分析中常用的人口构成指标。

（一）人口性别构成

人口性别构成是指特定总人口中，男性人口与女性人口之间的比例，或不同性别人口占总人口的比重。

从上述对人口性别构成的定义可以看出，人口性别构成通常有如下两种核算和表示方法。

一种是采用比例相对数的核算和表示方法。即将女性人口作为100，核算男性人口相对于女性人口是多少。具体核算方法为：

$$女性人口：男性人口=100：x$$

式中，x 代表男性人口相当于女性人口的具体数值。

另一种是采用结构相对数的核算方法。即将某一性别人口与总人口相比，从而得出该性别人口占全部总人口的比重。具体核算公式为：

$$某种性别人口比重=\frac{该性别人口}{总人口}\times 100\%$$

例如，我国2016—2020年两种方法核算的人口性别构成如表13－1所示。

表13－1　　我国2016—2020年两种方法核算的人口性别构成

年份	2016		2017		2018		2019		2020	
性别	女	男	女	男	女	男	女	男	女	男
性别比例	100.0	105.0	100.0	104.8	100.0	104.6	100.0	104.5	100.0	105.1
性别比重（%）	48.79	51.21	48.83	51.17	48.87	51.13	48.91	51.09	48.76	51.24

注：1. 表中性别比例根据《中国统计年鉴（2021）》表2－1中公布的男女人数计算得到。
2. 表中性别比重摘自《中国统计年鉴（2021）》表2－1中公布的数据。

（二）人口年龄构成

人口年龄构成是指特定人口中，不同年龄段人口的分布状况。核算人口年龄构成，首先需要对总人口按一定年龄进行分组。在此基础上用不同年龄组人口数除以总人口数所得的比重表示其构成。

目前，我国人口统计与国民经济核算体系中，由于处于各自不同目的的需要，有关人口年龄构成有以下各自不同的分组方法。

1. 人口统计中的人口年龄构成

《中国统计年鉴》的人口统计中所公布的人口年龄构成数据，是按照国际惯例将总人口分为0—14岁、15—64岁和65岁及以上三个不同年龄组的。其中，0—14岁的人口为儿童少年人口、15—64岁人口为青壮年人口（也称劳动年龄人口）、65岁及以上人口为老年人口。分别用以上三个年龄组的人口除以总人口，便可得到三个年龄组人口占总人口的比重，从而也就得到不同的人口年龄构成。例如，我国七次人口普查的人口年龄构成如表13－2所示。

表13－2　　七次人口普查的人口年龄构成表

人口年龄构成＼年份	1953	1964	1982	1990	2000	2010	2020
0—14岁	36.28	40.69	33.59	27.69	22.89	16.6	17.95
15—64岁	59.31	55.75	61.50	66.74	70.15	74.53	68.55
65岁及以上	4.41	3.56	4.91	5.57	6.96	8.87	13.50

资料来源：国家统计局．中国统计年鉴（2021）[M]．北京：中国统计出版社，2021.

2.《中国国民经济核算体系（2016）》中的人口年龄构成

《中国国民经济核算体系（2016）》在“人口与劳动力资源表”中，采用两级分类法，首先将人口按年龄分为0—15岁和16岁及以上两组，其次将16岁以上人口按劳动年龄分为16—24岁、25—64岁和65岁及以上三各年龄组。将以上分组用表描述，可以绘制成表13－3的形式。

表13－3　　国民经济核算体系的人口年龄构成表

人口年龄构成	人口数（万人）	比重（%）
0—16岁		
16岁及以上		
16—24岁		
25—64岁		
65岁及以上		

从上述两种不同的人口年龄构成分组情况可以看出，人口统计中的人口年龄构成分组着重考虑的是人口的自然属性，而国民经济核算体系中的人口年龄构成分组着重从劳动力资源角度考虑。这样的两种不同分组主要是为了满足各自不同的需求。

（三）人口城乡构成

人口城乡构成就是首先按人口常住地是城镇还是乡村对总人口进行分组，其次再通过计算城镇人口和乡村人口各自占总人口的比重所形成的构成关系。人口城乡构成状况和社会经济发展水平之间存在着密切的相关关系。各国发展经验表明，随着经济发展和工业化、信息化和智能化过程的不断推进，城镇人口所占的比重也会随之不断提高。因此，一个国家或地区城镇人口所占比重的高低也是衡量该国或地区发展状况的重要指标。例如，我国2016—2020年人口城乡构成如表13－4所示。

表13－4　　我国2016—2020年人口城乡构成表

年份	2016		2017		2018		2019		2020	
城乡	城镇	乡村	城镇	乡村	城镇	乡村	城镇	乡村	城镇	乡村
人口数（万人）	81924	57308	84343	55668	86433	54108	88426	52582	90220	50992
构成（%）	58.84	41.16	60.24	39.76	61.50	38.50	62.71	37.29	63.89	36.11

资料来源：国家统计局．中国统计年鉴（2021）［M］．北京：中国统计出版社，2021.

（四）人口受教育程度构成

人口受教育程度构成是指在特定的人口范围内，按各种不同受教育程度标志对人口进行分组，受各种不同程度教育的人口数占总人口比重所形成的构成。一个国家或地区的人口受教育程度构成与该国家或地区的国民素质、劳动力质量、劳动生产率等之间有着密切的关系。因此，该项指标也是各国或地区普遍重视的一项人口指标。人口受教育程度构成核算通常有两分法和细分法两种核算指标。

1. 人口受教育程度两分法构成

人口受教育程度两分法构成就是将总人口按照文盲者和识字者分为两组，每组人口占总人口比重所形成的构成关系。这是一种比较简单、粗略的反映人口受教育程度构成状况指标。由于确定一个人是文盲或是识字者与其年龄有关，因此国际上通常将年龄的标准定为15岁。依据此标准。文盲率和识字率的计算公式分别为：

$$文盲率=\frac{15岁及以上文盲人数}{15岁及以上人口数}\times100\%$$

$$识字率=\frac{15岁及以上识字人数}{15岁及以上人口数}\times100\%$$

$$=100\%-文盲率$$

例如，我国1982年以来五次人口普查的文盲人口及文盲率如表13－5所示。

表 13 - 5　　我国 1982 年以来五次人口普查的文盲人口及文盲率

年份	1982	1990	2000	2010	2020
文盲人口（万人）	22996	18003	8507	5466	3775
文盲率（%）	22.81	15.88	6.72	4.08	2.67

资料来源：国家统计局．中国统计年鉴（2021）[M]．北京：中国统计出版社，2021.

注：我国 1964 年第二次人口普查时，文盲人口为 13 岁及以上不识字人口。由于与后面历次人口普查时文盲人口的口径不一致，故本表没有将其列入。

2. 人口受教育程度细分法构成

人口受教育程度细分法构成就是将所研究的人口总体按受教育程度进行多个类型分组，通过计算不同受教育层次人口占总人口的比重，从而形成多种受教育层度人口的构成状况。

《中国统计年鉴》的人口统计中所公布的人口受教育程度数据，是先按照未上过学、小学、初中、普通高中、大学专科、大学本科和研究生等不同受教育层次等对 6 周岁及以上人口进行分组，再在各层次下按人口性别分组。本书根据《中国统计年鉴》的相关数据整理计算所得到的人口受教育程度构成如表 13 - 6 所示。

表 13 - 6　　我国 2020 年 6 岁及以上人口受教育程度构成

受教育程度	6 岁及以上人口	未上过学人口	小学人口	初中人口	普通高中人口	大学专科人口	大学本科人口	研究生人口
人口数（万人）	131534.76	5140.75	34741.05	48709.50	21220.99	11230.30	9415.61	1076.56
比重（%）	100.00	3.91	26.41	37.03	16.13	8.54	7.16	0.82

注：①表中人口数摘自《中国统计年鉴（2021）》；比重根据各受教育程度人口数除以 6 岁及以上人口数得到。
②受制表宽度所限，本表将《中国统计年鉴（2021）》中数值的计量单位由“人”改为“万人”。

此外，《中国国民经济核算体系（2016）》为满足对劳动力质量核算的需要，在劳动年龄人口（16 岁及以上人口）中按受教育程度分为文盲/半文盲、小学/初中、高中/中专、大专以上等四个层次。如果要核算期构成，可以将每个层次劳动年龄人口数除以劳动年龄人口数，得到各受教育层次劳动年龄人口所占比重，从而形成劳动年龄人口的受教育程度构成。

人口构成核算除了上面四种常用的构成外，还可以根据不同研究分析的需要，对人口的地域构成（如南方人口与北方人口构成）、民族构成、种族构成、宗教构成、健康状况构成等进行核算。

四、人口变动核算

人口是一个不断变动的总体。人口变动的结果既可以引起人口数量方面的变化，也可以引起人口构成方面的变化。

通常情况下，引起人口变动的原因大致有两个方面。一方面是由于人口的自然变动，包括出生、死亡等所引起的人口变动；另一方面是由于人口的机械变动，包括迁入、迁出等引起的人口变动。人口变动核算就是对人口自然变动和人口机械变动所进行的核算，以及由人口自然变动和人口机械变动共同作用所引起的人口总变动核算。

（一）人口自然变动核算

人口自然变动核算包括对出生人口数的核算、死亡人口数的核算，以及由出生人口数和死亡人口数所引起的人口自然变动数量的核算。

1. 出生人口数和出生率核算

出生人口数是指核算期内（通常为一年）新出生的、出生后具有生命现象的活产婴儿的总数。

人口出生率是指核算期内（通常为一年）平均每千人中拥有的新出生人数。其计算公式为：

$$人口出生率=\frac{年出生人口数}{年平均人口总数}\times 1000‰$$

2. 死亡人口数和死亡率核算

死亡人口数是指核算期内（通常为一年）因各种原因死亡，丧失生命特征的人口总数。

人口死亡率是指核算期内（通常为一年）平均每千人中死亡的人数。其计算公式为：

$$人口死亡率=\frac{年死亡人口数}{年平均人口总数}\times 1000‰$$

3. 人口自然增长量和增长率

人口自然增长量是指核算期内（通常为一年）因出生和死亡原因而引起人口自然增减的数量，表现为出生人口数减去死亡人口数后所得的人口自然变动净值。人口自然增长量既可以是正数，也可以是负数或零，分别表明核算期人口数量的净增加、净减少或零增加。

人口自然增长率是指核算期内（通常为一年）人口自然增长量与同期平均人口总数的比率，表明核算期平均每千人中自然增加的人数。其计算公式为：

$$\begin{aligned}人口自然增长率&=\frac{年人口自然增长量}{年平均人口总数}\times 1000‰\\&=人口出生率-人口死亡率\end{aligned}$$

例如，我国2016—2020年历年人口出生率、人口死亡率和人口自然增长率如表13－7所示。

表 13-7　我国 2016—2020 年人口出生率、人口死亡率和人口自然增长率　单位：‰

年份	2016	2017	2018	2019	2020
人口出生率	13.57	12.64	10.86	10.41	8.52
人口死亡率	7.04	7.06	7.08	7.09	7.07
人口自然增长率	6.53	5.58	3.78	3.32	1.45

资料来源：国家统计局．中国统计年鉴（2021）[M]．北京：中国统计出版社，2021.

（二）人口机械变动核算

人口机械变动是指一个国家或地区核算期内由于人口的迁入迁出而引起的人口数量在空间范围方面的变化。人口机械变动不仅会影响到迁出和迁入地的人口数量和构成，而且对劳动力的数量和构成，以及质量都会产生极大影响。因此，人口机械变动核算也是人口核算的一项重要内容。

由于人口机械变动包括人口迁入变动和迁出变动，因此，与核算人口的自然变动相类似，人口机械变动核算包括以下三组指标。

1. 迁入人口数和人口迁入率

迁入人口数是指一个国家或地区核算期（通常为一年）内迁入的常住居民数量。

人口迁入率是指一个国家或地区核算期（通常为一年）内迁入的常住居民数量与同期平均人口数相比，反映核算期平均每千人口中有多少为迁入人口的相对数。其计算公式为：

$$人口迁入率=\frac{年迁入人口数}{年平均人口总数}\times 1000‰$$

2. 迁出人口数和人口迁出率

迁出人口数是指一个国家或地区核算期（通常为一年）内迁出的常住居民数量。

人口迁出率是指一个国家或地区核算期（通常为一年）内迁出的常住居民数量与同期平均人口数相比，反映核算期迁出人口的数量相当于平均每千人口的多少的相对数。其计算公式为：

$$人口迁出率=\frac{年迁出人口数}{年平均人口总数}\times 1000‰$$

3. 人口机械增长量和增长率

人口机械增长量是指一个国家或地区核算期（通常为一年）内迁入的常住居民数量与迁出的常住居民数量相抵后，净迁入（出）常住居民的数量。它是最终影响该国家或地区人口机械变动的决定性因素。

人口机械增长率是指一个国家或地区核算期（通常为一年）内人口机械增长量与同期

平均总人口相比得到的相对数，反映该国或地区核算期平均每千人中有多少是由人口机械变动而增加（或减少）的人数。其计算公式为：

$$人口机械增长率=\frac{年人口机械增长量}{年平均人口总数}\times 1000‰$$

（三）人口总变动核算

人口总变动是指一个国家或地区核算期（通常为一年）内由人口自然变动和人口机械变动共同引起常住居民数量上的变化。一个国家或地区核算期人口总变动量实际上就是该国家或地区的人口增长量。因此，核算一个国家或地区核算期比上一期的人口总变动量（人口增长量）可以按以下两种方法中的任一方法进行。

$$\begin{aligned}人口总变动量&=(出生人口数-死亡人口数)+(迁入人口数-迁出人口数)\\&=人口自然增长量+人口机械增长量\end{aligned}$$

$$人口总变动量=核算期末人口数-核算期初人口数$$

人口总变动率（人口增长率）就是一个国家或地区核算期（通常为一年）内人口总变动量（人口增长量）和同期平均总人口相比，反映核算期平均每千人中有多少是新增加的人口。

$$\begin{aligned}人口总变动率&=\frac{年人口总变动量}{年平均人口总数}\times 1000‰\\&=人口自然增长率+人口机械增长率\end{aligned}$$

第二节　劳动投入核算

一、经济活动人口和劳动力的概念及核算目的

要做好劳动投入核算，首先必须明确劳动力核算（统计）的国际标准。SNA 所使用的有关经济活动人口、劳动力等概念都是根据国际劳工组织（ILO）相关劳动力统计标准界定的。

（一）经济活动人口

根据国际劳工统计学家会议（LGLS）2008 年的决议，**经济活动人口**是指愿意提供劳

动力以从事 SNA 范畴内的经济活动的所有个人。

上述国际劳工统计学家会议给经济活动人口所下的定义只是一个简单的概念，其中没有明确界定空间范围和时间范围。如果将此简要概念作一个较为严谨的表述，**经济活动人口**是指一个国家或地区一定时期内所有愿意提供劳动力以从事 SNA 范畴内的经济活动的个人。

在一个国家或地区的所有经济活动人口中，并非每一个经济活动人口都为常住机构单位工作。因此，在核算劳动力时必须保证人口核算中的常住性、劳动力核算中的常住性、就业核算中的常住性与 SNA 中的机构单位常住性的准则保持一致。

（二）劳动力的概念及核算目的

劳动力是指在任何特定核算期都积极地准备提供劳动，以生产 SNA 总产出核算范畴里货物或服务的人群。

从 SNA 为劳动力所给出的定义可以看出，所谓劳动力是一个群体，而且这个群体随时可以为一个国家或地区的经济活动提供劳动力，并从事 SNA 生产范围内的生产活动。

SNA 重视对劳动力投入核算的目的在于将劳动数据与系列账户的关键项目联系起来，从而进一步拓展 SNA 的用途，更好地满足各种经济分析和决策的需要。

（三）经济活动人口与劳动力人口之关系

为了准确核算劳动力投入，分清经济活动人口与劳动力人口之间的区别是十分必要的。两者之间的区别主要源于两个概念基于定义时间长短不同所致。经济活动人口的核算期通常为一年，而劳动力人口的核算期通常为一个星期。一个人的身份主要取决于其在某一特定核算期（通常是一个星期）里的活动（或者没有活动）。

由于劳动力基于定义的时间要短于经济活动人口，因此任一核算时点的劳动力人口数可能会小于经济活动人口数。例如，由于受季节性因素影响，某些工人在某些时候可能就没有工作。此时的季节性工人属于经济活动人口范畴，而不包含在劳动力人口中。

二、基于劳动力视角的总人口分类和抚养比核算

（一）总人口分类

由于并不是所有的个人都包含在生产性人口中，有一些人年龄太小或太大不具有劳动

能力；有些人选择不工作；还有些人尽管有工作能力也愿意工作，有时却因为某种原因（如生病、未被雇佣等）而暂时没有工作。因此，要搞好劳动力投入核算首先需要从劳动力视角对总人口进行分类。

基于劳动力视角，可以首先将一个国家或地区的总人口划分为劳动力人口和非劳动力人口。其中，劳动力人口再进一步划分为就业人口和失业人口。

通常情况下，一个国家或地区的总人口中，0—14 岁的少年儿童人口和 65 岁及以上的老年人口构成该国家或地区的非劳动力人口，15—64 岁人口为劳动力人口。

将上述分类用一张统计表表示，可以设计成表 13 - 8 的表式。

表 13 - 8　　劳动力和非劳动力人口分类表

人口类别	人口数（万人）
总人口	
劳动力人口	
就业人口	
失业人口	
非劳动力人口	

例如，我国 2016—2020 年劳动年龄人口数和非劳动年龄人口数如表 13 - 9 所示。

表 13 - 9　　我国 2016—2020 年劳动年龄人口数与非劳动年龄人数口及其构成表

年份	2016	2017	2018	2019	2020
年末总人口数（万人）	139232	140011	140541	141008	141212
年末劳动年龄人口数（万人）	100943	100528	100065	99552	96871
比重（%）	72.5	71.8	71.2	70.6	68.6
年末非劳动年龄人口数（万人）	38289	39483	40476	41456	44341
比重（%）	27.5	28.2	28.8	29.4	31.4

注：表中劳动年龄人口数为《中国统计年鉴（2021）》中 15—64 岁人口数，非劳动年龄人口数为 0—14 岁人口数与 65 岁及以上人口数相加的总和数。

（二）抚养比核算

1. 总抚养比

根据劳动力年龄人口数和非劳动力年龄人口数可以计算总抚养比这一与人口和劳动力有关的经济社会指标。

总抚养比，也称**总负担系数**，是指一个国家或地区总人口中非劳动年龄人口数与劳动年龄人口数之比。通常用百分比表示，说明该国家或地区每百名劳动年龄人口需要负担的非劳动年龄人口的数量。其计算公式可以分为以下两种。

1）特定时点的总抚养比

$$总抚养比 = \frac{非劳动年龄人口数}{劳动年龄人口数} \times 100\%$$

这个公式是一个总抚养比的时点计算公式。其中，分子和分母的人口数量既可以是核算期初的人口数，也可以是核算期末的人口数，用来反映核算期初（或期末）这一特定时点的总抚养比情况。

例如，我国2016—2020年年末总抚养比情况如表13－10所示。

表13－10　　　　我国2016—2020年年末总抚养比表

年份	2016	2017	2018	2019	2020
年末劳动年龄人口数（万人）	100943	100528	100065	99552	96871
年末非劳动年龄人口数（万人）	38289	39483	40476	41456	44341
总抚养比（%）	37.9	39.3	40.4	41.5	45.9

资料来源：国家统计局．中国统计年鉴（2021）［M］．北京：中国统计出版社，2021．

2）各个时点的总抚养比

由于各类人口的数量总是处在一个变动的状态，而无论是核算期初或核算期末总抚养比只能反映这两个特定时点上总抚养比的状况。如果我们要了解除了这两个特定时点之外其他时点的总抚养比情况，上述计算公式和结果是无法满足需要的。此时，我们就需要通过计算平均总抚养比来代表核算期内各个时点上总抚养比的一般水平。其计算公式为：

$$平均总抚养比 = \frac{非劳动年龄平均人口数}{劳动年龄平均人口数} \times 100\%$$

例如，我国2016—2020年各年平均总抚养比情况如表13－11所示。

表13－11　　　　我国2016—2020年各年平均总抚养比表

年份	2016	2017	2018	2019	2020
年平均劳动年龄人口数（万人）	100960.5	100735.5	100296.5	99808.5	98211.5
年平均非劳动年龄人口数（万人）	37818.5	38886	39979.5	40966	42898.5
平均总抚养比（%）	37.5	38.6	39.9	41.0	43.7

注：表中数值根据《中国统计年鉴（2021）》表2－4有关数据计算得到。

2. 少儿抚养比和老年抚养比

由于非劳动年龄人口数由少年儿童人口数和老年人口数组成，因此，总抚养比可以分解为少儿抚养比和老年抚养比。

1）少儿抚养比

少儿抚养比，也称**少年儿童抚养系数**，是指一个国家或地区总人口中少年儿童年龄人口数与劳动年龄人口数之比。通常用百分比表示，说明该国家或地区每百名劳动年龄人口需要负担的少年儿童年龄人口的数量。

如同总抚养比一样，少儿抚养比也可以根据不同需要，分别计算特定时点少儿抚养比和平均少儿抚养比。其计算公式分别如下：

$$少儿抚养比=\frac{少年儿童年龄人口数}{劳动年龄人口数}\times 100\%$$

$$平均少儿抚养比=\frac{少年儿童年龄平均人口数}{劳动年龄平均人口数}\times 100\%$$

例如，我国2016—2020年各年年末少儿抚养比和平均少儿抚养比情况如表13－12所示。

表13－12　　我国2016—2020年各年少儿抚养比和平均少儿抚养比表

年份	2016	2017	2018	2019	2020
年末劳动年龄人口数（万人）	100943	100528	100065	99552	96871
年末儿童少年年龄人口数（万人）	23252	23522	23751	23689	25277
年末少儿抚养比（%）	22.9	23.4	23.7	23.8	26.2
年平均劳动年龄人口数（万人）	100960.5	100735.5	100296.5	99808.5	98211.5
年平均儿童少年年龄人口数（万人）	23038	23387	23636.5	23720	24483
平均少儿抚养比（%）	22.8	23.2	23.6	23.8	24.9

注：表中第1—3行数值摘自《中国统计年鉴（2021）》表2－4，第4—6行数值根据《中国统计年鉴（2021）》表2－4有关数据计算得到。

2）老年抚养比

老年抚养比，也称**老年人口抚养系数**，是指一个国家或地区总人口中老年人口数与劳动年龄人口数之比。通常用百分比表示，说明该国家或地区每百名劳动年龄人口需要负担的老年人口的数量。

如同总抚养比一样，老年抚养比也可以根据不同需要，分别计算特定时点老年抚养比和平均老年抚养比。其计算公式分别如下：

$$老年抚养比=\frac{老年人口数}{劳动年龄人口数}\times 100\%$$

$$平均老年抚养比=\frac{老年平均人口数}{劳动年龄平均人口数}\times 100\%$$

例如，我国2016—2020年各年老年抚养比和平均老年抚养比情况如表13－13所示。

表 13－13　　我国 2016—2020 年各年老年抚养比和平均老年抚养比表

年份	2016	2017	2018	2019	2020
年末劳动年龄人口数（万人）	100943	100528	100065	99552	96871
年末老年人口数（万人）	15307	15961	16724	17767	19064
年末老年抚养比（%）	15.0	15.9	16.8	17.8	19.7
年平均劳动年龄人口数（万人）	100960.5	100735.5	100296.5	99808.5	98211.5
年平均老年人口数（万人）	14780.5	15499	16342.5	17245.5	18415.5
平均老年抚养比（%）	14.6	15.4	16.3	17.3	18.8

注：表中第 1—3 行数值摘自《中国统计年鉴（2021）》表 2－4，第 4—6 行数值根据《中国统计年鉴（2021）》表 2－4 有关数据计算得到。

总抚养比和少儿抚养比、老年抚养比三者之间的关系为：

总抚养比＝少儿抚养比＋老年抚养比

平均总抚养比＝平均少儿抚养比＋平均老年抚养比

例如，我国 2020 年年末的总抚养比、少儿抚养比和老年抚养比分比为 45.9%、26.2% 和 19.7%，则

45.9%＝26.2%＋19.7%

再如，我国 2020 年年平均总抚养比、平均少儿抚养比和平均老年抚养比分比为 43.7%、24.9% 和 18.8%，则

43.7%＝24.9%＋18.8%

三、劳动力的分类

SNA 依据常住性和是否有活动双重标准，将劳动力分为就业者、在非常住单位里做雇员的常住者和失业者等三类①。

（一）就业者

SNA 中的**就业者**，是指所有从事 SNA 所定义的生产范围内的，由某个常住机构单位实施的生产活动的人，其中既包括雇员也包括自雇者。

1. 雇员

雇员是指按合约要求为一个常住机构单位工作并获得雇员报酬的人。

① SNA2008 将劳动力分成：在常住机构单位里做雇员的常住者，在非常住机构单位里做雇员的常住者，未被雇用的常住者和自雇者四类。本书作者根据这一分类加以重新整理划分，在包含 SNA2008 分类内容基础上做出书中的分类。

雇员包含但不限于以下类别的人员：（1）在雇佣合同下，由雇主雇佣的人。具体包括体力劳动者和非体力劳动者、管理人员、家政人员、在雇佣项目下开展有偿生产活动的人。（2）就业期限和身份由法律规定的公务员和其他政府雇员。（3）武装部队人员和被征者（包括为民事目的而征召者）。（4）由政府或非营利机构直接支付薪水的牧师。（5）在所拥有的公司或准公司里工作的所有者。（6）与公司签有正式契约，为公司的生产过程提供劳动投入，从而获得相应的报酬或教育服务的学生。（7）存在正式或非正式雇主—雇员关系的残疾工人。（8）在某一机构单位暂时工作，其隶属于所雇佣机构单位所在行业，而非实际工作的企业所在行业的人。

在核算雇员人数时，除了需要明确上述雇员所包含的范围外。还要注意处理好如下两个问题。

一是关于外包工的归属问题。**外包工**是指按照先前与某一公司的合同或者协议，同意为该公司工作或提供一定数量货物或服务而其工作地又不在该公司里的人。对于外包工，如果协议明确规定其报酬按照投入生产过程的劳动量支付，则就将外包工视为雇员对待。

二是关于暂不工作的人的处理问题。对于那些有正式就业隶属关系，但暂时没有工作的人，仍将这些人视为雇员。

2. 自雇者

自雇者是其工作的非法人企业的唯一所有者或者联合所有者。

自雇者包括以下三类人员：（1）为非法人企业工作的家庭成员；（2）依据所承担生产过程中总产出价值来决定其收入的外包者；（3）从事完全用于个人或集体性自用最终消费或资本形成生产活动的人员，如社区建设者。

需要注意的是，界定自雇者时所说的非法人企业并不包括归类于准公司的非法人企业。

由于很难将雇员报酬与非法人企业中的资本报酬区分开来，所以 SNA 规定将自雇者的报酬包含在混合收入中。

（二）失业者

失业者是指那些未被雇用但拥有工作能力并正在积极求职的人。

由于失业者对总产出没有做出任何贡献，所以 SNA2008 没有对失业者做更多的规定。

（三）在非常住单位里做雇员的常住者

在非常住单位里做雇员的常住者是指按合约要求为一个非常住机构单位工作并获得雇员报酬的常住者。

在非常住单位里做雇员的常住者所获得的雇员报酬作为来自国外的要素收入记录在收入初次分配账户国外的使用方。

如同对待失业者的处理方法一样，由于在非常住单位里做雇员的常住者对总产出没有贡献，所以 SNA2008 对其也没有做更多的解释与规定。

四、劳动投入核算需要正确处理的几个特殊问题

劳动力投入核算是一个极其复杂的技术性问题。在核算劳动力人数时，除了将上述有明确标准的就业者（雇员和自雇者）纳入核算范围外，依据 SNA“穷尽原则”和“一致性原则”，还需要处理好以下几个特殊问题。

（一）有关界限问题

正确界定劳动力的界限包括要明确职位和雇员的界限，常住性与非常住性两个方面的内容。

1. 职位和雇员之间的界限问题

由于雇主与雇员之间的协议被定义为一个职位，而一个人可能为多个雇主工作，或者在为多个雇主工作的同时还作为自雇者为自己工作（自雇者也是一个职位），由此就会造成一些雇员或自雇者拥有多个职位。

一些雇员拥有多个职位的现象会使经济体中所包含的职位数目超出雇员数目。而雇主在提供雇员人数信息时，实际上提供的是其职位数而并非雇员数。在进行雇员人数核算时必须注意职位数与雇员数之间的差异。

2. 常住性与非常住性之间的界限问题

一个国家的就业人口尽管主要由为常住机构单位工作的雇员和自雇者组成，但是，在核算该国就业人口时还应当将以下各类是否属于常住者方面存在疑问的人员包括在内。这些人员主要有：（1）每天跨越国界在该国经济领土内工作的非常住边界工人；（2）为了在那些季节性需要额外劳动力的行业工作而在该国经济领土内停留不到一年的非常住季节性工人；（3）驻守国外的国家武装部队；（4）在设置在国家地理领土之外的国家科研基地工作的人员；（5）常住国外的外交使团工作人员；（6）在常住单位经营的渔船、其他船只、飞机和浮动平台上工作的船员；（7）在该国结束留学但仍愿意继续留在该国并有一定工作的人员。

除此之外，以下类别的人口应当被排除在该国的就业人口之外：（1）本国居民中在另

一经济领土内工作的边界工人和季节工人；(2) 在非常住单位经营的渔船、其他船只、飞机和浮动平台上工作的本国船员；(3) 为在本国地理领土上的外国政府机构工作的本国居民；(4) 位于本国地理领土内的国际民间组织职员（包括直接招募的本地雇员）；(5) 与位于本国地理领土内的国际军事组织一起工作的军人；(6) 为在本国经济领土内设立的外国科研基地工作的本国居民。

(二) 关于在未观测经济领域就业的人员问题

由于 SNA 的生产核算范围包含了未观测经济，因此，在核算就业人口时，应当将在未观测经济领域，即地下经济和非正规经济领域就业的工人包括在内。把此类人员的工作收入记录为雇员报酬或混合收入。

(三) NPISH 中的劳动力和义工问题

NPISH 中提供产出的劳动力包括两类，一类是领取报酬的员工，另一类是义工。尽管在进行劳动力核算时都将他（她）们包括在内，但是，由于推导生产率变化并不包括义工人数，所以核算这些人群时需要做好上述两类人员的区分。

对于社会上普遍存在的义工，SNA 都将其包括在就业人口中。

五、劳动投入的标准化测度

核算劳动投入量，如同核算货物总产出的数量一样，既可以核算简单的就业人数（货物总产出按混合实物计量单位核算），也可以核算标准的劳动投入（货物总产出按标准计量单位核算）。核算标准的劳动投入可以为计算各种复杂生产率提供基础数据。

标准劳动投入的测度依其难度从易到难，依次有以全职当量为基础的就业人数、以实际工作总时间为基础的就业人数、经质量调整的劳动投入和不变报酬的雇员劳动投入四种类型。

(一) 以全职当量为基础的就业人数

全职当量就业人数是指全职当量职位数，即所有雇员的实际工作时间之和除以全职职位的实际平均工作时长。计算公式为：

$$全职当量就业人数 = \frac{\sum 雇员实际工作时间}{一个全职职位的实际平均工作时长}$$

例如，假如某个机构单位某天全体雇员的实际工作时间为 835 个小时。一个全职职位的实际平均工作时长为8.35小时。那么，该机构单位这一天的全职当量就业人数（全职当量职位数）就是100人。

尽管SNA并不推荐使用全职当量就业人数来估算劳动力投入，但还是主张在能够估计出实际工作总时间的情况下，可以将其与国民经济核算数据放在一起，以便于和那些只估算全职当量就业人数的国家进行比较。

（二）实际工作总时间

1. 工作时间的概念和范围

SNA所定义的**工作时间**，是指为从事SNA生产范畴内的货物服务生产活动所花费的时间。

关于工作时间，国际劳工统计学家会议（ICLS）于2008年11月给出了以下七种定义。（1）实际工作时间；（2）付薪时间；（3）正常工作时间；（4）协议工作时间；（5）通常工作时间；（6）加班加点时间；（7）离职时间。其中，实际工作时间是SNA中最重要的工作时间概念。

工作时间不包括：（1）各种离职时间（年假、公共节假日、病假、产假和履行公民义务的时间）；（2）未从事生产性工作时的往返时间；（3）培训之外的其他教育时间；（4）公差时的就餐时间以及其他长休。

2. 实际工作时间的核算

实际工作时间包括以下四种时间。

1）直接时间

直接时间是指工作人员在任何地点为完成工作职责而花费的时间。直接时间是依据工作人员为完成工作职责而花费的实际时间，而不是雇员与雇主之间所签协议中约定的时间量界定的。

2）相关时间

相关时间是指为工作而花费的电话时间、工作途中所花时间、工作培训时间，以及为完成协议中列出的其他任务所花费时间的总称。

3）停工时间

停工时间是指工人可以工作，但由于暂时的技术、材料和经济性质等原因而不能开工的时间。

4）休息时间

休息时间是指工作期间的短休和茶歇等时间。

实际工作时间就是由上述四种时间加总得到的总时间。

（三）经质量调整的劳动投入

利用实际工作总时间作为劳动投入指标，其中隐含了一种每一工作时间具有相同质量的假设，即在所雇用的所有劳动力之间，假设他们的熟练程度或技能水平都没有任何差别。实际中，这种假设是不成立的。例如一个心外科医生和一个新工人每小时创造的产出，无论其质量还是数量都不会是相同的。因此，在已有实际工作总时间的基础上，可以通过以不同等级工人工作质量指数为权数，构造一种经质量调整的劳动投入测度方法，来核算劳动投入数量。

经质量调整的劳动投入数量的优点在于，能够更精准地反映劳动投入数量，据此推导的生产率更能客观真实地描述生产技术水平和效率。但使用该指标需要大量的劳动投入及其相关数据，这只有那些统计系统高度完善和统计技术水平相当高的国家才能做到。

（四）不变报酬的雇员劳动投入

不变报酬的雇员劳动投入是指以核算基期的雇员报酬水平为权重，通过计算劳动力数量指数来剔除现价雇员报酬对劳动投入估算的影响，单纯反映劳动投入数量变化的指标。

上述介绍的实际工作总时间和全职当量就业人数都属于劳动投入的实物度量方法。正如 SNA 在对货物服务产出的核算时不进行实物核算一样，对于劳动投入也不主张进行实物核算。由此，在对劳动投入进行价值核算时，为了消除现价雇员报酬水平对劳动投入物量指标的影响，单纯反映劳动投入数量的变化和水平，就提出一种不变报酬的雇员劳动投入的概念。

SNA 之所以只核算不变报酬的雇员劳动投入而不包括自雇者，是因为自雇者的酬劳包含在混合收入中，而且不能对自雇者酬劳和营业收入进行明确识别。

对于不变报酬的雇员劳动投入的测度可以采用如下两种方法中的任意一种进行。

1. 间接法（缩减法）

间接法（缩减法）就是利用现价雇员报酬总额除以雇员报酬指数，通过缩减现价雇员报酬价值，得到不变报酬雇员劳动投入价值量的方法。计算公式为：

$$X_{C0} = \frac{\sum C_1 E_1}{I_C}$$

式中，X_{C0}代表不变报酬的雇员劳动投入价值量；$\sum C_1 E_1$ 代表现价雇员报酬价值量；

I_C 代表雇员报酬指数。

2. 直接法

直接法就是直接通过利用核算期每一工作组现有职位数乘以该工作组核算基期的平均雇员报酬得到每个工作组的不变报酬雇员劳动投入价值量，然后再加总各组不变报酬雇员劳动投入价值量得到总的不变报酬雇员劳动投入价值量的方法。计算公式为：

$$X_{C0} = \sum E_1 \bar{C}_0$$

式中，$E_1 \bar{C}_0$ 代表每组按照核算基期平均雇员报酬水平计算的核算期劳动力投入的价值量，即不变报酬的雇员劳动投入价值量。

六、我国的劳动力核算

人口和劳动力核算是《中国国民经济核算体系（2016）》五项扩展核算内容之一。其中关于劳动力核算包括以下主要内容。

（一）劳动力核算中的基本概念

1. 劳动年龄人口

劳动年龄人口是指我国总人口中16周岁以上的人口。劳动年龄人口可以划分为劳动力人口和非劳动力人口两类。

2. 劳动力人口

劳动力人口是指16周岁及以上，具有劳动能力，正在参加或要求参加生产活动的常住人口。包括就业人口和失业人口。

3. 就业人口

就业人口是指在一定年龄以上，有劳动能力，为取得劳动报酬或经营收入而从事生产活动的人口。

4. 失业人口

失业人口是指年满16周岁，有劳动能力但没有工作，正在寻找工作且马上可以开始工作的人员。

如果我们将上述有关劳动力的概念和分类与人口联系起来，可以形成如图13－1所示的关系图。

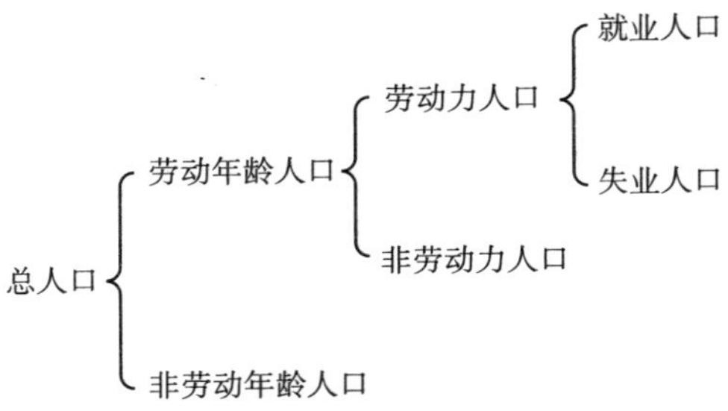

图 13－1　人口与劳动力人口分类图

（二）劳动投入核算

关于劳动投入核算，《中国国民经济核算体系（2016）》也采用了 SNA2008 推荐的对劳动投入进行标准化测度的方法，即根据分行业就业人数和人均实际工作时间计算出实际工作总时间，以作为劳动投入数量。

实际工作总时间是指劳动力从事货物和服务生产活动所使用的时间，包括直接时间、相关时间、停工时间和休息时间。工作时间的计量单位为工时。

$$\begin{matrix}\text{实际工作}\\\text{总时间(工时)}\end{matrix}=\begin{matrix}\text{核算期平均}\\\text{就业人口}\end{matrix}\times\begin{matrix}\text{人均实际每天}\\\text{工作小时数}\end{matrix}\times\begin{matrix}\text{核算期}\\\text{实际天数}\end{matrix}$$

（三）劳动投入核算表

我国的劳动投入核算是通过编制劳动投入核算表描述的。劳动投入核算表的表式构造如表 13－14 所示。

表 13－14　　劳动投入核算表

	就业人口（万人）	人均实际工作小时（小时/周）	核算期实际工作总工时（万小时）
按三次产业分			
1. 第一产业			
2. 第二产业			
3. 第三产业			
按国民经济行业分			
1. 农、林、牧、渔业			
2. 采矿业			
⋮			
19. 公共管理、社会保障和社会组织			

注：本表摘自：国家统计局．中国国民经济核算体系（2016）[M]．北京：中国统计出版社，2017.

第三节　人口和劳动投入核算资料的分析与应用

正如SNA2008所指出的那样，核算人口和劳动投入的目的主要是展现如何使人口和劳动数据与系列账户的关键项目联系起来，从而显示普通居民从经济行为中获得了多少利益，每个普通就业者对生产的贡献有多少。由此可见，对于人口和劳动投入核算资料，主要可以应用于以下两个方面。一方面，将人口数与一些重要经济总量指标相结合，通过测度这些经济指标的人均数据，观察分析它们所达到的一般水平；另一方面，将劳动投入与生产总量指标结合起来，通过测度劳动生产率来反映生产效率。

一、人口核算资料的分析与应用

尽管SNA2008只主张将人口核算资料与GDP相结合，通过人均GDP来衡量每个普通居民从经济行为中获得了多大的利益。但人口核算资料的应用不仅仅局限于与GDP的联系，它们有着广阔的应用领域。即凡是一个国家或地区能够与人口联系起来的所有经济、社会、自然界的指标都可以通过测度人均指标，来衡量该国家或地区在这些指标方面所达到的一般水平。下面，仅就人口核算与SNA中一些重要指标的联系进行阐述。

（一）一些重要经济指标人均绝对水平核算

在SNA中，很多重要的经济总量指标都可以通过测度人均绝对水平，来进行不同国家或地区之间，或同一国家或地区不同时期之间所达水平的比较分析。这些人均绝对经济水平指标主要包括人均国内生产总值、人均国民总收入、人均国民可支配总收入、人均总储蓄、人均资本形成总额、人均最终消费支出、人均实际最终消费、人均金融资产总额、人均资产总额、人均负债总额和人均资产净值等。每项人均绝对水平指标从各自不同领域反映该国家或地区常住人口在一定时期（时点），每个人通过经济活动在所关注的指标领域所获得的利益。

例如，已知我国2018年年末和2019年年末的总人口分别为140541万人和141008万人，则2019年人均国内生产总值、人均国民总收入、人均国民可支配总收入、人均实际最终消费、人均总储蓄和人均资本形成总额等指标如表13－15所示。

表 13 - 15　　我国 2019 年部分重要经济指标人均绝对水平表

指标	国内生产总值	国民总收入	国民可支配总收入	实际最终消费	总储蓄	资本形成总额
总量数值（亿元）	986512.2	983751.2	984457.7	552631.7	431825.9	426678.7
人均数值（元/人）	70077.5	69881.3	69931.5	39256.5	30675.0	30309.4

注：表中各项总量数值摘自《中国统计年鉴（2021）》表 3 - 15；人均数值根据总量数值和 2019 年平均总人口计算得到。

表 13 - 15 中每个人均指标反映了我国 2019 年在这些领域按人口计算所达到的平均水平，消除了人口数量因素对各项总量指标的影响。

值得注意的是，在用人均绝对水平进行国与国之间的比较时，不能简单地将不同国家之间的人均水平进行直接对比，而是要利用购买力平价指数（PPP）对各国人均绝对水平进行缩减，以对不同国家之间价格水平的差别进行调整，满足真正可比的要求。

（二）人均增长量的核算

尽管一些重要经济指标（如 GDP）的增长率是以百分比变化表示的，且不受计价货币的影响。但是，由于这些经济指标的总量增长中有一部分取决于人口的变动，因此，有必要核算人均增长率来使其标准化。

例如，如果一个国家的人口增长速度快于 GDP 增长速度，那么人均 GDP 将会下降。相反，如果一个国家的 GDP 增长率虽然降低了，但如果该国的人口下降幅度快于 GDP，那么人均 GDP 反而会增加。表 13 - 16 以我国 2016—2020 年五年间各年 GDP 和总人口的变动情况，说明核算人均增长量和增长率的必要性。

表 13 - 16　　我国 2016—2020 年 GDP 和人口之间关系表

年份	2016	2017	2018	2019	2020
不变价 GDP（亿元）	736036.5	787170.4	840302.6	890304.8	911205.3
不变价 GDP 增长量（亿元）	47178.3	51133.9	53132.2	50002.2	20900.5
不变价 GDP 增长率（%）	6.8	7.3	6.4	6.1	1.9
总人口（万人）	139232	140011	140541	141008	141212
总人口增长量（万人）	906	779	530	467	204
人口增长率（%）	0.7	0.6	0.4	0.3	0.1
人均不变价 GDP（元/人）	53036.6	56378.9	59903.5	63243.3	64574.1
人均不变价 GDP 增长量（元/人）	3114.3	3342.3	3524.6	3339.8	1330.8
人均不变价 GDP 增长率（%）	6.2	6.3	6.3	5.6	2.1

注：表中不变价 GDP、不变价 GDP 增长率和总人口数值分别摘自《中国统计年鉴（2021）》表 3 - 3、表 3 - 4 和表 2 - 1。其他数值根据上述三种指标数值计算得到。

从表 13－16 可以看出，我国 2016—2020 年五年间，除了 2020 年受新冠疫情影响，人均不变价 GDP 增长量有明显的减少外，其余年份每年都在 3000 元以上。从增长率看，同样除了 2020 年人均不变价 GDP 的增长率高于不变价 GDP 增长率外，其余年份都低于不变价 GDP 增长率，说明我国人口基数大这一因素对人均 GDP 水平还是有明显的影响。

除了利用 GDP 增长量和人口增长量进行上述各种联系和对比分析外，也可以将其他重要经济总量增量指标与人口增量联系起来进行对比分析，以反映不同经济领域人均增量变动情况。例如，可以通过人均国民可支配总收入的增长情况，反映不同时期经济体中常住居民平均每个人可供自己最终支配使用的收入变动情况；还可以通过不同时期人均实际最终消费增长情况反映不同时期经济体中常住居民实际生活水平的改善情况等。

二、劳动投入核算资料的分析与应用

尽管劳动投入核算资料的应用领域十分广泛，但 SNA 所以核算劳动投入，主要还是为满足测度劳动生产率和多要素生产率的需求。因此，本书将劳动投入核算资料的应用也主要聚焦于对劳动生产率测度和多要素生产率的应用分析。

劳动生产率是指单位劳动投入所带来的产出，通常用每小时工作（或每一雇工）的产出来表现。对于经济总体（或行业）其两种计算公式分别为：

$$劳动生产率=\frac{核算期\ GDP(增加值)}{同期实际工作总时间}$$

$$劳动生产率=\frac{核算期\ GDP(增加值)}{同期平均就业人数}$$

例如，我国 2016—2020 年根据就业人数计算的劳动生产率如表 13－17 所示。

表 13－17　　　　我国 2016—2020 年劳动生产率表

年份	2015	2016	2017	2018	2019	2020
不变价 GDP（亿元）	—	736036.5	787170.4	840302.6	890304.8	911205.3
年末就业人数（万人）	76320	76245	76058	75782	75447	75064
全员劳动生产率（元/人）	—	96488.3	103369.0	109956.3	117742.6	121081.6
全员劳动生产率增长率（%）	—	—	7.1	6.4	7.1	2.8

注：表中不变价 GDP 数据和年末就业人数分别摘自《中国统计年鉴（2021）》表 3－3 和表 4－2；全员劳动生产率和全员劳动生产率增长率根据上述数据计算得到。

由于劳动生产率除了反映劳动投入的变化及其生产效率外，该指标还包含了其他很多因素，诸如资本投入、技术投入等对其变动的影响。因此，该指标不是一个精细的生产率指标。在应用这一指标时还要结合资本生产率（用产出除以资本所提供的服务所得比率）、多要素生产率（MFP）等对生产效率进行全面分析。

在计算和应用劳动生产率时，还要注意的另一个问题就是，用于计算劳动生产率的就业人数所覆盖的范围必须与 SNA 生产范围相一致，且要使用与国民经济核算一致的常住居民标准。

第十四章　社会核算矩阵和卫星账户

【学习目标与要求】

1. 了社会核算矩阵的概念和基本结构；
2. 了解卫星账户的概念、种类与设置卫星账户的目的；
3. 掌握旅游卫星账户的基本结构、内容和编制方法；
4. 掌握环境核算卫星账户的基本结构、内容和编制方法；
5. 掌握卫生卫星账户的结构、内容和编制方法。

第一节　社会核算矩阵

一、社会核算矩阵的概念

社会核算矩阵（Social Accounting Matrix，SAM）是运用矩阵形式表示的国民经济核算整个账户序列，反映供给表和使用表与部门账户之间的关系。

SNA2008 简化和完善了有关社会核算矩阵的内容和表式，将 SNA1993 有关社会核算矩阵一章的内容压缩为 SNA2008 的一节，删除了所有关于 SAM 方法、特点、实例演示以及细化的 SAM 及其应用的全部内容，只是简单介绍了表式以及进行扩展的可能性。与此同时，将原先的 SAM 表进行了简化，并将期初、期末资产负债表引入其中。

二、社会核算矩阵的基本结构

社会核算矩阵的基本结构如表 14－1 所示。

我们可以按以下顺序解读表 14－1 的基本结构。

（一）关于资产负债表

该表的第一行与倒数第二、第三列，最后一行与倒数第二、第三列分别列出期初资产负债表和期末资产负债表。其中，资产被划分为非金融资产和金融资产减负债两列。从期初经过核算期间的变化到期末，资产负债表中的数量关系为：

期初资产净值（非金融资产＋净金融资产）

5090 （ 4621 ＋ 469 ）

＋资产净值变化（交易引起＋资产物量其他变化引起＋重估价变化引起）

500 （ 202 ＋ 10 ＋ 288 ）

＝期末资产净值（非金融资产＋净金融资产）

5590 （ 5103 ＋ 487 ）

（二）关于表的核心部分

该表的其余部分为行数和列数相等的矩阵表，属于该表的核心部分。（1）表的倒数第二行和最后一列为合计，分别反映供给表各子矩阵和使用表各子矩阵相关数据的合计数。每行的合计数分别等于对应的列的合计数。例如，表的第二行生产账户所展示的是按生产法计算的国内总产出货物和服务 3737（表中货物和服务账户一列与该行生产账户的交汇格）。用该项总产出减去非金融资产一列中与行的生产账户对应项“固定资本消耗”222，即得到国内净产出 3515（对应于行的生产账户最后一列合计）。（2）各行和各列分别展示了货物和服务账户与生产账户、收入分配账户、收入再分配账户、收入使用账户、资本账户和金融账户之间的关系。其中，资本账户被进一步分解为第一个资本账户和第二个资本账户两部分。由此可以形成资产负债表中的非金融资产部分。

表 14－1　　**包括资产负债表的社会核算矩阵**

期初资产负债表							非金融 资产 4621	金融资产 减负债 469	
	货物和服 务账户 E　R	生产 账户 E　R	收入初次 分配账户 E　R	收入再分 配账户 E　R	收入使 用账户 E　R	资本 账户（1） E　R	资产 账户（2） E　R	金融 账户 E　R	合计
货物和服务账户 E R	出口　540 进口　499	中间消耗 1883			最终消费 1399		资本形成总额 414		4236 499
生产账户 E R	产出 3737						固定资本消耗 －222		3515 0
收入初次分配账户 E R	－41	增加值 1632	财产收入 397　50 40						2079 －1
收入再分配账户 E R			初始收入 1642 －51	经常转移 1174　17 55					2833 4
收入使用账户 E R				可支配收入 1604 －13	养老金权益变化 11				1615 －13
资本账户（1） E R					储蓄 205 －13	资本转移 61　1 4			267 －9
资本账户（2） E R						非金融资产获得 192			192 0
金融账户 E R						净借出/净借入 10 －10		10	10 0
合计	4236　499	3515	2079　－1	2833　4	1615　－13	267　9	192　0	10　0	
资产物量其他变化账户 重估价账户 期末资产负债表							10 280 5103	 8 487	

注：1. 本表摘自：联合国等．国民账户体系（2008）［M］．中华人民共和国国家统计局核算司，等，译．北京：中国统计出版社，2012.
　2. 表中行和列标有 E 的表示该经济总体，标有 R 的表示国外。

第二节 卫星账户的基本问题

由于国民经济核算体系的内在严密性，使整个账户序列在很大程度上可以完全整合为一体。但是，这丝毫不影响实施中的灵活性。相反，缘于SNA所勾稽的关系具有足够稳健性这一最大优点，尽管在实施中可以有很大的灵活性，仍能保持其综合性、经济完整性和内部一致性。

利用SNA的灵活性有很多种方式，比如功能分类（本书已在第二章第四节介绍）、关键部门账户和卫星账户等。其中，编制卫星账户则是SNA更具灵活性并体现进一步扩展的一种形式。本节就卫星账户的一些基本问题进行阐述。

一、卫星账户的含义与目的

正如卫星账户其名字所寓示的一样，**卫星账户**是指那些与SNA中心框架相连接但又不同于中心框架的，有如卫星环绕行星一样，环绕中心框架的账户。编制卫星账户的主要目的在于，对于SNA中心框架的核算内容进行扩展和补充，以便对中心框架和扩张补充的内容加以灵活运用。

纳入SNA中的每一个卫星账户与中心体系相连接并保持一致，但又不同于中心体系，每个卫星账户彼此之间并不总是保持一致。

二、卫星账户的种类

卫星账户从广义上讲，主要有以下两种类型。

（一）重新排列SNA中心框架分类并引入补充内容类的卫星账户

这类账户主要包括为如教育、旅游和环境保护支出等领域特地编制的账户。它们可视为对关键部门账户的扩展。

关键部门，是指通过打破主产品分类（CPC）和标准产业分类（ISIC）的标准顺序和分级，从中选择对经济具有特殊重要性的一组产品或产业所组成的部门，如某一种农作物或一种矿物等。

这类卫星账户的特点是，并未从根本上改变 SNA 的基本概念，但可能与中心框架有些不同，如对一些辅助活动采取了不同于中心框架的处理方法。

开发并编制这类账户的主要原因是，如果将所有感兴趣部门的细节全部纳入到标准核算体系中，将会使整个核算体系的负担过重，并可能分散对账户整体主要特征的注意力。

（二）替代 SNA 基本概念类的卫星账户

根据替代型概念编制卫星账户的主要目的是对中心框架进行补充。可以用于替代的变化概念包括生产范围的不同选择、消费概念或资本形成概念的扩大、资产范围的扩大等。

三、编制卫星账户的相关问题

编制卫星账户，重点要解决好如下几个问题。

（一）依据所要编制的卫星账户，准备所需的相应资料

一旦确定对某一感兴趣产品编制卫星账户，就需要搜集以下与该产品有关的资料：（1）相关产品供应和使用的详细分析资料；（2）关于生产过程中使用的固定资本资料；（3）与生产或使用有关的全部转移分析资料；（4）就业和现有资产相关资料。

（二）确定所要关注的产品

对于任何所关注的领域，首先应确定该领域特有的产品。通常情况下，在卫星账户中特有产品分为特征产品和关联产品两大类。

1. 特征产品

特征产品是指在卫星账户所关注的领域具有典型性的产品。例如，对于卫生领域，特征产品就是卫生服务、卫生公共管理服务等。

2. 关联产品

关联产品是指那些能够被明确地包括在所关注领域支出概念范围内，但却不具有典型

性，或会被归于更大产品类别的产品。仍以卫生领域为例，药品和病人的运输等通常就被认为是该领域的关联产品。

特征产品和关联产品的统称为**特有产品**。

（三）对生产的测度

编制卫星账户时，对特有产品生产的测度有以下明确规定。

对于特征产品，卫星账户对这些货物服务的生产方式、生产者类型、使用劳动和固定资本的种类、生产过程和资源配置效率等都要有全面而清晰的显示。

对于关联产品，则无须特别关注它们的生产条件。

（四）使用或国民支出应当包括的主要内容

卫星账户中的使用或国民支出主要由特有货物服务的消费、特有货物服务的资本形成、非特有产品中之特征活动的固定资本形成、特有经常转移和特有资本转移等五个项目构成。

1. 消费

特有产品的消费包括对货物服务的实际最终消费和中间消耗。其中，实际最终消费采用与中心框架相同的定义。而中间消耗所涵盖的范围要比中心框架广，即它既包括中心框架定义的中间消耗，也包括内部中间消耗。例如，旅游卫星账户中对游客的运输，既包括旅游景点外的运输，也包括旅游景点内的运输。

2. 资本形成

卫星账户中资本形成包括特有产品的资本形成（第二项）和非特有产品中之特征活动的固定资本形成（第三项）。其中，特有产品的资本形成与中心框架的资本形成相比，其范围可能会更加宽泛一些，即除了包括固定资本形成、存货变动和贵重物品获得减处置外，有时还可以包括正在进行的特有服务。

确定非特有产品中之特征活动的固定资本形成需要注意以下三点：（1）不能把全部特征活动的资本形成都包括在该项范围内，因为一部分构成特有产品的资本形成的内容已经包括在第二项内容中。（2）只有产出为特征产品的那些活动的资本形成才包括在此项内容中，而产出作为关联产品的那些活动的资本形成不包括在内。（3）此项还包括非生产性非金融资产的获得减处置。

3. 转移

转移包括特有经常转移（第四项）和特有资本转移（第五项）。转移是支出的核心部分，也是社会保障或发展援助项目下国民支出的最重要组成部分。

上述五项使用之和即构成常住单位总使用。从常住单位总使用中扣除由国外负担的经常使用，即可得到国民支出。

使用/国民支出既可以按产品和转移类型来表示，也可以按目的类型来表示。在编制卫星账户时，究竟选择哪种表示方式，或者两者结合使用，可以根据卫星账户所涉及的领域或分析目的来确定。

（五）使用者或受益者

使用者或受益者是指使用货物服务的人或从相关转移中受益的人。在编制卫星账户时，究竟使用“使用者”还是使用“受益者”术语，主要根据不同的卫星账户而定。通常情况下，“使用者”更适用于如旅游或住房之类的卫星账户，而“受益者”则更适用于如社会保障或发展援助之类的卫星账户。

（六）资金来源

由于使用者并不是总由自己负担费用，因此对最终负担费用的单位进行分析是十分必要的。通常情况下，可以选择以下两种方法中的一种来确定资金来源。

1. 根据资金来源类型，确定提供资金单位法

采用此种方法确定资金来源，首先需要确定所使用的资金的来源类型，其次判断各类资金是由哪类单位提供的。例如，如果一些住户所消费的货物服务是由政府以实物社会转移方式提供的，而且实物社会转移中的大部分资金来源于政府从住户和企业那里征缴的税收。由此，在确定这笔资金的来源时可以描述为“直接来源”和“间接（最终）来源”。显然，这里的直接来源为政府提供，间接来源为住户和企业提供。

2. 将资金来源类型与支出类型匹配法

采用此种方法可以了解各种资金来源类型与支出类型的对应程度。

对于经常交易而言，可以将以下的几种资金来源类型与支出类型相匹配，从中分析两者之间的对应状况。(1) 市场生产者的销售收入与用于中间消耗的支出；(2) 政府的税收与其用于中间消耗和最终消费的支出；(3) NPISH 收到的捐款与其用于中间消耗和最终消费的支出；(4) 住户所获得的雇员报酬和养老金等经常转移收入与用于最终消费的支出。

对于积累而言，可以将以下几种资金来源与资本形成相匹配。(1) 企业和住户的销售收入、非金融资产和金融资产的处置、实物社会转移收入和借款与资本形成支出；(2) 政府部门的证券发行、资本转移收入和国外贷款与资本形成支出。

截至SNA2008颁布，有关国际组织和研究机构已经或正在围绕SNA中心框架编制了许多卫星账户，如旅游卫星账户、环境卫星账户、卫生卫星账户、跨国生产率调查卫星账户、农产品卫星账户、教育卫星账户、水资源卫星账户等。其中，旅游卫星账户和环境卫星账户的相关国际手册已经出版了第二版，卫生卫星账户出版了第一版。在此，根据SNA2008提供的蓝本，对以上三个卫星账户做一些简要阐述。

第三节 旅游卫星账户

旅游卫星账户（Tourism Satellite Account，TSA）是一个以SNA为统计基础，按照国际统一的国民账户的概念和分类标准，在SNA中心框架以外单独设立的用于测度旅游业经济及其影响的子系统。

旅游卫星账户自20世纪90年代中期一经出现，就受到世界许多经济学家和统计学家的推崇。经过世界旅游组织的不懈努力，2000年3月联合国统计委员会正式批准了由该组织提交的《旅游附属账户：建议的方法框架》，从而使旅游业成为世界范围内第一个获得联合国首肯的用国际性标准来测度的产业。目前正在实施的由欧洲统计局、经济合作与发展组织、世界旅游组织和联合国等国际组织2008年编制的《2008旅游卫星账户：推荐方法框架》国际指南手册（简称TSA手册），是对2000年第一版的更新。世界上目前已超过70个国家或地区在某个阶段编制过旅游卫星账户。

一、编制旅游卫星账户的目的

编制旅游卫星账户的目的主要是为了提供以下四方面信息。(1）描述旅游产业的规模和对经济的贡献等宏观经济总量指标；（2）提供旅游消费的详细数据，描述供给和进口如何满足这一需求；（3）编制旅游业详细的生产账户，提供包括与其他生产性经济活动相联系的就业和固定资本形成总额等数据；（4）描述经济数据与旅游人数、停留时间、旅游目的、交通工具等非货币性旅游信息之间的联系，为详细说明经济变量的特征提供支撑。

二、旅游卫星账户的有关概念和范围

（一）旅游和旅游产业

1. 旅游

旅游是指个人为了休闲、商务或其他目的离开其惯常环境，到某些地方并停留在那里，但连续不超过一年的活动。这里的**惯常环境**不完全等同于常住国，是指一个人通常能被找到的地方，包括住宅附近区域和工作场所。由此界定，跨境工作者所从事的工作活动不属于旅游。

旅游按旅游者的旅游目的不同，可以分为私人旅游和商务（或公务）旅游。其中，私人旅游又可以进一步区分为以下八类：（1）度假；（2）休闲娱乐；（3）探亲访友；（4）教育培训；（5）卫生和医疗保健；（6）宗教或朝圣；（7）购物；（8）中转及其他。

2. 旅游产业

旅游产业是指那些其主要活动对应于某种旅游特征产品的基层单位的集合。旅游产业包括游客住宿业、餐饮服务业、铁路、公路、水路和航空客运业、运输设备租赁业、旅行社和其他预订服务业、文化产业、体育和娱乐业、本国特有旅游特征货物的零售贸易和本国特有旅游特征产业。

（二）游客、旅游者和一日游客

1. 游客

游客是指离开其惯常环境但并未被所访问地方的常住单位雇佣的人。游客按是否在旅游地过夜分为旅游者和一日游客。

2. 旅游者和一日游客

旅游者是指过夜的游客，当日游客被称为**一日游客**。

旅游者按其常住国分为国内旅游者和国外旅游者。常住居民在国外的旅游是**出境旅游**；非常住居民在该国内的旅游是**入境旅游**。

（三）国民旅游和国内旅游

国民旅游是指常住居民旅游总额。其计算公式为：

$$国民旅游 = 常住居民本国旅游 + 常住居民出境旅游$$

国内旅游是本国旅游与入境旅游之和。

（四）旅游支出、旅游消费的定义和范围

旅游支出是指一日游客或旅游者在旅游期间或其后出于自己使用或赠送他人的目的，购买消费性货物和服务以及贵重物品所支付的金额。包括游客自己支付的费用以及由其他人支付或报销的费用。

旅游消费是指游客在旅游支出的基础上，再加上临时自给性住宿服务、旅游实物社会转移和其他虚拟消费等。由此可见，旅游消费的范围要大于旅游支出。

三、旅游卫星账户体系

在上述有关旅游领域的定义、范围等信息基础上，《2008 旅游卫星账户：推荐方法框架》编制了一整套由 10 张表格组成的旅游卫星账户，由此形成了 TSA 体系。

（一）TSA 体系的内容

TSA 的表 1 ~ 表 3 主要用于核算旅游支出；表 4 分别按本国旅游和入境旅游来测度旅游经济，并对从旅游支出到旅游消费进行了调整；表 5 显示了旅游产业的供给；表 6 描述了有关旅游产业的总量指标，是 TSA 体系的核心部分；表 7 ~ 表 9 分别核算了旅游产业的就业、固定资本和公共消费；表 10 提供了有关旅游产业的非货币性信息。

（二）TSA 体系的主要总量指标

TSA 体系中主要用以下五类有价值的总量指标来衡量经济领域旅游产业的规模。

（1）国内旅游支出；

（2）国内旅游消费；

（3）旅游产业总增加值（GVATI）；

（4）旅游直接总增加值（TDGVA）；

（5）旅游直接国内生产总值（TDGDP）。

（三）TSA 体系主要表格示例

如上所述，由于 TSA 手册中的表 6 是整个体系的核心部分，在此以表 6 为例，说明其如何对上述主要总量指标进行推导，如表 14 - 2 所示。

表 14 - 2 是一张类似于 SNA 供给表产品 × 产业的反映旅游产业国内总供给和国内旅游消费的表格。

表 14－2

TSA 手册中的表 6

国内总供给和旅游消费（购买者价格）（*）

产品	旅游产业												其他产业		国内生产者产出（基本价格）		进口*		本国生产和进口产品税减补贴		贸易和运输加价		国内供应（购买者价格）	国内旅游消费	旅游比率（%）
	1. 游客住宿		1. a		1. b		…		12.		总计														
	产出（5.1）	旅游份额（价值）	产出（5.1a）	旅游份额（价值）	（产出（5.1b）	旅游份额（价值）	产出（5…）	旅游份额（价值）	产出（5.12）	旅游份额（价值）	产出（5.13）	旅游份额（价值）	产出（5.14）	旅游份额（价值）	产出（5.15）=（5.13）+（5.14）	旅游份额（价值）	产出（6.1）	旅游份额（价值）	产出（6.2）	旅游份额（价值）	产出（6.3）	旅游份额（价值）	（6.4）=（5.15）+（6.1）+（6.2）+（6.3）	（4.3）	（6.5）= $\frac{(4.3)}{(6.4)}$ × 100
A. 消费品（*）																									
A. 1 旅游特征产品																									
1. 游客住宿服务																					×	×			
1. a——除 1. b 外的游客住宿服务																					×	×			
1. b——度假置业住宿服务																					×	×			
2. 餐饮服务																					×	×			
3. 铁路客运服务																					×	×			
4. 公路客运服务																					×	×			
5. 水路客运服务																					×	×			
6. 航空客运服务																					×	×			
7. 运输设备租赁服务																					×	×			
8. 旅行社和其他预订服务																					×	×			
9. 文化服务																					×	×			
10. 体育和娱乐服务																					×	×			
11. 本国有旅游特征货物零售		×		×		×		×		×		×		×		×		×							

续表

产品	旅游产业												其他产业		国内生产者产出（基本价格）		进口*		本国生产和进口产品税减补贴		贸易和运输加价		国内供应（购买者价格）	国内旅游消费	旅游比率（%）
	1. 游客住宿		1. a		1. b		…		12.		总计														
	产出（5.1）	旅游份额（价值）	产出（5.1a）	旅游份额（价值）	（产出（5.1b）	旅游份额（价值）	产出（5…）	旅游份额（价值）	产出（5.12）	旅游份额（价值）	产出（5.13）	旅游份额（价值）	产出（5.14）	旅游份额（价值）	产出（5.15）=（5.13）+（5.14）	旅游份额（价值）	产出（6.1）	旅游份额（价值）	产出（6.2）	旅游份额（价值）	产出（6.3）	旅游份额（价值）	（6.4）=（5.15）+（6.1）+（6.2）+（6.3）	（4.3）	（6.5）= $\frac{(4.3)}{(6.4)}$ × 100
12. 本国特有旅游特征服务																					×	×			
A.2. 其他消费性产品（a）（d）																					×	×			
B. 非消费品（d）		×		×		×		×		×		×		×		×		×			×	×			
B.1 贵重物品																									
B.2 其他非消费品（**）（b）（d）																					×	×			
Ⅰ. 总产出（基本价格）																									
Ⅱ. 中间消耗（购买者价格）（c）																									
（Ⅰ－Ⅱ）总增加值（基本价格）																									
雇员报酬																									
其他生产税减补贴																									
混合收入总额																									
营业盈余总额																									

注：1. 本表摘自：联合国等．国民经济核算体系（2008）［M］．国家统计局国民经济核算司，等，译．北京：中国统计出版社，2012.

2. 表中有关符号含义：×表示不适用；…表示意味着要将建议的全部旅游产业名单逐一列出；* 表示进口不包括常住居民直接在国外的购买。

（*）：“A. 消费品”的价值是支付给旅行社、旅游组织者和其他预定服务的总服务费用的净值。（**）：包括在经济体内流通的所有其他货物和服务。

（a）：如果相关且可行，对“旅游关联产品”都应按国家分列。如果可能，在这两种情况下货物和服务都应该分开显示。

（b）：如果可能，货物和服务都应该分开显示。

（c）：如果可能，应提供明细分类。

（d）：对货物而言，旅游份额仅在零售贸易加价基础上计算。

从横行看，如果以总产出为界，可以将表 14－2 划分成上下两大部分。表 14－2 的上半部分首先按旅游消费品和非消费品分成两大类。然后在各大类下面列出了各自产品的详细分类。表的下半部分列示了生产领域的总产出、中间消耗、总增加值以及收入初次分配中的雇员报酬、其他生产税减补贴、混合收入总额和营业盈余总额等。由此可以观测到旅游产业的生产和收入形成情况。

从纵列看，表 14－2 共包括了六部分内容。第一部分首先分别列示了按基本价格计算的国内旅游产业和其他产业创造的旅游产出，以及国内生产者的产出数额；第二部分描述了旅游业的进口状况；第三部分表明旅游贸易和运输加价的情况；第四部分反映了按购买者价格计算的国内旅游供应数额；第五部分描述了国内旅游消费情况；第六部分计算出旅游比率，该指标是由国内旅游消费除以国内供应所得的比值，以反映国内旅游消费占国内供应的比率状况。

其中，按购买者价格计算的国内旅游供应数额的计算公式为：

$$\begin{matrix}\text{国内供应}\\\text{（购买者价格）}\end{matrix}=\begin{matrix}\text{国内生产者产出}\\\text{（基本价格）}\end{matrix}+\text{进口}+\begin{matrix}\text{国内生产和进口}\\\text{产品税减补贴}\end{matrix}+\begin{matrix}\text{贸易和运输}\\\text{加价}\end{matrix}$$

四、我国的旅游核算

《中国国民经济核算体系（2016）》将旅游核算作为扩展核算的一个重要组成部分包括在整个核算体系中①。我国的旅游核算在遵循 TSA 的基本原则和编制方法基础上，结合我国的具体情况确定了核算内容和指标设置。其基本内容包括：（1）基本结构；（2）旅游的基本概念与指标；（3）核算分类。

（一）基本结构

我国的旅游核算通过编制旅游生产核算表，对旅游产业和其他产业生产和消费旅游产品情况进行测度。旅游生产核算表如表 14－3 所示。

由旅游生产核算表的基本结构可以看出，该表是由（n 种消费品＋非消费品（行））×（n 个旅游行业＋其他产业（列））构造而成的。从表的横行可以分辨出每种消费品（尤其是旅游特征产品）和非消费品都是由哪些旅游行业和其他产业生产和提供的；表的纵列展示了每个旅游行业和其他产业都生产了哪些消费品和非消费品。最终行的国内产品总产

① 参阅：中华人民共和国国家统计局．中国国民经济核算体系（2016），第八章扩展核算［M］．北京：中国统计出版社，2017．

出等于列的国内产业总产出。

表 14－3　　　　旅游生产核算表

产业 / 产品	旅游产业									其他行业		国内总产出	
	行业 1		行业 2		…	行业 n		合计					
	总产出	旅游	总产出	旅游	…	总产出	旅游	总产出	旅游	总产出	旅游	总产出	旅游
1. 消费品													
旅游特征产品													
产品 1													
产品 2													
⋮													
产品 n													
其他消费品													
2. 非消费品													
贵重物品													
其他非消费品													
总产出													

注：本表摘自：中华人民共和国统计局．中国国民经济核算体系（2016）[M]．北京：中国统计出版社，2017.

（二）旅游的基本概念与指标

我国的旅游核算在有关基本概念的界定和指标设置方面基本与 TSA 一致，但个别概念仍有一些细微差异。为正确理解我国旅游核算的有关问题，现将这些基本概念做简单阐述。

1. 旅游和游客

旅游是指个人出于游览观光、休闲娱乐、探亲访友、文化体育、健康医疗、短期教育（培训）、宗教朝拜，或公务、商务等目的，在惯常环境以外进行的，连续不超过一年，并且不是为了在所访问的地方获取报酬的经济活动。

游客是指出于个人休闲、或商业及政府事物等目的到惯常环境以外的地方旅行，并在旅行地连续停留时间或预期停留时间不超过一年的个人。游客作为旅游活动的实施者，不包括以下三类人员：（1）主要目的是在访问地谋生的旅行者；（2）在其公务地点和常住国之间旅行的外交人员；（3）在其公务地点和常住国之间旅行的军事人员。

如果将旅游目的地区分为国内和国外，将游客分为常住居民和非常住居民，则可以将旅游与游客之间的关系做如表 14－4 所示的组合，并形成相应的加总关系。

表 14－4　　旅游与游客之间的组合及加总关系

	国内	国外	总计
常住居民	本国旅游	出境旅游	国民旅游
非常住居民	入境旅游		
总计	国内旅游		

2. 旅游支出和旅游消费

旅游支出是指游客在准备旅游出行和旅游出行期间，为供自己使用或馈赠而购买消费性货物服务和贵重物品所支付的金额。旅游支出包括由游客自己支付的金额，也包括由他人支付或报销的金额。

旅游消费是指游客为满足旅游需求而获取的货物服务总额。旅游消费包括所有旅游支出，也包括在自有度假住宅居住而虚拟计算的住宿服务支出和其他虚拟消费支出。

3. 旅游产品和旅游产业

旅游产品是指为满足旅游需求而被游客在旅游中实际消费的各种货物和服务。旅游产品根据与旅游的对应程度，分为旅游特征产品和旅游关联产品两类。其中，**旅游特征产品**是指主要供游客购买的产品。**旅游关联产品**是指游客可能购买，但不是主要供游客购买的产品。

旅游产业是指提供旅游产品的基层单位的集合。与旅游产品相对应，旅游产业分为旅游特征产业和旅游关联产业两类。**旅游特征产业**是那些专门提供旅游特征产品的基层单位的集合。**旅游关联产业**是指生产旅游关联产品的基层单位的集合。

（三）旅游产品分类和旅游产业分类

1. 旅游产品分类

我国的旅游核算执行的是《2008 年国际旅游统计建议》中的分类标准。该建议将旅游产品做了两个层级分类，即第一层级将旅游产品分为消费品和非消费品；第二个层级分别将消费品分为旅游特征产品和其他消费品，将非消费品分为贵重物品和其他非消费品。

2. 旅游产业分类

我国的旅游核算是按照《国家旅游及相关产业统计分类》标准对旅游产业进行划分的。

我国旅游及相关产业是指在国民经济活动中，为游客直接提供行、住、吃、游、购、娱等旅游服务，以及为游客提供相关服务的产业。其中，**旅游业**是指直接为游客提供行、住、吃、游、购、娱等旅游服务活动的集合。**旅游相关产业**是指为游客出行提供旅游辅助服务和政府旅游管理服务等活动的集合。

我国旅游及相关产业的分类内容如表 14－5 所示。

表 14－5　　我国旅游及相关产业的分类

	范　围
旅游业	(1) 旅游出行; (2) 旅游住宿; (3) 旅游餐饮; (4) 旅游游览; (5) 旅游购物; (6) 旅游娱乐; (7) 旅游综合服务
旅游相关产业	(1) 旅游辅助服务; (2) 政府旅游管理服务

我国的旅游核算主要依据《国家旅游及相关产业统计分类》，通过旅游生产核算表核算旅游及相关产业增加值，以反映我国旅游及相关产业在核算期通过生产活动所形成的最终产出的价值。

第四节　综合环境经济核算卫星账户

一、综合环境经济核算的概念

综合环境经济核算（System of Integrated Environmental and Eccnomic Accounting，SEEA）①，是一种以 SNA 为基础，通过调查、整理和分析环境与经济之间关系的数据信息，在一个独立框架内反映自然资源使用（有时是耗竭）以及残余物产生（会污染空气和水）的影响的绿色国民经济核算体系。

综合环境经济核算卫星账户 SEEA 的临时版本诞生于 1993 年。2003 年联合国、欧洲委员会、国际货币基金组织、经济合作与发展组织和世界银行等五大国际组织对 SEEA1993 进行了修订，出版了作为第二版的 SEEA2003。目前正在实行的是上述国际组织经过进一步修订出版的第三版 SEEA2012。

二、SEEA 的目的和功能

（一）SEEA 的目的

SEEA 的目的是协助有关国际组织实现以下六项目标。(1) 鼓励环境统计采用标准分类，以扩大现有环境信息的价值和相关性；(2) 使用经济核算连接存量与流量的惯例，为环境统计提供新维度；(3) 提供联系经济核算所含经济信息的纽带，以改进这两套体系所

① 也有的将综合环境经济核算译为环境经济综合核算。

提供信息的可靠性和一致性；（4）为确定环境影响的责任，识别自然资源的使用权和所有权；（5）促进跨时全面一致数据集的开发；（6）便于国际比较。

（二）SEEA 的功能

SEEA 账户提供了如下两个功能。

1. 记录的功能

SEEA 通过一系列账户不仅记录了与环境有关的各种价值量，还记录了它们的实物量；不仅记录了环境核算中的各种流量，还记录了它们的存量。通过这些记录，可以从中推导出一些关键性指标。

2. 管理的功能

SEEA 账户不仅为计算已经包括在可持续发展指标体系中的测度指标奠定了坚实基础，还可以用来开发新的指标，如经过环境调整的宏观经济总量指标。通过该账户所提供的这些指标为政策分析和选择提供了支撑。

三、SEEA 的基本内容

SEEA 既可以作为一个独立的核算体系，也可以作为 SNA 的一个卫星账户。整个体系包括以下三个部分。

（1）一种扩展形式的供给使用表。在这张表中，可以单独将实物量数据纳入表中，也可以将其置于价值量数据下。

（2）对 SNA 中心框架中具有扩展性部分进行详细说明。

（3）扩展 SNA，以考虑耗减和退化对宏观经济总量指标如 GDP 的影响。

对于上述三个部分内容，其中前两个部分可以或多或少独立进行。第三部分是用来对前两个部分相互整合，并与 SNA 整合起来。

四、实物型和混合型供给使用表（SEEA 的第一部分）

（一）SEEA 的流量分类

SEEA 将核算中的流量分为以下四类。

（1）产品。**产品**是指经济范围内生产并使用的货物和服务，包括本国与国外之间的货物和服务流量。

（2）自然资源。**自然资源**包括矿物和能源资源、土壤、水和生物资源。

（3）生态投入。**生态投入**包括燃烧所需的空气、气体和维持生命所需的水。

（4）残余物。**残余物**是指经济体无意生产且不需要的产出。其价格为零，可以回收或排放到环境中。残余物包括固体废弃物、排放到水里的液态排放物和排放到空气里的气体排放物。

（二）SEEA 实物型供给使用表

SEEA 的第一组环境账户是体现与环境统计数据相连接的实物型供给使用表，它是通过将环境实物量数据纳入供给使用表而形成，包括实物型供给使用表和混合型供给使用表。其中，实物型供给使用表由产品、自然资源、生态投入和残余物四个账户合并组成。每一账户均按对经济体的供给和经济体的使用来表达。实物量账户可以反映不同经济活动对环境影响的相对重要性。

（三）混合型供给使用表

混合型供给使用表是将产品的价值量置于产品的实物当量之上，并加入增加值这一平衡项而形成的表格。SEEA 混合型供给使用表的结构如表 14－6 所示。

根据供给使用表的基本原理，可以将表 14－6 划分为以下四个象限。

第Ⅰ象限：位于表的左上方，分别由经济类的各行和各列组成，表明在各类经济活动中，包括产品、产业、消费、资本和国外对环境所形成的供给与使用关系（或投入与产出的关系）。

第Ⅱ象限：位于表的右上方，由经济类各行（产品除外）与残余物各列和物质平衡列组成，描述各类经济活动中所产生的残余物。

第Ⅲ象限：位于表的左下方，分别由自然资源、生态投入和残余物等各行与经济类各列组成，反映各类经济活动中（产品除外）所形成的自然资源、生态投入和残余物等的总供给。

第Ⅳ象限：位于表的右下方，分别由自然资源、生态投入和残余物等各行与残余物和物质平衡列组成，主要描述国残余物的跨境流入和流出量。

表 14－6 反映了如下几个重要的平衡关系。

（1）经济总体的总供给＝经济总体的总使用

$$2264 = 2264$$

（2）各列的总供给＝各行的总使用

$$701 = 701$$

$$831 = 831$$

$$\cdots = \cdots$$

表 14－6　　SEEA 中混合型供给使用表的例子

价值量数据（斜体）单位：10 亿货币单位；实物量单位（非斜体）：百万吨

		经　济					经济合计	残余物		9. 物质平衡	总使用
		1. 产品 实物单位　货币单位	2. 产业	3. 消费	4. 资本	5. 国外（产品）		10. 排放到本国	11. 排放到国外		
经济	1. 产品 实物单位 货币单位		用于产业 442 664	用于消费 39 506	用于资本 119 146	用于国外（出口） 101 403	1719			0	701
	2. 产业	各产业供给 551　1356					1356	产业产生的残余 275	产业在国外产生的残余 5	0	831
	3. 消费							消费产生的残余 47	在国外消费产生的残余 1	消费物质净积累 17	65
	4. 资本							资本产生的残余 73		资本物质净积累 72	145
	5. 国外（产品）	国外供给（进口） 150　363					363	非常住居民产生的残余 6		国外物质净积累 －52	104
	增加值		692				692				
	经济合计	1719	1356								
自然资源	6. 本国环境		用于产业 256	用于消费 1		被国外获取 1				本国自然资源净积累 －258	0
	7. 国外来源		用于产业 5	用于消费 1						国外自然资源净积累 －6	0
生态投入	8. 本国环境		对产业投入 118	对消费投入 23		对国外投入 2				本国生态投入净积累 －143	0
	9. 国外来源		对产业投入 3	对消费投入 1						国外生态投入净积累 －4	0
残余物	10. 本国来源		由生产吸收 7		填埋 26				残余物跨境流出量 4	本国残余物净积 373	409
	11. 国外来源							残余物跨境流入量 8		国外残余物净积累 1	9
总供给		701	831	65	145	104		409	9	0	2264

注：本表摘自：联合国等．国民账户体系（2008）［M］．国家统计局国民经济核算司，等，译．北京：中国统计出版社，2012．

（3） 各列总供给内部平衡关系

实物单位产品总供给 = 各产业实物单位供给 + 国外实物单位供给(进口)

701 = 551 + 150

用于产业总供给 = 产品(实物单位) + 自然资源 + 生态投入 + 残余物

831 = 442 + 261(256 + 5) + 121(118 + 3) + 7

用于消费总供给 = 产品(实物单位) + 自然资源 + 生态投入

65 = 39 + 2(1 + 1) + 24(23 + 1)

用于资本总供给 = 产品(实物单位) + 残余物

145 = 119 + 26

用于国外(出口)总供给 = 产品(实物单位) + 自然资源 + 生态投入

104 = 101 + 1 + 2

排放到本国残余物总供给 = 国内经济产生 + 跨境流入

409 = 401 + 8

= 产业产生 + 消费产生 + 资本产生 + 非常住居民产生 + 跨境流入

275 + 47 + 73 + 6 + 8

排放到国外残余物总供给 = 国内经济产生 + 跨境流出

9 = 6 + 4①

= 产业在国外产生 + 在国外消费产生 + 跨境流出

5 + 1 + 4

（4） 各行总使用内部平衡关系

实物单位产品总使用 = 实物单位经济总使用 + 物质平衡

701 = 701 + 0

= 用于产业 + 用于消费 + 用于资本 + 用于国外(出口) + 物质平衡

= 442 + 39 + 119 + 101 + 0

产业总使用 = 实物单位产品使用 + 残余物使用 + 物质平衡

831 = 551 + 280(275 + 5) + 0

消费总使用 = 残余物 + 物质平衡

65 = 48(47 + 1) + 17

资本总使用 = 残余物 + 物质平衡

145 = 73 + 72

① 由于四舍五入关系，此处等号左边的总量与等号右边分量的和之间存在一定误差。

国外(产品)总使用 = 实物单位国外供给(进口) + 残余物 + 物质平衡

$$104 = 150 + 6 + (-52)$$

自然资源、生态投入和残余物各行内部总使用，经过物质平衡项的相互抵消后，最终结果均为0。

五、识别SNA中心框架中与环境核算有关的内容（SEEA的第二部分）

SEEA的第二部分准确识别了SNA中心框架中那些直接与环境核算有关的货币交易，包括涉及环境税、财产收入与产权、环境保护与自然资源使用和管理支出等流量的交易。

（一）环境税、财产收入与产权

环境税是一种以确实具有特定负面环境影响的实物单位（或其代理）为税基的税，包括能源税、运输税、污染税和资源税等四种税。

SNA将自然资源的租金视为支付给其他单位的财产收入。

（二）环境保护支出账户①

SEEA使用相当标准的卫星账户技术，按以下步骤编制了一套有关环境保护支出账户。(1）将与环境保护相关的辅助活动作为次要产品处理；（2）识别环境保护的一组特征产品；(3）识别针对环境保护的特有转移；（4）计算国民环境保护支出；（5）识别负担支出的部门。

六、环境调整的整合（SEEA的第三部分）

SEEA第三部分的指导思想是，通过将有关环境实物量的货币价值放在混合表的下方和右方，把混合供给使用表转换成完全的价值量表。由于这种思想实现起来有一定的难度，因此，至今还处于实验阶段，尚未达成共识。

SEEA在整合环境调整时，着重对以下三种指标进行了核算。

（一）耗减的核算

对经济体系中环境投入的估价既是环境核算的第一步，也是较为简单的一步。因为这

① 由于篇幅所限，本书不将这部分内容详细展开阐述，感兴趣读者可参阅《SEEA2012》手册。

些投入都是在市场出售的产品中的一部分，可以采用直接估价法，以市场原则为基础将这部分产品的价值分离出来。然而，由于 SNA 将自然资源的耗减（环境投入）放在资产其他变化账户（非交易流量账户）而非流量账户，所以，SEEA 在整合环境调整时，可以将某些资产其他变化项目分配到描述交易流量的账户中，采用另一种收入指标，即在核算收入时不仅要考虑固定资本消耗，还要考虑自然资本消耗，从而涉及自然资源的耗减。

（二）防御支出的核算

防御支出是指为限制残余物的产生，减轻已排放残余物影响而发生的支出。SEEA 可以采用将这些支出作为抵消折旧的资本形成处理方法，对宏观经济总量指标做出调整。

（三）环境退化的核算

环境退化核算既是环境核算中最困难的部分，又是国民经济核算领域目前仍有很大分歧之处。这主要是因为在如何将退化效应纳入 SNA 方面存在着两个问题：第一个问题是对退化如何进行估价；第二个问题是如何将这些估值纳入到相应账户。

对于环境退化的估价，SNA2008 推荐了以下三种方法。

第一种方法是维护成本法。这也是 SEEA1993 所采取的方法。这种方法主要聚焦于维护成本，其目的是对“如果使用当前成本和当前技术达到假定的环境标准后，国内生产净值将会是多少?”这一问题做出回答。采用这种方法所得到的总量指标（如 NDP）被称为“经环境调整的总量指标（EDP—国内生态产出）”

第二种方法是“绿色经济建模”方法。这种方法是基于成本估计法，其目的是对“如果采取措施将维护成本内部化后，GDP 将达到什么水平?”这一问题做出回答。通过绿色经济建模方法计算得出的收入水平可以告诉人们，经过环境调整后，什么样的收入水平和环境功能才是永久可持续的。

第三种方法是损害测度法。这种方法主要聚焦于人们生产生活中实际产生的残余物对人类健康的影响，并对“自然资本、人造资本和人类健康受到环境的影响等对 NDP 水平的影响是多少?”的问题做出回答。由损害测度法测算的总量指标称为“经损害调整的收入”。该指标是将 SNA 中 GDP 类核算指标转化成了福利指标。

七、我国的资源环境核算

《中国国民经济核算体系（2016）》将资源环境核算作为扩展核算的一部分纳入体系

中，目的是通过测度资源环境的现状及其随时间推移而发生的变化，分析经济系统与资源环境之间的相互作用，为制定可持续发展战略和政策提供重要信息支撑。

我国的资源环境核算包括自然资源核算和环境核算两项内容。每项内容又通过不同的核算表来展示相关核算领域的重要指标。

（一）自然资源核算

自然资源是指那些可以通过收获、开采或提取，直接用于人类经济活动，或者为人类开展经济活动提供空间的自然实体。自然资源核算包括自然资源资产核算和自然资源产品供给使用核算两部分内容。

1. 自然资源资产核算

自然资源资产是指那些已被纳入国民经济核算范围的具有稀缺性、有用性和产权明晰的自然资源，包括土地资源、矿产资源、能源资源、林木资源和水资源等。

自然资源资产核算主要通过自然资源资产核算表，以反映自然资源（不包括能源资源）期初、期末存量水平，以及核算期间的变化量。自然资源资产核算表如表 14－7 所示。

表 14－7　　自然资源资产实物量（价值量）核算表

	土地	矿产	林木	水
1. 期初存量				
2. 本期增加				
自然增加				
经济发现				
分类引起的增加				
其他因素引起的增加				
3. 本期减少				
自然减少				
经济使用				
分类引起的减少				
其他因素引起的减少				
4. 期末存量				

注：本表摘自：中华人民共和国统计局．中国国民经济核算体系（2016）［M］．北京：中国统计出版社，2017.

由表 14－7 可以看出，这是一张自然资源资产实物量核算和价值量核算兼用的表格。其主栏列示了核算的内容，包括期初、期末存量和核算期间的增减变化量；宾栏放置了四种核算对象，分别为土地、矿产、林木和水。

对于自然资源资产，首先可以进行实物核算，并在此基础上通过采用市场价格进行估值，开展对其的价值核算。对于某些无法获得市场价格的自然资源资产，可以采用未来收益净现值法进行估值。

2. 自然资源产品供给和使用核算

自然资源产品供给和使用核算是分别通过各种自然资源产品供给表和自然资源产品使用表进行的。《中国国民经济核算体系（2016）》分别对矿产资源、林木资源和水资源设计了供给表和使用表。每张供给表反映的是所要核算的自然资源产品国内供给和进口状况，每张使用表则是反映国内各经济主体对所核算的自然资源产品的使用，以及出口和存货变动等情况。现以水资源产品的供给表和使用表为例，分别了解有关自然资源产品供给表和使用表的的基本结构，分别如表 14－8 和表 14－9 所示。

表 14－8　　水资源产品供给表

	农林牧渔业	采矿业	制造业	水收集、处理和供应	污水处理	……	住户	进口	来自环境的流量	总供给
地表水										
地下水										
降水										
取水										
废水和回用水										
水的回流量										
⋮										

表 14－9　　水资源产品使用表

	农林牧渔业	采矿业	制造业	水收集、处理和供应	污水收集	……	住户	出口	流向环境的流量	总使用
地表水										
地下水										
降水										
取水										
废水和回用水										
水的回流量										
⋮										

注：表 14－8 和表 14－9 摘自：中华人民共和国统计局．中国国民经济核算体系（2016）[M]．北京：中国统计出版社，2017.

水资源产品供给表（表 14－8）的主栏列示了水资源供给的类型，包括地表水、地下水等，宾栏则列置了水资源的供给都来源于哪些渠道，包括国内和国外进口，最终形成了水资源的总供给。水资源产品使用表（表 14－9）的设计结构与供给表相同，只是在宾栏所包括的内容方面有些略有区别，如供给表中的污水处理在使用表中改成污水收集，供给表中的进口在使用表中改为出口，倒数第二列的来自环境的流量变成流向环境的流量等，而且使用表的最终为水资源产品的总使用。

（二）环境核算

我国的环境核算包括环境保护支出核算、污染物产生和排放实物量核算两部分内容。

1. 环境保护支出核算

环境保护支出是指为开展以预防、减少和消除各类污染，以及其他环境退化为主要目的的环境保护活动所发生的支出。

环境保护支出按性质不同分为资本性支出和经常性支出两部分。其中，**资本性支出**是指为保护环境而花费在生产方法、生产技术、生产工艺，以及设备设施上的支出，比如购置环保机器设备、进行环保工程建设等。**经常性支出**是指为实施环境保护活动而花费在原材料及消费品购买、公共费用、外包服务等方面的支出。

环境保护支出核算是通过编制环境保护支出核算表，以反映各类经济主体和经济总体为开展各种环境保护活动所发生的支出状况的核算。环境保护支出核算表的基本结构如表14－10所示。

表14－10　环境保护支出核算表

	政府	企业	住户	合计
环境保护支出总额				
资本性支出				
废水治理				
废气治理				
固体废物治理				
其他				
经常性支出				
废水治理				
废气治理				
固体废物治理				
其他				

注：本表摘自：中华人民共和国统计局．中国国民经济核算体系（2016）［M］．北京：中国统计出版社，2017．

表14－10的主栏首先列示了环境保护支出总额，其次在该项目下分别列示了资本性支出和经常性支出。其中，资本性支出和经常性支出又分别进一步细分为废水治理、废气治理和固体废物治理。环境保护支出总额、资本性支出和经常性支出三者之间的关系为：

$$环境保护支出总额 = 资本性支出 + 经常性支出$$

表14－10宾栏分别列出政府、企业和住户三类经济主体，以及经济总体（合计）。三类经济主体的环境保护支出金额之和等于经济总体环境保护支出总额，即：

$$\text{经济总体环境保护支出总额} = \text{政府环境保护支出} + \text{企业环境保护支出} + \text{住户环境保护支出}$$

2. 污染物产生和排放核算

污染物是指进入环境后使环境的正常组成发生变化，直接或者间接有害于生物生长、发育和繁殖，尤其是会对人类健康产生危害的物质。污染物包括大气污染物（如二氧化硫）、水污染物（如化学需氧量）和固体废弃物（如工业固体废弃物、生活垃圾）等。

对污染物的测度可以分别从污染物的产生和排放两个节点进行。从污染物产生节点所测度的产生量与从排放节点测得的排放量之间的区别，主要在于对污染物的处置方式。如果污染物由产生者自身处置，则排放量就小于产生量。在对污染物处置达标的情况下，排放量则可能为零。相反，如果污染物是由专门的污染物处置单位来进行处置，则污染物的产生量就等于排放量。

污染物产生和排放核算就是通过编制污染物产生和排放实物量核算表，来测算经济领域三次产业生产和住户生活所产生和排放的各种污染物。污染物产生和排放实物量核算表如表 14－11 所示。

表 14－11　　污染物产生和排放实物量核算表

	水污染物		大气污染物		固体污染物	
	产生量	排放量	产生量	排放量	产生量	排放量
第一产业						
第二产业						
第三产业						
住户						
合计						

注：本表摘自：中华人民共和国统计局．中国国民经济核算体系（2016）[M]．北京：中国统计出版社，2017.

第五节　卫生卫星账户

一、卫生卫星账户概述

卫生卫星账户是 SNA2008 开发的又一个卫星账户，它与《卫生核算体系（SHA）》之间存在着密切联系。

由经济合作与发展组织（OECD）编制的《卫生核算体系2000》在总结过去15年来在收集卫生数据信息经验的基础上，提供了一个与国民经济核算规则保持一致、从经济角度分析卫生保健系统的框架。其中一部分内容探讨了SHA与卫生卫星账户之间的概念性联系。2011年OECD、欧盟统计局和世界卫生组织（WHO）联合编制并出版了的SHA第二版（SHA2011）。SHA2011的目的是建立一个全球唯一的卫生费用核算框架，使其能够追踪卫生资源从来源到使用的过程。

二、SHA的主要内容

SHA（A System of Health Accounts）主要提供了以下四种信息。

（一）卫生保健的功能分类

卫生保健是指机构或个人运用医学、辅助医学和护理学等方面的知识技术而实现的治疗疾病、减少过早死亡，促进健康、预防疾病等多方面目标的活动。

卫生保健具体包括以下活动：（1）促进健康、预防疾病；（2）治疗疾病、预防过早死亡；（3）对需要护理的慢性疾病人群提供关怀服务；（4）对需要护理的损伤、失能、残障人群提供关怀服务；（5）协助病人有尊严地死去；（6）提供和管理公共卫生；（7）提供和管理卫生规划、健康保险和其他资金安排。

依据上述七种卫生保健活动，可以将卫生保健的功能分为以下三类。

1）个人卫生保健服务和货物

个人卫生保健服务和货物主要包括：（1）治疗服务；（2）康复保健服务；（3）长期护理保健服务；（4）辅助性医疗服务；（5）用于门诊病人的医疗商品等五项内容（细类）。

2）公共卫生保健服务

公共卫生保健服务主要包括：（1）预防；（2）公共卫生服务两项内容（细类）。

3）卫生保健相关功能

卫生保健相关功能包括：（1）卫生服务提供机构的资本形成；（2）卫生从业人员的教育与培训；（3）卫生方面的研究与开发；（4）食品、卫生和饮用水控制；（5）环境卫生；（6）帮助疾病和损伤人群的实物社会服务的提供和管理；（7）卫生相关现金福利的提供和管理等七项内容（细类）。

（二）卫生保健提供单位

卫生保健提供者依据其所行使的职能可以分为以下几种类型。（1）医院；（2）护理和居民保健机构；（3）门诊医疗保健提供者；（4）医疗商品的零售商和其他提供者；（5）公共卫生计划的提供与管理；（6）卫生行政管理和保险；（7）其他产业（其他经济部门）；（8）国外。

所有这些提供者都分散存在于 SNA 的一个或多个机构部门中。

（三）卫生保健支出

卫生保健支出主要测度常住单位对卫生保健货物和服务的最终使用，以及卫生提供者（以卫生作为其主要活动的机构）的资本形成总额。

卫生保健支出可以分为以下八种类别：（1）个人卫生服务；（2）用于门诊病人的医疗商品；（3）个人卫生总费用；（4）预防和公共卫生服务；（5）卫生管理和健康保险；（6）经常性卫生总支出（上述各项之和）；（7）卫生产业的资本形成总额；（8）卫生总支出。

（四）卫生保健的资金来源

用于卫生保健的资金主要由一般政府、私人部门和国外提供。其中，一般政府要进一步区分为各级政府和社会保障基金。私人部门要细分为私人社会保险、其他私人保险、私人住户、NPISH 与公司（不包括医疗保险）。

三、SHA 向卫生卫星账户的转换

（一）将 SHA 转换为卫生卫星账户的步骤

将 SHA 转换为卫生卫星账户，需要经过以下步骤：（1）收集作为卫生保健服务生产的特有货物和服务的全部清单；（2）明确界定卫生总支出的生产范围；（3）确定应作为资本形成的活动；（4）识别作为卫生保健的特有交易；（5）对转移中属于卫生核算组成部分的内容进行详细分析；（6）识别卫生费用的最终使用者和最终承担者。

（二）将 SHA 转换为卫生卫星账户需要满足的条件

由于主产品分类（CPC）并未提供一种编制卫生账户所需的详细的卫生保健服务目录，而且通常由行政管理部门作为公共责任信息所提供的数据，因不够详细而无法满足编制卫星账户的需要，所以在确定特征产品清单时存在一定的困难。

SNA 认为，为了克服上述困难，只要增加如下四个账户就可以将 SHA 扩展成卫生卫星账户。这四个账户分别是：（1）卫生保健产业生产账户；（2）卫生产业的中间投入（按投入类型分）；（3）卫生保健产业的总资本存量；（4）卫生保健产业的投入产出表。

四、卫生保健的供给使用表和投入产出表

作为卫生保健核算体系的一部分，表 14－12 和表 14－13 分别提供了卫生保健供给使用表和投入产出表的示例。

表 14－12 的主栏列出了按功能分类的总供给内容、其他产品和全部总供给；宾栏则显示了按购买者价格计算的总供给，包括国内卫生保健服务和货物提供者产出的总供给、其他生产者提供的总供给和进口的卫生保健货物和服务形成的总供给。

表 14－12　　　　SHA 的供给使用表（第 1 部分）

来源	总供给，购买者价格	产品税减产品补贴	卫生保健货物和服务提供者					其他生产者	经济总体	卫生保健货物和服务的进口
			总计	主要生产者	次要生产者	职业卫生保健	住户（家庭看护）			
货物和服务			产出							
供给：										
按功能分类的卫生保健货物和服务										
HC. 1 治疗服务										
HC. 2 康复保健服务										
HC. 3 长期护理保健服务										
HC. 4 辅助性医疗服务										
HC. 5 用于门诊病人的医疗商品										
个人卫生保健总供给										
HC. 6 预防与公共卫生服务										
HC. 7 卫生管理和健康保险										
卫生保健货物和服务总供给										
其他产品										
总计										

注：本表摘自：联合国等．国民账户体系（2008）［M］．国家统计局国民经济核算司，等，译．北京：中国统计出版社，2012.

表 14－13 作为一张投入产出表，它主栏除了从使用角度保留了与表 14－12 相同的内容外，还增添了有关增加值/GDP、劳动投入和固定资本形成的内容；宾栏则主要反映按购买者价格计算的总使用情况，包括卫生保健服务和货物提供者的中间消耗、其他生产者的使用、卫生保健货物和服务的出口、最终消费支出和资本形成总额。

表 14－13　　SHA 投入产出表（第 2 部分）

来源	总使用，购买者价格	产品税减产品补贴	卫生保健货物和服务提供者					其他生产者	经济总体	卫生保健货的物和服务出口	最终消费支出	资本形成总额
			总计	主要生产者	次要生产者	职业卫生保健	住户（家庭看护）				住户 NPISH 政府	
货物和服务			中间消耗									
使用：												
按功能分类的卫生保健货物和服务												
HC. 1 治疗服务												
HC. 2 康复保健服务												
HC. 3 长期护理保健服务												
HC. 4 辅助性医疗服务												
HC. 5 用于门诊病人的医疗商品												
个人卫生保健总使用												
HC. 6 预防与公共卫生服务												
HC. 7 卫生管理和健康保险												
卫生保健货物和服务总使用												
其他产品												
总计												
总增加值/GDP												
雇员报酬												
产品税												
其他生产税												
产品补贴												
其他生产补贴												
营业盈余净额												
混合收入净额												
固定资本消耗												
营业盈余总额												
混合收入总额												
总计												
劳动投入												
固定资本形成总额												
固定资产存量净额												

注：本表摘自：联合国等．国民账户体系（2008）［M］．国家统计局国民经济核算司，等，译．北京：中国统计出版社，2012.

五、我国的卫生核算

《中国国民经济核算体系（2016）》将卫生核算作为五种扩展核算之一纳入其中。其目的在于，通过对全社会卫生保健活动的核算，反映该领域对国民经济的贡献和影响。

卫生核算就是依据国民经济核算原理，对全社会卫生保健活动所进行的核算。卫生核算的内容主要通过编制卫生总费用表、卫生供给表和卫生使用表，分别对全社会卫生保健活动中所发生的总费用、形成的总供给和总使用进行核算。

（一）卫生总费用核算

卫生总费用是指一个国家或地区在一定时期内用于卫生保健方面的货物和服务的资金总额。

对卫生总费用的核算，主要通过将经济主体核算期所发生的卫生费用登录到表 14 – 14 的卫生总费用表中，以便汇总得到按支出去向和支出机构核算的卫生总费用。

表 14 – 14　　卫生总费用表

支出去向	金额	支出机构	金额
卫生总费用		卫生总费用	
1. 政府卫生支出		1. 医院	
医疗卫生服务支出		城市医院	
医疗保障支出		县医院	
行政管理事务支出		社区卫生服务中心	
人口与计划生育事务支出		卫生院	
2. 社会卫生支出		其他医院	
社会医疗保障支出		2. 门诊机构	
商业健康保险费		3. 药品零售机构	
社会办医支出		4. 公共卫生机构	
社会捐赠援助		5. 卫生行政和医疗保险管理机构	
行政事业性收费		6. 其他	
3. 个人现金卫生支出			
城镇居民			
农村居民			

注：1. 本表摘自：中华人民共和国国家统计局. 中国国民经济核算体系（2016）[M]. 北京：中国统计出版社，2017.

2. 原表中将支出分为“来源法”和“机构法”，本书称为支出去向和支出机构。

（二）卫生供给核算

卫生供给核算就是通过编制卫生供给表，以反映核算期国内与卫生保健有关的各机构部门所提供的卫生保健货物和服务，以及由进口卫生保健货物和服务所形成的卫生保健产品（货物和服务）总供给情况。卫生供给表如表 14－15 所示。

表 14－15　　　　卫生供给表

机构 产品	机构 1	机构 2	…	机构 m	国内合计	进口	总供给
产品 1							
产品 2							
⋮							
产品 n							
合计							

注：1. 本表摘自：中华人民共和国国家统计局．中国国民经济核算体系（2016）［M］．北京：中国统计出版社，2017.
2. 原表中的宾栏没有“国内合计”一栏，本表的“国内合计”为本书作者所加。

（三）卫生使用核算

卫生使用核算就是通过编制卫生使用表，以反映核算期国内各卫生保健产品提供机构和其他机构对卫生保健货物和服务的中间使用、国内各机构部门对卫生保健产品的最终使用，以及由出口卫生保健货物和服务等所形成的卫生保健产品（货物和服务）总使用情况。卫生使用表如表 14－16 所示。

表 14－16　　　　卫生使用表

机构 产品	中间使用							最终使用						总使用
	卫生产品提供者					其他机构	合计				资本形成总额	出口	合计	
	机构 1	机构 2	…	机构 m	小计			居民消费支出	NPISH 消费支出	政府消费支出				
产品 1														
产品 2														
⋮														
产品 n														

注：1. 本表摘自：中华人民共和国国家统计局．中国国民经济核算体系（2016）．北京：中国统计出版社，2017.
2. 原表宾栏的中间使用中没有“小计”一栏，本表的“小计”为本书作者所加。

参考文献

1. ［英］A. 马歇尔．经济学原理［M］．北京：商务印书馆，1964.

2. ［英］安格斯·麦迪森．世界经济千年史［M］．伍晓鹰，等，译．北京：北京大学出版社，2003.

3. ［美］保罗·A. 萨缪尔森等．经济学（上、下）（第12版）［M］．北京：中国发展出版社，1992.

4. ［法］弗朗索瓦·勒盖耶，［英］德雷克·布莱兹．理解国民账户（第二版．修订和扩展版）［M］．国家统计局国际信息统计中心，译．北京：中国统计出版社，2017.

5. 国际货币基金组织．国际收支和国际投资头寸手册（第六版）．国际货币基金组织官方网站．

6. 国际货币基金组织．国际收支手册（第五版）［M］．罗平，译．北京：中国金融出版社，1994.

7. 国家统计局国民经济核算司等．中国资金流量核算与分析［M］．北京：中国统计出版社，1997.

8. 国家统计局国民经济核算司．中国国际收支平衡表编制方法［M］．北京：中国统计出版社，1997.

9. 国家统计局国民经济核算司．中国国民经济核算［M］．北京：中国统计出版社，2004.

10. 国家统计局国民经济核算司．中国国民经济循环账户编制方法［M］．北京：中国统计出版社，1997.

11. 国家统计局国民经济核算司．中国季度国内生产总值计算方法［M］．北京：中国统计出版社，1997.

12. 国家统计局国民经济核算司．中国年度国内生产总值计算方法［M］．北京：中国统计出版社，1997.

13. 国家统计局国民经济核算司．中国投入产出表（延长表）编制方法［M］．北京：中国统计出版社，1997.

14. 国家统计局国民经济核算司．中国资产负债表编制方法［M］．北京：中国统计出版社，1997.

15. 国家统计局国民经济核算司．中国资金流量表编制方法［M］．北京：中国统计出版社，1997.

16. 国家统计局.2017 国民经济行业分类注释［M］．北京：中国统计出版社，2018.

17. ［美］华西里·列昂惕夫．投入产出经济学．北京：中国统计出版社，1990.

18. 蒋萍等．非市场服务产出核算［M］．北京：中国计划出版社，2005.

19. 蒋萍等．货币与金融统计学［M］．上海：立信会计出版社，2006.

20. 经济合作与发展组织等．卫生核算体系 2011（SHA2011）（英文版）［M］．OECD 官方网站.

21. ［德］卡尔·马克思．资本论［M］．北京：人民出版社，1975.

22. 李连友．经济主体收入分配格局与政府调控［M］．保定：河北大学出版社，2010.

23. 李钟．两大国际核算体系及其在我国的应用［M］．北京：中国计划出版社，1991.

24. 联合国等．国民经济核算体系 1993［M］．国家统计局国民经济核算司，译．北京：中国统计出版社，1995.

25. 联合国等．国民账户体系 2008［M］．中国国家统计局国民经济核算司，等，译．北京：中国统计出版社，2012.

26. 联合国等．国民账户体系 2008（英文版）．联合国官方网站.

27. 联合国等．综合环境经济核算（SEEA－2003）［M］．高敏雪，等，译．国家统计局内部印行.

28. 联合国等．综合环境经济核算（SEEA－2012）（英文版）［M］．联合国官方网站.

29. 联合国经济和社会事务部统计处．国民经济核算体系［M］．闵庆全，等，译．北京：中国财政经济出版社，1982.

30. 联合国，欧洲中央银行．国民核算手册——国民账户中的金融生产、金融流量与存量［M］．中国人民银行调查统计司，译．北京：中国金融出版社，2018.

31. 宁吉喆．中国国民经济核算体系（2016）培训教材［M］．北京：中国统计出版社，2018.

32. 钱伯海．国民经济学［M］．北京：中国经济出版社，1992.

33. 邱东等．当代国民经济统计学主流［M］．大连：东北财经大学出版社，2004.

34. 邱东．国民经济核算分析［M］．上海：格致出版社，2009.

35. ［法］让·巴蒂斯特萨伊．政治经济学概论［M］．北京：商务印书馆，1982.

36. 邵汉青等．投入产出法概论［M］．北京：中国人民大学出版社，1983.

37. 世界银行．扩展衡量财富的手段［M］．北京：中国环境科学出版社，2005.

38. 王小石．世界经济社会统计新进展（2009）［M］．北京：中国统计出版社，2009.

39. ［英］威廉·配第．赋税论 献给英明人士 货币略论［M］．北京：商务印书馆，1978.

40. ［英］威廉·配第．政治算术［M］．北京：商务印书馆，1960.

41. 徐向新．国民经济核算［M］．北京：中国统计出版社，1990.

42. 许宪春．经济循环账户的基本理论和方法［M］．北京：中国统计出版社，1993.

43. 许宪春．中国国民经济核算理论方法与实践［M］．北京：中国统计出版社，1999.

44. ［英］亚当·斯密．国民财富的性质和原因的研究（上、下）［M］．北京：商务印书馆，1983.

45. 余芳东．中国购买力平价和经济实力的国际比较研究［M］．北京：中国统计出版社，2005.

46. 袁寿庄等．国民经济核算原理［M］．北京：中国人民大学出版社，1996.

47. ［英］约翰·理查德·希克斯．价值与资本［M］．北京：商务印书馆，1962.

48. ［英］约翰·梅纳德·凯恩斯．就业、利息和货币通论［M］．北京：商务印书馆，1963.

49. 张塞．新国民经济核算全书［M］．北京：中国统计出版社，1993.

50. 张塞．中国经济波动研究［M］．北京：中国统计出版社，1995.

51. 赵彦云．国民经济核算教程［M］．北京：中国统计出版社，2000.

52. 赵彦云．宏观经济统计分析［M］．北京：中国人民大学出版社，1999.

53. 中国人民银行统计司．中国资金流量表（金融交易）［M］．北京：中国金融出版社，2002.

54. 中华人民共和国国家统计局．国家统计调查制度（2012）［M］．国家统计局内部印行.

55. 中华人民共和国国家统计局．中国国民经济核算体系（2002）［M］．北京：中国统计出版社，2003.

56. 中华人民共和国国家统计局．中国国民经济核算体系（2016）［M］．北京：中国统计出版社，2017.

57. 中华人民共和国国家统计局．中国统计年鉴（2013）［M］．北京：中国统计出版社，2013.

58. 中华人民共和国国家统计局．中国统计年鉴（2021）［M］．北京：中国统计出版社，2021.